Le Routard

Malte

Directeur de collection et auteur
Philippe GLOAGUEN

Cofondateurs
Philippe GLOAGUEN
et Michel DUVAL

Rédacteur en chef
Pierre JOSSE

Rédacteurs en chef adjoints
Amanda KERAVEL
et Benoît LUCCHINI

Directrice de la coordination
Florence CHARMETANT

Directrice administrative
Bénédicte GLOAGUEN

Direction éditoriale
Catherine JULHE

Rédaction
Isabelle AL SUBAIHI
Mathilde de BOISGROLLIER
Thierry BROUARD
Marie BURIN des ROZIERS
Véronique de CHARDON
Gavin's CLEMENTE-RUÏZ
Fiona DEBRABANDER
Anne-Caroline DUMAS
Géraldine LEMAUF-BEAUVOIS
Olivier PAGE
Alain PALLIER
Anne POINSOT
André PONCELET

Administration
Carole BORDES
Solenne DESCHAMPS

2014/2015

hachette

Remarque importante aux hôteliers et restaurateurs

Les enquêteurs du *Routard* travaillent dans le plus strict anonymat. Aucune réduction, aucun avantage quelconque, aucune rétribution n'est jamais demandé en contrepartie. Face aux aigrefins, la loi autorise les hôteliers et restaurateurs à porter plainte.

Avis aux lecteurs

Le *Routard,* ce n'est pas comme le bon vin, il vieillit mal. On ne veut pas pousser à la consommation, mais évitez de partir avec une édition ancienne. Les modifications sont souvent importantes.
Les réductions accordées à nos lecteurs ne sont jamais demandées par nos rédacteurs afin de préserver leur anonymat. Les hôteliers et restaurateurs sont sollicités par une société de mailing, totalement indépendante de la rédaction, qui reste donc libre de ses choix. De même pour les autocollants et plaques émaillées.

Routard.com, le voyage à portée de clics !

✓ Rejoignez la plus grande communauté francophone de voyageurs: plus de **2 millions** de visiteurs!

✓ Échangez avec les routarnautes: forums, photos, avis sur les hôtels...

✓ Retrouvez aussi toutes les informations actualisées pour choisir et préparer vos voyages: plus de 200 fiches pays, une centaine de dossiers pratiques et un magazine en ligne pour découvrir tous les secrets de votre destination.

✓ Enfin, comparez les offres pour organiser et réserver votre voyage au meilleur prix.

Pictogrammes du *Routard*

Établissements

- Hôtel, auberge, chambres d'hôtes
- Camping
- Restaurant
- Boulangerie, sandwicherie
- Glacier
- Café, salon de thé
- Café, bar
- Bar musical
- Club, boîte de nuit
- Salle de spectacle
- Office de tourisme
- Poste
- Boutique, magasin, marché
- Accès internet
- Hôpital, urgences

Sites

- Plage
- Site de plongée
- Piste cyclable, parcours à vélo

Transports

- Aéroport
- Gare ferroviaire
- Gare routière, arrêt de bus
- Station de métro
- Station de tramway
- Parking
- Taxi
- Taxi collectif
- Bateau
- Bateau fluvial

Attraits et équipements

- Présente un intérêt touristique
- Recommandé pour les enfants
- Adapté aux personnes handicapées
- Ordinateur à disposition
- Connexion wifi
- Inscrit au Patrimoine mondial de l'Unesco

Le *Routard* est imprimé sur un papier issu de forêts gérées.

I.S.B.N. 978-2-01-245857-4

TABLE DES MATIÈRES

MALTE

LA VALETTE ET SES ENVIRONS

L'EST

LE SUD

LE CENTRE

LA CÔTE NORD ET NORD-OUEST

COMINO ET GOZO

COMINO

GOZO

☎ **112 :** voici le numéro d'urgence commun à la France et à tous les pays de l'UE, à composer en cas d'accident, d'agression ou de détresse. Il permet de se faire localiser et aider en français, tout en améliorant les délais d'intervention des services de secours.

NOUVEAU ET IMPORTANT : DERNIÈRE MINUTE

Sauf rare exception, le *Routard* bénéficie d'une parution annuelle à date fixe. Entre deux dates, des événements fortuits (formalités, taux de change, catastrophes naturelles, conditions d'accès aux sites, fermetures inopinées, etc.) peuvent modifier vos projets de voyage. Pour éviter les déconvenues, nous vous recommandons de consulter la rubrique « Guide » par pays de notre site • ***routard.com*** • et plus particulièrement les dernières ***Actus voyageurs.***

??? LES QUESTIONS QU'ON SE POSE LE PLUS SOUVENT

Pourquoi aller à Malte ?
Essentiellement pour visiter les villes des chevaliers (La Valette, les Trois Cités, Mdina, Rabat) et leurs riches vestiges historiques et architecturaux, pour découvrir leurs musées et pour admirer la belle couleur miel de leurs superbes vieilles pierres. Sans oublier Gozo, l'île nature.

Quels sont les papiers à avoir ?
Malte faisant partie de l'Union européenne, la carte d'identité en cours de validité (valable encore 3 mois après le départ pour les ressortissants belges) suffit.

Quel est le temps de vol et le décalage horaire ?
Aucun décalage ! Après 2h30 d'avion, vous voilà frais et dispo pour partir à la conquête de l'archipel.

Quelle est la meilleure saison pour y aller ?
Le printemps et l'automne (avril-mai et septembre-octobre) pour ceux qui veulent se baigner et faire de la randonnée sans souffrir de la chaleur. En été, il fait vraiment très chaud et il y a beaucoup de monde.

Quelle langue parlent les Maltais ?
Le maltais avant tout, mais aussi l'anglais : ce sont les deux langues officielles de l'île. L'italien y est aussi très répandu (en revanche, on y parle très peu le français).

La vie est-elle chère ?
C'est une île ; beaucoup de choses sont importées. Toutefois, la vie reste un peu moins chère qu'en Italie ou en France.

Quel est le meilleur moyen pour se déplacer ?
Le plus pratique, comme souvent, est la voiture, mais attention, on roule à gauche (héritage britannique oblige) ! Sinon, il existe un réseau de lignes de bus assez dense et efficace, qui dessert la plupart des localités.

Comment se loger ?
Pas mal de possibilités : de l'auberge de jeunesse (toutefois pas si nombreuses à Malte) à l'hôtel 5 étoiles, en passant par les résidences étudiantes, les *guesthouses* (petites pensions), les *B & B,* quelques locations d'appartements à La Valette et les *farmhouses* à Gozo.

Que mange-t-on et à quel prix ?
La cuisine maltaise s'est enrichie de ses influences historiques : italienne d'abord, mais aussi anglaise et orientale. Pour manger pas cher, trois options : pâtes, pizzas ou fast-food. Sinon, pour un budget moyen, compter 12-18 € pour un plat copieux (poisson ou lapin). Pour une cuisine plus fine, compter entre 25 et 35 € le repas.

Quels sports peut-on pratiquer ?
Les sports de mer : baignade, planche à voile, plongée. Nombreuses excursions en bateau. Et aussi la randonnée.

Les plages sont-elles belles ?
Il ne faut pas venir à Malte pour un séjour balnéaire, la tête sur le sable et les pieds dans l'eau. Vous seriez déçu. Les rares plages de sable sont souvent bondées, moyennement propres en été, et envahies par les transats (payants). Pour bronzer tranquille, on se réfugie dans les petites criques (plages de galets) ou sur les rochers plats des baies.

LES COUPS DE CŒUR DU ROUTARD

• Admirer, depuis la mer, la herse des remparts de **La Valette,** cette capitale de l'ordre de Malte, avant de se perdre dans ses ruelles pavées du XVIe s et d'y découvrir les anciennes auberges des chevaliers. .... p. 83

• Décoder les mystères des pierres tombales et les œuvres du Caravage à **la co-cathédrale Saint-Jean de La Valette,** d'une richesse intérieure saisissante. .... p. 98

• Faire une pause à la terrasse de l'historique ***Caffe Cordina,*** à l'ombre du **palais des Grands-Maîtres,** le nez dans une glace.. p. 93

• Admirer le panorama sur **les Trois Cités** et leurs anses depuis le bastion des Upper Barraca Gardens. .... p. 96

• Déambuler entre les pots de fleurs, les bougainvillées et les portes cochères des ruelles du vieux **Vittoriosa.**.......... p. 115

• **Savourer,** dans un bar de village, comme Mġarr, **un traditionnel *fenkata*** – civet de lapin longuement mijoté. .... p. 190

• Se faufiler, au soleil couchant, dans **Mdina** désertée par les touristes, de ruelle en placette, de vieux palais en église. L'heure donne à la pierre dorée une teinte mielleuse à l'origine même du nom de l'île (Melita). .... p. 158

• Se pencher – mais pas trop – par-delà les rambardes de pierre pour admirer **les falaises de Dingli.**........................ p. 158

• Grimper le grand escalier du **palazzo Parisio,** à la balustrade taillée dans une immense pièce de marbre. Là-haut, peintures, tentures, ors et lustres entretiennent la mémoire d'un monde éteint...... p. 170

• **Déguster,** entre deux visites, **un *pastizz*** (chausson au fromage), et s'en barbouiller les moustaches......................... p. 53

• Plonger à la rencontre du **monde sous-marin maltais** : tombants et grottes, herbiers de posidonies et coraux autour desquels gravitent bancs de sars et de castagnoles, mérous et poissons-perroquets couleur d'arc-en-ciel. .... p. 36

• Faire une pause dans **le café d'un *band's club* de village.** Le plus souvent modestes, ils n'en sont pas moins hébergés parfois dans de véritables palais, comme ce faramineux édifice bâti à Għaxaq pour le *Saint Mary's Musical Club*.. p. 142

• Grimper jusqu'à **la citadelle de Victoria,** à Gozo, véritable labyrinthe de ruelles, et embrasser terre et mer du haut des remparts............................... p. 207

• Sillonner les chemins de traverse dans **la campagne gozitaine** avec pour objectif le phare de Ta'Ġurdan ou la petite chapelle Saint-Dimitri. .... p. 217, 239

• Se dorer la pilule dans **la petite baie de Mġarr ix-Xini** avant de piquer une tête dans ses eaux turquoise et de s'imaginer seul au monde............................. p. 229

• Rêver devant un coucher de soleil au bout de **la baie de Xlendi,** près de la tour de garde du XVIIe s, avec la mer pour seul horizon. .... p. 230

Remerciements

Pour cette nouvelle édition, nous tenons à remercier particulièrement :

- Dominic Micallef, du ministère du Tourisme ;
- Thierry Durand, de l'office de tourisme à Paris ;
- Fanny Campas, de l'agence MCA ;
- Nicoline Sagona, d'Heritage Malta ;
- ainsi que Charlotte.

Nous tenons à remercier tout particulièrement Loup-Maëlle Besançon, Thierry Bessou, Gérard Bouchu, François Chauvin, Grégory Dalex, Stéphanie Déro, Fabrice Doumergue, Cédric Fischer, Carole Fouque, Michelle Georget, David Giason, Claude Hervé-Bazin, Emmanuel Juste, Dimitri Lefèvre, Sacha Lenormand, Fabrice de Lestang, Romain Meynier, Éric Milet, Pierre Mitrano, Jean-Sébastien Petitdemange, Thomas Rivallain, Dominique Roland et Solange Vivier pour leur collaboration régulière.

Laura Baron
Emmanuelle Bauquis
Jean-Jacques Bordier-Chêne
Michèle Boucher
Sophie Cachard
Clémence Crosnier
Agnès Debiage
Jérôme Denoix
Tovi et Ahmet Diler
Clélie Dudon
Sophie Duval
Alain Fisch
Bérénice Glanger
Adrien et Clément Gloaguen
Xavier Haudiquet
Bernard Hilaire
Sébastien Jauffret
Anaïs Kerdraon
Jacques Lemoine
Julie Montet
Jacques Muller
Caroline Ollion
Nicolas et Benjamin Pallier
Martine Partrat
Odile Paugam et Didier Jehanno
Émilie Pujol
Prakit Saiporn
Jean-Luc et Antigone Schilling
Paloma Telle
Bérénice Thiberge
Marion Trifot
Caroline Vallano

Direction : Nathalie Bloch-Pujo
Contrôle de gestion : Jérôme Boulingre et Virginie Laurent-Arnaud
Secrétariat : Catherine Maîtrepierre
Direction éditoriale : Catherine Julhe
Édition : Matthieu Devaux, Géraldine Péron, Olga Krokhina, Gia-Quy Tran, Julie Dupré, Barbara Janssens, Camille Loiseau, Béatrice Macé de Lépinay, Emmanuelle Michon, Marion Sergent et Clémence Toublanc
Préparation-lecture : Magali Vidal
Cartographie : Frédéric Clémençon et Aurélie Huot
Fabrication : Nathalie Lautout et Audrey Detournay
Relations presse France : COM'PROD, Fred Papet. ☎ 01-70-69-04-69. • *info@comprod.fr* •
Direction marketing : Adrien de Bizemont, Lydie Firmin et Laure Illand
Contacts partenariats : André Magniez (EMD). • *andremagniez@gmail.com* •
Édition des partenariats : Élise Ernest
Informatique éditoriale : Lionel Barth
Couverture : Clément Gloaguen et Seenk
Maquette intérieure : le-bureau-des-affaires-graphiques.com, Thibault Reumaux et npeg.fr
Relations presse : Martine Levens (Belgique) et Maureen Browne (Suisse)
Régie publicitaire : Florence Brunel-Jars

ITINÉRAIRES CONSEILLÉS

Voici des idées de programme, vous n'êtes pas obligé de tout faire (!), d'autant que la plupart des musées ferment tôt.

UN WEEK-END

– ***La Valette (1 jour) :*** la co-cathédrale et le musée Saint-Jean ; le palais des Grands-Maîtres et le musée de l'Armurerie ; les jardins Upper Barraca ; le musée national d'Archéologie ; la casa Rocca Piccola ; le Grand Port suivi d'une promenade en bateau dans les deux ports naturels de La Valette. Samedi soir à Saint Julian's, pour la vie nocturne, les restaurants, les discothèques et le casino.
– ***Les Trois Cités : Senglea, Vittoriosa, Cospicua (1 jour).*** À Vittoriosa, voir notamment le port avec vue sur La Valette et Senglea, la place de la Victoire, le Musée maritime, le Collachio (où se trouvent les auberges des différentes langues) et le palais de l'Inquisiteur ; à Cospicua, la promenade sur les remparts.

UN WEEK-END PROLONGÉ

– ***La Valette (1 jour et demi à 2 jours) :*** au programme indiqué plus haut, ajouter les visites suivantes : la Sacra Infirmeria ; le théâtre Manoel ; le musée national des Beaux-Arts ; l'église des Carmélites ; la cathédrale anglicane ; le fort Saint-Elme.
– ***Les Trois Cités : Senglea, Vittoriosa, Cospicua (1 jour).*** Reprendre l'itinéraire proposé sur un week-end.
– ***Les villes de Mdina et Rabat (1 jour) :*** à Mdina, les remparts, la cathédrale et son musée, les palais médiévaux (dont le palais Falson), le prieuré des Carmélites ; à Rabat, les catacombes de Sainte-Agathe, la villa romaine *(Domus Romana)*.

UNE SEMAINE

– ***Pour La Valette (2 jours) et les Trois Cités (1 jour) :*** reprendre le programme du week-end prolongé.
– ***L'est de Malte (1 jour) :*** l'hypogée de Hal Saflieni ; les temples de Tarxien ; Għar Dalam ; les sites archéologiques de Ħaġar Qim et Mnajdra ; le village de pêcheurs de Marsaxlokk, de préférence le dimanche, jour du marché aux poissons.
– ***Le centre historique de l'île (1 jour) :*** Mdina et Rabat ; les jardins de Buskett ; les falaises de Dingli.
– ***Le nord-ouest de l'île (1 jour) :*** l'église Saint Mary à Mosta, le cinquième plus grand dôme au monde ; Mellieħa et sa baie ; la baie de Għajn Tuffieħa, pour ses plages ; Paradise Bay, plage de sable réputée ; Saint Julian's et Paceville pour la vie nocturne.
– ***Gozo (1 jour) :*** la citadelle de Victoria ; la ville de Għarb ; Dwejra, la mer intérieure et la Fenêtre d'Azur ; la basilique de Ta'Pinu ; les temples de Ġgantija.

DEUX SEMAINES

Même programme que celui de 1 semaine en prolongeant son séjour à Gozo et en découvrant les villages typiques de Malte.
– ***Gozo (3 jours) :*** la citadelle de Victoria ; Dwejra, la « mer intérieure » et la Fenêtre d'Azur ; la basilique de Ta'Pinu ; les temples de Ġgantija ; les falaises de Ta'Ċenċ ; les salines de Qbajjar ; les plages de San Blas Bay et Ramla Bay, une promenade en bord de mer à Xlendi et Marsalforn ; l'excursion à Comino pour la journée (le Lagon bleu) ; plongée.
– ***Les villages typiques de Malte (2 jours) :*** les trois villages : Attard, Balzan et Lija ; le palazzo Parisio à Naxxar ; le Limestone Heritage à Siġġiewi, Żejtun, Żurrieq, plus une visite au centre d'artisanat de Ta'Qali.
– ***Le reste du temps (2 jours) :*** sports, tels qu'escalade, VTT, randonnée, voile, ski nautique et farniente.

ET SI VOUS ÊTES...

... plutôt culture, ne manquez pas La Valette, ses palais et ses musées, tout comme les Trois Cités, Mdina et Rabat, ou encore Victoria à Gozo, riches, elles aussi, en témoignages historiques ; l'hypogée de Hal Saflieni ; les nombreux sites archéologiques datant de la préhistoire : Għar Dalam, les temples de Ġgantija (Gozo), de Ħaġar Qim et de Mnajdra ; et, plus récent, le palazzo Parisio à Naxxar.

... féru d'architecture religieuse... hors des sentiers battus, ne manquez pas l'église de Siġġiewi ; les monastères et le prieuré des Carmélites de Mdina ; l'église Saint-Laurent à Vittoriosa ; l'église de Senglea ; le sanctuaire de Mellieħa ; la chapelle et la statue de la Madone à Armier Bay ; la basilique Saint-Georges à Victoria, Gozo ; la chapelle Ħal Millieri à Żurrieq ; l'église anglicane, l'église écossaise et l'église grecque orthodoxe à La Valette ; la mosquée de la communauté islamique à Paola ; la synagogue à La Valette.

... en famille, n'oubliez pas, à Malte, le Playmobil Fun Park, Popeye Village, le musée de l'Aviation près de Mdina, une impressionnante collection de voitures anciennes au Malta Classic Car Collection à Saint Paul ; et à Gozo : de faire vos premières bulles en plongée, d'aller admirer les salines de Qbajjar ou de Xlendi pour comprendre d'où vient le sel et comment on le récupère, et après le salé, le sucré en allant léchouiller une glace à Xlendi.

... en amoureux, ne manquez pas les couchers de soleil mémorables, que ce soit au bout de la baie de Xlendi, à Gozo, à la Fenêtre d'Azur ou dans le grand port de La Valette sur une barque ; le Blue Lagoon, si vous arrivez à persuader un skipper de vous embarquer très tôt le matin, ou en soirée quand la foule est déjà repartie.

... plutôt plages, rappelons qu'elles sont peu nombreuses, et bondées en été. Signalons celles, au nord de Malte, de Mellieħa, Paradise Bay, Armier Bay, et plus à l'ouest Għajn Tuffieħa et Golden Bay. À Gozo, les plages de Ramla Bay ou de Daħlet Qorrot, celle plus sauvage (et difficile d'accès) de San Blas, et, plus secrète, la « mer intérieure » *(inland sea)* à Dwejra.

... plutôt nature, ne manquez pas à Malte la réserve naturelle de Għadira, près de Mellieħa, la Grotte bleue, les falaises de Dingli ; prolongez votre séjour sur l'île de Gozo avec la baie de Mgarr ix-Xini, le fjord caché de Wied il-Għarsi ; et le Blue Lagoon à Comino.

... plutôt sports, Malte et Gozo s'offrent sans compter aux marcheurs et aux plongeurs, même débutants.

COMMENT Y ALLER ?

EN AVION

Les lignes régulières

▲ **AIR FRANCE**
Rens et résas au ☎ 36-54 (0,34 €/mn ; tlj 6h30-22h), sur • airfrance.fr •, dans les agences Air France et dans ttes les agences de voyages. Fermées dim.
➢ Air France, en partenariat avec *Alitalia,* dessert Malte avec 1 vol/j. via Rome au départ de Roissy-Charles-de-Gaulle, terminal 2F. Également une liaison 2 fois/sem entre Toulouse et Malte.
Air France propose à tous des tarifs attractifs toute l'année. Vous avez la possibilité de consulter les meilleurs tarifs du moment sur Internet, directement sur la page « Meilleures offres ET promotions ».
Le programme de fidélisation Air France-KLM permet de cumuler des *miles* à son rythme et de profiter d'un large choix de primes. Avec votre carte *Flying Blue,* vous êtes immédiatement identifié comme client privilégié lorsque vous voyagez avec tous les partenaires.
Air France propose également des réductions Jeunes. La carte *Flying Blue Jeune* est réservée aux jeunes âgés de 2 à 24 ans résidant en France métropolitaine, dans les départements d'outre-mer, au Maroc, en Tunisie ou en Algérie. Avec plus de 1 000 destinations et plus de 100 partenaires, *Flying Blue Jeune* offre autant d'occasions de cumuler des *miles* partout dans le monde.

▲ **AIR MALTA**
– Paris : 32, rue de Paradis, 75010. Rens et résas par tél slt : ☎ 0826-10-22-23 (0,15 €/mn). Secrétariat : ☎ 01-58-18-64-08. • airmalta.com • Pas d'accueil public.
➢ Avr-oct : de Paris, min 1 ou 2 vols/j. d'Orly-Ouest et de Roissy-Charles-de-Gaulle ; de Lyon et Marseille, 2 liaisons/sem. En hiver : Air Malta assure 4 vols/sem depuis Paris-Orly et 3/sem au départ de Roissy.

▲ **ALITALIA**
Rens et résas : ☎ 0892-655-655 (0,34 €/mn). • alitalia.fr • RER B : Roissy-CDG, terminal 2.
➢ Alitalia dessert Malte 1 fois/j. au départ de Roissy-Charles-de-Gaulle, terminal 2F, via Rome.

▲ **LUFTHANSA**
Rens et résas : ☎ 0892-231-690 (0,34 €/mn). • lufthansa.com •
➢ Lufthansa dessert Malte 4 fois/j. au départ de Roissy-Charles-de-Gaulle, terminal 1, via Francfort, Düsseldorf ou Münich.

▲ **SWISS**
Rens et résas : ☎ 0892-232-501 (0,34 €/mn). • swiss.com •
➢ Swiss dessert Malte, en partage de code avec *Air Malta,* 1 fois/j. au départ de Roissy-Charles-de-Gaulle, terminal 1, via Zurich.

Les compagnies *low-cost*

Ce sont des compagnies dites « à bas prix ». Elles desservent les capitales européennes ainsi que de nombreuses villes de province. Plus vous réserverez vos billets à l'avance, plus vous aurez de chances d'avoir des tarifs avantageux, mais il ne faut pas trop espérer trouver facilement des billets à prix plancher lors des périodes les plus fréquentées (vacances scolaires, week-ends...). N'hésitez pas à

combiner les offres, d'autant plus que les compagnies *low-cost* permettent des vols simples.
La résa se fait souvent par Internet et parfois par téléphone (pas d'agence, juste un numéro de réservation et un billet à imprimer soi-même). Des frais de dossier ainsi que des frais pour le paiement par carte bancaire peuvent vous être facturés. En outre, les pénalités en cas de changement d'horaires sont assez importantes. Afin de réduire les files d'attente dans les aéroports, certaines compagnies font même payer l'enregistrement aux comptoirs d'aéroport. Pour l'éviter, vous avez intérêt à vous enregistrer directement sur Internet, où le service est gratuit. Il faut aussi rappeler que plusieurs compagnies facturent maintenant les bagages en soute ou limitent leurs poids. En cabine également, le nombre de bagages est strictement limité (attention, même le plus petit sac à main est compté comme un bagage à part entière). À bord, c'est service minimum et tous les services sont payants (boissons, journaux...).
Ne pas oublier non plus d'ajouter le prix du bus pour se rendre à ces aéroports, souvent assez éloignés du centre-ville ou dans des aéroports secondaires quand il s'agit des capitales. Attention également, au moment de la résa par Internet, à décocher certaines options qui sont automatiquement cochées (assurances, etc.).
Au final, même si les prix de base restent très attractifs, il convient de prendre en compte tous ces frais annexes pour calculer le plus justement son budget.

▲ **AIR BERLIN**
Rens : ☎ 0826-96-73-78 (0,15 €/mn). • airberlin.com •
➢ De mi-mai à mi-oct, la compagnie propose 1 ou 2 vols/sem depuis Mulhouse/Bâle vers Malte.

▲ **RYANAIR**
Rens : ☎ 0892-562-150 (0,34 €/mn). • ryanair.com •
➢ Ryanair assure au départ de Marseille 2 vols/sem à destination de Malte.

▲ **TRANSAVIA.COM**
Rens et résas : ☎ 0892-05-88-88 (0,34 €/mn). • transavia.com/fr • Lun-ven 8h-22h ; w-e 9h30-18h.
➢ Transavia.com, compagnie *low-cost* du groupe *Air France-KLM,* dessert Malte entre mi-avr et fin oct : 2 fois/sem au départ de Paris-Orly-Sud et 1 fois/sem depuis Nantes.

LES ORGANISMES DE VOYAGES

– Ne pas croire que les vols à tarif réduit sont tous au même prix pour une même destination à une même époque : loin de là. On a déjà vu, dans un même avion partagé par 2 organismes, des passagers qui avaient payé 40 % plus cher que les autres. De plus, une agence bon marché ne l'est pas forcément toute l'année (elle peut n'être compétitive qu'à certaines dates bien précises). Donc, contactez tous les organismes et jugez vous-même.
– Les organismes cités sont classés par ordre alphabétique, pour éviter les jalousies et les grincements de dents.

EN FRANCE

▲ **MÉRÎLIA**
– Paris : 14, bd de Sébastopol, 75004. ☎ 01-56-68-12-00. • merilia.com • Ⓜ Châtelet ou Hôtel-de-Ville. Sur rdv, lun-ven 10h-18h30.
Spécialiste des îles méditerranéennes, Mérîlia propose 3 brochures dont une incluant l'archipel de Malte : villas, résidences, hôtels de charme, de loisirs et de prestige allant du 3 au 5-étoiles luxe, thalassos, spa, golf, plongée, cours d'anglais. Ainsi que des circuits et des combinés avec Gozo, Comino, la Sicile et Chypre.

▲ **NOUVELLES FRONTIÈRES**
Ttes les brochures Nouvelles Frontières sont disponibles dans les 300 agences expertes du réseau. Rens : ☎ 0825-000-825 (0,15 €/mn). • nouvelles-frontieres.fr •
Nouvelles Frontières, un savoir-faire incomparable depuis 45 ans. Des propositions de circuits, d'itinéraires à la carte, des séjours balnéaires et d'escapades imaginés et construits par des

spécialistes de chaque destination. Vols au départ de Paris et de province.

▲ **PLEIN VENT VOYAGES**
Résas et brochures dans les agences, ainsi que sur ● pleinvent-voyages.com ● ☎ 0892-35-00-73 (0,34 €/mn ; lun-ven 9h-19h, sam 9h-18h).
Filiale du groupe *Fram,* Plein Vent assure toutes ses prestations (circuits francophones et séjours tout compris en hôtels 3 ou 4 étoiles) au départ de Paris et de 15 villes de province. Son but : offrir des petits prix sur de nombreuses destinations. Malte fait partie de ses destinations phares. Plein Vent garantit ses départs et propose un système de « garantie annulation » performant.

▲ **PROMOVACANCES.COM**
☎ 0899-654-850 (1,35 € l'appel puis 0,34 €/mn ; lun-ven 8h-minuit, sam 9h-23h, dim 10h-23h). ● promovacances.com ●
Numéro 1 français de la vente de séjours sur Internet, Promovacances a fait voyager plus de 2 millions de clients en 10 ans. Le site propose plus de 10 000 voyages actualisés chaque jour sur 300 destinations : séjours, circuits, week-ends, thalasso, plongée, golf, voyages de noces, locations, vols secs... L'ambition du voyagiste : prouver chaque jour que le petit prix est compatible avec des vacances de qualité. Grâce aux avis clients publiés sur le site et aux visites virtuelles des hôtels, vous réservez vos vacances en toute tranquillité.

▲ **VOYAGES-SNCF.COM**
Voyages-sncf.com, acteur majeur du tourisme français qui recense neuf millions de visiteurs par mois, propose d'acheter en ligne des billets de train, d'avion, des chambres d'hôtel, des locations de voitures, des vacances et des séjours clés en main ou Alacarte®, ainsi que des spectacles, des excursions et des visites de musées. Un large choix et des prix avantageux sont offerts toute l'année, pour tous types de voyages dans le monde entier : SNCF, 180 compagnies aériennes, 84 000 hôtels référencés et les principaux loueurs de voitures.
Le site *● voyages-sncf.com ●* permet d'accéder tous les jours, 24h/24, à plusieurs services : envoi gratuit des billets à domicile, Alerte Résa pour être informé de l'ouverture des réservations et profiter du plus grand choix, calendrier des meilleurs prix (TTC), mais aussi des offres de dernière minute et des promotions...
Pratique : *● voyages-sncf.mobi ●,* le site mobile pour réserver, s'informer et profiter des bons plans n'importe où et à n'importe quel moment.
Et grâce à l'ÉcoComparateur, en exclusivité sur *● voyages-sncf.com ●,* possibilité de comparer le prix, le temps de trajet et l'indice de pollution pour un même trajet en train, en avion et en voiture.

Comment aller à Roissy et à Orly ?

Bon à savoir :
– le ***pass Navigo*** est valable pour Roissy-Rail (RER B, zones 1-5) et Orly-Rail (RER C, zones 1-4). Les week-ends et jours fériés, le *pass Navigo* est dézoné, ce qui permet à ceux qui n'ont que les zones 1 à 3 d'aller tout de même jusqu'aux aéroports sans frais supplémentaires ;
– le ***billet Orly-Rail*** permet d'accéder sans supplément aux réseaux métro et RER.

À Roissy-Charles-de-Gaulle 1, 2 et 3

Attention : si vous partez de Roissy, pensez à vérifier de quelle aérogare votre avion décolle, car la durée du trajet peut considérablement varier en fonction de cette donnée.

En transports collectifs

Les cars Air France : *☎ 0892-350-820 (0,34 €/mn). ● lescarsairfrance.com ● Paiement par CB possible à bord.*
Le site internet diffuse les informations essentielles sur le réseau (lignes, horaires, tarifs...) permettant d'avoir en temps réel des renseignements sur le trafic afin de mieux planifier son départ. Il propose également une boutique en ligne, qui permet d'acheter

NOUVEAUTÉ

SAN FRANCISCO (paru)

Très différente du reste des États-Unis, Frisco a, depuis la conquête de l'Ouest, fait figure de pionnière. Creuset de la Beat Generation puis de la révolution hippie, capitale gay, elle reste aujourd'hui encore un symbole de tolérance et un modèle de diversité culturelle. San Francisco est l'une des plus belles villes du monde. Elle enchante avec ses fameuses rues en pente bordées de petites maisons victoriennes et parcourues par d'antiques *cable cars.* Ici, des dimensions à taille humaine et une mosaïque de quartiers très divers : Russian Hill et ses célèbres collines surplombant l'Alcatraz, North Beach la bohème, Haight-Ashbury l'*hippyland* devenu branché, Castro la Mecque des homos et Mission la latino… Sans oublier les grands parcs où se nichent la plupart des musées, le mythique Golden Gate Bridge dominant la baie et un peu plus au sud, la Silicon Valley, berceau des nouvelles technologies, de Google à Facebook en passant par Apple. À une heure de route, on entre dans le pays du vin (Wine Country). L'occasion de faire la tournée des domaines et de goûter au vin de Francis Ford Coppola !

et d'imprimer les billets électroniques pour accéder aux bus.

➢ *Paris-Roissy :* départ pl. de l'Étoile (1, av. Carnot), avec un arrêt pl. de la Porte-Maillot (bd Gouvion-Saint-Cyr). Départs ttes les 30 mn 5h45-23h. Durée du trajet : env 1h. Tarifs : 16,20 € l'aller simple, 27,50 € l'A/R ; réduc enfants 2-11 ans. Autre départ depuis la gare Montparnasse (arrêt rue du Commandant-Mouchotte, face à l'hôtel *Pullman*), ttes les 30 mn 6h-21h30, avec un arrêt gare de Lyon (20 bis, bd Diderot). Tarifs : 17 € l'aller simple, 28,50 € l'A/R ; réduc enfants 2-11 ans.

➢ *Roissy-Paris :* les cars *Air France* desservent la pl. de la Porte-Maillot, avec un arrêt bd Gouvion-Saint-Cyr, et se rendent ensuite au terminus de l'av. Carnot. Départs ttes les 20-30 mn 5h45-23h des terminaux 2A et 2C (porte C2), 2E et 2F (niveau « Arrivées », porte 3 de la galerie), 2B et 2D (porte B1), et du terminal 1 (porte 34, niveau « Arrivées »). À destination de la gare de Lyon et de la gare Montparnasse, départs ttes les 30 mn 6h-22h des mêmes terminaux. Durée du trajet : env 1h15.

Roissybus : ☎ *32-46 (0,34 €/mn).* ● *ratp.fr* ● Départs de la pl. de l'Opéra (angle rues Scribe et Auber) ttes les 15 mn (20 mn à partir de 20h, 30 mn à partir de 22h) 5h45-23h. Durée du trajet : 1h. De Roissy, départs 6h-23h des terminaux 1, 2A, 2B, 2C, 2D et 2F, et à la sortie du hall d'arrivée du terminal 3. Tarif : 10,50 €.

Bus RATP n° 351 : de la pl. de la Nation, 5h35-20h20. Solution la moins chère mais la plus lente. Compter 3 tickets ou 5,70 € et 1h40 de trajet. Ou **bus n° 350,** de la gare de l'Est (1h15 de trajet). Arrivée Roissypôle-gare-RER.

RER ligne B + navette : ☎ *32-46 (0,34 €/mn).* Départ ttes les 15 mn 4h53-0h20 depuis la gare du Nord et à partir de 5h26 depuis Châtelet. À Roissy-Charles-de-Gaulle, descendre à la station (il y en a 2) qui dessert le bon terminal. De là, prendre la navette adéquate. Compter 50 mn de la gare du Nord à l'aéroport (navette comprise), mais mieux vaut prendre de la marge. Tarif : 10,90 €. *Pass Navigo* valable sans frais supplémentaires pour les aéroports.

Si vous venez du Nord, de l'Ouest ou du Sud de la France en train, vous pouvez rejoindre les aéroports de Roissy sans passer par Paris, la gare SNCF Paris-Charles-de-Gaulle étant reliée aux réseaux TGV.

En taxi

Pensez à explorer les nouveaux services de transport de personnes qui se développent dans la capitale et qui pourraient être adaptés à vos besoins.

– **WeCab :** ☎ *01-41-27-66-77.* ● *wecab.com* ● *Réduc de 10 % pour nos lecteurs avec le code « routard2014 » au paiement.* Une formule de taxi partagé (avoir un peu de souplesse horaire donc, maximum 2 arrêts), uniquement entre les aéroports parisiens et Paris/proche banlieue, tarifs forfaitaires (paiement à l'avance en ligne).

– **LeCab :** ☎ *01-76-49-76-49.* ● *lecab.fr* ● Tarifs forfaitaires (paiement à l'avance en ligne), pas de facturation des bagages, réservation gratuite sur Internet, payante par téléphone. Le chauffeur vient vous chercher dans l'aéroport...

Maintenant, à vous de voir !

En voiture

Chaque terminal a son propre parking. Compter 36 € par tranche de 24h. Également des parkings longue durée (PR et PX), plus éloignés des terminaux, qui proposent des tarifs plus avantageux (forfait 24h 26 €, forfait 7 jours 158 €). Possibilité de réserver sa place de parking via le site ● *aeroportsdeparis.fr* ● Stationnement au parking Vacances (longue durée) dans le P3 Résa (terminaux 1 et 3) situé à 2 mn du terminal 3 à pied, ou dans le PAB (terminal 2). Formules de stationnement 1-30 jours (115-230 €) pour le P3 Résa. Résa w-e 4j. au PAB : 49 €. Réservation sur Internet uniquement. Les P1, PAB et PEF accueillent les deux-roues : 15 € pour 24h.

Comment se déplacer entre Roissy-Charles-de-Gaulle 1, 2 et 3 ?

Les rames du CDG-VAL font le lien entre les 3 terminaux en 8 mn. Fonctionne tlj, 24h/24. Gratuit. Accessible aux personnes à mobilité réduite.

Départ ttes les 4 mn, et ttes les 20 mn minuit-4h. Desserte gratuite vers certains hôtels, parkings, gares RER et gares TGV. *Infos au : ☎ 39-50.*

À Orly-Sud et Orly-Ouest

En transports collectifs

Les cars Air France : *☎ 0892-350-820 (0,34 €/mn). • lescarsair-france.com • Tarifs : 11 € l'aller simple, 19 € l'A/R ; réduc 2-11 ans. Paiement par CB possible dans le bus.*

➢ *Paris-Orly :* départs de l'Étoile, 1, av. Carnot, ttes les 30 mn 5h-22h40. Arrêts au terminal des Invalides, rue Esnault-Pelterie (Ⓜ Invalides), gare Montparnasse (rue du Commandant-Mouchotte, face à l'hôtel *Pullman ;* Ⓜ Montparnasse-Bienvenüe, sortie Gare SNCF) et porte d'Orléans (arrêt facultatif uniquement dans le sens Orly-Paris). Compter env 1h.

➢ *Orly-Paris :* départs ttes les 20 mn 6h-23h40 d'Orly-Sud, porte L, et d'Orly-Ouest, porte H, niveau « Arrivées ».

RER C + navette : *☎ 01-60-11-46-20. • transdev-idf.com •* Prendre le RER C jusqu'à Pont-de-Rungis (un RER ttes les 15-30 mn). Compter 25 mn depuis la gare d'Austerlitz. Ensuite, navette pdt 15-20 mn pour Orly-Sud et Orly-Ouest. Compter 6,50 €. Très recommandé les jours où l'on piétine sur l'autoroute du Sud (w-e et jours de grands départs) : on ne sera jamais en retard. Pour le retour, départs de la navette ttes les 15 mn depuis la porte G à Orly-Ouest (5h40-23h14) et depuis la porte F à Orly-Sud (4h45-0h55).

Bus RATP Orlybus : *• ratp.fr •* Compter 20-30 mn pour rejoindre Orly (Ouest ou Sud) et 7,20 € l'aller simple.

➢ *Paris-Orly :* départs ttes les 15-20 mn de la pl. Denfert-Rochereau. Orlybus fonctionne tlj 5h35-23h, jusqu'à minuit ven, sam et veilles de fêtes.

➢ *Orly-Paris :* départ d'Orly-Sud, porte H, quai 4, ou d'Orly-Ouest, porte J, niveau « Arrivées ». Départs tlj 6h-23h20, jusqu'à 0h20 ven, sam et veilles de fêtes.

Orlyval : *☎ 32-46 (0,34 €/mn). • ratp.fr •* Compter 10,90 € l'aller simple entre Orly et Paris. La jonction se fait à Antony (ligne B du RER) sans aucune attente. Permet d'aller d'Orly à Châtelet et vice versa en 40 mn env, sans se soucier de la densité de la circulation automobile.

➢ *Paris-Orly :* départs pour Orly-Sud et Ouest ttes les 6-8 mn 6h-23h.

➢ *Orly-Paris :* départ d'Orly-Sud, porte K, zone livraison des bagages, ou d'Orly-Ouest, porte W, niveau 1.

En taxi

Pensez à explorer les nouveaux services de transport de personnes qui se développent dans la capitale et qui pourraient être adaptés à vos besoins (voir plus haut les solutions en taxi proposées pour se rendre à Roissy).

En voiture

– ***Parkings aéroports :*** à proximité d'Orly-Ouest, parkings P0 et P2. À proximité d'Orly-Sud, P1, P2 et P3 (à 50 m du terminal, accessible par tapis roulant). Compter 28,50 € pour 24h de stationnement. Les parkings P0 et P2 (Orly-Ouest) et P6 (Orly-Sud), à proximité immédiate des terminaux, proposent des forfaits intéressants, dont le « Week-end ». Forfaits disponibles aussi pour les P4 et P5 pour 24h. Il existe des forfaits Vacances intéressants à partir de 6j. et jusqu'à 45j. (100-300 €) aux P2 et P6. Les P4, P7 (en extérieur) et P5 (couvert) sont des parkings longue durée, plus excentrés, reliés en 10mn par navettes gratuites aux terminaux. *Rens : ☎ 01-49-75-56-50.* Comme à Roissy, possibilité de réserver en ligne sa place de parking (P0 et P7) sur *• aeroportsdeparis.fr •* Les frais de résa (en sus du parking) sont de 8 € pour 1 jour, de 12 € pour 2-3 jours et de 20 € pour 4-10 jours de stationnement pour le P0. Les parkings P0-P2 à Orly-Ouest et P1-P3 à Orly-Sud accueillent les deux-roues : 6,20 € pour 24h.

– À proximité, ***Econopark*** possibilité de laisser sa voiture à Chilly-Mazarin *(13, rue Denis-Papin, ZA La Vigne-aux-Loups 91380. À env 10 mn d'Orly ; proche A6 et A10. Résa et paiement*

en ligne • econopark.fr • ou par tél ☎ 01-60-14-85-62). De 1 à 28 jours, compter 30-166 €. Trajet A/R vers Orly en minibus (sans supplément). Option parking couvert possible.

Liaisons entre Orly et Roissy-Charles-de-Gaulle

Les cars Air France : *☎ 0892-350-820 (0,34 €/mn). • lescarsairfrance.com •* Départs de Roissy-Charles-de-Gaulle depuis les terminaux 1 (porte 32), 2A et 2C, 2B et 2D, 2E et 2F (galerie de liaison entre les terminaux 2E et 2F) vers Orly 5h55-22h30. Départs d'Orly-Sud (porte K) et d'Orly-Ouest (porte H) vers Roissy-Charles-de-Gaulle 6h30 (7h le w-e)-22h30. Ttes les 30-45 mn (dans les 2 sens). Durée du trajet : env 50 mn. Tarif : 20 €, 32 € A/R ; réduc.

RER B + Orlyval : *☎ 32-46 (0,34 €/mn).* Depuis Roissy, navette puis RER B jusqu'à Antony et enfin Orlyval entre Antony et Orly, 6h-22h15. Tarif : 19,50 €.

EN BELGIQUE

▲ AIRSTOP

Pour ttes les adresses Airstop, un seul numéro de tél : ☎ 070-233-188. • airstop.be • Lun-ven 9h-18h30 ; sam 10h-17h.
– Bruxelles : bd E.-Jacquemain, 76, 1000.
– Anvers : Jezusstraat, 16, 2000.
– Bruges : Dweersstraat, 2, 8000.
– Gand : Maria Hendrikaplein, 65, 9000.
– Louvain : Tiensestraat, 5, 3000.

Airstop offre une large gamme de prestations, du vol sec au séjour tout compris à travers le monde.

▲ CONNECTIONS

Rens et résas : ☎ 070-233-313 (lun-ven 9h-19h, sam 10h-17h). • connections.be •

Fort d'une expérience de plus de 20 ans dans le domaine du voyage, Connections dispose d'un réseau de 30 *travel shops*, dont un à l'aéroport de Bruxelles. Connections propose des vols dans le monde entier à des tarifs avantageux et des voyages destinés à des voyageurs désireux de découvrir la planète de façon autonome et de vivre des expériences uniques. Connections propose une gamme complète de produits : vols, hébergements, location de voitures, autotours, vacances sportives, excursions, assurances « protections »...

▲ SERVICE VOYAGES ULB

• servicevoyages.be • 25 agences dont 12 à Bruxelles.
– Bruxelles : campus ULB, av. Paul-Héger, 22, CP 166, 1000. ☎ 02-650-40-20.
– Bruxelles : pl. Saint-Lambert, 8, Woluwe, 1200. ☎ 02-742-28-80.
– Bruxelles : chaussée d'Alsemberg, 815, 1180. ☎ 02-332-29-60.

Service Voyages ULB, c'est le voyage à l'université. Billets d'avion sur vols charters et sur compagnies régulières à des prix compétitifs.

EN SUISSE

▲ STA TRAVEL

☎ 058-450-49-49. • statravel.ch •
– Fribourg : rue de Lausanne, 24, 1701. ☎ 058-450-49-80.
– Genève : rue de Rive, 10, 1204. ☎ 058-450-48-00.
– Genève : rue Vignier, 3, 1205. ☎ 058-450-48-30.
– Lausanne : bd de Grancy, 20, 1006. ☎ 058-450-48-50.
– Lausanne : à l'université, Anthropole, 1015. ☎ 058-450-49-20.

Agences spécialisées notamment dans les voyages pour jeunes et étudiants. 150 bureaux STA et plus de 700 agents du même groupe répartis dans le monde entier sont là pour donner un coup de main *(Travel Help).*

STA propose des tarifs avantageux : vols secs *(Blue Ticket),* hôtels, écoles de langues, *work & travel,* circuits d'aventure, voitures de location, etc. Délivre la carte internationale d'étudiant et la carte *Jeune.*

▲ TUI – NOUVELLES FRONTIÈRES

– Genève : rue Chantepoulet, 25, 1201. ☎ 022-716-15-70.
– Lausanne : bd de Grancy, 19, 1006. ☎ 021-616-88-91.

Voir texte dans la partie « En France ».

AU QUÉBEC

▲ TOURSMAISON

• *toursmaison.ca* •

Spécialiste des vacances sur mesure, ce voyagiste sélectionne plusieurs « Évasions soleil » (plus de 600 hôtels ou appartements dans quelque 45 destinations) et offre l'Europe à la carte toute l'année (plus de 17 pays) et une sélection de 11 compagnies de croisières. Au choix : transport aérien, hébergement, location de voitures pratiquement partout dans le monde.

▲ VOYAGES CAMPUS / TRAVEL CUTS

• *voyagescampus.com* •

Voyages Campus / Travel Cuts est un réseau national d'agences de voyages spécialisées pour les étudiants et les voyageurs qui disposent de petits budgets. Le réseau existe depuis 40 ans et compte plus de 50 agences dont 6 au Québec. Voyages Campus propose des produits exclusifs comme l'assurance « Bon voyage », le programme de Vacances-Travail (SWAP), la carte d'étudiant internationale (ISIC) et plus. Ils peuvent aider à planifier un séjour autant à l'étranger qu'au Canada et même au Québec.

EN BATEAU

Liaisons Italie-Sicile-Malte

Liaisons Italie-Sicile

La compagnie *Grandi Navi Veloci*, représentée par *Euro-Mer* en France, propose plusieurs traversées à destination de Palerme.

➢ Depuis ***Gênes,*** 6-7 liaisons/sem tte l'année. Traversée en 20h.

➢ Au départ de ***Naples,*** 1 liaison/j. tte l'année. Durée : 10h.

➢ Depuis ***Civitavecchia (Rome),*** 3 fois/sem. Durée : 13h. Si vous êtes en voiture, réservez à l'avance.

Promotions ponctuelles à l'année, en places limitées. Conseil : réserver à l'avance.

Liaisons Sicile-Malte

➢ ***Au départ de Pozzalo :*** tte l'année ; jusqu'à 8 traversées/sem en hte saison, avec ou sans votre véhicule, à des tarifs intéressants. Durée : 1h30. Possibilité d'A/R dans la journée. Rens auprès d'*Euro-Mer.*

➢ ***Au départ de Catane :*** tte l'année ; catamarans (5h de traversée) 2 fois/sem en hiver, 4-6 fois/sem en été avec *Virtu Ferries,* représenté en France par *Euro-Mer.*

■ **Euro-Mer :** *central de résas en France, 5, quai de Sauvages, CS 10024, 34078 Montpellier Cedex 3. ☎ 04-67-65-95-14. • euromer.net •* Réservation en ligne des traversées et des hôtels à prix intéressants.

UNITAID

UNITAID a été créé pour lutter contre le VIH/sida, le paludisme et la tuberculose, principales maladies meurtrières dans les pays en développement. UNITAID intervient dans 94 pays en facilitant l'accès aux médicaments et aux diagnostics, en en baissant les prix, dans les pays en développement. Le financement d'UNITAID provient principalement d'une contribution de solidarité sur les billets d'avion mise en place par 6 pays membres dont la France, où la taxe est de 1 € sur les vols intérieurs et de 4 € sur les vols internationaux (ce qui représente le traitement d'un enfant séropositif pour 1 an). Depuis 2006, UNITAID a déjà réuni plus d'un milliard de dollars. Les financements d'UNITAID ont permis à près d'un million de personnes atteintes du VIH/sida de bénéficier d'un traitement, et de délivrer plus de 19 millions de traitements contre le paludisme. Moins de 5 % des fonds servent au fonctionnement du programme, 95 % sont utilisés directement pour les médicaments et les tests. Pour en savoir plus : • *unitaid.eu* •

MALTE UTILE

▸ Pour la carte de l'archipel, se reporter au cahier couleur.

ABC DE MALTE

▸ *Population :* environ 411 000 hab.
▸ *Superficie :* 246 km² pour l'île de Malte, 67 km² pour Gozo et 3 km² pour Comino, soit 316 km² pour l'ensemble de l'archipel, ce qui en fait le plus petit État de l'Union européenne.
▸ *Densité de population :* environ 1 300 hab./km². Une des plus fortes au monde.
▸ *Capitale :* La Valette (7 000 hab. ; et 100 000 hab. si l'on compte la proche banlieue : Hamrun, Qormi, Birkirkara...).
▸ *Régime :* Malte a obtenu son indépendance en 1964 ; la République a été proclamée en 1974. Le régime est parlementaire.
▸ *Chef d'État :* le pouvoir exécutif est détenu par le Premier ministre, Joseph Muscat. Le président de la République est élu par le Parlement. George Abela occupe ce poste depuis avril 2009.
▸ *Indice de développement humain (espérance de vie, éducation, niveau de vie) :* 0,847. Rang mondial : 32e sur 187 pays.
▸ *Religions :* 97 % de chrétiens catholiques ; minorités protestante, musulmane et juive.
▸ *Langues officielles :* le maltais et l'anglais.
▸ *Monnaie :* l'euro (€) depuis le 1er janvier 2008.

AVANT LE DÉPART

Adresses utiles

Les offices de tourisme de Malte en France, en Belgique et au Canada ne sont pas accessibles au public. On peut néanmoins obtenir des informations et se faire envoyer des brochures grâce à leurs sites internet (voir plus ci-après), par e-mail, parfois par téléphone.

En France

Office de tourisme de Malte : *bureau fermé au public.* • *info@visitemalte.com* • *visitemalte.com* • *facebook.com/visitmalta* • *maltacultureguide.com* • Application culturelle gratuite pour Iphone et Androïd. L'office de tourisme a également créé un site spécialisé • *voyage-malte.fr* • pour avoir accès aux offres et promotions des tour-opérateurs.

Ambassade et consulat de Malte : *23, rue d'Artois, 75008 Paris.* ☎ *01-56-59-75-90.* • *mfa.gov.mt/france* • Ⓜ *Saint-Philippe-du-Roule ou Franklin-Roosevelt. Au 2e étage. Service consulaire ouv sur rdv uniquement lun-ven (sf j. fériés) 10h-12h, 14h-16h.*

En Belgique

Office de tourisme de Malte : *bureau fermé au public.* • *info@malta.be* • *visitemalte.com* • *malta.nl/fr* • Envoi de brochures.

Ambassade et consulat de Malte : *25, rue Archimède, 1000 Bruxelles.* ☎ *02-343-01-95.* • *maltaembassy.brussels@gov.mt* • *Lun-ven 9h-17h.*

Fermé, en principe, 2 sem en août et pour les fêtes de fin d'année.

En Suisse

Office de tourisme de Malte : *bureau fermé au public. ☎ 043-816-30-15. • switzerland@urlaubmalta.com • visitemalte.com • Lun-ven 8h30-17h30.* Envoi de brochures.

■ ***Consulat de Malte*** *(mission permanente de Malte auprès des Nations unies)* **:** *26, parc Château-Banquet, 1202 Genève. ☎ 022-901-05-80. • malta-un.geneva@gov.mt • Lun-ven 8h30-17h30 (par tél : 8h30-12h, 14h-16h).*

Au Canada

– Les renseignements touristiques sont à chercher sur le site officiel *• visitemalte.com •*

■ ***Consulat général de Malte :*** *Sun Life Financial Centre, 3300 Bloor St W, suite 3060, 10th floor, Centre Tower, Etobicoke, Ontario M8X-2X3. ☎ (416) 207-09-22 ou 89. • maltaconsulate.toronto@gov.mt • Lun-mer 9h-12h, 14h-16h30 ; jeu-ven 9h-12h.*

Formalités d'entrée

Pour les ressortissants français ou suisses, la carte d'identité doit être en cours de validité pour la durée du séjour. Ils peuvent également voyager avec un passeport périmé de moins de 5 ans. Aux citoyens belges, on demande que la carte d'identité soit valable encore 3 mois après le départ. Les Canadiens ont besoin d'un passeport encore valide au moins 3 mois après le retour.

Les étrangers résidant en France peuvent se rendre à Malte munis de l'original de leur titre de séjour français (ou carte de séjour ou carte de résident) et de leur passeport ; ces documents doivent être valables encore 3 mois après le retour (plus besoin de visa).

Mieux vaut toujours se renseigner suffisamment à l'avance auprès de l'ambassade de Malte et de la compagnie aérienne, avant le départ. Attention aux dates de validité des documents, l'immigration maltaise est très pointilleuse.

Le séjour ne doit pas, en principe, excéder 3 mois. Au-delà, il faut faire une demande de *E-Residence Permit* auprès du ***Citizenship and Expatriates Affairs Department*** *(3, Castille Pl, à La Valette ; ☎ 21-250-569 ou 22-001-800 ; • citizenship@gov.mt •).*

Les mineurs doivent être munis de leur propre pièce d'identité (carte d'identité ou passeport). Plus besoin d'une autorisation de sortie de territoire s'ils ne sont pas accompagnés par un de leurs parents. Seuls les Suisses doivent être munis d'une lettre signée de leurs parents, ainsi que de la photocopie de leur pièce d'identité.

Pour les étudiants étrangers en séjour linguistique de plus de 3 mois, il faut se munir d'un passeport (obligatoire) et effectuer les démarches de prolongation de séjour sur place (se renseigner auprès de l'école).

> Pensez à scanner passeport ou carte d'identité, visa, carte de paiement et vouchers d'hôtel. Ensuite, adressez-les-vous par e-mail, en pièces jointes, en même temps que votre billet d'avion. En cas de perte ou de vol, rien de plus facile pour les récupérer dans un cybercafé. Les démarches administratives en seront bien plus rapides.

Carte européenne d'assurance maladie

Pour un séjour temporaire à Malte, pensez à vous procurer la Carte européenne d'assurance maladie. Il vous suffit d'appeler votre centre de

Sécurité sociale (ou de vous connecter à son site internet), qui vous l'enverra sous quinzaine. Cette carte gratuite est valable 1 an et nominative : chaque membre de la famille doit avoir la sienne, y compris les enfants. Elle est utilisable dans tous les pays membres de l'UE, ainsi qu'en Islande, au Lichtenstein, en Norvège et en Suisse, sauf pour les soins délivrés dans les établissements privés. Si vous faites votre demande trop tardivement, on vous donnera un certificat provisoire de remplacement valable 3 mois.

Assurances voyage

■ ***Routard Assurance*** *(c/o AVI International)* **:** *106, rue de La Boétie, 75008 Paris.* ☎ *01-44-63-51-00.* • *avi-international.com* • Ⓜ *Saint-Philippe-du-Roule ou Franklin-D.-Roosevelt.* Depuis 1995, *Routard Assurance,* en collaboration avec *AVI International,* spécialiste de l'assurance voyage, propose aux routards un tarif à la semaine qui inclut une assurance bagages de 2 000 €, dont 300 € pour les appareils photo. Pour les séjours longs (de 2 mois à 1 an), il existe le contrat *Marco Polo.* Ces 2 contrats sont également disponibles à un prix forfaitaire pour les familles en courts et longs séjours. Les seniors ont aussi leur contrat, *Routard Assistance Senior. Routard Assurance* est aussi disponible en version « light » (durée adaptée aux week-ends et courts séjours en Europe). Vous trouverez un bulletin de souscription dans les dernières pages de chaque guide.

■ ***AVA* :** *25, rue de Maubeuge, 75009 Paris.* ☎ *01-53-20-44-20.* • *ava.fr* • Ⓜ *Cadet.* Un autre courtier fiable pour ceux qui souhaitent s'assurer en cas de décès-invalidité-accident lors d'un voyage à l'étranger, mais surtout pour bénéficier d'une assistance rapatriement, perte de bagages et annulation. Attention, franchises pour leurs contrats d'assurance voyage.

■ ***Pixel Assur* :** *18, rue des Plantes, 78600 Maisons-Laffitte.* ☎ *01-39-62-28-63.* • *pixel-assur.com* • *RER A : Maisons-Laffitte.* Assurance de matériel photo et vidéo tous risques dans le monde entier. Devis basé sur le prix d'achat de votre matériel. Avantage : garantie à l'année.

Carte internationale d'étudiant (carte ISIC)

Elle prouve le statut d'étudiant dans le monde entier et permet de bénéficier de tous les avantages, services et réductions dans les domaines du transport, de l'hébergement, de la culture, des loisirs, du shopping... C'est la clé de la mobilité étudiante !

La carte ISIC permet aussi d'accéder à des avantages exclusifs sur le voyage (billets d'avion spécial étudiants, hôtels et auberges de jeunesse, assurances, cartes SIM internationales, location de voiture...).

Pour l'obtenir en France

– ***Commandez-la en ligne* :** • *isic.fr* •
– ***Rendez-vous dans la boutique ISIC*** *(2, rue de Cicé, 75006 Paris ;* ☎ *01-40-49-01-01)* muni de votre certificat de scolarité, d'une photo d'identité et de 13 € (12 € + 1 € de frais de traitement). Émission immédiate sur place ou envoi à domicile le jour même de la commande en ligne.

En Belgique

Elle coûte 10 € (+ 1 € de frais d'envoi, 12 € via le site ISIC) et s'obtient sur présentation de la carte d'identité et de la carte d'étudiant auprès de l'agence ***Connections*** : *rens au* ☎ *070-23-33-13.* • *isic.be* •

En Suisse

Dans toutes les agences ***S.T.A. Travel*** *(☎ 058-450-40-00 ou 49-49),* sur présentation de la carte d'étudiant, d'une photo et de 20 Fs. Commande de la carte en ligne : • *isic.ch* • *statravel.ch* •

Au Canada

La carte coûte 20 $Ca (+ 1,50 $Ca de frais d'envoi). Disponible dans les agences ***Travel Cuts / Voyages Campus,*** mais aussi dans les bureaux d'associations étudiantes. Pour plus d'infos : • *voyagescampus.com* •

ARGENT, BANQUES, CHANGE

Monnaie

Depuis le 1er janvier 2008, Malte utilise l'euro. Plus de problèmes de change ni de commissions !

Banques, change

Malte compte 2 ***banques*** principales : *HSBC* et la *Bank of Valletta.* Dans toutes les villes, même petites, on trouve une agence de chacune. Elles sont généralement ouvertes du lundi au jeudi 8h30-13h30, le vendredi 8h30-15h30 et le samedi 8h30-12h.
Intéressant : pour nos amis suisses et canadiens, devant les banques, il existe des appareils de change automatiques offrant le même taux qu'à l'intérieur. Ils sont accessibles 24h/24, c'est très pratique. Il y en a même un à l'aéroport. Sinon, on peut toujours s'adresser aux ***bureaux de change,*** situés uniquement dans les zones touristiques. En général, ils sont ouverts tous les jours sauf le dimanche 9h-17h, parfois même plus tard. En dernier recours, il reste les hôtels, mais les taux sont peu avantageux.

Cartes de paiement

Les agences bancaires sont toutes équipées de ***distributeurs automatiques*** fonctionnant avec les cartes *Visa, MasterCard* et *American Express.* Attention au plafond de retrait hebdomadaire fixé par votre banque (renseignez-vous avant de partir). Quand c'est possible, préférez utiliser le distributeur automatique d'une banque pendant les horaires d'ouverture de celle-ci. En cas de pépin (carte avalée, erreur de numéro...), il est plus facile (et plus rapide) de récupérer sa carte au guichet de l'établissement.
Les ***cartes de paiement*** sont acceptées dans presque tous les hôtels (mais pas dans les *guesthouses* et les *B & B*) et dans la plupart des restaurants et des magasins (attention à la commission).
Le numéro de téléphone à contacter en cas de perte ou de vol est propre à chaque banque. Il figure sur votre contrat : n'oubliez pas de le noter avant de partir, ainsi que le numéro à 16 chiffres de votre carte. Conservez ces informations en lieu sûr, et séparément de votre carte. Rappelons par ailleurs que l'assistance médicale ne couvre que les 90 premiers jours du voyage et que l'assistance véhicule n'est réservée qu'aux détenteurs d'une carte haut de gamme (renseignez-vous auprès de votre banque).
Enfin, n'oubliez pas aussi de VÉRIFIER LA DATE D'EXPIRATION DE VOTRE CARTE DE PAIEMENT !
– ***Carte Visa :*** *assistance médicale incluse ; numéro d'urgence* (Europ Assistance) *:* ☎ *(00-33) 1-41-85-85-85. Pour faire opposition, contactez le numéro communiqué par votre banque.* • *visa-europe.fr* •
– ***Carte MasterCard :*** *assistance médicale incluse ; numéro d'urgence :* ☎ *(00-33) 1-45-16-65-65. En cas de perte ou de vol, pour faire opposition, composez le numéro communiqué par votre banque.* • *mastercardfrance.com* •
– ***Carte American Express :*** *téléphonez en cas de pépin au* ☎ *(00-33) 1-47-77-72-00 (24h/24).* • *americanexpress.fr* •
– ***Pour toutes les cartes émises par La Banque postale :*** *composez le* ☎ *0825-809-803 (0,15 €/mn) depuis la France métropolitaine ou les DOM, ou le* ☎ *(00-33) 5-55-42-51-96 depuis l'étranger.*

Western Union Money Transfer

Western Union Money Transfer (• *westernunion.com* •) permet un transfert

d'argent liquide très rapide convenant aux besoins urgents (perte ou vol de carte de paiement). 2 manières de procéder :
– dépôt d'argent en euros dans l'un des bureaux *Western Union* dont les correspondants en France sont *La Banque postale* (fermée sam ap-m, n'oubliez pas ! ☎ 0825-00-98-98, 0,15 €/mn) et la *Société financière de paiements* (SFDP ; ☎ 0825-825-842, 0,15 €/mn). Le transfert est effectué en moins de 15 mn. La commission, assez élevée, est payée par l'expéditeur ;
– transfert en ligne 24h/24 par carte de paiement (*Visa* ou *MasterCard* émise en France).
En cas de nécessité à Malte : ☎ 80-073-773. Nombreux points de retrait.

BUDGET

Globalement, la vie à Malte est un peu moins chère qu'en France ou en Belgique. Côté hébergement, ce sont les *guesthouses* et les *B & B* (voire les locations d'appartements) qui offrent le meilleur rapport qualité-prix. Au resto, il faut s'éloigner un peu des centres touristiques pour trouver des prix sages, et bien souvent inférieurs à ceux pratiqués en France. La cuisine italienne (pâtes, minestrone, pizzas) et le lapin en sauce, une spécialité maltaise, permettent toujours de s'en tirer à bon compte, même dans les établissements un peu plus chic. De même, les *pastizzi* (friands bien nourrissants) constituent un snack bon, pratique et très économique. Les poissons frais et les viandes, eux, sont plus chers : difficile de s'en sortir à moins de 15-20 € le plat. Attention aussi à certains produits de la vie courante, plus onéreux, car la plupart du temps importés. Quant à la bière et aux vins, on ne voudrait pas vous pousser à la consommation, mais ils sont assez bon marché... Le transport n'est pas très cher non plus.
À noter : tous les prix de cette édition sont mentionnés à titre indicatif et ne constituent en aucun cas un « accord » passé entre le prestataire et le *Routard.* Les taxes élevées imputables au secteur touristique, l'augmentation des charges ou tout simplement une décision du propriétaire peuvent entraîner en cours d'année une hausse des prix. Ces derniers sont libres, et on ne nous avertit pas forcément d'une hausse impromptue. Il était, semble-t-il, nécessaire de le repréciser.

Hébergement

Nous indiquons les tarifs pour deux personnes en chambre double. Ceux-ci varient généralement selon la saison (on indique la fourchette dans le texte), l'été étant bien sûr plus cher que l'hiver, où les prix peuvent être divisés par trois, surtout dans les hôtels de certaines stations (nettement moins d'écart, voire pas d'écart du tout, à La Valette). Certains établissements annoncent parfois aussi un prix par personne.
– ***Bon marché :*** moins de 20 € par personne (en auberge de jeunesse ou assimilé) ou 20-40 € pour deux (dans une *guesthouse* familiale).
– ***Prix moyens :*** 40-60 € (en *guesthouse* « confort » ou dans un petit hôtel).
– ***Un peu plus chic :*** 60-80 € (dans un beau *B & B* ou dans un hôtel standard).
– ***Chic :*** 80-120 € (dans un bon hôtel).
– ***Très chic :*** plus de 120 €. Le luxe...

Restaurants

Pour les petits budgets, il peut être judicieux de loger dans un appartement équipé d'une cuisine et de s'approvisionner dans les supermarchés. Sinon, vive les pizzas et les spaghettis ! Ou faites comme les Maltais et brunchez. Prix par personne pour un repas moyen sans les boissons :
– ***bon marché :*** moins de 15 € ;

- ***prix moyens :*** 15-25 € ;
- ***chic :*** 25-35 € ;
- ***très chic :*** plus de 35 €.

Transports

- Un trajet en ***bus*** coûte environ 2,20 €.
- Attention aux ***taxis,*** pas donnés compte tenu des faibles distances. Pour les tarifs de l'aéroport, voir plus loin « Arrivée à l'aéroport » dans le chapitre « Malte ».
- ***La location d'une voiture*** de catégorie A revient à environ 30 € par jour, minimum de 3 jours souvent demandé en haute saison, parfois un peu moins hors saison. C'est un peu plus cher avec les compagnies internationales.
- ***L'essence*** sans plomb coûtait environ 1,50 € le litre fin 2013.

Visites

Les entrées de ***musées*** et de ***sites archéologiques*** ne sont pas spécialement bon marché. En moyenne, compter 5-6 € par site, avec des pointes à 10 ou 12 €, et même... 30 € pour l'hypogée de Hal Saflieni. On peut néanmoins se rattraper avec quelques vieux musées encore assez bon marché, de-ci, de-là, les églises... ou encore les balades dans les ruelles de La Valette ou de Mdina. La plupart des sites sont fermés pendant les fêtes de fin d'année (Noël, Jour de l'an) et le Vendredi saint.

Tous appliquent les mêmes réductions : moitié prix pour les étudiants (sur présentation de la carte ISIC uniquement), les moins de 18 ans, les jeunes Européens de moins de 26 ans et les plus de 60 ans. Gratuit pour les enfants de moins de 6 ans... accompagnés, nous précise-t-on... sait-on jamais, une vocation culturelle précoce !

Intéressant : *Heritage Malta* propose aussi un « Multisite Pass » à 35 € valable sans limite dans le temps pour voir tous les sites gérés par *Heritage Malta,* c'est-à-dire une vingtaine, soit la grande majorité, à l'exception de l'hypogée de Hal Saflieni. Également des billets combinés *(block tickets)* pour visiter plusieurs musées à tarif réduit. Plus d'infos sur • *heritagemalta.org* •

CLIMAT

Le climat de Malte est de type méditerranéen, avec des étés secs et chauds, tempérés par des brises marines, et des hivers doux et ensoleillés. Si le mercure peut friser les 40 °C en juillet et août, il oscille autour de 15 °C au cours des mois les plus froids. La période des pluies se situe entre novembre et février, mais le volume annuel des précipitations reste faible.

- On peut se baigner dans la mer d'avril à octobre et pratiquer des sports nautiques toute l'année. Le mistral est le vent dominant, et le sirocco ne souffle qu'à la fin de l'été.

Quand y aller ?

- La meilleure saison est sans doute le printemps, pas trop chaud, et l'ensoleillement est garanti. De plus, Gozo se couvre de marguerites et de narcisses à cette époque.
- L'automne est aussi une période agréable, la mer reste tiède et il fait encore beau. Quelques pluies sporadiques brèves mais fortes en septembre-octobre.

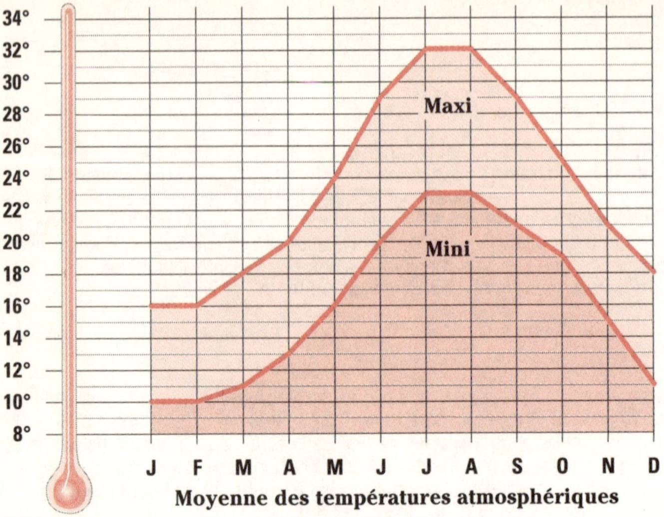

Moyenne des températures atmosphériques

MALTE (La Valette)

Quels vêtements emporter ?

Vêtements légers en toute saison et une petite laine pour les soirées en bord de mer. Un coupe-vent aussi. N'oubliez pas les lunettes de soleil, une crème protectrice et un chapeau. Des chaussures confortables pour les randonnées ainsi que pour marcher sur les plages de cailloux. Éventuellement, des sandales en plastique.

– *Conseil :* Malte étant un pays catholique, si vous visitez les églises, prévoyez de quoi couvrir vos épaules, mesdames ; quant aux messieurs, ils porteront de préférence un pantalon long.

DANGERS ET ENQUIQUINEMENTS

Malte est un pays sûr, même si la petite délinquance a fait son apparition dans l'île. Pour éviter les vols, mieux vaut observer les quelques règles de base : ne rien laisser en évidence dans la voiture, ne pas partir à la plage avec toutes ses économies, à l'hôtel toujours mettre sous clé ses objets de valeur, et ne pas sortir de la banque sa liasse de billets à la main. Du bon sens, quoi...

– Par ailleurs, méfiez-vous des chasseurs lors de vos randos à la campagne (ils sévissent toute l'année sauf en été... en principe).

– Un truc tout bête : la conduite se faisant à gauche, pensez à regarder... à droite en traversant, c'est un réflexe à prendre.

– Drogues : la détention de substances toxiques, même pour son usage personnel, peut valoir au mieux le renvoi immédiat dans son pays d'origine, au pire un séjour dans la prison locale.

– Un spray antimoustiques ou, à défaut, une crème apaisante permettent toujours de passer des vacances moins « démangeantes ».

DÉCALAGE HORAIRE

Pas de décalage entre Malte et la France, la Belgique ou la Suisse.

ÉLECTRICITÉ

Le courant électrique à Malte est de 230-240 volts, 50 hertz. Les prises de courant sont de type anglais, avec des plots rectangulaires et non circulaires comme en Europe continentale. Prévoir donc au besoin un adaptateur qui vous permettra de recharger les batteries des téléphones portables ou celles des appareils photo. Bien sûr, on peut trouver ces adaptateurs sur place. Les hôtels moyen et haut de gamme ont des prises prévues pour les appareils européens ou des adaptateurs à disposition des clients.

FÊTES ET JOURS FÉRIÉS

- ***À la mi-carême :*** c'est bien sûr le carnaval.
- ***Pendant la Semaine sainte*** *(avant Pâques)* **:** il est de coutume, dans de nombreux oratoires et même chez les particuliers, de reconstituer la Cène, avec une table mise d'assiettes et de plats décorés de légumes secs multicolores dessinant des symboles chrétiens ou des croix de Malte.
- ***De juin à septembre :*** fêtes paroissiales (les *festi*) célébrées dans tout le pays. Il y en a au moins une par week-end durant cette période. Reportez-vous à la rubrique « Religions et croyances » dans « Hommes, culture, environnement ».
- ***Les 28 et 29 juin : Mnarja,*** la fête du solstice solaire, héritage des *Luminaria* romaines. Haute en couleur, c'est la fête populaire par excellence. Au bas de la ville de Rabat, en fin d'après-midi, le 28, se déroule un défilé de chevaux, ânes et mulets tirant des charrettes, présidé autrefois par le grand maître de l'Ordre. Ils cheminent jusqu'aux Buskett Gardens. Le soir et le lendemain, les Maltais vont en famille sous les grands arbres pour écouter les joutes des chanteurs traditionnels et déguster du lapin. Après la messe a lieu un concours agricole. Il n'y a encore pas si longtemps, la jeune mariée faisait promettre à son mari, dans le contrat de mariage, qu'il l'emmènerait tous les ans à Mnarja. C'est dire l'importance de cette fête sur l'île.
- ***Le 8 septembre :*** anniversaire de la fin du grand siège de 1565. Ne pas manquer les régates dans le Grand Port, où chaque équipe des cités portuaires tient à porter haut ses couleurs.
- Le même ***8 septembre,*** ainsi que le ***24 juin,*** dans un tout autre registre, n'hésitez pas à aller à la co-cathédrale Saint-Jean à La Valette pour assister à l'office où sont présents ***les descendants des chevaliers de Malte,*** qui en portent toujours le titre.
- Pour tout savoir sur les fêtes et festivals de l'année à Malte, rendez-vous sur • *visitmalta.com/events* • (en anglais).

Jours fériés

- ***1er janvier :*** Jour de l'an.
- ***10 février :*** anniversaire du naufrage de saint Paul.
- ***19 mars :*** fête de la Saint-Joseph à Rabat.
- ***31 mars :*** fête de la Liberté, qui célèbre le départ des Anglais en 1979.
- ***Fin mars-début avril :*** Semaine sainte (voir plus haut).
- ***1er mai :*** fête du Travail.
- ***7 juin :*** commémoration des émeutes du 7 Juin (fête nationale).

– ***29 juin :*** *Mnarja* (voir plus haut).
– ***15 août :*** fête de l'Assomption.
– ***8 septembre :*** fête de la Levée du grand siège (voir plus haut).
– ***21 septembre :*** fête de l'Indépendance.
– ***8 décembre :*** fête de l'Immaculée Conception.
– ***13 décembre :*** fête de la République, proclamée en 1974.
– ***25 décembre :*** Noël.

HÉBERGEMENT

On trouve des *B & B,* des *guesthouses,* des hôtels, mais aussi de plus en plus de complexes touristiques et de locations d'appartements et de villas. Il y en a pour toutes les bourses. Sachant les courtes distances qui séparent les principaux centres d'intérêt, il n'est guère nécessaire de changer d'hébergement, sauf à aller à Gozo, car quel que soit le lieu de résidence, on peut toujours rayonner facilement à l'intérieur des deux îles.
La haute saison touristique se situe entre avril et octobre. À cette époque, tous les hôtels liés à des tour-opérateurs organisent des animations quasi quotidiennes. Certains apprécient, d'autres non. Dans la pratique, cela se traduit souvent par un effroyable brouhaha, chaque hôtel essayant de concurrencer son voisin... Difficile de s'endormir avant minuit, voire plus tard.

Camping

Le camping est récent à Malte, encore confidentiel certes, puisqu'il n'existe qu'un seul vrai terrain, situé sur la péninsule de Marfa. En revanche, le camping sauvage est interdit. Comme ça, c'est clair !

Hôtellerie

Promotions sur Internet

De plus en plus d'hôtels modulent les tarifs de leurs chambres sur Internet en fonction du taux d'occupation. Il y a donc les prix de base (ceux que nous indiquons) et les promos proposées sur le Net. À certaines périodes, le prix des chambres évolue en permanence, ce qui permet d'optimiser le chiffre d'affaires (comme le font les compagnies aériennes).

Ces promotions sont extrêmement variables d'une semaine à l'autre, voire d'un jour à l'autre. Elles sont particulièrement intéressantes pour les hôtels de gamme supérieure (3 étoiles). Par exemple, un établissement qui annonce des prix officiels de 90 à 130 € proposera les mêmes chambres entre 60 et 80 € sur son site, à certaines périodes.

Bref, lorsque vous avez choisi votre hôtel, allez donc faire un tour sur son site pour voir ce qu'il propose. De vraies bonnes affaires en perspective !

On trouve toutes les catégories : de 1 à 5 étoiles. Pour ceux qui recherchent le confort, il peut être judicieux de s'adresser à une agence ou à un tour-opérateur (voir le chapitre « Comment y aller ? » en début de guide). Les chambres de certains hôtels haut de gamme sont en effet revendues bien moins cher que sur place. Sachez aussi que, malheureusement, le nombre d'établissements est limité dans les villes les plus intéressantes de Malte : à La Valette, la passionnante capitale de Malte, encore plus à Mdina, Rabat, et dans les Trois Cités ! La plupart des hôtels se trouvent en effet concentrés en bord de mer, sur la côte nord, à l'ouest de la capitale. Là, beaucoup d'entre eux affichent des étoiles qu'ils ne méritent souvent pas : on ne compte plus les 4-étoiles auxquels on n'en accorderait que deux, des établissements vieillissants qui font de l'abattage, des services on ne peut plus limités. Évitez particulièrement le secteur de Qawra et Buġibba, où règne le béton *cheap* et mal entretenu. Résultat, pour ne pas être déçu : misez sur les bonnes vieilles pensions ou sur les grandes chaînes soucieuses de leur renommée. Mais, même dans ce cas, la tenue générale peut s'avérer inférieure aux attentes.

Hostels

Ce sont les auberges de jeunesse ou *youth hostels* telles qu'on les connaît partout dans le monde. Le choix est malheureusement très limité en la matière. On en trouve néanmoins quelques-unes, notamment à Saint Julian's et à Sliema, près de La Valette. La carte des AJ n'est pas obligatoire.

Résidences

Il s'agit de résidences destinées aux jeunes étudiants et adultes en séjour linguistique à Malte. Mais cette formule est aussi proposée aux non-étudiants, selon la saison. • *nsts.org* •

Guesthouses et *Bed & Breakfast*

Les *guesthouses* sont bien souvent d'anciennes maisons maltaises ou des palais reconvertis et aménagés. On plébiscite ce bon rapport qualité-prix-convivialité. Malheureusement, les prétendues *guesthouses* se standardisent de plus en plus jusqu'à – dans les cas extrêmes – ressembler à s'y méprendre à de simples hôtels. Les *guesthouses* sont classées dans les catégories *standard* ou *comfort* avec, pour ces dernières, un confort équivalent à celui d'un 2-étoiles.
Quant aux *Bed & Breakfast,* ce sont des chambres d'hôtes, le plus souvent haut de gamme, aménagées dans de belles demeures pleines de caractère. Le rapport qualité-prix-convivialité est indéniable. Elles sont toutefois encore trop peu nombreuses, alors pensez bien à réserver à l'avance.

Séjour chez l'habitant

Hors saison, n'hésitez pas à contacter les écoles de langue. Elles peuvent proposer un logement chez l'habitant. Liste des écoles sur • *visitemalte.com* • ou • *feltom.com* •

Location d'appartements et appart-hôtels

– Appartement à louer : la formule classique désignée souvent sous le terme *self-catering.* C'est une catégorie en pleine expansion. Également quelques locations de charme à La Valette (voir « Où louer un studio, un appartement ? » dans la capitale).
– L'appart-hôtel est une formule adaptée aux familles, combinant les avantages de l'hôtel (on peut utiliser l'infrastructure, piscine, jeux, etc., ménage sur demande) et la possibilité de faire soi-même la cuisine.
Pour ces formules, renseignements auprès de l'office de tourisme de Malte : • *visitemalte.com* • Voir aussi les sites indiqués plus bas.

Location de *farmhouses* à Gozo

À Gozo, où les hôtels ne sont pas nombreux, l'agrotourisme est un bon moyen de se loger. Pour plus d'informations sur ce mode d'hébergement, voir la partie consacrée à Gozo en fin de guide.

Sites internet recommandés pour l'hébergement

En plus des sites mentionnés pour Gozo (voir en fin de guide), vous pouvez faire un tour sur :
• ***visitemalte.com*** • Coordonnées d'hôtels sur le site de l'office de tourisme. Pas de prix, il faut contacter les établissements en direct.
• ***holidays-malta.com*** • En anglais. Ce site présente une liste (incomplète mais utile quand même) d'hôtels, appart-hôtels, *guesthouses* et appartements à louer *(self-catering),* classés par secteurs et villes. Les liens conduisent à des pages présentant les établissements, avec les prix (parfois manquants) et les caractéristiques, souvent illustrées de photos des chambres.

LIVRES DE ROUTE

Romans et B.D.

– ***Le Faucon de Malte*** (1929), de Dashiell Hammett, Gallimard, coll. « Folio policier » (1999 ; 232 p.). Dans ce classique du roman noir de l'école Hard-Boil, rien ne se passe à Malte. Les personnages sont pour la plupart des Américains qui vivent à San Francisco dans les années 1920. Seules quelques pages d'un dialogue entre le détective Sam Spade et un nommé Gutman évoquent l'histoire de l'ordre de Malte et ses richesses incommensurables. Après que l'Ordre eut été chassé de Rhodes en 1523, l'empereur Charles Quint céda en 1530 l'île aux chevaliers (un prêt gratuit et à long terme en somme) à condition qu'ils paient un tribut annuel symbolique sous forme d'un faucon. Pour marquer leur gratitude à l'égard de l'empereur, au lieu d'un oiseau vivant, ils lui envoyèrent la statue d'un faucon en or massif, incrustée de pierres précieuses. Mais la statue aurait été volée, passant de main en main au fil des siècles, pour parvenir chez un mystérieux général russe installé à Constantinople autour de 1930. Cette captivante quête du mythique oiseau se transforme en une enquête enfiévrée pleine de rebondissements, racontée avec génie par l'un des grands noms de la littérature policière américaine. Le livre a donné naissance au film de John Huston, *Le Faucon maltais,* où Spade est interprété par l'excellent Humphrey Bogart.
– ***À Malte, histoires du crépuscule*** (2004), d'Oliver Friggieri, L'Harmattan, coll. « Écritures » (196 p.). Poète, romancier, essayiste, professeur de littérature à l'université de Malte, l'auteur est considéré comme le plus grand écrivain maltais vivant. *Histoires du crépuscule* est un recueil de nouvelles, qui reflètent bien les espoirs, les craintes, les illusions et les déceptions des gens simples vivant sur une île tranquille dans une société basée sur les valeurs catholiques et familiales.
– ***La Religion*** (2009), de Tim Willocks, Sonatine (852 p.). Cet auteur anglais envoûte le lecteur dans une épopée historique, au temps du grand siège de Malte. Il place au centre de son histoire Matthias Tanhauser, un jeune Saxon kidnappé par des musulmans, devenu guerrier, puis marchand d'armes, avant de débarquer à Malte pour aider une comtesse à retrouver son fils disparu. Pour mener sa mission à bien, il devra affronter l'inquisiteur tant redouté, qui n'est autre que le père du garçon. Une fresque haletante, premier volet d'une trilogie annoncée.
– ***Malta Hanina*** (2012), de Daniel Rondeau, Grasset (300 p.). L'écrivain et ancien ambassadeur de France à Malte raconte l'archipel, son histoire, les personnages qui l'ont traversé et marqué, et il rend un vibrant hommage à sa beauté et à sa générosité.

- ***Les Hospitaliers de Malte*** (2000), de Gilles d'Aubigny et Bernard Capo, Tequi (48 p.). Cette B.D. historique retrace les neuf siècles de l'Ordre du temps des croisades jusqu'à nos jours. Une mise en lumière vivante de leur mission à Malte et ailleurs.
- ***Le Janitor. L'Ange de Malte, tome I*** (2007), de François Boucq et Yves Sente, Dargaud (48 p.). Cette B.D., en forme de thriller ésotérique, met en scène Vince, séminariste promu agent secret du Vatican, chargé de veiller et de surveiller les prélats en missions délicates... Beaucoup de suspense dans ce premier tome qui se déroule à Malte.

Pour mieux comprendre

- ***Les Chevaliers de Malte - Des hommes de fer et de foi*** (1998), de Bertrand Galimard-Flavigny, Gallimard, coll. « Découvertes » (127 p.). Ce livre, très bien fait, nous invite à la découverte captivante de l'ordre de Malte, à travers des illustrations toujours bien choisies.
- ***Histoire de l'ordre de Malte*** (2006), de Bertrand Galimard-Flavigny, Librairie Académique Perrin (334 p.). Tout, tout, tout, vous saurez tout sur l'ordre de Saint-Jean-de-Jérusalem, de sa fondation en 1113 à son histoire moderne. Une approche qui révèle l'importance des chevaliers dans les grands courants de l'histoire européenne.
- ***L'Ordre de Malte au XVIIIe s - Des dernières splendeurs à la ruine*** (2002), d'Alain Blondy, Bouchène (520 p.). Un ouvrage érudit sur cette période charnière de l'Ordre qui passa d'un rôle chevaleresque à un rôle politique et diplomatique, et fit de l'archipel un maillon essentiel du commerce méditerranéen.
- ***Le Siège de Malte, la grande défaite de Soliman le Magnifique*** (1999), de Catherine Desportes, Perrin (267 p.). Un livre important sur une date cruciale, c'est le cas de le dire, de l'histoire de Malte.
- ***Les Chevaliers de Malte*** (2002), de Prosper Jardin et Philippe Guyard, Perrin (390 p.). Historien, l'auteur Prosper Jardin appartenait à l'ordre de Malte, par tradition familiale. La première édition de ce livre, publiée en 1974, fut couronnée par l'Académie française. Il s'agit ici de la réédition revue et augmentée par Philippe Guyard, après le décès de Prosper Jardin en 1988. L'histoire de l'ordre de Malte est racontée dans un style clair et précis. On y évoque aussi ses activités hospitalières et humanitaires à travers le monde d'aujourd'hui.
- ***Parfum de cour, gourmandises de rois - Le commerce des oranges entre Malte et la France au XVIIIe s*** (2003), d'Alain Blondy, Bouchène (192 p.). Une approche originale des relations franco-maltaises analysées à travers la culture et le commerce de l'orange, un produit de luxe utilisé à des fins diplomatiques. Ce fruit, qui ne commença à se répandre qu'au début du XIXe s, fit également vivre toute une population de Maltais et assura la fortune de l'île. La substance du livre est tirée de la correspondance d'un épicier parisien et de son fils abbé, chapelain conventuel de l'Ordre.
- ***Le Fabuleux Destin de Malte*** (2006), de Didier Destremau, Éditions du Rocher (196 p.). Ancien ambassadeur de France à Malte, Didier Destremau met en lumière le rôle stratégique de l'île dans l'histoire de la Méditerranée, en explorant la grande histoire par la petite. Anecdotes, analyses politique et sociologique se mêlent pour exposer les dessous de l'Ordre.

POSTE

La poste centrale est située à La Valette *(Castille Pl)*, et la plupart des villes possèdent un bureau de poste. Dans les villages, c'est souvent un magasin qui fait office de « sous-bureau » de poste. Ouvert en gros entre 7h45/8h et 12h45/13h, puis de 16h à 18h ; le samedi, le matin seulement. Une carte ou une lettre de 20 g maximum s'affranchit à peine à 0,40 €. Service sûr, mais pas toujours très rapide. En dehors des bureaux de poste, on peut se procurer des timbres dans les hôtels et chez les marchands de journaux. Quant aux boîtes aux lettres, elles sont nombreuses et facilement reconnaissables à leur couleur rouge.

SANTÉ

Pas de vaccin obligatoire. On conseille toutefois d'être à jour dans ses vaccinations « universelles », recommandées en Europe pour tout le monde : tétanos, polio, diphtérie, hépatite B. Attention au soleil. Prévoir chapeau et crème solaire.
Les infrastructures sanitaires de Malte sont modernes. L'hôpital de référence et le plus récent est le *Mater Dei Hospital* *(Tal-Qroqq, à Msida, à l'ouest de La Valette et de Floriana, sur la route de Sliema ; ☎ 25-450-000).*
Bon à savoir : les journaux du dimanche indiquent les pharmacies de garde (ouvertes 9h-12h30 à Malte et 7h30-11h à Gozo). Sinon, la pharmacie de l'aéroport, située aux arrivées, est ouverte tous les jours (y compris pendant les fêtes) 7h30-22h ; c'est de loin le meilleur plan.
Pensez à vous procurer la Carte européenne d'assurance maladie (se reporter à la rubrique concernée dans « Avant le départ » plus haut).

SÉJOURS LINGUISTIQUES

En Europe, Malte est la troisième destination pour apprendre l'anglais après Londres et l'Irlande ! Environ 70 000 personnes (dont 6 000 à 7 000 Français), jeunes ou adultes du monde entier, viennent chaque année dans ce but. Les deux atouts majeurs de l'île : un important héritage britannique, avec une langue anglaise bien implantée (même si elle reste une seconde langue pour de nombreux Maltais) et très présente dans les médias. Et bien sûr... le soleil et la mer, arguments de vente imparables. On a beau être là pour étudier, ça n'empêche pas de profiter du reste...
Malte mise donc beaucoup sur ses écoles de langues. Il en existe une trentaine. L'hébergement se fait soit en famille d'accueil, soit en résidence universitaire, ou même à l'hôtel ; à moins d'opter pour le *One to One,* l'élève logeant dans la famille de l'enseignant qui lui donne des cours. Il existe aussi une formule qui permet à une personne de suivre des cours une partie de la journée avant de retrouver sa famille en vacances le reste du temps.
Mais autant être prévenu, le séjour linguistique à Malte vaut moins pour la pratique de l'anglais au quotidien (tous les Maltais ne maîtrisent pas parfaitement la langue) que pour le caractère très convivial de l'expérience : des jeunes venus de toute l'Europe se retrouvent là (beaucoup de Russes, entre autres), et les soirées sont souvent animées. D'autant que la plupart des écoles ont leur siège à Saint Julian's, le QG de la vie nocturne à Malte !
Vous trouverez la liste des écoles sur le site • *visitemalte.com* • ou sur celui de la FELTOM *(Federation of English Language Teaching Organisations in Malta),* • *feltom.com* • Cliquer sur « Students », puis « Courses », puis sur le type de programme recherché. Bien sûr, le site est seulement en anglais. Au boulot !

SITES INTERNET

Sites généralistes

• ***routard.com*** • Rejoignez la plus grande communauté francophone de voyageurs ! Échangez avec les « routarnautes » : forums, photos, avis d'hôtels. Retrouvez aussi toutes les informations actualisées pour choisir et préparer vos voyages : plus de 200 fiches pays, une centaine de dossiers pratiques et un magazine en ligne pour découvrir tous les secrets de votre destination. Enfin, comparez les offres pour organiser et réserver votre voyage au meilleur prix. Routard.com, le voyage à portée de clic !

• ***ambafrance-mt.org*** • L'ambassade de France à La Valette. Tout sur la présence française à Malte, et des données intéressantes sur l'archipel.

• ***gov.mt*** • Le site, en anglais et en maltais, du gouvernement maltais, qui donne toute l'information officielle de l'île.

• ***di-ve.com*** • Le plus efficace moteur de recherche en anglais sur Malte. Art, commerce, environnement, histoire, mer, média, science, voyage, tourisme... Dans la rubrique « What is Malta », cliquer sur « Malta Photo Gallery » pour accéder à la photothèque très importante (classée par sites et par villes).

• ***aboutmalta.com*** • Portail internet en anglais. Beaucoup d'infos, parfois confuses, et de liens, mais si on a un peu de temps, on trouvera son bonheur...

Sites touristiques

• ***visitemalte.com*** • Le site officiel de l'office de tourisme maltais. Bien réalisé et très complet, vous y puiserez de nombreuses informations.

– Également de très bons sites sur Gozo : se reporter directement au chapitre concerné.

Sites historiques et culturels

• ***orderofmalta.org*** • ***ordredemaltefrance.org*** • Sites officiels (tous deux disponibles en français) de l'ordre souverain militaire et hospitalier de Saint-Jean-de-Jérusalem, de Rhodes et de Malte, plus communément appelé ordre de Malte (ouf !). Basée à Rome, cette vieille organisation présente ses activités humanitaires et diplomatiques à travers son site très bien fait. Histoire, mission, spiritualité, publications. Pour bien montrer qu'il s'agit d'une organisation reconnue par le Saint-Siège, par l'ONU et par la communauté internationale, et non d'une secte, l'Ordre mène une dynamique politique de transparence et de communication sur ses activités dans le monde.

• ***dinlarthelwa.org*** • En anglais. Le site d'une ONG qui s'active pour la sauvegarde du patrimoine naturel et historique de Malte et de Gozo.

• ***heritagemalta.org*** • En anglais. Le site du département chargé de la gestion des musées, des sites archéologiques et des monuments de Malte.

Médias

• ***comfm.com*** • Sélection de radios et de télévisions diffusant sur le Web.

• ***timesofmalta.com*** • L'édition en ligne du *Times* maltais, en anglais.

• ***yellowpages.com.mt*** • En anglais. Les pages jaunes maltaises. Ça peut toujours dépanner.

SPORTS ET LOISIRS

Comme on pourrait s'y attendre, à Malte, les sports nautiques sont à l'honneur : voile, plongée avec ou sans bouteille, pêche... On peut louer des canoës, barques, planches à voile, bateaux à moteur et hors-bord dans les principaux centres nautiques.

Mais passons aux choses sérieuses : le football. Sorte de deuxième religion, le foot exacerbe le caractère passionné des Maltais et fait ressortir leur prédilection pour la division. Car, en foot comme en tout, la population est divisée en deux : les partisans de la *Premier League* anglaise et ceux du *Calcio* italien. Pourquoi pas

le championnat maltais ? Il est... disons... plutôt faiblard. Les matchs se passent toujours au stade national de Ta'Qali, en plein centre de Malte.
L'autre sport national, beaucoup moins médiatique, voire totalement ignoré sur nos terres, est le water-polo. De son héritage britannique, Malte a également gardé un goût prononcé pour le cricket, le tennis et le golf.
Pour les amateurs de nature, Malte se prête particulièrement bien à la randonnée, au VTT ou à l'escalade et, bien sûr, à la plongée.

PLONGÉE

Jetez-vous à l'eau !

Bercés par des eaux cristallines légendaires, les fonds maltais étonnent par leur atmosphère quasi irréelle. On découvre un extravagant capharnaüm de grottes, arches, tunnels et tombants, que les rayons du soleil irradient en mille nuances bleutées. Débutants et confirmés évoluent facilement dans cette véritable « féerie méditerranéenne » où se faufile une vie sous-marine riche, colorée et très préservée. Si certaines espèces affichent une présence systématique sur tous les spots, comme les anémones, éponges, posidonies, poulpes, sars, saupes, mérous, girelles, castagnoles, loups, rascasses, daurades, dentis, poissons-perroquets, murènes, etc., on croise aussi souvent thons, dauphins, et même de petits hippocampes.
La plongée se pratique sur les côtes de l'île de Malte, bien sûr, mais aussi tout autour de Gozo et de Comino, où l'on trouve les sites les plus sauvages... L'archipel est en effet réputé pour son relief sous-marin et une très bonne visibilité. Les conditions d'exploration sont idéales de juin à octobre, avec une température de l'eau autour de 23 °C.
– ***Règle d'or :*** respectez absolument cet environnement délicat. N'apportez pas de nourriture aux poissons, ne touchez à rien, et attention où vous mettez vos palmes ! La sauvegarde des sites et de leurs occupants dépend de vous.

Les clubs de plongée

À Malte, les clubs sont affiliés à l'organisme international *PADI* (*Professional Association of Diving Instructors,* représenté dans plus de 60 pays), dont les règles et standards de plongée – d'origine américaine – sont reconnus dans toutes les mers du globe. Ils sont aussi généralement rattachés à la CMAS (Confédération mondiale des activités subaquatiques), dont les méthodes sont assez similaires. Dans tous les cas, l'encadrement est assuré par des instructeurs certifiés – véritables professionnels de la mer – qui maîtrisent le cadre des plongées et connaissent tous les spots « sur le bout des palmes ».
Un bon centre de plongée est celui qui respecte toutes les règles de sécurité, sans négliger le plaisir. Méfiez-vous d'un club qui vous embarque sans aucune question préalable sur votre niveau ; il n'est pas « sympa », il est dangereux. Regardez si le centre est bien entretenu (rouille, propreté...), si le matériel de sécurité – obligatoire – (oxygène, trousse de secours, téléphone portable ou radio...) est présent, s'il n'y a pas trop de plongeurs par moniteur (six maximum), et si vous n'avez pas trop à porter l'équipement (on est en vacances quand même !). Les diplômes des instructeurs doivent être affichés. N'hésitez pas à vous renseigner, car vous payez pour plonger ; en échange, vous devez obtenir les meilleures prestations...
Les clubs que nous recommandons dans les différents villages de l'archipel maltais sont souvent francophones. La plupart acheminent leurs plongeurs en jeep jusqu'aux spots, généralement accessibles – en comité restreint – depuis la côte. Des sorties en mer à la demi-journée (une plongée) ou à la journée (deux plongées, repas compris) sont également proposées. Compter environ 30-35 € pour une plongée, encadrement compris, et un peu plus avec l'équipement.

– Le certificat médical n'est plus obligatoire ; les clubs font remplir un questionnaire de santé. Sachez aussi que l'initiation des enfants requiert un encadrement qualifié dans un environnement approprié (eau tempérée, petit fond, sans courant, matériel spécial). Enfin, pour ne pas modifier le bon déroulement de la désaturation, pensez à respecter un intervalle de 24h avant de prendre l'avion.
– Site de l'association des écoles de plongée maltaises : • *pdsa.org.mt* •

C'est la première fois ?

Pour faire vos premières bulles, pas besoin d'être sportif ni bon nageur. Il suffit d'avoir au moins 8 ans et d'être en bonne santé. L'usage des médicaments est incompatible avec la plongée. De même, les femmes enceintes et ceux qui souffrent d'asthme s'abstiendront de toute incursion sous-marine.
Tout commence donc par un baptême : une petite demi-heure pendant laquelle le moniteur s'occupe de tout et vous tient la main. Même si vous vous sentez harnaché comme un sapin de Noël déraciné, tout cet équipement s'oublie complètement une fois dans l'eau. Vous ne devriez pas descendre au-delà de 5 m, et puis, rassurez-vous, la plongée ne fait pas mal aux oreilles ! Il suffit simplement de souffler en se bouchant le nez. Il ne faut pas forcer dans cet étrange « détendeur » que l'on met dans votre bouche, au contraire. Et le fait d'avoir une expiration active est décontractant puisque c'est la base de toute relaxation. Être dans l'eau modifie l'état de conscience, car les paramètres du temps et de l'espace sont changés : on se sent (à juste titre) ailleurs. En contrepartie de cet émerveillement, suivez impérativement les règles de sécurité, expliquées au fur et à mesure par votre moniteur. Comptez environ 40-50 € pour un baptême, puis l'aventure se poursuit par un apprentissage progressif...

Formation et brevets

L'apprentissage *PADI* débute par le brevet d'*Open Water Diver,* qui permet à un plongeur accompagné d'un moniteur de descendre jusqu'à 18 m de fond. Compter alors 3-4 jours de formation, et en moyenne 350 €. Puis on enchaîne avec l'*Advanced Open Water Diver,* en 2-3 jours ; avant de passer le *Rescue Diver,* généralement sur 5 jours. Enfin, le diplôme de *Divemaster* prépare les futurs instructeurs à l'encadrement... La CMAS, quant à elle, délivre des étoiles aux plongeurs en fonction de leur niveau.
Le passage de tous ces brevets doit être étalé dans le temps, afin de pouvoir acquérir l'expérience indispensable. Demandez conseil à votre instructeur (il y est passé avant vous !).
Tous les clubs délivrent un carnet de plongée *(log-book)* qui retracera votre expérience et réveillera vos bons souvenirs une fois les vacances terminées. Gardez-le soigneusement et pensez toujours à emporter ce précieux « passeport » en voyage.

Reconnaissance internationale

Si vous voulez plonger en France, après avoir passé votre premier brevet *PADI* à Malte, vos aptitudes à la plongée seront jugées par un moniteur d'État qui, souvent après quelques exercices supplémentaires, vous délivrera le niveau français correspondant. *Important :* en France, certains moniteurs sont aussi instructeurs *PADI* ; adressez-vous à eux en priorité.

Accidents et assurances

En cas de pépin (il faut bien en parler !), on trouve deux caissons hyperbares à l'*hôpital Mater Dei (☎ 25-455-269),* à Tal-Qroqq (Msida), sur l'île de Malte ; et un troisième au *Gozo General Hospital (☎ 21-561-600).* Sachez que le traitement d'un accident de décompression est pris en charge pour les ressortissants de l'Union européenne ; il suffit de présenter sa Carte européenne d'assurance maladie (voir plus haut, en début de chapitre, dans « Avant le départ »).

Quelques lectures...

– En kiosque : le magazine ***Plongeurs international.*** • *testplongeurs.e-monsite.com* •
– Le ***dossier pratique*** « La plongée sous-marine » de notre site internet : • *routard.com/guide_dossier/id_dp/35/num_page/3.htm* •

Tour-opérateurs spécialisés dans la plongée à Malte

Ils proposent généralement des séjours plongée d'une semaine avec, selon votre bourse, différentes catégories d'hébergement, en demi-pension ou en pension complète.

■ ***Océanes :*** *425, allée François-Aubrun, 13100 Le Tholonet. ☎ 04-42-52-82-40. • oceanes.com •*
■ ***Ultramarina :*** *☎ 0825-02-98-02 (0,15 €/mn). • ultramarina.com •*
– Lyon : 11, rue Bugeaud, 69006.
– Marseille : 27, rue de la Palud, 13001.
– Nantes : 2 ter, rue des Olivettes, CS 33221, 44032 Nantes Cedex 1.
– Paris : 29, rue de Clichy, 75009.
– En Belgique : rue aux Frênes, 1, 4020 Liège. ☎ 04-344-34-30.
– En Suisse : rue des Eaux-Vives, 76, 1207 Genève. ☎ 022-786-14-86.

Nos meilleurs spots

À Malte

Ċirkewwa (carte couleur *L'archipel de Malte* et carte *Comino et Gozo*) **:** *à la pointe nord-ouest de l'île. Idéal pour les baptêmes et plongeurs de ts niveaux.* Une petite baie paisible, comme à la piscine, où les débutants lâchent quelques bulles de bonheur en compagnie des classiques poissons méditerranéens. Ensuite, seuls les cracks explorent le tombant vertigineux (jusqu'à 36 m !) qui borde ce site d'exception. Rendez-vous garanti avec les poulpes, mérous, poissons-perroquets et... une jolie statue de la Vierge dressée dans une petite grotte ! À proximité, en visitant l'épave du *Rozi,* on tutoie barracudas, sérioles, castagnoles et oblades, qui tournicotent inlassablement autour de cet ancien remorqueur. Autre épave à Ċirkewwa, le *P29,* un pétrolier.

Qawra (carte couleur *L'archipel de Malte*) **:** *au nord-est de l'île. Pour les baptêmes et plongeurs de ts niveaux.* « Vol au-dessus d'un nid de poissons » dans cette baie calme, peu profonde et peuplée par des centaines de bébés poissons qui virevoltent joyeusement entre les roches et les herbiers de posidonies. De belles tranches de vie sous-marine à découvrir dans une eau toujours très claire. À quelques brassées de palmes, seuls les plongeurs confirmés s'aventurent sur un tombant (40 m maximum) recouvert d'éponges magnifiquement colorées.

Anchor Bay (carte couleur *L'archipel de Malte*) **:** *au nord-ouest de l'île. Pour les baptêmes et plongeurs de ts niveaux.* Encore une crique tranquille, dominée par le village de cinéma construit pour le tournage du film sur les aventures de Popeye. C'est donc « gonflé à bloc » que l'on survole les roches colorées et le sable immaculé (14 m de fond maximum), à la découverte des mignons habitants du coin : poulpes, mérous, girelles... Une plongée fastoche, qui ne déplaît pas non plus aux confirmés.

Għar Lapsi (carte couleur *L'archipel de Malte*) **:** *au sud de l'île. Pour les baptêmes et plongeurs de ts niveaux.* À quelques encablures d'un mignon petit port de pêche, voici un étonnant réseau de grottes sous-marines (10 m de fond maximum), baignées d'eaux limpides et illuminées par les rayons du soleil qui traversent l'azur méditerranéen avec des nuances sublimes. Les classiques poissons de la Grande Bleue sont aux premières loges. Quel spectacle !

Żurrieq *(carte couleur L'archipel de Malte)* **:** *au sud de l'île. Pour plongeurs confirmés.* Très belle promenade sous-marine le long de cette côte parsemée de rochers, refuge de nombreux poissons (de 6 à 25 m de fond). À proximité, l'épave de l'énorme pétrolier libyen *El Faroud* repose par 30 m sur un fond de sable blanc. Beau panorama sur l'étrave enrobée de végétation multicolore. On plane aussi au-dessus de la timonerie, des quartiers de l'équipage et des ponts déchirés par la terrible explosion qui coula le navire... Un nouvel équipage peu discipliné est aujourd'hui aux commandes : barracudas, poissons-perroquets, thons, sars, daurades, rougets, mérous, sans oublier les nombreux calamars qui viennent pondre en hiver. Pour éviter tout accident, ne pas s'aventurer dans l'épave. Attention : courant parfois violent.

À Comino

Santa Marija Caves (carte Comino et Gozo) **:** *au nord-est de l'île. Min niveau I.* Ici, la côte est découpée comme du gruyère, et l'on se faufile gentiment à travers d'innombrables grottes tapissées d'éponges, d'anémones colorées (environ 13 m de fond) et de nudibranches. Classiques compagnons de plongée : poulpes et murènes, planqués sagement dans leur trou, mais aussi d'impressionnants bancs de sars, de castagnoles et d'oblades, dans lesquels on est obligé de se frayer un passage ! Une plongée amusante.

Lantern Point *(carte Comino et Gozo)* **:** *au sud-ouest de l'île. Pour plongeurs confirmés.* Chouette balade dans un impressionnant fatras de gros rochers éboulés (entre 8 et 40 m de fond), formant un réseau de canyons, d'arches et de cavernes. Voici le terrain de jeu favori des mérous, barracudas et dentis. Également pas mal d'anémones roses délicates, et un joli point de vue en remontant par une cheminée naturelle.

P31 *(carte Comino et Gozo)* **:** *à l'ouest de l'île. Niveau I et snorkelling.* Ancien patrouilleur est-allemand long de 50 m. Grâce à une eau claire, même ceux qui pratiquent le *snorkelling* peuvent voir ce bateau posé sur le sable à 18 m de profondeur. Les plongeurs visitent l'intérieur du navire.

À Gozo

Xlendi Bay (carte Comino et Gozo) **:** *au sud-ouest de l'île. Pour plongeurs de ts niveaux ; idéal pour les baptêmes, les cours et les plongées de nuit.* Bienvenue dans la féerie méditerranéenne ! Au départ de la plage, une plongée exceptionnelle et fastoche pour batifoler en toute insouciance (ou presque !) avec des milliers de poissons en pleine forme : sars, saupes, girelles, mérous, castagnoles, rascasses, etc., mais aussi des barracudas. À proximité, seuls les cracks vont explorer une jolie grotte aux parois couvertes d'étoiles de mer et d'éponges multicolores (25 m de fond maximum).

Mġarr ix-Xini *(carte Comino et Gozo)* **:** *au sud-est de l'île. Pour les baptêmes et plongeurs de ts niveaux.* Immersion tranquille depuis une petite plage sauvage, pour découvrir la faune luxuriante (12 m de fond maximum), réfugiée dans les éboulis des falaises qui plongent sous la mer. À travers la vitre du masque, daurades, mérous, sars et saupes déploient toutes leurs fantaisies, sous l'œil glauque des poulpes blottis dans leur trou. Avec un peu de chance, quelques rares hippocampes accrochés dans les algues. Également de jolies grottes, que seuls les plongeurs confirmés vont explorer. Aucun doute, « le bonheur est dans le bleu » !

Xwejni Bay *(carte Comino et Gozo)* **:** *au nord de l'île. Parfait pour les baptêmes.* Encore une petite baie tranquille pour de sympathiques aventures sous-marines en eaux limpides et sur fond de sable blanc. Joli ballet des saupes aux robes jaune et argent, qui tournicotent dans les herbiers de posidonies, survolés par des bébés mérous rigolos et des barracudas fuselés comme des torpilles... Une très belle plongée.

Blue Hole *(carte Comino et Gozo)* **:** *à Dwejra, sur la côte ouest de l'île. Pour plongeurs confirmés.* Voici l'une des plongées les plus spectaculaires de l'archipel maltais : un curieux ensemble de grottes, arches et tunnels (30 m de fond maximum), auxquels on accède par un trou bleu, qui révèle une vie sous-marine d'une richesse absolue. Gros mérous « pépères », daurades, barracudas, dentis, poissons-perroquets tout droit venus de la mer Rouge, etc., virevoltent joyeusement dans une eau cristalline à souhait. Vraiment superbe !

Inland Sea *(carte Comino et Gozo)* **:** *à proximité de Blue Hole. Pour plongeurs confirmés.* Encore une plongée étonnante (40 m de fond maximum), qui débute par un plouf dans une piscine naturelle, pour ensuite parcourir un large tunnel aux nuances de bleus magnifiques, et enfin accéder au tombant extérieur particulièrement sauvage. Mérous, anthias, rascasses, poulpes, murènes, barracudas sont au rendez-vous... Conseil : se rincer l'œil sans compter !

VOILE

La voile fait naturellement partie de la vie de l'île, et vous trouverez sans difficulté une école de voile ou des endroits pour louer un bateau : il existe, en effet, plus de 50 loueurs.

Malte possède de nombreux ports de plaisance, le plus grand étant celui de la marina de Msida située dans le port de Marsamxett (700 postes de mouillage). À Saint Julian's, le port de Portomaso est le plus moderne, mais il est plus petit. À Gozo, c'est la marina de Mġarr qui peut abriter le plus de voiliers.

L'archipel accueille plusieurs courses, dont *Le Trophée Bailli de Suffren* entre Saint-Tropez et La Valette, qui a lieu fin juin-début juillet, et la prestigieuse *Rolex Middle Sea Race* (● *rolexmiddlesearace.com* ●), une course qui se déroule chaque année mi-octobre. Pour plus d'informations sur les manifestations de voile locales (autres courses estivales vers la Sicile et autour de l'archipel), consulter le site du *Royal Malta Yacht Club* : ● *rmyc.org* ●

ESCALADE

On peut pratiquer la varappe toute l'année, grâce au climat méditerranéen de l'île. Il existerait en tout quelque 1 300 voies dans l'archipel, de quoi s'occuper ! Les meilleures falaises se trouvent sur les côtes sud et ouest, à Dingli et Migra-l-Fehra, et à Gozo (à Ta'Ċenċ). Il peut être judicieux de joindre un club spécialisé (voir plus bas).

RANDONNÉE ET VTT

Pratiqués dans le sud-ouest de Malte ou à Gozo, dans une nature sauvage aux reliefs vallonnés, ces sports permettent de découvrir tous les bons côtés du pays. Attention, les sentiers ne sont pas balisés, mais on trouve sur place, en librairie et dans les offices de tourisme, des petits guides de randonnées sur Malte et Gozo bien faits, notamment le *10 Great Walks* (en anglais uniquement), consacré à Gozo. Plein d'explications, aussi bien sur l'itinéraire que sur la botanique, l'architecture et l'histoire.

Gare à ne pas piétiner les champs et à ne pas vous laisser enfermer par les murets de pierre et les haies de figuiers de Barbarie. Faites aussi attention aux chasseurs.

GOLF

Il existe un golf de 18 trous dans le complexe sportif de Marsa, avec vue directe sur le dôme. Pour tout renseignement, contacter le *Royal Malta Golf Course* (☎ *21-227-019* ; ● *royalmaltagolfclub.com* ●).

AGENCES SPÉCIALISÉES DANS LES ACTIVITÉS NATURE

■ ***Malta Outdoors :*** *99-425-439.* ● *maltaoutdoors.com* ● Organise plusieurs activités de plein air : rando, escalade, VTT, kayak de mer, etc.
■ ***Malta Rock Climbing Club :*** *99-470-377.* ● *climbmalta.com* ● Pour l'escalade.
■ ***Malta Rock Climbing :*** ☎ *21-480-240.* *99-458-352.* ● *malta-rockclimbing.com* ● Pour l'escalade.
■ ***Gozo Adventures :*** *7 triq Indrija, Victoria.* ☎ *21-564-592.* *99-241-171.* ● *gozoadventures.com* ● Pour des sorties en bateau, de la plongée, de la marche, de l'escalade, du VTT, etc.

TÉLÉPHONE ET TÉLÉCOMS

Téléphone

Les cabines fonctionnent avec des cartes. On peut les acheter dans les magasins, les bars, les postes et les kiosques.
Pour l'étranger, mieux vaut recourir aux « taxiphones » spécialisés dans les communications à bas coût. On en trouve dans les lieux touristiques (La Valette, Sliema, Buġibba, Qawra, Victoria), parfois fusionnés avec un cybercafé, et leurs tarifs sont très avantageux. Sinon, *Go* a mis en place le système « Ten21 », qui permet, avec l'achat d'une carte de 5 ou 10 €, d'appeler l'international d'un téléphone public (ou de toute autre ligne fixe) à prix très réduit. On compose d'abord le code 123, puis le numéro de la carte, et ensuite le fameux « 1021 ». Ne reste plus qu'à faire le numéro de son correspondant, qui commence par « 00 » pour l'international. Les appels locaux sont gratuits depuis les cabines avec la carte « 1021 ».
- ***France → Malte :*** composer le 00 + 356 (indicatif du pays), suivi du numéro du correspondant.
- ***Malte → France :*** composer le 00 + 33 (32 pour la Belgique, 41 pour la Suisse), suivi du numéro du correspondant sans le 0 initial.
- ***Malte → Malte :*** composer le numéro à huit chiffres, qui commence par 21, 22 ou 23 pour les postes fixes et par 77, 79, 98 ou 99 pour les téléphones portables.

Numéros utiles
- ***Renseignements :*** ☎ *1182.*
- ***Opérateur international :*** ☎ *1152.*

Voir aussi les numéros dans la rubrique « Urgences » en fin de chapitre.

Téléphones portables

À Malte, le réseau des GSM est largement développé par *Vodaphone, Melita* et *Go Mobile.* Toutefois, vous risquez de ne pas capter de réseau dans les coins les plus reculés (comme le sud-ouest de Malte). Avant de partir, contactez votre opérateur pour activer l'option Europe.
- ***À savoir :*** en principe, il n'est pas utile, à Malte, de posséder un téléphone tri-bande ou quadri-bande. Pour être sûr que votre appareil est compatible avec votre destination, renseignez-vous auprès de votre opérateur.
- ***Activer l'option « international » :*** pour les abonnés récents, elle est en général activée par défaut. En revanche, si vous avez souscrit à un contrat depuis plus de 3 ans, pensez à contacter votre opérateur pour souscrire à l'option (gratuite). Attention toutefois à le faire au moins 48h avant le départ.
- ***Le « roaming » :*** c'est un système d'accords internationaux entre opérateurs. Concrètement, cela signifie que lorsque vous arrivez dans un pays, au bout de quelques minutes, le nouveau réseau s'affiche automatiquement sur l'écran de votre téléphone.

– Vous recevrez rapidement un SMS de votre opérateur, proposant un ***pack voyageurs*** plus ou moins avantageux, incluant un forfait limité de consommations téléphoniques et de connexion internet. À vous de voir...
– ***Tarifs :*** ils sont propres à chaque opérateur et varient en fonction des pays (le globe est découpé en plusieurs zones tarifaires). N'oubliez pas qu'à l'international, vous êtes facturé aussi bien pour les appels sortants que pour les appels entrants. Ne papotez donc pas des heures en imaginant que c'est votre interlocuteur qui paiera ! En principe, ça coûte tout de même moins cher de les recevoir que de les émettre.
– ***Internet mobile :*** si vous utilisez les réseaux 3G et 4G (et non le wifi), les connexions à l'étranger ne sont pas facturées selon le temps de connexion mais en fonction de la quantité de données échangées... Il peut suffire de quelques clics sur sa boîte mail et d'un peu de surf pour faire exploser les compteurs, avec au retour de voyage des factures de plusieurs centaines d'euros ! Le plus sage consiste à ***désactiver la connexion 3G (ou 4G)*** dès que vous passez les frontières. En effet, certains mobiles se connectent d'eux-mêmes sur Internet à intervalles réguliers afin d'effectuer des mises à jour (c'est le cas des *Blackberry* par exemple). Résultat, même sans surfer, vous êtes connecté... et vous payez ! Il faut également penser à ***supprimer la mise à jour automatique de votre messagerie,*** qui consomme elle aussi des octets sans vous avertir (option « Push mail »). Optez pour le mode manuel.

Bons plans pour utiliser son téléphone à l'étranger

– ***Acheter une carte SIM/puce sur place :*** une option très avantageuse. Il suffit d'acheter à l'arrivée une carte SIM locale prépayée chez l'un des trois opérateurs représentés dans les boutiques de téléphonie mobile des principales villes. On vous attribue alors un numéro de téléphone local et un petit crédit de communication. Avant de signer le contrat et de payer, essayez donc, si possible, la carte SIM du vendeur dans votre téléphone – préalablement débloqué – afin de vérifier si celui-ci est compatible. Ensuite, les cartes permettant de recharger votre crédit de communication s'achètent dans ces mêmes boutiques, ou dans les bars pour 5, 10 ou 20 €. C'est toujours pratique et bien moins cher que si vous appeliez avec votre carte SIM personnelle.
– ***Se brancher sur les réseaux wifi*** est le meilleur moyen de se connecter au Web gratuitement ou à moindre coût. De plus en plus d'hôtels, de restos et de bars disposent d'un réseau.
– Une fois connecté grâce au wifi, à vous les joies de la ***téléphonie par Internet*** ! Le logiciel ***Skype,*** le plus répandu, vous permet d'appeler vos correspondants gratuitement s'ils sont eux aussi connectés, ou à coût très réduit si vous voulez les joindre sur leur téléphone. Autre application qui connaît un succès grandissant, ***Viber*** permet d'appeler et d'envoyer des SMS, des photos et des vidéos aux quatre coins de la planète, sans frais. Il suffit de télécharger – gratuitement – l'appli sur son smartphone, celle-ci se synchronise avec votre liste de contacts et détecte automatiquement ceux qui ont *Viber.* Même principe, mais sans la possibilité de passer un coup de fil, ***Whatsapp Messenger*** est une messagerie pour smartphones qui permet de recevoir ou d'envoyer des messages, photos, notes vocales et vidéos. La première année d'utilisation est gratuite, ensuite elle coûte 0,99 US$ par an.

Urgence : en cas de perte ou de vol de votre téléphone portable

Suspendre aussitôt sa ligne permet d'éviter de douloureuses surprises au retour du voyage ! Voici les numéros des quatre opérateurs français, accessibles depuis la France et l'étranger.
– ***SFR :*** *depuis la France, ☎ 1023 ; depuis l'étranger, 📱 + 33-6-1000-1900.*
– ***Bouygues Télécom :*** *depuis la France comme depuis l'étranger, ☎ 0-800-29-1000 (remplacer le 0 initial par « + 33 » depuis l'étranger).*

– ***Orange :*** *depuis la France comme depuis l'étranger, ☐ + 33-6-07-62-64-64.*
– ***Free :*** *depuis la France, ☎ 3244 ; depuis l'étranger, ☎ + 33-1-78-56-95-60.*
Vous pouvez aussi demander la suspension de votre ligne depuis le site internet de votre opérateur.

Internet

Les cybercafés sont courants sur toute la côte nord-est de Malte, de La Valette à Mellieħa. À Gozo, on en trouve également sans trop de problème. Compter environ 1 € les 20 mn et 2 € l'heure de connexion (souvent utilisable en plusieurs fois). De plus, un certain nombre d'hôtels de standing moyen à chic possèdent quelques ordinateurs connectés, dans le hall d'entrée. Mais les tarifs dépassent souvent ceux des cybercafés. Sinon, la plupart des lieux d'hébergement sont désormais équipés du wifi, en général inclus dans le prix de la chambre.

TRANSPORTS INTÉRIEURS

En bus

– La compagnie ***Arriva*** met en service des bus climatisés. Il n'existe pas de livret avec les horaires de tous les bus, mais des petites brochures avec les horaires (d'été ou d'hiver) de telle ou telle ligne, à se procurer au guichet de la gare routière principale (à l'entrée de La Valette), dans certains offices de tourisme ou, plus simple finalement, consultables sur le site internet ● *arriva.com.mt* ●
– Le réseau, très développé, dessert toutes les villes et presque tous les villages de 5h30 à 23h en moyenne. Compter environ 1h30 pour traverser l'île. Certains bus de nuit fonctionnent tous les jours (c'est le cas de celui qui dessert le quartier festif de Saint Julian's), d'autres seulement le week-end.
– ***Tarifs :*** un billet simple coûte en moyenne 2,20 € (2,50 € pour les bus de nuit) et est valable 2h. Mais si l'on fait plus d'un voyage dans la même journée, il est plus rentable d'acheter le *Day Ticket* à 2,60 €, valable toute la journée. Sinon, on peut opter pour un *pass* de 7 jours à 12 € (non valable pour les bus de nuit) ; grosse réduc enfants jusqu'à 10 ans (et pour les étudiants séjournant au moins 3 mois sur l'île). ***Attention, les billets achetés à Malte (même le*** **pass** ***d'une semaine) ne sont pas valables à Gozo et inversement.***
– À l'arrêt de bus, bien faire signe au chauffeur de s'arrêter, sinon il continuera.
– Les billets s'achètent directement dans le bus auprès du chauffeur, aux distributeurs automatiques ou au kiosque d'informations à la gare routière de La Valette. Bien les conserver sur soi le temps du trajet ; les contrôles sont fréquents. Prévoir de la monnaie pour éviter tout malentendu avec les chauffeurs ou un rendu de monnaie approximatif (toujours vérifier).
– ***Renseignements :*** *compagnie* ***Arriva,*** *☎ 21-222-000.* ● *arriva.com.mt* ●

En bateau

Liaisons Malte-Gozo-Comino

➢ Nombreuses traversées quotidiennes interîles avec la *Gozo Channel Company* (● *gozochannel.com* ●) au départ de Ċirkewwa (sur la pointe nord de l'île de Malte) ou de Mġarr (sur Gozo). Se reporter plus loin aux rubriques « Arriver – Quitter » des parties « Comino » et « Gozo ».

Croisières dans les îles

➢ Des excursions en ferry touristique sont assurées au départ de Sliema. Elles sont proposées par plusieurs agences sur place. Pour plus de détails, se reporter à la rubrique « À faire » à Sliema.

Promenades en dghajsa ou luzzu

Ces magnifiques barques de pêche nommées ***dghajsa*** (prononcer *daïssa*), sorte de gondole vénitienne, et ***luzzu*** sont peintes dans des couleurs vives et portent à la proue les yeux protecteurs du dieu égyptien Osiris. Elles servent également au transport des passagers.
Vous les verrez dans le joli port de Marsaxlokk. On les trouve également lors des excursions à la Grotte bleue (à Malte), sur la mer intérieure de Gozo, ou encore si vous faites le tour du Grand Port de La Valette.

En voiture

La conduite est à gauche, comme en Angleterre, mais les Maltais ont désormais basculé en kilomètres, tant sur les panneaux que sur les compteurs des voitures de location (du moins en principe : il arrive encore que certains véhicules indiquent les vitesses en miles, alors méfiez-vous !). Maintenant il suffit de garder le cap... Les routes principales sont bien entretenues, à l'inverse du réseau secondaire souvent en mauvais état. Heureusement, les distances sont courtes et la signalisation s'est améliorée... même si elle laisse encore parfois à désirer. Attention aussi au kilométrage indiqué, qui parfois reste le même sur plusieurs kilomètres...

QUAND LES ROUTES ÉTAIENT ARROSÉES...

Si aujourd'hui on se plaint encore de l'état des routes, hier elles tuaient même ceux qui n'y circulaient pas. Empruntant ces voies mal asphaltées, passants et commerçants soulevaient des nuages de poussière, qui charriaient avec eux toutes sortes de virus et bactéries. Jusqu'au siècle dernier, on payait donc des hommes pour arroser les routes et plaquer, ainsi, la maudite poussière au sol !

Enfin, si vous cherchez une adresse précise, sachez que les numéros des maisons ne sont pas distribués comme en France (pairs d'un côté, impairs en face). Le n° 1 démarre d'un côté de la rue, suivi du 2, du 3... Quand on arrive au bout de la rue, on continue à égrener les numéros en repartant du trottoir d'en face. Ainsi, le 300 peut très bien se retrouver en face du 1.
– ***Les Maltais au volant :*** en fait, les Maltais ne roulent ni à droite ni à gauche, mais à l'ombre (dommage qu'il n'y ait pas d'arbres !). Pas de panique : les plus optimistes assurent qu'ils ne conduisent ni mieux ni moins bien que nous... c'est tout dire !
– ***Le clignotant :*** le... quoi ?
– ***Le port de la ceinture*** est obligatoire.
– ***La vitesse*** est limitée à 80 km/h sur les routes et à 50 km/h dans les agglomérations. Et pas de dépassements intempestifs, car malgré la petite taille du réseau, les radars ne manquent pas !
– ***Les pompes à essence*** sont suffisamment nombreuses, mais rares sont les stations qui acceptent les cartes de paiement. Elles sont généralement fermées le dimanche. Dans ce cas, on paie en billets dans des automates avant de se servir en carburant.
– ***Les ronds-points,*** nombreux, sont évidemment à prendre dans le sens des aiguilles d'une montre...
– ***À La Valette :*** la ville étant peu conçue pour la voiture, mieux vaut vraiment laisser son véhicule dans le grand parking à l'entrée de la ville ou, si vous y trouvez de la place, sur celui de la place de Castille (toujours désert le soir mais plein en journée). Voir aussi, dans le chapitre concerné, « Comment circuler à La Valette ? ».
– ***Dans les petites villes intérieures :*** beaucoup de sens uniques, qui rendent l'accès au centre un peu compliqué.

SAINT PAUL'S BAY	SLIEMA	MELLIEHA BAY	MDINA	MARSAXLOKK	BLUE GROTTO	AÉROPORT	LA VALETTE	Distances en km
16,5	5	27	13	10,5	13	7		LA VALETTE
21	10	24	10,5	6,5	6,5		7	AÉROPORT
30	18	24,5	15	15,5		6,5	13	BLUE GROTTO
25,5	13	30	17		15,5	6,5	10,5	MARSAXLOKK
16	11	16		17	15	10,5	13	MDINA
9,5	21		16	30	24,5	24	27	MELLIEHA BAY
13		21	11	13	18	10	5	SLIEMA
	13	9.5	16	25,5	30	21	16,5	SAINT PAUL'S BAY

– ***En cas d'accident :*** ne pas bouger sa voiture avant l'arrivée de la police *(☎ 112)*, même si on gêne la circulation.
– ***Le stop :*** fonctionne pas mal à Malte et Gozo.

Location de voitures

– *Conditions nécessaires :* pour louer une voiture ou un 4x4, être âgé au minimum de 25 ans (21 ans si on a souscrit une assurance tous risques) et au maximum de 70 ans. Le permis de conduire national suffit. Carte de paiement internationale nécessaire.
– Toutes les grandes compagnies de location sont présentes à Malte. En haute saison, réservez longtemps à l'avance, notamment à Gozo. Attention, si vous ne rachetez pas la franchise, certains loueurs bloquent le montant de celle-ci sur votre carte. Renseignez-vous et prévoyez en conséquence. À contacter avant le départ (entre autres) :

■ ***Auto Escape :*** *☎ 0892-46-46-10 (0,34 €/mn).* • *autoescape.com* • *Vous trouverez également les services d'Auto Escape sur* • *routard.com* • L'agence *Auto Escape* réserve auprès des loueurs de véhicules de gros volumes d'affaires, ce qui garantit des tarifs très compétitifs. Il est recommandé de réserver à l'avance. *Auto Escape* offre 5 % de remise sur la location de voiture aux lecteurs du *Routard* pour toute réservation par Internet avec le code de réduction « GDR14 ».

■ ***BSP Auto :*** *☎ 01-43-46-20-74 (tlj).* • *bsp-auto.com* • Les prix proposés sont attractifs et comprennent le kilométrage illimité et les assurances. *BSP Auto* vous propose exclusivement les grandes compagnies de location sur place, vous assurant un très bon niveau de services. Le plus : vous ne payez votre location que 5 jours avant le départ + réduction spéciale aux lecteurs de ce guide avec le code « routard ».

■ ***Hertz :*** *☎ 0825-861-861 (0,15 €/mn).* • *hertz.com* •

■ ***Europcar :*** *☎ 0825-358-358 (0,15 €/mn).* • *europcar.fr* •

■ ***Avis :*** *☎ 0821-230-760 (0,08 €/mn).* • *avis.fr* •

Ou directement sur place (se reporter aux « Adresses utiles » de Buġibba, Qawra, Mellieħa et de Victoria à Gozo). Les compagnies locales sont généralement moins chères, mais leurs services sont assez disparates. En principe, il faut compter autour de 30-40 € par jour, mais en basse saison, elles offrent souvent des tarifs planchers, autour de 20 € la journée si on prend la voiture au moins 3 jours.
– On peut également louer des vélos, motos et scooters (assez rares et chers cela dit), ainsi que des minibus. Les routes ne se prêtent cependant guère aux premiers, et les seconds ont tendance à se raréfier.

En taxi

– À La Valette, n'hésitez pas, soyez écolo et utilisez les taxis électriques de la compagnie ***Smart Cabs*** *(📱 77-414-177).*
– De couleur blanche, les taxis « normaux » ont un numéro d'immatriculation noir sur fond rouge. À priori, ils sont tous équipés d'un taximètre, sinon mettez-vous d'accord à l'avance sur le prix de la course pour éviter des surprises.
– Il existe aussi des taxis que l'on réserve par téléphone 24h/24 auprès de *garages*. Le prix, à la course, revient moins cher que les taxis blancs. Voici une adresse sérieuse :

■ ***Wembley's Garage :*** *50 Saint George's Rd, à Saint Julian's. ☎ 21-374-141 ou 27-374-141.* • *wembleys.net* •

Promenades en calèche

– ***Le karrozzin*** (*cab* en anglais) est une calèche dans laquelle les passagers sont assis sous une sorte de dais en tissu. On peut facilement y monter à quatre.

Naguère, avant l'arrivée des véhicules à moteur, le *karrozzin* était le mode de transport le plus populaire des Maltais. Aujourd'hui, on y balade les touristes. Attention, c'est assez cher, négociez avant d'embarquer. On en trouve autour de l'entrée principale de La Valette, près de la gare routière et de la City Gate, ainsi que dans Republic Street (vers le palais des Grands-Maîtres), près de la Sacra Infermeria et dans la vieille ville de Mdina.

URGENCES

■ ***Police :*** *Police Headquarters, Floriana. ☎ 21-224-001 ou 007.*

■ ***N° général pour les urgences en tout genre (ambulance, pompiers) :*** *☎ 112.*

HOMMES, CULTURE, ENVIRONNEMENT

Quelle est l'origine du faucon maltais ? Qui ne rêve de marcher sur les traces des chevaliers de l'ordre de Malte ou de l'énigmatique Corto ? Tel Ulysse succombant aux charmes de Calypso, difficile de ne pas se laisser surprendre par ce petit archipel, posé entre Orient et Occident.
Car c'est au large de la Sicile et de la Tunisie, au carrefour des routes maritimes de la Méditerranée, que s'égrènent les petites îles de l'archipel maltais : latinité au nord, arabité au sud, et le grand bleu tout autour. Aucune civilisation méditerranéenne n'a détourné sa route de l'archipel, y laissant chaque fois son empreinte. Que de richesses ! De vieilles habitudes latines, une culture européenne bien ancrée, le verbe haut et la patience des Orientaux se marient harmonieusement avec la rigueur anglo-saxonne, héritage de près de 150 ans d'Empire britannique. Voilà l'esprit des lieux !
Avec son adhésion à l'Union européenne, le plus petit pays d'Europe renoue avec sa longue histoire et retrouve sa place dans le concert des nations. Ce processus de transition signifie ouverture au monde, essor économique et modernité, sans pour autant perdre son identité insulaire. Une caractéristique que semblent apprécier les jeunes étudiants venus de toute l'Europe pour apprendre l'anglais lors de stages linguistiques ou dans le cadre du fameux programme européen Erasmus. La nuit, on les retrouve dans les bars et boîtes du quartier de Paceville, une sorte d'auberge maltaise, si vous voulez, comme il y eut une fameuse *Auberge espagnole* au cinéma ! Les amoureux de tous âges viennent, quant à eux, admirer La Valette ou Mdina, passionnantes cités d'art si bien conservées, où chaque monument porte la marque chevaleresque. Tandis que des petites routes mènent à des temples mégalithiques sortis du fond des âges, les plus vieux du monde méditerranéen. Et puis, dans chaque village, les fanfares locales (*filarmonica* ou *band's club*) possèdent toutes un petit bar modeste où il fait bon prendre l'apéritif sous le regard étonné ou indifférent des habitués...
Enfin, n'oublions pas la nature, car s'il existe peu de plages de sable, c'est pour mieux se réfugier dans les petites criques sauvages ou pour s'adonner à la plongée. L'ouest de Malte et l'île de Gozo, bucoliques à souhait, se prêtent, quant à eux, à la randonnée.

ACHATS

– ***Le miel :*** onctueux, ensoleillé, il est aussi vieux que l'île. Ses origines se perdent dans la nuit des temps. Le nom même de Malte provient du mot *melita,* dérivé de l'adjectif latin *mellitus,* qui signifie : « de miel », « sucré avec du miel ». Et au sens figuré : « doux, suave, charmant » (un vrai poème !). On trouve ainsi à Malte diverses marques de miel, dont celui provenant des ruchers de George Baldacchino. Le

Ghasel Ta Malta (Wild Tyme), par exemple, est délicieux. Gozo produit également son propre miel.
– ***Le nougat :*** succulent, il est souvent accompagné de *bajtra,* la liqueur de figue de Barbarie élaborée avec du miel. On en trouve par exemple à Rabat.
– ***L'huile d'olive :*** aussi bien Malte que Gozo en produisent en faible quantité, mais rien que de la qualité. Goûtez la *Wardija,* réalisée de façon artisanale et sans ajout chimique.
– ***La liqueur aux herbes :*** appelée *madliena.* Concoctée à base d'herbes de la garrigue maltaise (certaines auraient des vertus médicinales).
– ***Les vins de Malte :*** plusieurs bons crus de vin blanc et de rouge, élaborés par de célèbres maisons comme *Emmanuel Delicata, Meridiana* ou *Marsovin.* Pour plus de détails, voir plus loin la rubrique « Boissons ».
– ***Les maquettes de voiliers et de* luzzu *:*** ces bateaux de pêche aux couleurs chatoyantes peuvent faire des petits cadeaux sympas.
– ***La bijouterie :*** les orfèvres et bijoutiers maltais sont réputés pour leurs réalisations en filigrane d'or et d'argent. Également de jolies croix de l'ordre de Malte.
– ***Les objets en verre soufflé :*** les artisans verriers sont capables de rivaliser par leur dextérité avec leurs confrères de Murano, à Venise. Très cher.
– ***Les dentelles :*** Gozo est réputée pour ses dentelles traditionnelles en soie ou en coton (au fuseau ou au crochet). Essentiellement des nappes et napperons. On en trouve sur la plupart des marchés (notamment celui de Marsaxlokk) et dans les centres artisanaux. Aujourd'hui, seules les femmes âgées jouent encore du crochet. Demandant trop de temps, la confection n'est pas assez rentable.
– ***Un heurtoir en laiton :*** pas une vieille porte maltaise sur laquelle ne soit fixé un marteau en laiton imitant la silhouette d'un dauphin ou d'un hippocampe. C'est un des détails révélateurs des maisons anciennes. Des magasins en vendent des copies. Demandez un *genuine brass door knocker* (ça en jette, non ?).

ARTS

Impossible de faire deux pas à Malte sans tomber sur un site, un palais, voire un chef-d'œuvre ! L'architecture et la peinture en sont les plus beaux exemples. Petit tour d'horizon.

Le paradis des vieilles pierres

C'est bien sûr ce qui est le plus immédiatement visible et le plus grandiose. Cet héritage provient essentiellement de la préhistoire et de l'époque de l'Ordre.
De la préhistoire, les grands temples sont des monuments incontournables. Bâtis entre le IVe et le IIIe millénaire av. J.-C., avant les pyramides d'Égypte, ce sont les plus importants monuments mégalithiques d'Europe. Si Malte est connue pour être l'île des chevaliers, elle devrait l'être aussi pour ces géants de pierre qu'une population infime a construits en l'honneur de sa déesse de la Fertilité. Gigantisme d'autant plus impressionnant qu'il a pour cadre deux minuscules îles. Près de 30 sites ont été répertoriés, mais seuls quelques-uns peuvent donner une idée de ce que furent ces forteresses de la foi : le double temple de Ġgantija, à Gozo, avec son enceinte extérieure de dalles monolithes pesant plus de 200 t chacune ; les temples de Ħaġar Qim et de Mnajdra, montant la garde sur le rebord des falaises de Malte, désormais abrités du soleil par de gigantesques toiles modernes ; ou encore ce temple-palais de Tarxien, pas forcément le plus spectaculaire, mais où a été mise au jour la statue partielle d'une impressionnante et énigmatique déesse-mère. Et puis il y a l'hypogée de Hal Saflieni, qui permet au visiteur, à condition d'avoir réservé suffisamment tôt, de descendre dans les entrailles d'un fascinant temple-cimetière et de remonter le temps jusqu'à 2 000 ou 3 000 ans av. J.-C.

À la fin de cette civilisation des temples, Malte cesse d'avoir une identité culturelle propre et vit au rythme des maîtres de la Sicile ou de l'Afrique du Nord jusqu'à l'installation des Hospitaliers de Saint-Jean-de-Jérusalem en 1530. Avant-garde européenne contre l'avancée ottomane, l'île est dotée des plus impressionnantes fortifications de Méditerranée, au point qu'un auteur français l'a qualifiée de « Carcassonne maritime ». Voir le Grand Port, mieux, arriver par la mer face à La Valette, donne ainsi une idée de ce vaste vaisseau de pierre qui arrête définitivement l'expansion ottomane, un été de 1565. La paix revenue, Malte est intégrée dans le concert économique des nations européennes de Méditerranée, et l'enrichissement de l'Ordre comme des Maltais couvre l'île de palais et d'églises. Au maniérisme romain des premières constructions succède très rapidement le baroque qui fait de Malte un des conservatoires les plus impressionnants de ce style de la Contre-Réforme. L'église conventuelle Saint-Jean de La Valette, aujourd'hui co-cathédrale, en est la meilleure illustration, avec ses piliers de pierre sculptée et ses dalles funéraires en mosaïque de marbre qui recensent les armoiries de toute l'Europe. Quant au grand maître de l'Ordre, un rien mégalo, il se veut souverain et se dote d'un palais dont tapisseries et meubles suivent le goût versaillais. Les chevaliers et les riches Maltais, à leur tour, l'imitent et La Valette comme Mdina abritent des trésors d'architecture. Dans cette recherche de grandeur et d'esthétisme, les chevaliers font appel aux artistes européens, et notamment à de célèbres peintres venus apporter un ornement essentiel à ce luxe architectural.

De grands peintres

Grâce au mécénat de l'Ordre, des peintres comme le Caravage, Favray et Preti laissent à Malte des œuvres de première importance.

Le bref passage en clair-obscur du Caravage

Le plus connu est sans aucun doute le Caravage, de son vrai nom Michelangelo Merisi (vers 1571-1610). Forte personnalité, buveur, querelleur, violent et coureur de tous bords, cet élève de Raphaël révolutionne la peinture (excusez du peu !). On s'explique : alors que la Renaissance a poussé à l'extrême l'art de peindre le décor des arrière-plans, faisant ainsi se détacher le sujet principal traité en teintes sombres, sur un fond lumineux traité en teintes claires, le Caravage inverse les données. Il peint ses sujets comme s'ils étaient placés sous une violente lumière provenant de celui qui contemple le tableau, ne laissant qu'un clair-obscur à l'arrière-plan au rôle anecdotique. Certains pensent qu'il avait peut-être déjà mis au point les grands principes de la photographie !

PAS L'OMBRE D'UN DOUTE ?

D'après une chercheuse italienne, le Caravage aurait peut-être été le premier à utiliser le principe de la chambre noire de Léonard de Vinci, technique reprise plus tard par de nombreux peintres, comme Vermeer. Éclairant ses modèles sous une lumière zénithale (d'où son goût du clair-obscur...), il aurait projeté leur image à travers une lentille sur une toile enduite d'éléments sensibles, le temps de les peindre à grands traits. La chercheuse note le grand nombre de gauchers dans ses œuvres : preuve pour elle que le maître utilisait sans doute une lentille qui inversait l'image !

Son génie est aussi grand que sa réputation est mauvaise... Coupable de meurtre en Italie, il est condamné à mort. Le grand maître français Alof de Wignacourt propose de le sauver des griffes de la justice en le faisant chevalier de Grâce – à condition qu'il ne peigne plus que pour l'Ordre. Il laisse à Malte quatre tableaux : une *Marie Madeleine* (aujourd'hui disparue) ; le portrait en pied, plein de vie, d'*Alof de Wignacourt,* en armure, avec un de ses pages (aujourd'hui au Louvre) ;

Saint Jérôme (à l'oratoire de la co-cathédrale Saint-Jean de La Valette), vieillard décharné, dépouillé de sa pourpre et qui contemple les vanités de la vie ; et, surtout, la *Décollation de saint Jean-Baptiste,* le chef-d'œuvre du Caravage, placé au-dessus de l'autel dudit oratoire.
Mais les vieux démons de l'artiste refont surface : une histoire affirme qu'il se bat à nouveau en duel contre un officier de haut rang. Une autre qu'il séduit le fils d'un dignitaire de l'Ordre... Le Caravage, à l'apogée de son art, est arrêté et chassé de l'Ordre. Il s'échappe et vogue vers la Sicile, puis Naples, où il se bat encore. Blessé, il meurt l'année suivante avant d'avoir reçu du pape l'absolution qui lui était promise.

Les peintres officiels font régner l'Ordre

Beaucoup plus rangé, le Français Antoine de Favray devient le peintre officiel des quatre derniers grands maîtres de l'Ordre au XVIIIe s. Peintre de cour, il exécute des commandes : portraits officiels et tableaux d'église, notamment le *Saint Cataldus* de la petite église du même nom à Rabat (demander la clé au gardien de la grotte Saint-Paul, en face). Les portraits de cour sont nombreux, et beaucoup se trouvent au musée des Beaux-Arts de La Valette. Le plus beau et le plus impressionnant est le *Pinto* du musée de la co-cathédrale Saint-Jean, à La Valette. Le Portugais Pinto, qui régna 32 ans sur l'Ordre (1741-1773), avait entrepris de « monarchiser » son pouvoir. Pour ce faire, il voulait davantage apparaître comme un prince souverain que comme un supérieur d'ordre religieux. Il commande à Favray un grand portrait en pied, à la versaillaise, et se fait représenter en soutane de cour. D'une main impérieuse, il désigne une couronne fermée de souverain dont aucun de ses prédécesseurs n'a jusqu'alors osé se parer. Favray réussit là une « affiche » politique digne du style Louis XIV, et le visage impérieux du grand maître, sa morgue et son regard hautain sont une merveilleuse étude psychologique.
De Mattia Preti (1613-1699), dit « il Cavaliere Calabrese », on peut admirer la décoration picturale de la co-cathédrale Saint-Jean, dont les toiles recouvrent la longue voûte de la nef. Elles représentent, de façon vive et colorée, les *Scènes de la vie de saint Jean-Baptiste,* le saint patron des hospitaliers, et se terminent par le triomphe de l'Ordre. Mais la plus importante collection de ses œuvres se trouve au musée des Beaux-Arts de La Valette.
Parmi les peintres contemporains, citons Anton Inglott, mort trop tôt et trop jeune, en 1947, qui a laissé des œuvres aux teintes délicates, très influencées par le précurseur du symbolisme, Pierre Puvis de Chavannes (XIXe s), ou par Maurice Denis, cofondateur du mouvement nabi qui s'attache à redonner un caractère spirituel à la peinture. Le chef-d'œuvre d'Anton Inglott est, sans nul doute, la *Mort de saint Joseph* de l'église de Msida.

Un studio de tournage à ciel ouvert

Il n'existe aucune production cinématographique maltaise ; néanmoins Malte a servi de cadre de tournage à de nombreux films, et non des moindres : le cultissime *Midnight Express, L'Espion qui m'aimait* (un fameux *Bond, James Bond*) et une parodie du célèbre agent secret : *Casino Royale* (version 1967, avec David Niven). *Astérix* en mission spéciale pour Cléopâtre a fait tomber une goutte de sa potion dans la timbale de *Gladiator* (vraiment très fort !) et sur le nez de ce pauvre *Pinocchio.* Heureusement, le capitaine Nemo et sa *Ligue des Gentlemen extraordinaires* sont venus à bout de la baleine et du sous-marin *U-571* qui croisait par là. Quant à Robert Altman, le génial réalisateur de *Short Cuts,* il a reconstitué à Malte un petit port américain pour y tourner son *Popeye,* un bide retentissant dont les décors ont été transformés en parc d'attractions. Et puisqu'on parle d'eau, l'histoire ne dit pas si Gérard Depardieu, en tournage pour *Le Comte de Monte-Cristo,* a apprécié les vignobles maltais...

Plein d'autres infos sur le site • *mfc.com.mt* • On y apprend que Brad Pitt a tourné à Malte, en 2003, des scènes de *Troie,* libre interprétation de l'*Iliade.* L'île a de nouveau inspiré un cinéaste, et non des moindres, pour figurer le Proche-Orient, puisqu'en 2005 Steven Spielberg y a tourné en partie *Munich.* La même année, Ron Howard y est venu pour le *Da Vinci Code.* Enfin, l'île a également servi de décor aux aventures de *Largo Winch,* réalisé par le Français Jérôme Salle.
Les cinéphiles peuvent visiter le fort Ricasoli, à l'entrée du Grand Port, transformé en vaste studio de cinéma, où ont été notamment tournés *Le Comte de Monte-Cristo* et *Gladiator.* Plus indirectement, certains se souviendront des références faites à Malte dans *Le Faucon maltais* (1942), de John Huston, ainsi que dans *La Maison du Maltais* (1938), de Pierre Chenal, d'après le roman de Jean Vignaud, qui raconte la vie de la diaspora maltaise en Tunisie, et principalement à Sfax.
Et comment ne pas évoquer *Corto Maltese* (voir aussi plus loin la rubrique « Personnages célèbres »), cet aventurier des mers, héros de B.D. né à La Valette en 1887, dont les aventures ont été adaptées en dessin animé pour le cinéma ?

BOISSONS

Boissons non alcoolisées

– *L'eau* du robinet est dessalée et donc potable, mais elle a un petit goût saumâtre pas très agréable. On peut donc utiliser, sans problème, cette eau pour la toilette (y compris buccale) mais, pour la boisson, mieux vaut de l'eau minérale, de préférence locale, qu'on trouve partout. Certains restaurateurs n'hésitent pas en effet à proposer une marque étrangère, qu'ils facturent beaucoup plus cher. Côté eau gazeuse, on trouve surtout de la San Pellegrino.
– *Le thé,* vestige de l'héritage anglais, et le *café* à l'italienne sont abondamment servis dans les bars et cafés de l'île. Cappuccinos souvent réussis, quoique pas toujours égaux à leur homologue italien.
– *Le Kinnie* est une boisson locale à base de quinquina et d'oranges amères, très populaire à Malte, mais, entre nous, plutôt spéciale. On la trouve même dans les distributeurs automatiques.

Boissons alcoolisées

– *La bière locale* la plus connue est la Cisk, une bonne blonde pas chère, vendue en canettes jaunes. Sinon, il existe aussi la Hopeleaf, légèrement rousse en canettes rouges, et la Blue Label, côté brune.
– *Les vins maltais :* il existe une longue tradition de vins maltais, rouges et blancs. Les premières vignes furent plantées par les Romains. Mais étant donné le manque d'espace et donc de terre pour cultiver le vignoble, les producteurs importent en partie du raisin italien pour le mélanger à leur *gellewza* (raisin noir) ou à leur *ghirgentina* (raisin blanc). Les cépages les plus utilisés aujourd'hui sont les italiens, mais aussi quelques chardonnay, merlot et cabernet-sauvignon français. Les plus réputés sont le *Nexus* ou le *Cheval blanc.* Citons aussi *Isis Chardonnay* produit par *Meridiana.* Les vins de Mdina, et notamment le *Malta Grown Chardonnay's* blanc, *vintage 2000* et le *Céleste 2002,* sont gouleyants. Marsovin propose également des vins de bonne qualité, notamment le cru *d'Hauteville,* l'*Antonin Blanc,* le *Marsovin Trebbiano* (blanc délicieux). Et même un mousseux, le *Cassar de Malte.* On recommande aussi les vins élevés par *Emmanuel Delicata.*
Les vignes se situent au nord, à l'est et autour du port de Marsaxlokk. On peut visiter quelques vignobles tels *Saint George's Winery, Meridiana* ou *Marsovin.* L'île de Gozo produit un bon vin rouge, et un rosé à base de syrah. À la campagne, de nombreuses familles fabriquent leur propre vin pour leur consommation personnelle.

– Les Maltais consomment parfois la *Madlien* (Madliena), une liqueur aux herbes aromatiques, produite à Naxxar. La *bajtra* est une autre liqueur concoctée à base de figues de Barbarie. Tandis que *Leila* est un nouveau digestif à base de caroube (un fruit assez répandu à Malte), produit par *Meridiana.*

CUISINE

La gastronomie maltaise est essentiellement méditerranéenne et influencée par la toute proche Sicile. Dans les restaurants, on sert donc beaucoup de pâtes, de pizzas et de pâtisseries au sucre et aux amandes. L'influence britannique se fait sentir aussi dans les viandes rôties, grillées, et les sauces *(gravy).* Et, bien sûr, la mer apporte son lot de poissons et fruits de mer. Enfin, ne quittez pas l'île sans avoir goûté au lapin en sauce *(fenkata),* le plat ultra-typique de Malte : un délice quand il est bien fait !

Les kiosques, les snacks

Beaucoup de kiosques, installés dans des caravanes au bord des routes et sur le littoral, proposent des snacks, des burgers, des *fish and chips* et des salades. Là, vous pouvez vous caler avec des *pastizzi* (friands), pas chers et ô combien nourrissants. Essayez aussi le sandwich typique, le ***hobz biz zejt,*** sorte de pan-bagnat garni de tomate, de câpres, d'olives, de thon ou d'anchois.

Les restaurants

L'un des avantages de l'île : on peut manger à toute heure ou presque. Malte étant une destination prisée par les Anglais et les Allemands, on peut déjeuner tôt : à partir de 12h (jusqu'à 15h), et dîner dès 18h-19h (dernier service autour de 22h30). Les prix sont globalement un peu moins chers que chez nous, mais comme il est d'usage de laisser un petit pourboire (de l'ordre de 5-10 %), cela a tendance à revenir un peu au même. Les petites cantines des fanfares locales *(band's club),* présentes dans chaque ville (même petite), proposent quant à elles souvent une petite restauration bon marché ; mais pas d'illusions : on en a pour son argent, rien de plus.

Difficile, du reste, de miser sur la régularité d'une adresse, dans un sens comme dans l'autre, d'ailleurs. Le jeu préféré des chefs étant la chaise musicale. Si le cuistot n'est pas le propriétaire, il n'hésitera pas à quitter sa place une fois la haute saison terminée (voire avant) ; et l'adresse peut radicalement évoluer avec le remplaçant.

La plupart du temps, les portions sont plutôt copieuses, avec ou sans légumes de saison en accompagnement. Dans les restos un peu plus chic, on vous servira souvent, en guise de hors-d'œuvre, des amuse-gueules et autres mises en bouche (pain frotté à l'ail et agrémenté d'herbes et de tomates, petits feuilletés, soupe...). Ça remplace facilement une entrée et allège en même temps la note ! Enfin, il n'est pas rare de trouver des restaurants fermés en août. Les Français ne sont pas les seuls à choisir ce mois pour prendre un peu de repos...

Les spécialités maltaises

Les entrées

– Le ***bigilla*** est un pâté de fèves épicé accompagné de *hobza,* le pain maltais.
– Les ***pastizzi*** sont des chaussons ou friands traditionnels à la pâte feuilletée, fourrés à la ricotta ou aux petits pois (il en existe également aux anchois et aux olives ou à la viande, mais c'est plus rare). Même s'ils sont salés, ils sont proposés

comme des pâtisseries. Aussi populaires, les ***qassatat*** ressemblent à des mini-tourtes au fromage à base de pâte brisée.

Les soupes

– L'***aljotta*** est une soupe de poisson avec ail, oignon et tomate.
– Le ***kusksu*** est une soupe composée d'une pâte de fèves fraîches et de petits pois, accompagnée du fromage de chèvre typique de Gozo, le *gbejniet*.
– La ***minestra*** (version locale du minestrone italien) consiste en une soupe de légumes mêlant pommes de terre, oignons, choux, courgettes, tomates, pâtes, lentilles et pois chiches.

Les plats

– Les ***brungiel mimli*** sont des aubergines farcies à la viande de bœuf et de porc.
– Le ***timpana*** est un gratin aux macaronis, garni de viande hachée. Pas cher mais pas toujours très fin !
– Le ***bragioli*** est une sorte de paupiette de bœuf émincé préparée avec des œufs, du bacon, des olives et de la mie de pain et revenue dans une sauce au vin. Proposé partout ou presque, c'est un plat économique et très bon quand il est bien réalisé.

Les poissons

Présents sur toutes les cartes, ils sont vendus à la pièce ou au poids (assez chers malgré la proximité de la mer). On les sert en sauce (tomate, câpres et ail), mais plus souvent grillés.
– La ***torta-tal-lampuki*** est la grande spécialité de l'île faite avec ce poisson très populaire qu'est le *lampuki,* sorte de daurade que l'on prépare en croûte avec des épinards, du chou-fleur et des noix sur une pâte sablée. On déguste également le *lampuki* dans une sauce tomate relevée. Ce plat n'est servi qu'entre fin août et novembre, époque à laquelle ce poisson migrateur passe au large des côtes maltaises.
– Le ***poulpe*** (*octopus* en anglais) se mange en sauce tomate, pour accompagner les pâtes, ou en ragoût ***(stuffat tal-qarnit).*** Son cousin, le ***calamar,*** est souvent farci.
– Quant aux ***fruits de mer,*** ils sont proposés frits ou farcis, ou encore en accompagnement des célèbres *spaghetti frutti di mare.*
– *Un conseil :* dans les restaurants, il faut toujours demander quel est le poisson frais du jour *(catch of the day),* car pour chaque saison une espèce domine. Au printemps, ce sont les espadons *(pixxispad)* et les mérous *(cerna)* ; en automne, le *lampuki* (coriphène).

Petit lexique des poissons :

Pagell	daurade
Accola	sériole
Lampuki	coryphène
San Pietro	saint-pierre
Fanfru	poisson-pilote
Dott	cernier
Cerna	mérou
Kubrita	thon
Pixxispad	espadon
Skorfna	rascasse de fond
Pagru	pagre
Dentici	dentis
Sargu	sar

Les viandes

– Le ***fenek*** ou lapin de garenne est l'un des plats préférés des Maltais, qui le mangent en ragoût ou en sauce, avec des frites ou des pâtes. On le décline aussi en ***torta-tal-fenek,*** lapin mariné et cuit dans une sauce au vin rouge, puis servi en croûte. Le ***fenek mogli*** est un lapin frit assaisonné d'ail et de laurier, cuit dans du vin blanc. La sauce au lapin accompagne souvent les spaghettis. Là encore, la qualité varie beaucoup d'un restaurant à l'autre.
– L'***agneau*** est un plat très apprécié, surtout cuit au feu de bois.
– L'***ilsien biz-zalza pikkanti*** est une langue de bœuf servie avec une sauce aux câpres.

Les fromages

– Le fromage de chèvre, le ***gbejniet,*** se déguste frais ou sec.
– Le fromage de brebis de Gozo, le ***gbejna,*** se consomme sec ou au poivre, ou les deux à la fois (assez fort).

Les desserts

– Le ***figolli*** est un gâteau sec à la pâte d'amande et au citron.
– Le ***qubbajt*** ou nougat est sans doute le plus populaire des desserts, concurrencé de près par le ***qaghaq ta'l-ghasel,*** un biscuit fourré à la figue.
– Le ***pudina*** (du pudding anglais) est une sorte de pain perdu, auquel on ajoute des œufs, de la vanille, des fruits confits, des raisins secs, des écorces d'orange et une goutte de rhum ou de brandy.
– Le ***prinjolata*** est un gâteau fait à base de biscuits à la cuillère, cerises glacées et pignons.
– Certains biscuits sont associés aux fêtes religieuses, tel le ***kwarezimal,*** un gâteau chocolaté aux amandes et aux noix que l'on mange au moment du carême, ou le ***pastini tal-rahal,*** un beignet couvert d'un glaçage que l'on consomme pour les baptêmes.
– Comme en-cas sucré, il existe une tradition de petits gâteaux sablés ***(biskuttini)*** parfumés à l'orange ou à l'anis, que l'on achète sur les marchés ou dans de petites boulangeries.

Enfin, si vous entendez au détour d'une ruelle un klaxon carillonner, inutile de vous précipiter. Ce n'est pas le marchand de glace de votre enfance mais plutôt l'épicier ambulant, voire le camion venant récupérer à domicile les bouteilles en verre consignées...

ÉCONOMIE

Les uniques ressources de Malte sont des ressources naturelles à très faible valeur ajoutée (la pierre et le sel), mais surtout le travail et le sens commercial des Maltais.

Situation économique

De par sa taille, ses volumes d'importations et d'exportations, l'économie maltaise se révèle extrêmement sensible à la géopolitique et à l'activité économique mondiale. C'est pourquoi la situation en Libye est suivie avec le plus grand intérêt, ce pays voisin étant depuis longtemps un partenaire privilégié.
Sa balance commerciale est structurellement déficitaire, puisque l'archipel dépend presque en totalité de ses importations en produits industriels, en biens de consommation et, plus encore, en énergie (bonjour la facture pétrolière). Les répercussions de la crise financière mondiale se font aussi sentir ici, mais plus faiblement, notamment parce que les banques maltaises sont traditionnellement prudentes, et par conséquent peu concernées par les pratiques à risques qui ont

plombé les grandes structures internationales... Après une période de croissance entre 2005 et 2008, Malte a connu une courte récession en 2009, avec un temps de retard par rapport aux autres pays européens. Le PIB était de nouveau en augmentation de 3 % à partir de 2010, avant de redescendre à 0,8 % en 2012. Mieux qu'une grande partie de ses voisins européens (!), notamment grâce aux exportations. De plus, les autorités maltaises se sont engagées à assainir les comptes et à diminuer le déficit budgétaire, passé sous la barre des 3 % comme l'exige l'Union européenne. Par ailleurs, compte tenu du ralentissement de ses échanges avec les pays européens touchés par la crise, Malte cherche à diversifier ses partenariats hors de l'Europe, entre autres vers l'Afrique du Nord.

Les différents secteurs

Ce n'est pas l'***agriculture*** qui peut participer à la hausse de la croissance : avec moins d'un tiers de sols fertiles et un déficit hydraulique constant, l'île ne peut miser sur une « terre nourricière », ne produisant que 20 % de ses besoins. Le secteur, en déclin, ne représente qu'à peine 2 % du PIB. La ***pêche*** non plus ne pèse pas beaucoup malgré l'implantation de fermes d'élevages en pleine mer. En revanche, l'***industrie*** (16 % du PIB) et surtout les ***services*** (80 % du PIB), dont le tourisme et les services financiers, constituent les deux piliers de l'économie maltaise.

Près de 95 % des entreprises emploient moins de 10 personnes. Elles sont souvent familiales. Ce n'est pas le cas de la société franco-italienne *ST Microelectronics,* premier employeur de l'île, qui assure encore plus de 50 % des exportations industrielles à elle seule ! Une dépendance qui lie partiellement le taux de croissance national aux résultats de la firme.

La diversification est primordiale, mais la ***construction navale*** et le ***textile*** sont des secteurs en pleine incertitude. Malgré la tradition maritime de l'archipel, la fin des subventions européennes en 2008 laisse planer un doute sur leur pérennité (voir plus bas). Reste l'***industrie pharmaceutique,*** bien implantée et qui continue de se développer, tout comme la production de papier fiduciaire, de plastique et de caoutchouc.

Pour trouver d'autres débouchés et attirer de nouveaux investisseurs, Malte compte sur une série de privatisations, mais aussi sur sa situation géographique, proche des côtes africaines, porte d'entrée vers les marchés du Sud (l'île entretient des liens historiques avec la Libye, qu'elle a maintenus malgré la guerre, et elle envisage de forer du pétrole avec la Tunisie). D'ailleurs, 12 % du trafic marchand de la Méditerranée transite par le port franc maltais.

C'est toutefois essentiellement grâce au développement du tertiaire et des services que l'économie de Malte a décollé depuis les années 1990 et que le niveau de vie des Maltais s'est fortement amélioré.

Les ***services financiers*** jouent un rôle important, c'est d'ailleurs l'un des rares secteurs qui a continué à croître (fortement) pendant la crise. Ils contribuent à hauteur de 15 % du PIB. Malte mise sur une fiscalité attractive et sur le sérieux de l'autorité de régulation des marchés financiers pour attirer des placements étrangers. Parallèlement, le pays s'est engagé à respecter le niveau de transparence exigé par les instances internationales. Les casinos virtuels, jeux et paris en ligne qui fleurissent sur Internet ont eux aussi contribué à maintenir la croissance !

Le ***tourisme*** s'est imposé comme une ressource essentielle dès les lendemains de l'indépendance. Avec près d'un million et demi de visiteurs par an (dont environ 115 000 Français en 2013, sans compter les croisiéristes), il représente aujourd'hui près de 25 % du PIB (pour 7 % de l'emploi). Depuis 2011, Malte a en effet bénéficié de la désaffection des touristes pour le monde arabe en pleine tourmente. Face à des visiteurs de plus en plus exigeants, le gouvernement veut tourner le dos au traditionnel tourisme de masse pour se réorienter vers une clientèle plus haut de gamme. Toutefois, le Nord-Ouest de Malte reste essentiellement tourné

vers un tourisme plutôt bas de gamme. Des fonds européens ont permis d'améliorer à la fois les infrastructures de l'île (notamment les routes, les plages) et l'environnement (gestion de l'eau, traitement des déchets). Des atouts qui devraient valoriser cette destination touristique et apporter aux Maltais un cadre de vie plus agréable et « durable ». Le tourisme est la première source d'emplois, y compris pour certains fonctionnaires, agents locaux ou personnels des banques qui, à la fin de leur service, se transforment en serveurs, guides ou réceptionnistes, cumulant deux, voire trois emplois. Ce qui explique en grande partie l'aisance du niveau de vie moyen des Maltais.
Toutefois, les structures touristiques et autres entreprises, qui participaient à une économie parallèle (saisonniers, membres de la famille non déclarés), ont dû faire preuve de transparence au lendemain de l'adhésion à l'Europe, augmentant les charges des uns et les impôts des autres. Ce qui, ajouté aux taxes en tout genre (notamment dans le secteur touristique), à l'augmentation de la facture pétrolière et à la flambée des prix de l'immobilier, pèse de plus en plus sur le niveau de vie des Maltais.

La quatrième flotte du monde

Depuis toujours, le destin de Malte est lié à la mer qui l'entoure : plate-forme d'échanges entre Orient et Occident, verrou stratégique contre l'avancée des Turcs en terre chrétienne, l'île vit encore au rythme des bateaux qui croisent au large (70 % du trafic méditerranéen passe entre la Sicile et Malte) ou qui s'attardent dans les chantiers navals. Voilà pourquoi, à la fin des années 1970, l'île s'est tournée vers le service aux armateurs : rapidité d'enregistrement des bateaux, confidentialité... aujourd'hui ce sont plus de 1 500 navires (dont 700 tankers) qui battent pavillon maltais – faisant de l'archipel, sur le papier tout du moins, la première flotte marchande d'Europe et la septième au monde (en tonnage). L'Union européenne a ainsi accédé au rang de première puissance maritime du globe en tonnage de bateaux lourds (grâce aussi à Chypre). Le *Freeport* de Malte est classé au 11e rang mondial grâce à la zone franche de Kalafrana où, jour et nuit, on transborde sans droits de douane les conteneurs de tous les pays pour qu'ils repartent vers de nouvelles destinations.
De son côté, le gouvernement maltais s'est engagé à poursuivre ses réformes en matière de sécurité maritime. Après l'octroi trop laxiste du pavillon maltais à des bateaux ne répondant pas aux normes en vigueur (le naufrage de l'*Erika* en 1999 au large des côtes bretonnes en est le plus triste exemple), les autorités ont pris conscience des risques réels engendrés par la circulation de ces bateaux-poubelles. Entre 1998 et 2000, plus de 10 % des navires maltais contrôlés dans des ports européens avaient ainsi été déclarés en infraction avec la législation ! Mais, en dépit de mesures draconiennes prises pour redorer aux yeux de l'Europe un blason terni par des années de complaisance, l'accident du pétrolier *TK Bremen* au large de la Bretagne (encore) en 2011, qui a souillé une plage classée du Morbihan, prouve qu'il reste encore beaucoup à faire.

L'Union européenne : une intégration naturelle

La question de l'entrée dans l'Union européenne était essentiellement un choix économique. L'Europe est aujourd'hui le principal partenaire commercial. Il est apparu alors naturel au gouvernement maltais de formaliser ces liens existants. Malte a répondu aux exigences économiques de Bruxelles (avant l'actuelle dérive des comptes, qui est d'ailleurs générale en Europe) et a rallié l'Union le 1er mai 2004, avant de rejoindre la Zone euro début 2008.
Par son niveau de vie, l'archipel ne ressemble nullement à la Grèce ou au Portugal lors de leur admission dans la Communauté. En revanche, par ses besoins en infrastructures, par l'organisation de ses marchés et de ses débouchés, elle

a des traits communs avec ces deux pays. L'Union européenne a d'ailleurs parfaitement joué un rôle moteur dans l'économie maltaise, qui a connu une belle croissance jusqu'en 2008, avant que la crise ne la rattrape. Elle demeure le premier partenaire commercial de l'archipel : la France est le deuxième fournisseur (après l'Italie) et le troisième client de Malte.

QU'EST-CE QU'ON ATTEND POUR ÊTRE EURO ?

C'est la Monnaie de Paris qui fut chargée de frapper les nouvelles pièces en euros pour le plus petit État européen. L'institution a donc acheminé à Malte quelque 45 conteneurs bourrés d'euros : au total, 200 millions de pièces pour 400 000 habitants, soient environ 500 pièces par habitant...

ENVIRONNEMENT

L'environnement est une préoccupation récente du gouvernement maltais. Sa protection s'est jusqu'à présent heurtée aux nécessités du développement économique de l'île.
Avec une des densités de population les plus fortes au monde, notamment en haute saison, lorsque les touristes sont plus nombreux que les Maltais, il faut répondre à un besoin accru en eau potable et en énergie. Or Malte se place ***au neuvième rang des pays les plus secs au monde.*** Le bât blesse donc nécessairement. Des usines de désalinisation de l'eau de mer et des centrales électriques ont été aménagées sur la côte, mais, si on ajoute l'activité portuaire et la colonisation du littoral par les infrastructures touristiques, on assiste bel et bien à une surexploitation du milieu et à une dégradation de l'environnement terrestre et marin.
Concernant la faune, il existe néanmoins des réserves naturelles (l'îlot de Filfla et dans le Nord-Ouest de Malte notamment), interdites l'été aux visiteurs pour mieux préserver leur environnement.
L'Europe joue un rôle primordial pour pallier en partie le manque de moyens dont dispose le gouvernement pour mener à bien sa politique environnementale. Les fonds européens ont servi, entre autres, à traiter les eaux usées et les déchets, dont seule une petite partie était jusqu'alors retraitée, le reste étant entreposé dans des décharges, parfois illégales, ou rejeté à la mer (comme le font certaines industries). Aujourd'hui, les bâtiments publics sont équipés afin de réduire leur empreinte énergétique. Une solution pour répondre à l'accord signé avec Bruxelles en 2010 sur les émissions de CO_2. Car jusqu'à présent, l'île ne respectait pas ses engagements. Alors qu'elles devaient diminuer de 20 % d'ici à 2020, elles ont connu la plus forte progression de l'UE entre 2011 et 2012.
Début 2010, l'État a toutefois lancé un programme de ***développement durable à Gozo,*** qui prend différents axes (meilleure gestion de l'eau et des déchets, éducation, énergie, agriculture et tourisme, entre autres). Cela afin de rendre l'île plus attractive pour les visiteurs et les investisseurs. Gozo, de par sa nature et ses défis, se prête particulièrement à cette « expérimentation ». Ce programme met assurément un coup de projecteur sur l'île. Espérons juste que les réalisations seront à la hauteur des attentes et non un simple vernis marketing.
Sur le plan agricole : dans un pays qui a opté pour l'usage des pesticides au tournant du XXIe s, le biologique paraît de la science-fiction, pire, un retour en arrière. Il est aujourd'hui difficile de trouver des produits bio dans l'archipel (qu'ils soient maltais ou importés). Toutefois, de plus en plus d'agriculteurs ont recours à des engrais naturels, type lisier. Mais il est répandu, la plupart du temps, avant d'avoir été composté, entraînant la prolifération d'une faune inattendue : les moustiques, friands de ce genre de milieu !
Jusqu'à présent, pour une majorité de Maltais, l'environnement demeure un problème secondaire (on jette facilement ses ordures sur les bas-côtés) et la chasse

une passion de chaque instant. Les autorités ont toutefois mis en place un ***programme d'éducation à l'environnement*** dans les écoles. Les profs ont même reçu une formation particulière. Parallèlement, des campagnes destinées à un large public tentent de faire prendre conscience à l'ensemble de la société que seuls des efforts de part et d'autre pourront conduire à un assainissement de la situation. En 2011, le gouvernement a lancé une grande consultation nationale sur le thème de l'environnement, avec comme objectif de définir un avenir pour l'horizon... 2050.

FAUNE ET FLORE

La faune

Pas de quoi faire un safari ! En fait, les seuls animaux terrestres que vous verrez sont presque tous domestiques : chèvres, vaches, chevaux... En regardant bien, on peut croiser des lézards, des geckos et, pourquoi pas, un ou deux serpents (non venimeux) ou un caméléon. Sur l'îlot de Filfla, une réserve naturelle au large de la côte sud (ne se visite pas), il existe une espèce de lézard unique en Europe, à taches rouges ! Les lapins ont été exterminés par la chasse : celui que vous avez dans l'assiette est donc un spécimen d'élevage.
Reste à scruter le ciel : plus de 300 espèces migratoires font une pause ici, sur la route entre l'Europe et l'Afrique : flamants, cigognes, aigrettes, hérons, puffins... Seules quelques dizaines d'entre elles habitent à l'année sur l'île. Qu'il s'agisse de locaux ou de visiteurs, d'espèces protégées ou non, une chose est sûre : il ne fait pas bon être une bête à plumes à Malte. La chasse, vrai sport national, est responsable chaque année d'une véritable hécatombe. Mais ses nombreux adeptes représentent une telle force politique que le gouvernement n'hésite pas à enfreindre les directives européennes interdisant, par exemple, la chasse des oiseaux migrateurs au printemps. Des mises en demeure ont d'ailleurs été adressées par Bruxelles à Malte à ce propos, soulignant la disparition déjà effective d'espèces comme le faucon pèlerin et la chouette effraie. La réaction se fait attendre.
Enfin, les fonds marins sont riches de nombreuses espèces, même s'ils souffrent de la pêche intensive. Les plongeurs pourront admirer coraux et anémones, et les gourmets se régaleront de poulpes, calamars ou seiches qui prolifèrent sur les côtes maltaises. Sans compter les grondins, mérous, raies, rascasses... En été et en automne, c'est la saison des migrations : *lampuki,* thons et dauphins passent au large, tandis que des requins rôdent (parfois) aux alentours (mais rien à craindre pour la baignade ou la plongée).

La flore

Entre les roches érodées des falaises poussent oliviers, tamaris, thym et autres plantes aromatiques sauvages, typiques du Bassin méditerranéen. Omniprésent et exotique en diable, le figuier de Barbarie, gros cactus qui sert éventuellement de haie, s'impose partout de manière anarchique. La plupart des arbres fruitiers ont été importés sur le tard par les Arabes : les citronniers ou les orangers, par exemple. On trouve aussi des caroubiers, figuiers, néfliers et grenadiers, tandis que lauriers-roses et bougainvillées bordent les routes. Pas de forêts en revanche, ça fait belle lurette qu'elles ont été coupées, laissant le champ libre aux cultures. Mais un programme de reboisement a été lancé pour tenir compagnie à la seule « forêt » existante de Malte que sont les Buskett Gardens – ses pins d'Alep et chênes verts ont été plantés pour faire une réserve de chasse. Citons aussi les Sant Anton Gardens, attachés au palais présidentiel, et, sur Gozo, les Rundle Gardens, offerts par un gouverneur anglais.

GÉOGRAPHIE

Situé à une centaine de kilomètres au sud de la Sicile et à 350 km des côtes de Tunisie et de Libye, voilà un archipel de la Méditerranée dont la géographie explique en grande partie l'histoire. Contrairement à ce que l'on croit souvent, Malte n'est pas l'ultime pointe du sud de l'Europe avant les rivages de l'Afrique du Nord et de l'Orient (c'est l'extrémité sud de l'île de Chypre). L'archipel maltais est composé de deux îles principales : Malte (246 km^2) et Gozo (67 km^2). Entre elles deux se trouvent les îlots de Comino (3 km^2) et Cominotto, et au sud le minuscule îlot de Filfla. Vue du ciel, l'île de Malte a l'aspect d'un gros rocher aride aux tons gris et mordorés, cerné par une mer turquoise. Ni fleuve ni rivière, nulle montagne ou forêt. Le paysage présente un relief d'origine calcaire aux côtes déchiquetées, alternant falaises et baies sur la côte nord-est (ports de Birżebbuġa, Marsaxlokk, Marsaskala), qui servent de refuge aux bateaux.
– *La pierre calcaire de Malte (globigérine) :* cette pierre calcaire, d'aspect blond et doré, durcit au contact de l'air et change de couleur, pour devenir plus foncée, presque rougeâtre, sous le soleil, comme sous la pluie. Elle sert à bâtir les églises, les palais et les maisons.

L'île de Malte

L'île principale mesure 27 km de long et 14 km de large.
– *La partie est et nord-est de l'île :* la région autour de La Valette se distingue par la densité de son urbanisme et de son habitat. Les faubourgs et les villes se suivent et se touchent, encastrés les uns dans les autres, comme soudés par le manque d'espace. Vue du ciel, ce n'est plus qu'une vaste agglomération. Vous êtes là dans une des régions les plus densément peuplées d'Europe ! 1 272 habitants/km^2 ! C'est presque quatre fois plus que la Belgique. Pas de hautes tours, mais un tissu urbain compact de petits immeubles et de maisons individuelles.
– *La partie centrale et occidentale :* elle offre un paysage un peu moins plat et légèrement plus vert. Quelques collines apparaissent coupées de modestes vallons piqués de bosquets. Les champs parfois en terrasses sont enclos de murets de pierres sèche. Des haies de lauriers-roses et des figuiers bordent les petits chemins de campagne, atténuant par leur coloris l'aridité de ce paysage surchauffé. C'est d'ailleurs dans cette partie de l'île que l'on trouve la seule tache verte : la forêt de pins et les jardins de Buskett (« bosquet »).

L'île de Gozo

Plus bucolique, l'île de Gozo est une contrée de paysans et de pêcheurs, et le complément « nature » de Malte. La terre y semble moins rêche. L'île est en effet plus fertile.

HISTOIRE

Vieux comme « Malthusalem »

L'archipel semble avoir évolué dans un isolement total, jusqu'à ce que l'homme soit capable de naviguer et de traverser le bras de mer qui sépare Malte de la Sicile. C'est donc vers 5200 av. J.-C. qu'un premier groupe humain débarque sur l'île.
Les techniques de navigation ne sont cependant pas assez poussées pour que le lien culturel entre la culture mère et le nouveau foyer de peuplement se maintienne de façon permanente. Les immigrants évoluent indépendamment et, à partir des traditions ancestrales, ils développent une identité propre.

Ils conservent néanmoins leurs croyances en s'adonnant au culte de la fertilité animale et végétale, symbolisé par une, voire deux déesses (la mère et la fille). Les morts sont ensevelis dans des anfractuosités naturelles ou dans des tombes creusées de main d'homme, et rendus ainsi au sein de la Terre-Mère. Cette première phase, correspondant au début du Néolithique, est baptisée Għar Dalam en référence à la grotte où les premiers vestiges humains ont été mis au jour.
D'autres périodes suivent, identifiées aux formes de poterie découvertes : phase de Skorba grise (4500-4400 av. J.-C.), puis phase de Skorba rouge (4400-4100 av. J.-C.). C'est à cette époque qu'apparaissent les premières représentations humaines (celles d'une déesse-mère). La phase de Żebbuġ (4100-3800 av. J.-C.) correspond à l'émergence de tombeaux collectifs creusés dans la roche ; on observe un phénomène identique en Sicile et en Italie du Sud au même moment.

Le temps des temples

Au début du IVe millénaire av. J.-C., une nouvelle vague de peuplement voit l'érection de lieux de culte de plus en plus importants. Pendant près de 1 500 ans, les hommes vont perfectionner leurs constructions : d'abord de dimensions normales, les temples deviennent gigantesques avec ceux de Ġgantija, à Gozo (3600-3000 av. J.-C.). On parle désormais d'architecture mégalithique.
Il semble que ces transformations soient dues à une évolution du culte. D'abord lieux de sacrifices de la communauté pour obtenir de bonnes moissons et un cheptel nombreux, ces temples prennent une dimension religieuse en établissant une relation entre l'homme et la divinité. Puis ils jouent un autre rôle en guérissant les malades par la sophrologie, l'hypnose ou la prophétie. À la fin de la civilisation des temples, le « clergé » aurait été assez puissant pour diriger la population. D'ailleurs, il se peut que le temple de Tarxien, centre de la phase la plus aboutie (3000-2500 av. J.-C.), fût aussi un palais de cette caste de « rois-prêtres ». C'est à cette même époque qu'a été réalisé le fabuleux hypogée de Hal Saflieni.
Alors qu'elle est parvenue à un degré technique très élevé, comme en témoignent non seulement les plans et les croquis architecturaux, mais aussi la qualité de leur décoration, la civilisation disparaît vers 2500 av. J.-C. sans qu'il y ait la moindre trace de guerre ou d'épidémie. On en est réduit aux conjectures. La légende grecque, qui faisait de Malte l'île de Calypso, dépourvue de mâles, provient-elle d'une réalité préhistorique ?
Quoi qu'il en soit, Malte semble déserte pendant plusieurs siècles. Entre 2500 et 2000 av. J.-C., de nouveaux venus s'y installent. Utilisant le bronze pour leurs outils et leurs armes et incinérant leurs morts, ils ignorent tout de ces grands temples, abandonnés et qui tombent en ruine. Ils les squattent, comme à Borġin-Nadur, ou les transforment en champ d'urnes funéraires, comme à Tarxien.

De l'âge du métal à Carthage

À la fin de l'époque préhistorique, période charnière entre l'âge du bronze et celui du fer (fin du IIe-début du Ier millénaire), de nouveaux immigrés débarquent de Calabre. Ils entrent peu après en contact avec des commerçants venus du lointain Orient, les Phéniciens. Aux alentours de 900 av. J.-C., ceux-ci, devenus les maîtres du commerce méditerranéen, cherchent à se doter de comptoirs sur les routes de l'Espagne et du sud de la Gaule. Naturellement, ils en installent à Malte. Il semble que leur établissement se soit limité aux seuls abords portuaires, car si Malte les a séduits par ses ports bien protégés, ils préfèrent l'Afrique voisine pour établir leur colonie, Carthage.
L'effondrement de la puissance phénicienne permet aux Grecs de s'installer dans l'archipel, dans le cadre de leur colonisation de la Grande Grèce (Sicile et Italie du Sud). Mais, au Ve s av. J.-C., la puissante Carthage s'empare de Malte pour en faire une base essentielle dans sa lutte contre la Grande Grèce et contre Rome.

À l'inverse des Phéniciens, les Carthaginois colonisent l'archipel et s'installent à l'intérieur des terres, comme le prouve le grand nombre de tombes mises au jour, accueillant sarcophages en terre cuite ou urnes funéraires. Une ville est bâtie sur le haut plateau central, et des temples sont dédiés aux dieux phéniciens, Baal, Melqart, Astarté... La langue punique (langue phénicienne parlée à Carthage) devient alors la langue commune. C'est à Malte que l'on a découvert le cippe (une stèle aujourd'hui au Louvre) portant une inscription bilingue (grecque et phénicienne) qui a permis de déchiffrer cette dernière langue.
Mais la réussite de Carthage gêne la volonté expansionniste de Rome. Au cours de la deuxième guerre punique, en 218 av. J.-C., l'empereur romain s'empare de l'archipel sans aucun combat.

De Rome à Byzance

L'île joue un grand rôle dans le cadre des guerres puniques. Rome remercie les Maltais en les reconnaissant *socii* (c'est-à-dire « associés ») du peuple romain et rattache l'archipel à la Sicile. Les Romains développent l'exploitation des deux îles, multipliant les constructions de villas, en fait des exploitations agro-industrielles où la production d'huile d'olive prédomine largement. L'archipel, alors riche, se romanise de plus en plus. Des bains et des piscines sont construits près des sources les plus importantes (Għajn Tuffieħa). La capitale, Melita (aujourd'hui Mdina), devient une ville importante, protégée par une enceinte, au-delà de laquelle s'étend une vaste nécropole. De somptueux temples se substituent aux sanctuaires puniques. Mais la richesse de ces lieux de culte suscite la cupidité du proconsul Verres, qui les pille. Cicéron obtient sa condamnation et est alors chargé de la Sicile – et donc de Malte.
C'est à cette époque que la tradition situe le naufrage de saint Paul. L'apôtre et citoyen romain doit être jugé au tribunal impérial de Rome lorsque le bateau qui le transporte fait naufrage et que les passagers s'échouent vraisemblablement sur une île appelée Melita au large de l'actuel Saint Paul's Bay. Rescapé avec ses gardiens, Paul est protégé par les Maltais. Il reste 3 mois dans l'archipel, fort bien traité, et évangélise une petite partie de la population. La communauté maltaise de l'époque se compose donc à la fois de chrétiens, de païens et de juifs. Cela mis à part, les annales font peu cas de Malte.
Bientôt l'empire d'Occident subit les coups répétés des invasions barbares. Après la chute de Rome au Ve s, Malte connaît le sort des îles romaines de la Méditerranée. En 533, le général byzantin Bélisaire, lors de son expédition contre le royaume vandale d'Afrique du Nord, s'empare de l'île qui est intégrée, dès lors, à l'empire d'Orient. Tant que dure la puissance byzantine en Méditerranée centrale, Malte en est une importante base navale, et son église rattachée au patriarcat de Constantinople. Cette période est fort mal connue.

La domination musulmane

Les raids arabes, qui ont abouti à la fondation de Kairouan (en Tunisie actuelle) en 670 par 'Oqba ibn Nâfi, ont entraîné l'islamisation des populations berbères d'Afrique. Peu sûre des autochtones sur lesquels les petites garnisons arabes tentent d'imposer leur autorité, la dynastie aghlabide d'Ifriqya les envoie à la conquête de l'Occident : d'une part vers le Maghreb, l'Espagne et la Gaule, où ils sont arrêtés à Poitiers, d'autre part en Sicile et en Italie du Sud. Malte, peut-être déjà sous influence arabe, est conquise en 870 par Muhammad ibn Khadafcha pour le compte de la dynastie de Kairouan.
Les musulmans ne semblent pas avoir traité Malte autrement que comme une zone secondaire du domaine sicilien, et la colonisation a surtout été agricole. La capitale est coupée aux deux tiers par un fossé *(saqqajja)*. Le tiers le plus élevé est fortifié et porte le nom de « ville » *(Mdina)*, tandis que la partie située entre le mur romain et le fossé s'appelle le faubourg, « l'enceinte » *(Rabat)*.

La reconquête chrétienne et la domination sicilienne

Aux alentours de l'an 1000, la dynamique musulmane s'épuise dans les luttes d'influences entre les divers mouvements de l'islam, et son unité vole en éclats avec la multiplication des émirats et califats en Occident. Les premières monarchies de l'Europe féodale en profitent pour partir à la reconquête des anciens espaces romains. Cette œuvre est – en ce qui concerne l'Italie du Sud, la Sicile et Malte – le fait de Normands, dont Roger de Hauteville, qui débarque à Malte en 1090. Il y rétablit le christianisme.

Malte demeure un territoire annexe de la Sicile et les chrétiens semblent y accorder aussi peu d'importance que les musulmans avant eux. Les agents du roi de Sicile, d'origine espagnole ou sicilienne, exploitent l'île sans ménagement, constituant rapidement une noblesse maltaise, qui tente, au début du XVe s, de s'approprier les pouvoirs militaires et civils. Une révolte populaire, en 1427, contre le gouvernement d'un de ces nobles, conduit Alphonse V le Magnanime à garantir solennellement les droits du peuple maltais, obligation à laquelle doivent désormais se soumettre tous les princes qui gouvernent Malte.

Durant les cinq siècles de domination sicilienne directe, le visage de l'île se modifie. La culture des céréales, du coton et de la vigne occupe une population rurale qui croît lentement et abandonne peu à peu ses hameaux au profit d'un habitat plus groupé, notamment en raison de l'insécurité causée par les incursions des barbaresques.

L'ordre des hospitaliers de Saint-Jean-de-Jérusalem

Le destin de Malte bascule au XVIe s avec l'arrivée des chevaliers de l'ordre de Saint-Jean de Jérusalem. Successivement chassés de la Ville sainte, puis de Chypre et de Rhodes, d'où Soliman le Magnifique les a délogés en 1523, ils obtiennent l'appui de Charles Quint pour faire de Malte leur nouvelle base. L'empereur craint, à juste titre, une intervention ottomane dans le bassin occidental de la Méditerranée. Or les hospitaliers sont les seuls à posséder une marine de guerre permanente.

La cession est entérinée à Castelfranco, le 24 mars 1530. Les hospitaliers se voient confier Tripoli et l'archipel de Malte. La Sicile conserve la propriété sur ces domaines, l'ordre n'en reçoit que l'usufruit et s'engage à en demander l'investiture à chaque nouveau règne et à faire annuellement l'hommage vassalique d'un authentique faucon à Charles Quint (le fameux faucon maltais était bien un oiseau vivant).

Pour en savoir plus sur l'ordre des hospitaliers, se reporter plus loin à la rubrique qui lui est consacrée.

Le grand siège et les débuts de l'Ordre à Malte

Pour les chevaliers, Malte est un pis-aller : l'archipel est inculte et n'abrite que 15 000 habitants. Ils penchent plutôt pour une installation autour de Tripoli. Ils n'emménagent donc pas dans la capitale, qu'ils laissent à la vieille noblesse, mais à Birgù, un éperon vaguement fortifié au milieu du Grand Port. Leurs débuts ne sont pas fameux : échec devant Alger en 1541, déportation des habitants de Gozo en 1551, défaite devant Djerba en 1560.

Le pire reste pourtant à venir : le 18 mai 1565, 138 galères turques débarquent à Malte, avec à leur bord 38 000 hommes, ottomans et barbaresques, et 50 canons. Le grand siège commence. Les troupes ennemies s'installent sur la haute langue de terre, la presqu'île de Sciberras, qui surplombe le Grand Port et Birgù, seulement défendue par le fort Saint-Elme. Ce dernier concentre toutes les attaques avant de tomber en juin. Les corps des chevaliers sont décapités, éventrés et crucifiés sur des planches, qui sont ensuite jetées dans le port avant d'échouer sous les fenêtres du grand maître Jean de La Valette. Comme à cette époque on n'est

pas à une barbarie près, les chevaliers font à leur tour décapiter les prisonniers turcs et catapulter leurs têtes dans les lignes ottomanes... En juillet, l'offensive turque est sur le point de l'emporter et le grand maître est blessé. En août, face à une situation catastrophique, La Valette en appelle aux princes chrétiens déchirés par les guerres de Religion. Enfin, le mois suivant, parvient le « Grand Secours », composé principalement d'Espagnols, qui effraient tant et si bien les Ottomans que ces derniers lèvent le siège le 8 septembre après avoir perdu 30 000 hommes. Côté chrétien, 9 000 Maltais et 219 chevaliers ont péri. Ce « Verdun du XVIe s » ne marque aucune victoire, mais le changement de camp de la dynamique offensive. L'Ordre en est grandi, magnifié par le renouveau chevaleresque que connaît alors l'Occident chrétien. L'île est dorénavant appelée « le boulevard de la Chrétienté ». Malte sort de son anonymat sicilien pour devenir le centre vers lequel se tournent les regards de la noblesse européenne.
L'Ordre, sous la férule de Jean de La Valette, réorganise la défense de l'île. Une ville neuve surgit, sur la presqu'île de Sciberras, entre le Grand Port et celui de Marsamxett. Les chevaliers l'édifient en 5 ans avec l'aide des esclaves turcs, et l'entourent d'un impressionnant système de fossés et de remparts. La Valette devient la capitale de l'Ordre, siège du couvent et des organes essentiels. Mais lorsque les chevaliers s'y installent, en 1571, la Sainte Ligue a déjà défait les Ottomans à Lépante, ruinant définitivement leur puissance maritime. Ils ne sont plus dès lors une menace.
Officiellement, l'Ordre reçoit alors la charge de la police maritime contre les pirates barbaresques.

Une puissance politique et économique en Méditerranée

Les grands maîtres comprennent rapidement que la Méditerranée est redevenue une importante zone d'échanges économiques, et l'île se retrouve au cœur d'un vaste circuit commercial entre les deux bassins de la Méditerranée. Dès la fin du XVIIe s, l'enrichissement des Maltais est apparent : un important essor démographique (l'archipel compte alors 100 000 habitants), de nouvelles constructions, un art de vivre nouveau, y compris dans les villages, sont autant de signes prouvant l'émergence d'une bourgeoisie aux liens économiques et familiaux étroits avec la Provence, la Catalogne ou les Deux-Siciles.
Cette modernisation de l'économie ne s'accompagne pourtant pas d'une modernisation des mentalités politiques. Rien n'est plus étranger aux Maltais que l'idée d'État. Les efforts absolutistes d'un Manoel de Vilhena ou d'un Pinto da Fonseca, grands maîtres du XVIIIe s, ne sont supportés que tant qu'ils s'accompagnent d'un mieux-être général ; mais lorsque Ximenes entreprend une réforme de l'État, des finances et de la législation, en pleine dépression économique, c'est la première révolte contre l'Ordre, la *révolte des prêtres* de 1775. Son successeur, Emmanuel de Rohan-Polduc, dote alors l'île d'un code de lois très modernes, qui doit beaucoup aux penseurs et juristes les plus éclairés du XVIIIe s. Malgré tout, l'agitation est encore perceptible. Il est clair que Malte n'accepte la puissance tutélaire des chevaliers que pour les avantages qu'elle en tire. Or, à partir des années 1780, l'Ordre entre en turbulences. Des oppositions, d'abord intestines, puis contre le roi de Naples, son suzerain, et contre le pape, son supérieur, se transforment en cauchemar avec l'avènement de la Révolution française. Ruiné par la nationalisation de ses biens français qui assuraient la moitié de ses revenus, l'Ordre est contraint de diminuer son train de vie et même de licencier des employés. Quand, ensuite, il est obligé, selon les termes de la convention de 1530, de suivre Naples dans son hostilité contre la France, il signe l'arrêt de mort du commerce maltais. Aussi, lorsque le 10 juin 1798 les troupes napoléoniennes en route vers l'Égypte se retrouvent devant l'archipel, barrant son horizon de plus de 300 voiles, la bourgeoisie commerçante de La Valette fait savoir au dernier grand maître, l'Allemand Hompesch, que les chevaliers ne trouveront aucun appui dans la population et

que, pire, elle est prête à négocier directement avec Bonaparte. Hompesch, s'estimant trahi par ses sujets et assurément convaincu de l'inanité de ses efforts, accepte, mais sans la ratifier, la convention par laquelle l'Ordre abandonne Malte et ses dépendances à la République française.

De l'occupation française...

Bonaparte reste 6 jours à Malte, le temps de signer un nombre prodigieux d'ordres qui réorganisent totalement l'île sur le schéma de la Constitution de l'an III. L'archipel est divisé en municipalités, un gouvernement local est organisé à côté d'un commissaire du Directoire, la noblesse et la féodalité sont abolies, les lois françaises introduites et l'Église est réorganisée. Ajoutez à cela une réglementation économique tatillonne, une présence permanente de l'administration et l'avantage donné à la bourgeoisie commerçante de La Valette, il n'en faut pas plus aux Maltais pour prendre les armes contre l'occupant.
Le général Vaubois, qui commande la garnison, se laisse enfermer dans La Valette, espérant avoir les insurgés à l'usure ; mais ceux-ci en appellent à leur suzerain, le roi de Naples, qui demande à ses alliés anglo-portugais d'aider les Maltais. Nelson entreprend alors le blocus de l'île, cédant bientôt la direction des opérations à son adjoint Alexander Ball. Ce dernier a compris l'intérêt économique de Malte dans le cadre de l'expansion économique vers l'Orient. C'est pourquoi, souvent contre les ordres de son propre gouvernement, Ball organise un véritable parti pro-anglais, réinstituant le *Congrès du peuple,* qu'il dirige, et éliminant tous ceux qui pourraient s'opposer à la mainmise britannique sur l'île.
Les commerçants qui ne s'étaient pas liés aux Français voient alors tout l'intérêt qu'ils peuvent tirer d'une alliance avec une puissance économique aussi forte que lointaine. Le vieux rêve des Maltais de tirer d'importants avantages d'une sujétion légère et éloignée fait envoyer une délégation pour offrir à George III la souveraineté de l'archipel.
Le 5 septembre 1800, le général Vaubois et l'amiral Villeneuve, réduits par la famine, signent la capitulation de la garnison française. Bonaparte, qui a supplanté l'Ordre, comprend trop tard son erreur et tente de récupérer Malte en y réimplantant les chevaliers. Mais alors qu'il croit avoir berné les Anglais en faisant élire un nouveau grand maître, ces derniers refusent de quitter l'île, déclenchant par la même occasion la réouverture des hostilités entre les deux pays.

... à la colonisation britannique

Aux traités de Paris en 1814 et de Vienne en 1815, Malte est officiellement donnée à la Grande-Bretagne ; au congrès de Vérone de 1822, l'ordre de Saint-Jean renonce définitivement à toute prétention sur l'archipel.
Dans les 20 ans qui suivent, tout ce qui pouvait subsister des institutions maltaises disparaît, mais une grande partie de la population vit très médiocrement, victime d'une impressionnante croissance démographique (la population double en 100 ans) et de la ruine de la culture du coton. Encouragée par les autorités britanniques, elle choisit souvent l'émigration (Tunisie, Algérie, monde anglo-saxon).
En 1835, les Anglais octroient un embryon de Constitution, en créant, auprès du gouverneur, un Conseil de gouvernement ; puis la liberté de la presse est garantie. C'est néanmoins insuffisant pour satisfaire les aspirations des Maltais. Au tournant des années 1870, la vie politique s'anime, tandis que la politique coloniale britannique fait de l'assimilation son maître mot. L'île est alors le théâtre d'affrontements entre les forces collaborationnistes et les forces nationalistes de Fortunato Mizzi. C'est aussi à ce moment que naît la querelle linguistique qui empoisonne la vie politique maltaise jusqu'après la Seconde Guerre mondiale. Les nationalistes, affirmant la latinité de Malte, sont favorables à l'italien, soutenus en cela par l'Église ; les anglophiles, au contraire, favorables au libéralisme anglo-saxon, rêvent de

supplanter l'italien. Pendant la Première Guerre mondiale, les appels à l'indépendance redoublent et, le 7 juin 1919, une manifestation en faveur d'une Constitution dégénère : le drapeau britannique est lacéré et des Maltais sont tués. En 1921, les Anglais, pour calmer le jeu, accordent un gouvernement autonome et deux chambres (une assemblée législative et un sénat). Mais, désormais, les mécontentements sont attisés en sous-main par Mussolini, qui ne cache pas ses visées sur l'archipel. En réaction, l'anglophile Strickland, jeune noble maltais, forme un gouvernement en 1927, supprime l'italien des écoles, des tribunaux et même des noms de rues, pour lui substituer l'anglais et, surtout, le maltais, promu au rang de langue nationale, en arguant des origines phéniciennes de la population. À partir de 1929, l'Église maltaise, soutenue par Pie XI, s'oppose à Strickland. En juin 1932, les nationalistes remportent les élections et Ugo Mifsud forme le gouvernement, mais, en 1936, la Grande-Bretagne suspend la Constitution et administre directement Malte.

Une cible toute désignée

La guerre fait craindre aux Anglais des liens entre nationalistes et fascistes, et les leaders politiques sont déportés en Égypte et en Ouganda. Peu après le déclenchement des hostilités, les premières bombes s'abattent sur l'île : elles ne cesseront plus, jusqu'en 1942.
Verrou de la Méditerranée, Malte retrouve à ses dépens sa valeur stratégique. Cernée par l'Italie et la Libye aux mains de Mussolini, et par la Tunisie dévouée au maréchal Pétain, elle demeure le seul bastion allié dans la Mare Nostrum des forces de l'Axe. Un blocus maritime l'affame. Hitler s'oppose toutefois à une invasion de l'île et privilégie le contrôle par la voie des airs. Les bombardiers allemands et italiens basés en Sicile effectuent raid sur raid, pilonnant les villes et les bases anglaises. En 1942, alors que les premières difficultés des forces de l'Axe apparaissent en Russie et en Afrique du Nord, les bombardements s'intensifient encore. Durant le seul mois d'avril, 6 730 t de bombes sont déversées sur l'île – un triste record mondial...
À l'automne 1942, une vision plus claire émerge : Malte, soutenue et ravitaillée par des convois au prix de nombreux navires coulés ou endommagés, a tenu bon. George VI, fait rarissime, lui octroie la *George Cross*... distinction d'ailleurs intégrée sur le drapeau maltais lorsque l'archipel prit son indépendance.
Le vent de la guerre est en train de tourner. Ce sont les avions et les sous-marins alliés, désormais, qui harcèlent les convois allemands partis ravitailler l'Afrikakorps. Au printemps 1943, l'île devient base arrière pour la préparation du débarquement en Sicile et en Italie du Sud (en juillet). Victoire acquise, la marine de Mussolini y reconnaît sa défaite. Pour Malte, le bilan est lourd : 1 600 morts, 25 000 maisons endommagées ou détruites pendant plus de 3 000 alertes.

Vers un État indépendant

Malte se voit dotée, en 1947, d'une nouvelle Constitution : gouvernement autonome et chambre unique. La vie politique est alors monopolisée par l'affrontement entre travaillistes et nationalistes. En 1955, le mouvement travailliste, conduit par Dominic Mintoff, propose d'offrir Malte comme base à l'URSS, puis change de tactique et prône l'intégration de l'île dans le Royaume-Uni. Cette proposition recueille d'abord l'accord des Anglais, soucieux de ne pas connaître un nouveau Chypre, mais ils finissent par se lasser devant les exigences croissantes de l'homme d'État maltais. D'autant qu'au référendum qu'il organise en 1956, sur le thème de l'intégration, Dom Mintoff est désavoué par près de la moitié des électeurs, qui s'abstiennent. La vie politique maltaise connaît alors une période de turbulences qui se traduit notamment par la suspension de l'autonomie en 1958 et son rétablissement en 1961.

En 1962, les nationalistes remportent les élections avec, dans leur programme, la demande d'indépendance. Celle-ci est officielle le 21 septembre 1964 : Malte est un État du Commonwealth ; le gouverneur, représentant la reine, nomme le Premier ministre, obligatoirement le leader de la majorité parlementaire. Le 7 avril 1965, Malte devient le 18e État membre du Conseil de l'Europe.

Entre les deux, mon cœur balance

En 1971, les nationalistes sont battus par les travaillistes, qui conserveront le pouvoir jusqu'en 1987. Le 13 décembre 1974, Dom Mintoff fait proclamer la République à Malte, rompant tous liens avec la Couronne britannique, sans pour autant quitter le Commonwealth ; le gouverneur est remplacé par un président de la République. Le 31 mars 1979, les dernières forces de Sa Majesté évacuent l'île. Sous l'influence du Premier ministre, Malte se range dans le camp des pays non alignés et, comme eux, flirte avec le camp communiste, sans pour autant refuser l'aide occidentale. Des liens étroits sont néanmoins tissés avec le voisin libyen, notamment des liens économiques, vitaux pour l'île dont la mono-industrie, la réparation navale, connaît alors une crise mondiale.

En 1987, les nationalistes remportent les élections et font tout pour sortir Malte de l'isolement diplomatique dans lequel ses récentes fréquentations l'ont plongée. Des initiatives spectaculaires montrent la volonté de servir alors de trait d'union aussi bien entre l'Est et l'Ouest qu'entre le Nord et le Sud. En décembre 1989, c'est dans la rade de Marsaxlokk qu'a lieu la première entrevue entre Bush père et Gorbatchev. En mai 1990, Jean-Paul II se rend en visite officielle dans l'île pour y réaffirmer sa vocation chrétienne. Enfin, le 16 juillet 1990, Malte fait officiellement sa demande d'adhésion à la Communauté économique européenne. Les mesures prises pour mettre le pays en conformité avec les règles communautaires, principalement l'introduction de la TVA et la réglementation de la chasse, suscitent un réflexe poujadiste d'une partie de la population. C'est le moment (1997) que choisit le Premier ministre Eddie Fenech-Adami pour dissoudre la Chambre et provoquer des élections générales anticipées. Une partie des votes se déplace sur le parti travailliste dont le leader, Alfred Sant, refuse le principe de l'adhésion à la Communauté. Devenu Premier ministre, il interrompt la procédure de demande d'adhésion mais, au bout de 18 mois, il doit se résoudre à convoquer de nouvelles élections générales – qui ramènent au pouvoir le parti nationaliste. Eddie Fenech-Adami, redevenu Premier ministre (1998), rouvre les négociations. Le 8 mars 2003, un référendum sur l'adhésion donne 53 % de « oui » et 47 % de « non », avec un taux de participation de 94 %.

En avril, la victoire des nationalistes aux élections confirme les résultats du référendum. Et le 16 avril 2003, Eddie Fenech-Adami signe à Athènes l'accord d'adhésion qui fait officiellement de Malte un État de l'Union européenne à partir du 1er mai 2004.

Mais le Premier ministre démissionne de ses fonctions au profit de Lawrence Gonzi afin d'être élu président de la République, succédant ainsi à Guido de Marco. Aux législatives de 2008, les nationalistes de Lawrence Gonzi sont reconduits aux affaires, l'emportant de justesse (de seulement 1 % des voix, soit 1 542 votants) face à leurs adversaires travaillistes. Des élections qui n'ont mobilisé « que » 93 % des électeurs, un taux de participation jugé médiocre à Malte !

Entre-temps, le plus petit État européen a adopté la monnaie européenne le 1er janvier 2008 et fait son entrée dans l'espace Schengen, devenant ainsi l'une des deux frontières les plus au sud de l'Europe avec Chypre. Un sujet très épineux (voir ci-dessous). Et puis, en avril 2009, le travailliste George Abela est devenu le huitième président de la République maltaise. Et ce, à l'unanimité des deux partis politiques représentés au parlement, chose rare ! Le parti travailliste *(Partit Laburista)* confirme son avancée aux élections européennes de mai 2009 avec 54,77 % des suffrages (soit trois députés au Parlement européen contre

deux pour le parti nationaliste), tandis qu'au Parlement maltais les nationalistes ne bénéficient que d'une majorité d'un siège.
En mars 2012, les travaillistes gagnent les municipales et, en décembre de la même année, des élections générales sont convoquées suite à la chute du gouvernement en raison d'un désaccord sur le budget 2013. Ce qui devait arriver arriva donc : le 9 mars 2013, les travaillistes remportent les élections à 54,83 % des voix. Ils se retrouvent ainsi à la tête du gouvernement pour la première fois depuis 1998... avec une avance (confortable) de neuf sièges sur les nationalistes au Parlement. Entre autres promesses électorales faites par le nouveau Premier ministre Joseph Muscat (ancien député européen) : la diminution de 25 % du prix de l'électricité sur l'île, l'une des plus chères au monde.

Tragédies modernes

Porte d'entrée vers l'Europe pour l'immigration clandestine en provenance d'Afrique, Malte est, comme l'Italie voisine et l'Espagne, le théâtre de tragédies humaines de plus en plus fréquentes. Au cours de ces dernières années, les débarquements sur ses côtes et les naufrages de rafiots au large se sont multipliés. Au grand désagrément des autorités, qui ont d'abord tenté de fermer les yeux, mais qui procèdent désormais à de nombreux sauvetages en mer, en coopération avec l'Italie.
Les traversées s'avèrent toujours très risquées, et les conditions trop souvent inhumaines. En octobre 2013, au large de la petite île italienne de Lampedusa, un bateau transportant 500 Africains (principalement des Somaliens et des Érythréens) a sombré, causant la mort de près de 360 personnes. Quelques jours plus tard, c'est une autre embarcation d'environ 200 Syriens qui a chaviré au large des côtes maltaises, et 34 personnes ont péri, noyées.
Pour ceux qui parviennent sur l'île, le calvaire terrestre fait suite à celui enduré sur mer. À peine débarqués, ils sont envoyés moisir 12 à 18 mois dans l'un des camps de détention provisoire – dont certains sont décrits par des experts de l'Union européenne comme « inappropriés », assurant des conditions de vie particulièrement difficiles (femmes et enfants logeant dans des hangars). Les migrants se plaignent de mauvais traitements et de surpopulation. D'ailleurs, 8 mois après la signature d'un accord avec le gouvernement maltais, l'ONG Médecins sans frontières a décidé de suspendre ses activités dans les centres de rétention de l'île, début 2009, pour dénoncer la mise en détention systématique des nouveaux arrivants et leurs conditions d'hébergement. Pas facile d'être une porte d'entrée en Europe...
En 2012, l'organisation *Human Rights Watch* dénonçait dans un rapport la « détention prolongée d'enfants » (même non accompagnés) et la « politique de détention automatique et sans distinction... inhumaine et inutile ». Les mauvais traitements ne dissuadent pas les candidats de tenter la traversée.
En février 2009, le centre de rétention de Hal Far, au sud-est de l'île, réputé pour avoir été le plus vétuste de l'île, a été incendié. Des mouvements de révolte sont de plus en plus fréquents, comme sur Lampedusa.
À Malte, seuls quelques-uns obtiennent le statut de réfugié politique et un pécule de 130 € par mois une fois en liberté pour faire face aux premiers besoins en attendant de trouver un travail... qui n'existe pas ou alors qui sera mal vu par la population locale. Les « rejetés », atterris malgré eux dans le cul-de-sac maltais, sont « invités » à partir. Mais l'attente de rapatriement peut s'éterniser des années. Sans grand espoir de trouver un emploi, même au noir.
La réponse n'est pas simple, il est vrai. D'après le gouvernement maltais, un seul migrant débarquant à Malte représente l'équivalent de 114 personnes débarquant en Italie ou 150 en Grande-Bretagne. L'île est vraiment petite pour 400 000 habitants et compte l'une des plus fortes densités de population au monde. L'immigration clandestine a indéniablement un coût élevé pour Malte : environ 1 % de son

PIB. Comme en Italie, les autorités maltaises affichent ouvertement leur hostilité et leur crainte face à cette immigration clandestine.
L'Union européenne a certes créé Frontex, une agence chargée de la coopération aux frontières, et voté la création d'une force spéciale d'intervention de 450 hommes, Nautilus, mise en place au cours de l'année 2007. Mais que sont 450 hommes sur tout le front de la Méditerranée ? Et que peut bien signifier cette frontière invisible pour des hommes et des femmes fuyant une vie de misère ? Le dispositif semble malgré tout « efficace », puisque le nombre d'immigrants arrivés sur les côtes maltaises a diminué (2 800 personnes en 2008, près de 1 600 en 2011) ; mais depuis les révolutions arabes, le nombre d'arrivants augmente de nouveau (1 800 en 2012). 2011 fut l'année la plus meurtrière avec plus de 1 500 personnes qui ont péri noyées en tentant la traversée, un chiffre qui a depuis diminué (même si le nombre de morts suite au naufrage de Lampedusa en 2013 prouve qu'il reste encore beaucoup à accomplir pour éviter de tels drames).
Dans un même temps, la Commission européenne dit s'intéresser à l'amélioration de l'accueil des réfugiés, ainsi qu'au partage plus égalitaire entre les États membres de la « charge » que représentent les exilés pour des petits pays comme Malte. Le gouvernement maltais avait en effet demandé à ses partenaires de l'Union d'accueillir une partie des clandestins « non expulsables ». Une requête somme toute légitime, leur arrivée sur l'archipel étant bien plus souvent un tragique accident de parcours qu'un but final. Symboliquement, l'ambassadeur de France à Malte, l'écrivain Daniel Rondeau, avait accepté en 2009 et 2010 d'accueillir à chaque fois une centaine de réfugiés sur le sol français en guise de solidarité européenne.
La question a été relancée suite à la tragédie de Lampedusa fin 2013. Reste à espérer que les déclarations de bonnes intentions de l'Union européenne laisseront place, un jour, à des actions de codéveloppement plus ambitieuses afin de réduire le nombre de candidats au départ dans les pays d'origine. Car c'est évidemment là que le bât blesse.

LANGUE

À Malte, on parle avant tout le maltais, qui n'est devenu langue officielle, en 1927, qu'en raison des circonstances politiques ayant poussé les Anglais et les anglophiles à réduire le plus possible, face au fascisme, l'importance de l'italien dans l'archipel. Du temps de l'Ordre, et même pendant la domination anglaise, il n'était parlé que dans les campagnes, tandis que dans les villes et la bonne société, l'italien et l'anglais étaient les langues usuelles.
Le maltais, d'origine araméenne (la langue du Christ), appartient au groupe des langues sémitiques parlées du VIIIe au XIe s en Italie du Sud et en Sicile. Lors de la reconquête, la romanisation de l'Italie et de la Sicile a été totale, mais Malte a été oubliée. C'est aujourd'hui la seule langue sémitique écrite en alphabet latin.
Le maltais n'est pas une langue facile d'accès. Alors, histoire de survivre (façon de parler puisque l'anglais est largement utilisé par la population), voici quelques éléments de prononciation.
À l'instar du français, de nombreuses lettres ne se prononcent pas et traduisent seulement l'origine étymologique du mot. Et quelques lettres nous sont inconnues :
- *ċ* se prononce *tch* ;
- *ġ* se prononce *dj* ;
- *g* se prononce *gue* ;
- *h* est très proche du *h* français ;
- *ħ* est très aspiré ;
- *j* a la valeur d'un *y* ;
- *q* ne se prononce pas et se traduit par une rupture comme dans [un/] /hibou ;

– *x* se prononce *ch* ;
– *ż* se prononce comme un *z* français plus doux ;
– *z* se prononce *ts* ;
– quant au groupe *għ,* il se prononce comme un *h* moyennement aspiré.
Cela bien sûr n'a qu'une valeur indicative car, entre le parler des villes et celui des campagnes, il y a une énorme différence, de même qu'entre Malte et Gozo.
On ne veut pas vous décourager mais, entre nous, mieux vaut parler en anglais ou en italien. Sachez seulement prononcer les principaux sites : Tarxien [tarchin'], Haġar Qim [adjar'im], Mnajdra [mnail'dra], Ġgantija [djigantiya], Marsaxlokk [marsachlok].

Petit lexique pour les plus courageux

Formules de politesse

Oui	*iva* (se dit [iva] en ville, [eïwa] à la campagne)
Non	*le* [lè]
Merci	*grazzi*
Bonjour	*bonġu* [bon'djou]
Bonsoir	*bonswa* [bon'swa]
Salut	*saħħa, hello*
Au revoir	*ciao* (à l'italienne), *saħħa*

Mais dans les campagnes « bonjour à tous », « bonsoir à tous », « au revoir à tous » se disent *bonġu għalikom, bonswa għalikom, saħħa għalikom.* On entend quelquefois, à l'ancienne, *sliem għalikom* (ça ressemble à l'arabe *salâm 'alaïkum*).

Se déplacer

Autobus	*xarabank* ([charabank], du français char à bancs)
C'est le bon (autobus) pour... ? Il va bien à... ?	*tajba għal... ?*
Pour La Valette	*għal Belt* (en ville)
Pour Żejtun	*għaz-Zejtun*
Pour Sliema	*għal tas-Sliema*

Quelques mots et expressions usuels

Comment vas-tu ?	*kif inti ?*
Bien !	*tajjeb !*
C'est excellent ! (ou Félicitations !)	*prosit !*
Qu'est-ce que c'est ? Comment ?	*x'inhu ?* (ou *x'inhi ?,* fém.)
Combien ?	*kemm ?*
Combien à l'unité ?	*kemm huma l-wieħed ?*
Rue	*triq*
Impasse, allée	*sqaq*
Avenue	*vjal*
Place	*misraħ, pjazza*
Oh, le (la) pauvre !	*miskin !, miskina !* (très fréquent dans le langage)

Les chiffres

0	*żero*	8	*tmienja*
1	*wieħed* (fém. : *waħda*)	9	*disgħa*
2	*tnejn*	10	*għaxra*
3	*tlieta*	20	*għoxrin*
4	*erbgħa*	21	*wieħed u għoxrin*
5	*ħamsa*	100	*mija*
6	*sitta*	1000	*elf*
7	*sebgħa*		

Vocabulaire religieux

Dieu	*Alla*
Le Seigneur	*il-Mulej*
La Vierge	*is-Sultana, Madonna*
Prière	*talba*

MÉDIAS

Votre TV en français : TV5MONDE partout avec vous

TV5MONDE est reçue partout dans le monde par câble, satellite et sur IPTV. Dépaysement assuré au pays de la francophonie avec du cinéma, du divertissement, du sport, des informations internationales et du documentaire.
En voyage et au retour, restez connecté ! Le site internet • *tv5monde.com* • et son application iPhone, sa déclinaison mobile *(• m.tv5monde.com •)*, offrent de nombreux services pratiques pour préparer son séjour, le vivre intensément et le prolonger à travers des blogs et des visites multimédias.
Demandez à votre hôtel le canal de diffusion de TV5MONDE, et n'hésitez pas à faire part de vos remarques sur le site • *tv5monde.com/contact* •

Presse

Quelques journaux français *(Le Monde, Le Figaro, L'Équipe)* et certains magazines se trouvent sans problème dans les principales librairies du pays. Compter 1 jour de décalage pour les quotidiens (et 2 jours si l'on est à Gozo).
Outre les journaux en maltais (*L-Orizzont,* de gauche, et *In-Nazzjon,* de droite), les polyglottes pourront lire la presse en anglais, mais mieux vaut connaître leurs tendances : ainsi, *The Malta Independent* est plutôt neutre dans les affaires politiques. *The Times of Malta* se place plutôt à droite, mais il est lu par les adhérents des deux bords car le parti de gauche n'a pas vraiment d'organe de presse. Le dimanche paraissent le *Sunday Times* et le *Sunday Independent,* gros pavés bien épais (surtout en petites annonces...).
La presse nationale maltaise fait penser à notre presse régionale : beaucoup de faits divers et d'infos-service, des méfaits sans envergure (Malte n'est pas Los Angeles) et des polémiques locales sur le nombre grandissant de chats dans les parcs publics (c'est juste un exemple)... Il est curieux de noter que, dans les articles sur les vols, agressions et autres délits, le journal publie toujours le nom et le village d'origine du prévenu. La présomption d'innocence semble ne pas exister.

Télévision

TV Malta, la télévision d'État, est une chaîne généraliste qui propose pas mal de divertissements, assez inégaux (c'est un euphémisme) et de l'actualité en anglais. À part ça, chaque parti sponsorise une chaîne en maltais, Super One pour le parti travailliste et Net TV pour le parti nationaliste. Comme l'appétit des téléspectateurs ne saurait se satisfaire de ces trois seules chaînes, il existe le câble, auquel un énorme pourcentage de la population est abonné. On y trouve notre TV5 internationale, Eurosport, ainsi que toutes les chaînes italiennes et siciliennes, anglaises, allemandes, libyennes et autres. Qu'ils soient diffusés sur une chaîne « maltophone » ou étrangère, les films sont toujours en v.o., sous-titrés ou non.

L'ORDRE DE SAINT-JEAN-DE-JÉRUSALEM ET DE MALTE

L'emblème de l'Ordre est une croix blanche à huit pointes (correspondant aux huit langues parlées dans l'Ordre) que l'on voit représenté sur des tuniques sombres portées par de ténébreux et vieux chevaliers tenant la Bible dans une main et un sabre dans l'autre : c'est un peu l'image qu'on a de l'Ordre... Mais qui sait qu'aujourd'hui l'ordre de Malte est aussi actif qu'une ONG comme Médecins sans frontières ou Amnesty International ?
C'est un des plus anciens ordres de chevalerie du monde : le neuvième centenaire de sa fondation officielle a d'ailleurs été célébré en 1999. L'ordre souverain militaire et hospitalier de Saint-Jean-de-Jérusalem, de Rhodes et de Malte, plus connu sous le nom d'ordre de Malte, a longtemps eu une double nature, religieuse et militaire.

Pourquoi un ordre militaire et religieux ?

Tout a commencé à Jérusalem, en Terre sainte, vers 1050, sous la forme d'une communauté monastique fondée par des marchands d'Amalfi (petit port au sud de Naples), qui s'inspire des enseignements de saint Jean le Baptiste. Il y a d'abord un hospice destiné à accueillir et à soigner les pèlerins se rendant en Terre sainte. En 1099, après la conquête croisée de Jérusalem, le duc de Lorraine, Godefroy de Bouillon, le dote richement, lui accordant des privilèges et encourageant ses nobles compagnons à y prendre du service. Le maître de l'hôpital, Gérard, décide alors de soumettre les hospitaliers à la règle de saint Augustin, ce qui en fait des religieux, des moines-soldats en somme. Cette situation est régularisée en 1113 par le pape Pascal II, qui leur impose, outre les vœux ordinaires d'obéissance, de pauvreté et de chasteté, l'obligation de recevoir, de soigner et de protéger les pèlerins. En 1123, les hospitaliers prennent le nom de chevaliers de Saint-Jean de Jérusalem. Au XIIe s, l'Ordre se transforme donc en un ordre militaire afin d'assurer la protection des pèlerins et des malades et, plus tard, la défense des territoires chrétiens en Terre sainte. Chassés de Jérusalem par Saladin en 1187, définitivement repoussés de la région au siècle suivant, les chevaliers se retirent à Chypre, puis à Rhodes en 1310. Deux ans plus tard, ils reçoivent du concile de Vienne la dévolution des biens des Templiers, qui viennent d'être supprimés, accroissant ainsi, de façon exceptionnelle, leur richesse foncière constituée de legs pieux et de fondations royales. C'est à cette époque que l'unité de l'Ordre disparaît, le grand maître Hélion de Villeneuve le divisant en huit *langues* (puisque, à l'époque, l'origine linguistique primait sur le pays) : Provence, Auvergne, France, Italie, Aragon, Castille, Allemagne, Angleterre, chacune ayant une caserne-couvent, l'*auberge*.
L'Ordre reste à Rhodes jusqu'en 1523, date à laquelle il est vaincu par les Ottomans, en pleine expansion territoriale. Sans plus de patrie, il finit par s'installer à Malte en 1530 avec l'aide de Charles Quint. Ce petit « caillou aride » est un carrefour stratégique sur les routes de la Méditerranée : les chevaliers doivent maintenir la sécurité au sud de l'Europe chrétienne et contenir l'expansionnisme ottoman. En signe de vassalité, ils offrent chaque année un faucon vivant (le fameux faucon maltais) à Charles Quint, vice-roi de Sicile.

Le XVIe s : âge d'or de l'Ordre

Au XVIe s, l'ordre de Saint-Jean-de-Jérusalem est le seul des ordres monastiques chevaleresques créés au moment des croisades à subsister. C'est une sorte de micro-État souverain, officiellement vassal du roi de Sicile. Sa neutralité est reconnue et garantie par les nations catholiques. On ne peut pas parler de pays (encore moins de nation), puisque les habitants de l'île (les Maltais) sont privés de tout accès au pouvoir.
À cette époque, l'Ordre, extrêmement riche, est considéré comme une puissance économique européenne, possédant des biens dans tous les royaumes catholiques. Mais nul ne songe à critiquer une fortune mise au service de la « noble cause », c'est-à-dire la lutte contre l'infidèle. Il ne s'agit certes plus de défendre le tombeau du Christ, mais d'empêcher l'avancée des Ottomans. Le XVIe s a marqué néanmoins un tournant essentiel pour l'Ordre (se reporter plus haut à la rubrique « Histoire ») jusqu'à la perte de Malte en 1798, à la suite de l'invasion de l'île par Napoléon.
Après 1798, l'histoire de l'île de Malte et celle des hospitaliers divergent. Après avoir quitté l'archipel, l'Ordre s'installe en 1834 à Rome où, aujourd'hui encore, il jouit du statut d'exterritorialité. Son siège est le palais Malta, situé au 68 de la via Condotti. Là résident le grand maître et le gouvernement de l'Ordre.

« Défense de la foi et service des pauvres »

Aujourd'hui, si certains membres de l'Ordre sont des chevaliers profès (ayant prononcé les trois vœux), la majorité des 11 000 chevaliers et dames de l'Ordre sont des laïcs roturiers. Bien que ces derniers n'aient pas prononcé de vœux religieux, ils doivent cultiver les vertus chrétiennes, en particulier la charité, développer leur spiritualité au sein de l'Église, se consacrer au service de la foi et à l'assistance des autres. La vocation de l'Ordre résume bien son action : *Tuitio Fidei et Obsequium Pauperum* (« défense de la foi et service des pauvres »). C'est sur cette base que l'on peut y être admis.
Dans cet esprit, l'Ordre conduit des actions médico-sociales et humanitaires dans plus de 110 pays (par exemple, au Vietnam, en Irak, à Madagascar). En cas de catastrophes naturelles ou de conflits armés, le Corps de secours de l'ordre de Malte (l'ECOM) intervient en première ligne et assure la continuité des actions de secours sur place. Il gère aussi des centres de soins, des hôpitaux, des maisons pour personnes âgées et pour handicapés, etc.

Un Ordre actif dirigé par un prince chevalier

La vie et les activités de l'ordre de Malte sont régies par sa charte constitutionnelle. À la tête de l'Ordre se trouve depuis mars 2008 le prince et grand maître de l'Ordre, Fra' Matthew Festing, élu à vie par le Conseil complet d'État. Il poursuit ainsi une lointaine tradition familiale. En effet, cet Anglais, qui a dirigé plusieurs missions humanitaires en ex-Yougoslavie, compte parmi ses ancêtres un chevalier de l'ordre de Malte, le Bienheureux Adrian Fortescue. Béatifié en 1895, ce dernier fut décapité en 1539 sur ordre du roi Henri VIII d'Angleterre, qui cherchait à s'arroger les possessions des chevaliers sur l'île britannique. Espérons pour son descendant qu'il connaîtra une fin moins tragique... Aujourd'hui, l'Ordre est présent dans 54 pays. Il compte 6 grands prieurés, 5 sous-prieurés et 47 associations nationales regroupant 12 500 membres présents dans 120 pays. L'Ordre n'est pas un État, on l'a vu, mais un sujet de droit international public. À ce titre, il entretient des relations diplomatiques avec 97 pays, qui reconnaissent sa souveraineté. Il dispose également d'un siège d'observateur permanent auprès des Nations unies, de la Commission européenne et des principales organisations internationales. Il peut délivrer des passeports, et même battre sa propre monnaie et émettre des

timbres. Par sa neutralité et son caractère apolitique, il peut agir en qualité de médiateur lorsqu'un État demande son intervention pour régler un différend.
Son financement est assuré par ses membres, par les dons et les contributions des bienfaiteurs, et par les revenus de ses biens (fermes, immeubles et propriétés). Enfin, s'il vous prenait l'envie de postuler, sachez que l'on ne devient membre de l'Ordre que par cooptation.

Que voit-on de l'Ordre à Malte ?

Les palais, les églises, les musées, les jardins, la plupart des monuments et des lieux de La Valette portent la marque prestigieuse de l'Ordre, et en particulier la co-cathédrale Saint-Jean et le palais des Grands-Maîtres. Sachez aussi que l'Ordre est encore présent au Saint John's Bastion and Cavalier à La Valette, où est logée l'ambassade de l'Ordre, et au fort Saint-Ange à Vittoriosa, un des symboles de ses luttes passées, qui jouit toujours de l'immunité diplomatique. À la suite de la signature d'un bail de 99 ans entre le gouvernement maltais et l'Ordre, ce dernier occupe de nouveau le fort, au sommet duquel flotte le fameux drapeau à la croix blanche.

– Nous remercions particulièrement ● *orderofmalta.int* ●, le site officiel de l'Ordre, d'où provient une partie des informations contenues dans ce texte.

PERSONNAGES CÉLÈBRES

Personnage inventé

– ***Corto Maltese*** *(1887- ?)* **:** héros de B.D. Dans l'imagination d'Hugo Pratt, son père spirituel, Corto Maltese est né le 10 juillet 1887 à La Valette, d'un père marin britannique originaire de Cornouailles et d'une mère gitane, la *niña de Gibraltar,* née à Séville. Un sacré mélange de sang celte et gitan ! Corto Maltese est donc, comme son père, un sujet britannique puisque Malte appartenait à l'Empire britannique à cette époque. Curieusement, l'île de Malte n'apparaît jamais dans les B.D. d'Hugo Pratt (hormis dans l'album consacré à son enfance, intitulé *Mémoires*). Corto le Maltais réside officiellement à Antigua, aux Antilles, mais la seule demeure qu'on lui connaisse se situe à Hong Kong. Voilà le plus nomade des aventuriers. D'une B.D. à l'autre, on peut le suivre, toujours en quête d'un trésor caché, d'un personnage extraordinaire ou d'un continent mythique. Car Corto a le désintéressement et le courage des chevaliers errants de la quête du Graal, et l'esprit hardi d'un personnage donquichottesque. « Dans un monde où tout est électronique, où tout est calculé et industrialisé, il n'y a pas de place pour un type comme Corto Maltese », disait de lui Hugo Pratt.

Les politiques

– ***Agatha Barbara*** *(1923-2002)* **:** née à Żabbar (ne pas confondre avec Zanzibar), institutrice, elle est la première femme élue au Parlement maltais en 1947, sous l'étiquette travailliste. Puis elle gravit un à un les échelons de la politique pour devenir plusieurs fois ministre de l'Éducation et enfin présidente de la République (de 1982 à 1987).
– ***Ġorġ (George) Borġ Olivier*** *(1911-1980)* **:** homme politique important, il fut l'un des chefs de file du parti nationaliste. Deux fois Premier ministre dans les années 1950-1960, il est l'un des instigateurs de l'indépendance de Malte.
– ***Edward Fenech-Adami*** *(1934)* **:** avocat, il entre au barreau en 1959 et rejoint le Parti nationaliste chrétien et démocratique au début des années 1960. Premier ministre entre 1987 et 1996, après 16 années de socialisme sous la férule de l'autoritaire Dom Mintoff, il libéralise l'économie et réorganise les infrastructures bancaires et financières du pays. Malte renoue enfin avec la croissance. Partisan

de l'Europe, il a largement contribué à sortir Malte de son isolationnisme. Une nouvelle fois élu en 2003, il démissionne de son poste de Premier ministre pour devenir le nouveau président de la République, fonction qu'il a occupée de 2004 à 2009, jusqu'à l'élection du travailliste George Abela à ce poste.

– ***Guido de Marco*** *(1931-2010)* **:** né à La Valette, il commence sa carrière comme juriste pour finir président de la République de Malte de 1999 à 2004. Député nationaliste, plusieurs fois ministre, ancien diplomate et président de l'Assemblée générale de l'ONU en 1990, ce vieux routier jovial de la politique est une figure emblématique. Pendant la première guerre du Golfe, tentant d'apaiser le conflit, il rencontre le pape Jean-Paul II et James Baker. Grand partisan du dialogue euro-méditerranéen, Guido de Marco a œuvré dans ce sens et contribué à l'entrée de son pays dans l'Union européenne.

– ***Dom Mintoff*** *(1916-2012)* **:** *« The Hon. Dom Mintoff, B.Sc, B.E. & A., M.A. (Oxon), A. & C.E., M.P. »* Ainsi commence le long et très officiel CV de Dominic Mintoff. Né à Cospicua, Dominic passe au séminaire, puis à Oxford, d'où il sort avec un diplôme d'ingénieur. Revenu au pays en 1943, il dirige le parti travailliste *(Labour Party)*, pour lequel il œuvre depuis 8 ans déjà. Premier ministre de 1955 à 1958, il démissionne pour s'occuper du mouvement indépendantiste *(Maltese Liberation Movement)* et conduire le pays vers l'indépendance. Son style est celui d'un petit père Combes de la Méditerranée, obstiné mais apprécié (au début plus qu'à la fin). En 1971, celui que l'on surnomme déjà le « vieux lion » travailliste retrouve le pouvoir. Il abolit la peine de mort, crée l'équivalent du Smic, les allocations familiales, négocie la fermeture des bases militaires britanniques (effective en 1979) et signe un accord de 7 ans plaçant Malte sous la protection de l'OTAN – à condition que les États arabes ne soient pas attaqués. Dès 1973, il place son pays dans le mouvement des non-alignés. Il sympathise alors avec la Libye du colonel Khadafi tout en se rapprochant de la Chine communiste et des démocraties populaires d'Europe de l'Est. Plusieurs fois réélu pour ses actions en faveur des plus pauvres, Dom Mintoff démissionne le 22 décembre 1984 pour prendre sa retraite. L'après-Mintoff marque la sortie de Malte de son isolationnisme politique.

– ***Alfred Sant*** *(1948)* **:** docteur en sciences, ancien élève de l'ENA et diplômé de Harvard en 1979, il est élu président du *Malta Labour Party* en 1984, puis Premier ministre de 1996 à 1998. Illustre représentant de la nouvelle génération des politiciens habitués à la technocratie, Alfred Sant était opposé à l'entrée de Malte dans l'Union européenne, appelant plutôt de ses vœux un partenariat rapproché à l'image de celui conclu par la Suisse. Pas étonnant donc qu'il fut longtemps le chef de l'opposition.

Artistes

– ***Charles Camilleri*** *(1931-2009)* **:** né à Hamrun, d'un père consultant et musicien amateur et d'une mère française (Joséphine Quinton), cet enfant prodige compose une marche dès l'âge de 11 ans. Il joue de l'accordéon et du piano très tôt. Il est si doué qu'à Sydney (Australie), où sa famille a émigré en 1949, on le nomme professeur alors qu'il vient pour étudier ! Après quelques années à Londres puis à New York, il s'installe à Toronto (Canada), où il prend la direction de l'orchestre radiophonique de la CBC. Au milieu des années 1960,

DE BONNE COMPOSITION

Le compositeur Charles Camilleri a dû se battre pour parvenir à imposer ses goûts musicaux. Son père était peu favorable au désir de carrière musicale de son fils... Pour empêcher toute velléité d'éclore, il fit don, à plusieurs reprises, du piano familial – que Mme Camilleri s'empressa de racheter en l'absence de son mari ! Bien lui en prit : son fiston fut reconnu comme le plus grand musicien maltais de son époque.

il revient en Europe, soucieux de se consacrer à la seule composition, et s'ouvre à la musique africaine et asiatique. Influencée par les écrits du jésuite Teilhard de Chardin, sa musique prend ensuite une tournure plus mystique. Nommé premier professeur de musique à l'université de Malte, il retourne sur son île natale dans les années 1980. Auteur de plus de 150 compositions pour orchestre, instruments solo ou voix, il suit son credo « l'Ordre est dans le chaos ». S'il fallait le ranger dans une catégorie, ce serait aux côtés de Béla Bartók et d'Olivier Messiaen. Il est mort le 3 janvier 2009. Enterré à Naxxar, où il résidait, il a eu droit à la mise en berne du drapeau national sur toute l'île lors de ses funérailles.

– ***Anastasju Cuschieri*** *(1872-1962)* **:** ce frère carme (ordre du Carmel) est considéré comme un des bons poètes maltais. Anastasju Cuschieri fut aussi professeur de philosophie et s'impliqua dans la politique.

– ***Oliver Friggieri*** *(1947)* **:** né à Malte, où il est aujourd'hui professeur de littérature maltaise et de théorie de la littérature à l'université. Considéré par beaucoup comme le premier écrivain maltais actuel, Oliver Friggieri a plusieurs cordes à son arc. Il a écrit des dizaines de livres, aussi bien en maltais qu'en anglais ou en italien, touchant à tous les genres : poésie, théâtre, essais historiques et critiques, nouvelles. Son *Histoire de la littérature maltaise (Storia della letteratura maltese)* est un ouvrage de référence. Quelques recueils de poèmes ont été traduits en français, et notamment *Le Rituel du crépuscule* aux éditions L'Harmattan (2004). Admirateur de Claudel et de Péguy, écrivains dits « catholiques », il n'a rien d'un dévot obsédé par le fait religieux, au contraire. Le plus important pour lui est la dimension humaine. « Un bon écrivain doit se raconter lui-même. » Vivre et écrire sur une île, entouré de murs liquides (la mer), n'est en rien un handicap : « Vous pouvez être inspiré ou sourd, ouvert ou fermé d'esprit, n'importe où. »

– ***Mattia Preti*** *(1613-1699)* **:** né en Calabre (sud de l'Italie), il fut surnommé « il Cavaliere Calabrese » après avoir sculpté la statue équestre du pape Urbain VIII à Rome. Appelé par l'orde de Malte, il vécut sur l'île pendant 40 ans. Maître du baroque, Preti a réalisé les peintures des voûtes de la co-cathédrale Saint-Jean, ainsi que celles de nombreuses églises de l'île. On peut voir nombre de ses œuvres au musée des Beaux-Arts, à La Valette, dans lesquelles on perçoit l'influence du Caravage et de l'école napolitaine.

– ***Antonio Sciortino*** *(1879-1947)* **:** le plus grand sculpteur maltais contemporain. Auteur notamment du *Christ Roi,* exposé sur le mail de Floriana. Quelques œuvres significatives sont au musée des Beaux-Arts, à La Valette.

Entrepreneur

– ***Edward de Bono*** *(1933)* **:** psychologue et spécialiste en sciences cognitives, Maltais de renommée mondiale et même planétaire. En effet, une planète lointaine porte son nom depuis que M. de Bono a été nommé bienfaiteur de l'humanité par l'Union astronomique internationale ! Qu'a fait le bonhomme Bono pour changer le monde ? Qu'a-t-il vendu aux cadres ? De l'info ou de l'intox ? Dans les années 1980, il invente la méthode de management des « six chapeaux pour penser » *(Six Thinking Hats),* qui permet d'améliorer la productivité et l'innovation dans des entreprises comme Coca-Cola ou Ericsson. Son principe repose sur un concept original, dit de « pensée latérale » : ne plus se cantonner dans les mêmes réflexes de pensée pour améliorer son efficacité. Ses méthodes sont, paraît-il, efficaces. Il a écrit plus de 70 livres traduits en 40 langues.

POLITIQUE

Organisation, institutions

Malte est indépendante depuis 1964 et une république depuis 1974. Si l'archipel appartient toujours au Commonwealth, la reine d'Angleterre n'est plus le chef de l'État.

Le régime est monocaméral : la Chambre des députés est élue pour 5 ans au suffrage universel direct à un tour, présidée par un speaker. Le leader de la formation majoritaire devient Premier ministre. C'est lui qui dirige la politique avec un gouvernement qu'il forme lui-même. Le leader de l'opposition a un statut constitutionnel et il forme un *shadow Cabinet.*
Le chef de l'État a le titre de président de la République de Malte. Il est désigné par la Chambre, dans la pratique par la majorité. Il est investi pour 5 ans et n'a aucun pouvoir exécutif propre. Son rôle est principalement moral et il ne peut s'exprimer officiellement sans l'accord du Premier ministre.
Malte est dotée de conseils locaux qui reprennent les conseils municipaux mis en place lors de l'occupation française de l'an VI. Mais dans un pays de dimensions quasi municipales, l'habitude de recourir aux ministres n'a pas permis de donner à ces conseils toute l'ampleur voulue. Il n'y a presque pas eu de transfert de compétences.

Vie politique

Le système de vote, identique à celui de la Grande-Bretagne (un seul tour, possibilité de candidatures multiples), favorise le bipartisme et l'importance des appareils politiques. Deux partis dominent actuellement la scène maltaise : le parti nationaliste, de tendance démocrate-chrétienne, et le parti travailliste, de tendance socialiste, étroitement lié aux syndicats. Un troisième parti, l'Alternative démocratique, assimilable aux Verts, est assez semblable au *Partito radicale* italien. Fondé en 2007 sur une plate-forme anti-immigration, le nouveau parti de l'Action nationale laisse tout deviner de ses intentions.
Ce bipartisme, qui a dominé toute l'histoire maltaise depuis la fin de la Seconde Guerre mondiale, a davantage consacré une fracture du peuple maltais qu'il n'a aidé à son unification et à son identification en tant que nation. Ainsi, il n'existe pas une fête nationale, mais des fêtes nationales dans lesquelles se reconnaît ou non chaque électorat : le 21 septembre, anniversaire de l'Indépendance (1964), est un jour férié surtout suivi par les nationalistes, tandis que le 13 décembre, anniversaire de la proclamation de la République (1974), et le 31 mars, anniversaire du départ des dernières troupes britanniques (1979), sont surtout fêtés par les travaillistes. De même, le 19 mars, la Saint-Joseph artisan, est la fête du Travail pour les catholiques, alors que le 1er mai l'est pour les laïcs. On retrouve cette gentille fracture culturelle jusque dans les cafés des *band's club* (orchestres) de village : pas un qui n'ait à la fois son café travailliste ET son café nationaliste, souvent à deux pas l'un de l'autre sur la place principale !
De plus, toutes les tendances se retrouvent dans les deux partis. Chacun d'eux a un éventail qui va du centre à l'extrême. Connaître les partis ne permet donc pas de savoir quelle peut être la politique menée ; la personnalité du leader, son appartenance à un courant centriste ou, à l'opposé, extrémiste, peuvent seules être des indicateurs sérieux.
Le débat politique n'est pas à Malte un débat d'idées. La majorité des Maltais vote par tradition familiale. Les partis ont davantage à cœur de fidéliser leur électorat en tenant un discours qui le satisfait plutôt que de proposer un projet politique innovant qui pourrait être dérangeant. Les partis se partageant quasi également les voix, la victoire de l'un ou de l'autre se fait sur la marge des 10 % d'indécis ou sur les abstentions de partisans déçus. Sachant qu'il y a en général très peu d'abstention, ce sont les lobbies les plus organisés qui font la différence.
Or, à Malte, le lobby des chasseurs est le plus puissant et monnaie son vote sans vergogne. Le leader nationaliste lui doit sa défaite lors de la première demande d'entrée dans l'Union. Un autre courant, qui s'organise de plus en plus, est celui des écologistes. Chacun des deux partis sait donc qu'en s'alliant aux uns il s'aliène les autres, et c'est un dilemme incessant.

POPULATION

Plus de 90 % des Maltais vivent dans l'île de Malte contre moins de 10 % à Gozo. Près de 85 % de la population est urbanisée, et réside dans la partie basse de l'île, qui forme une conurbation continue, du sud-est (Marsaxlokk et Marsaskala) au nord-ouest (Saint Paul's Bay et Mellieħa).

Leur origine est diverse : sémite avec les Arabes et les juifs de Sicile convertis au christianisme, européenne avec les Français, les Allemands et les Britanniques installés pour des raisons soit économiques, soit politiques. Sans oublier les chevaliers, qui, malgré leur vœu de chasteté, ont laissé, tout comme les esclaves turcs ou barbaresques, quelque descendance sur l'île. De ces différentes origines ethniques ou nationales est née une population particulière, transition entre le monde latin et le monde sémitique en général.

Le poids de l'Église romaine a longtemps favorisé les familles nombreuses. Avoir cinq enfants et plus était extrêmement courant. Pour lutter contre la surpopulation, les Anglais ont encouragé l'émigration. Entre les deux guerres, deux directions furent privilégiées. D'une part, l'Angleterre et, d'autre part, les rives africaines de la Méditerranée (l'Égypte, et principalement la Tunisie et l'Algérie). Mais aussi l'Australie, les États-Unis et le Canada. La société maltaise n'a pas connu de révolutions politiques, et les strates sociales sont inchangées depuis des siècles. La noblesse, authentique, créée par les rois de Sicile ou par les grands maîtres, appartient à ce qui correspondrait en France à la noblesse municipale ou, au mieux, à la noblesse de robe. Les titres se transmettent à tous les enfants et cela donne une profusion de marquis, de comtes et de barons, quand ce ne sont pas des princes. Cette noblesse n'ayant jamais connu de violences sociales reste toujours propriétaire de ses palais et d'une grande partie de ses terres à Malte ou en Sicile.

HISSEZ LE PAVILLON

Les Maltais aiment les drapeaux. Au quotidien comme à l'occasion des fêtes religieuses, chacun est fier de hisser ses couleurs sur le toit de sa maison. D'abord il y a le blanc, et sa couleur associée : rouge pour la République, bleu pour la Vierge, jaune pour le pape. Ensuite viennent les pays étrangers, Australie, États-Unis, Angleterre, Canada... Ne croyez pas alors que fleurissent les ambassades à tous les coins de rue. C'est en réalité par ces drapeaux que les ex-émigrés, de retour chez eux, expliquaient à leurs voisins où ils firent fortune...

RELIGIONS ET CROYANCES

Malte est un pays à 97 % catholique. Les autres religions (protestante, musulmane et juive) sont presque essentiellement le fait d'étrangers résidant de façon plus ou moins temporaire dans le pays.

Il s'agit d'un catholicisme en grande partie sociologique. Ne pas assister à la messe est, sinon suspect, du moins curieux. Même les hommes politiques en théorie les plus anticléricaux ne manqueraient pas la messe qui célèbre le saint patron de la paroisse, de peur de perdre de nombreuses voix ! Car la religion est ancrée dans la société maltaise plus que tout. Des paysans à la noblesse locale, le sentiment d'appartenance s'est construit autour de la paroisse. Lors de l'invasion française, en 1798, ce fut l'Église qui fédéra les Maltais contre une politique jugée anticléricale. Lors de la domination britannique, ce fut encore l'Église qui sut organiser la communauté maltaise autour du catholicisme contre un colonisateur protestant. L'absence de pouvoir municipal a aussi permis à la paroisse d'être le

centre de vie communautaire. C'est encore dans l'influence de l'Église qu'il faut chercher la raison de la légalisation tardive du divorce : en 2011, l'année où Malte l'autorisa, il ne restait que les Philippines à l'interdire dans le monde.
La construction de l'église paroissiale, toujours plus grande, toujours plus riche, est plus intimement liée à la fierté locale qu'au souci religieux. Mais ce serait encore trop simple, car au sein d'un même village, dès lors qu'il y a deux paroisses, il y a émulation entre elles. En effet, le culte du saint ou de la sainte à qui est dédiée l'église est bien plus important que la pratique dominicale. Si cette dernière est importante en raison du qu'en-dira-t-on, il existe une partie de la population, certes restreinte, qui ne fréquente pas assidûment les églises. En revanche, pour rien au monde on ne manquerait la célébration de la fête du saint paroissial.

Les *festi*

La *festa* (*festi* au pluriel) est l'événement annuel qui se prépare pendant toute une année. Au centre de la fête, la statue du saint, colossale, souvent sculptée par un artiste du XVIIe ou du XVIIIe s, est peinte et dorée régulièrement. C'est elle qui, rutilante, est promenée pendant 3 jours sur une estrade portée par de vigoureux gaillards qui la font « danser » sur les airs des fanfares, à travers toutes les rues de la paroisse. Elle reçoit les acclamations et les applaudissements des habitants qui lui jettent des confettis et du papier, ponctués par le bruit assourdissant des pétards et des bombes. Les deux grands moments de ces *festi* sont la sortie et la rentrée de la statue dans l'église. C'est l'occasion de danser, d'implorer la statue. Le dernier jour, elle retourne dans sa niche de verre sous des tonnerres d'acclamations. La fête se termine par un feu d'artifice qui doit être beau, très beau, encore plus beau que celui des voisins. Il n'est alors pas un élu, pas un syndicat, pas un parti politique qui s'abstiendrait d'envoyer à la statue une immense gerbe de fleurs, de préférence plus importante que celle de ses compétiteurs.

BOUCAN D'ENFER

Pendant que la statue du saint patron du village est sortie à l'occasion d'une festa *et promenée à travers les rues pendant 3 jours, l'église se retrouve, de fait, sans protection. Voilà pourquoi matin, midi et soir, on fait exploser une bombe en haut d'une colline pour éloigner le diable, et ce pendant 1 semaine pour chaque paroisse. Si bien qu'entre mi-juillet et mi-août, haute saison des* festi, *le ciel maltais résonne dès 8h du matin de prières explosives. Et si chaque bombe coûte tout de même une petite fortune, personne ne songerait à supprimer ce rituel.*

Il y a toujours un fondement politique à toutes ces *festi*. Dans un même village, les associations de *festi* se jalousent et il n'est pas rare que chacune soit d'une sensibilité politique opposée. Mais qu'importe, il serait dommage de bouder son plaisir. Pour le reste, la couleur, l'agitation, le bonheur réel des participants et des assistants vêtus de leurs plus beaux atours et porteurs de tous leurs bijoux, le ciel éclairé de fusées multicolores sont un plaisir sans cesse renouvelé car, de mai à septembre, il n'est pas une semaine sans une ou plusieurs *festi*. Les paresseux viennent à Mdina, sur un café des remparts et, de là, se tournent vers le village qui leur offre son feu d'artifice.
Ce mélange entre profane et religieux explique que la religion, ou du moins la religiosité, a une extrême importance à Malte. Mais la foi n'a rien d'intériorisé. Au contraire, la pratique se révèle la plus importante. Beaucoup de Maltais assistent à la messe quotidiennement, avant de partir au travail. Ce n'est pas par ostentation. Il y a un besoin du religieux, mais un besoin expansif, comme si dans la vie de ce peuple, dominé depuis des siècles, seule l'Église avait su lui donner et admettre son identité.

SAVOIR-VIVRE ET COUTUMES

Dans la bonne société maltaise, les usages sont essentiellement britanniques. De la façon de mettre la table à celles de se tenir ou de se vêtir, tout se veut la copie d'un certain art de vivre anglais. Si vous avez la chance d'assister à un mariage, vous vous rendrez vite compte, par exemple, que les femmes s'inspirent très largement de la garde-robe de feu la reine mère (très chic, *isn't it ?*). Dans les hôtels fréquentés par les Britanniques, une tenue correcte est de rigueur pour les repas. Et, partout, on peut vous refuser l'entrée d'un restaurant si vous n'êtes pas correctement vêtu : on ne passe pas de la plage à la table *(shocking !)*.

CONTRE LE MAUVAIS ŒIL

Si vous demandez à un Maltais comment il va, il répondra invariablement, et surtout s'il va très bien : « mhux hazin » *(prononcer : « mouche hazine »), ce qui signifie « pas mal ». Il s'agit de ne pas attirer le mauvais œil que pourrait lui jeter son interlocuteur s'il avouait ouvertement que tout roule pour lui. Mieux vaut laisser planer le doute...*

Cela est aussi valable en ville. Des policiers peuvent demander à des touristes de se rhabiller, beaucoup n'hésitant pas à exhiber dans les rues un surpoids rougissant qui scandalise moins l'éthique que l'esthétique. Même réserve, bien sûr, pour visiter sites, musées et églises. On n'y entre pas avec sa glace dégoulinante et, dans les lieux saints, les femmes doivent avoir les épaules couvertes et les hommes des pantalons longs.
Sur les plages, une tenue décente s'impose au risque de vous faire rapidement rappeler à l'ordre par les Maltais. Le monokini est interdit, alors, le naturisme, inutile d'y penser.

Quelques tavernes d'intérêt sociologique

On vous en fait la publicité à longueur de pages dans ce guide : les sites stratégiques pour observer la vie sociale maltaise, ce sont les cafés des fanfares (ou orchestres) de village, les fameux *band's club* ou *società filarmonica,* ces mini-*Buena Vista Social Club* à la maltaise créés au XIXe s. Qu'il soit d'obédience travailliste ou nationaliste, le café est le lieu incontournable de la vie sociale. On vous indique dans le guide les principaux comme, à La Valette, le club *La Valette*. Sinon, à La Valette toujours, postez-vous sur la terrasse du plus chic *Caffe Cordina,* en face de la Bibliothèque nationale et du palais des Grands-Maîtres. En hiver, ses salons feutrés, de style rococo, accueillent pour un snack ou une pâtisserie la magistrature, les dames de la bonne société et les touristes. Tout le monde s'y croise.
En été, lorsque la chaleur est tombée sur la ville, les Maltais fuient les bords de mer et « montent » vers Rabat, plus aérée. Ils se retrouvent au café *Fontanella,* à Mdina, logé sur les remparts qui dominent toute la plaine. On y prend l'air et on jouit de la vue et des feux d'artifice. À Dingli, on va au restaurant *Bobbyland,* qui surplombe les superbes falaises, pour manger du lapin à la maltaise, avec une population bon enfant qui se déplace toujours en famille.

SITES INSCRITS AU PATRIMOINE MONDIAL DE L'UNESCO

Organisation des Nations Unies pour l'éducation, la science et la culture

En coopération avec le centre du patrimoine mondial de l'UNESCO

Pour figurer sur la liste du Patrimoine mondial, les sites doivent avoir une valeur universelle exceptionnelle et satisfaire à au moins un des 10 critères de sélection. La protection, la gestion, l'authenticité et l'intégrité des biens sont également des considérations importantes.

Le patrimoine est l'héritage du passé dont nous profitons aujourd'hui et que nous transmettons aux générations à venir. Nos patrimoines culturel et naturel sont deux sources irremplaçables de vie et d'inspiration. Ces sites appartiennent à tous les peuples du monde, sans tenir compte du territoire sur lequel ils sont situés. Pour plus d'informations : • *whc.unesco.org* •

Malte compte huit sites culturels inscrits : La Valette, l'hypogée de Hal Saflieni, ainsi que les temples mégalithiques, regroupant ceux de Ġgantija (île de Gozo), Ħaġar Qim, Mnajdra, Tarxien, Ta'Haġrat et Skorba (île de Malte).

MALTE

Arrivée à l'aéroport

✈ ***Aéroport :** à **Luqa,** à 7 km au sud-ouest de La Valette. Infos sur les vols et les horaires au ☎ 21-249-600. • maltairport.com •* Sur place : comptoirs de location de voitures, distributeurs de billets, bureaux de change (dont un automatique), agence *Air Malta* et office de tourisme.

ℹ ***Office de tourisme :** à côté du guichet HSBC, dans le hall des arrivées. ☎ 23-696-073 ou 074. Tlj 10h-20h45. Fermé Vendredi saint, Pâques, Noël et Jour de l'an.*

Location de voitures

■ ***Avis :** ☎ 25-677-550 (résas). • avis.com.mt •*

■ ***Hertz :** ☎ 21-314-636. • hertz.com.mt •*

■ ***Budget :** ☎ 21-233-668. • budget.com.mt •*

■ ***Europcar :** ☎ 25-761-000. • europcar.com.mt •*

■ ***Dollar Thrifty Car Rental :** ☎ 21-247-897. • thrifty.com •*

– Attention, la plupart des compagnies demandent que le compte soit approvisionné du montant de la franchise. L'argent est bloqué mais non débité. Renseignez-vous avant, car cette somme varie d'un loueur à l'autre.

Pour rejoindre La Valette et le reste de l'île

➢ ***En bus :*** à l'aéroport, kiosque d'informations de la compagnie de bus *Aviva*. Lignes X4, X5 et X7 pour La Valette. Compter min 25 mn jusqu'à la capitale (selon trafic). Billet : env 2,20 €, bagage compris. On peut aussi acheter des forfaits à la journée ou pour 7 j. (voir la rubrique « Transports intérieurs » dans « Malte utile »). Les bus se prennent face au hall des départs et partent ttes les 15 mn env 5h30-23h. Ils s'arrêtent à la gare routière située aux portes de La Valette. De là, possibilité de rejoindre les autres villes.

Sinon, depuis l'aéroport, la ligne X1 dessert Mellieħa et Ċirkewwa (port d'embarquement pour Gozo), la X2 Sliema et Saint Julian's Bay (compter env 1h de trajet selon trafic), la X3 rejoint Rabat, Buġibba et Qawra.

➢ Autre solution, la compagnie ***Malta Transfer*** *(☎ 21-332-016 ; 📱 79-646-481 ; • maltatransfer.com •)* possède un comptoir avant la douane, au niveau de la récupération des bagages. Propose des transferts en minibus pour les principaux hôtels de Malte et Gozo. Pas d'horaire ni d'itinéraire fixe, les véhicules partent à la demande et les passagers sont déposés au fur et à mesure. Compter par exemple 7 € par passager pour un trajet de l'aéroport à un hôtel de La Valette si min 3 passagers. Résa à l'avance recommandée.

➢ ***En taxi :*** compter env 15 mn pour La Valette s'il n'y a pas d'embouteillages. Il faut se rendre d'abord au comptoir des taxis (dans le hall des arrivées, à côté de l'office de tourisme), qui délivre des billets. Le prix, fixe, varie selon les destinations. Il est valable pour un taxi pouvant prendre 4 personnes (et 4 bagages de taille normale) : autour de 15 € pour La Valette, 20 € pour Sliema, 25 € pour Saint Paul's Bay et 35 € pour Ċirkewwa. Il suffit ensuite de donner le billet au chauffeur.

LA VALETTE ET SES ENVIRONS

Avec les Trois Cités juste en face, La Valette justifie à elle seule un séjour à Malte. Ici se concentre une bonne partie du patrimoine historique et culturel de l'île : palais, musées, églises et jardins s'y disputent l'attention du visiteur sur fond de pierre calcaire, de mer et de ciel bleu. Près de cinq siècles d'histoire vous tendent les bras, à commencer par celle des chevaliers de l'Ordre, qui fondèrent la ville pour se protéger des invasions ottomanes. Leurs traces et vestiges sont encore partout inscrits dans l'art et l'architecture de cette petite cité, qui assumera – excusez du peu ! – le titre de Capitale européenne de la culture en 2018.

LA VALETTE (VALLETTA)

7 000 hab.

Pour le plan de La Valette, se reporter au cahier couleur.

Vue du ciel, la capitale maltaise ressemble à un vaisseau de pierre de calcaire doré qui s'avance tel un fer de lance dans les eaux bleues de la Méditerranée. Hormis ses faubourgs étendus et densément peuplés, la vieille cité n'a guère changé depuis sa fondation à la fin du XVIe s. « Cité bâtie par des gentilshommes pour des gentilshommes. » Pendant plus de deux siècles, ce fut en effet la capitale de l'ordre de Saint-Jean de Jérusalem et de Rhodes.

Sa forme pointue se découpe nettement au milieu d'un formidable bassin abrité, formé par les baies et les péninsules des Trois Cités. De puissantes fortifications et de gros bastions ceinturent la ville, bâtie sur un éperon rocheux. Heureux promeneur, tu aimeras cette capitale si facile à traverser ! Les rues rectilignes se coupent à angle droit, héritage de l'esprit rationnel et stratégique des chevaliers. Elles montent ou descendent, mais finissent toujours vers le bleu de la mer. De loin en loin, la ville se laisse gagner par la fantaisie. Ici, la chaussée se transforme en un escalier réservé aux piétons. Là, des jardins surplombent le port. Plus loin, des dômes, des coupoles, des clochers d'églises s'élancent comme des griffes dans le ciel, au-dessus des palais ou d'immeubles plus modestes arborant une série de jalousies suspendues et colorées.

La Valette a su profiter de sa situation de carrefour entre l'Europe et l'Orient. C'est aujourd'hui une opulente ville du Sud. Devant ces vieilles demeures souvent élégantes, aux bow-windows colorés et aux jalousies semi-closes sous le soleil, il est difficile de ne pas songer à l'Italie, à Naples ou à la Sicile si proche, même si les Maltais ne parlent pas forcément la langue de leur voisin. À La Valette, pendant des siècles se sont mêlés des sentiments aussi forts que la piété, la chevalerie, le courage et la foi, mais aussi le luxe et la galanterie. Ville de poudre et d'encens, pourrait-on dire, née de la rencontre des chevaliers, des prêtres et des marins, elle s'est aussi accommodée de

l'influence britannique. Celle-ci se lit encore à chaque coin de rue, d'une cabine téléphonique rouge à une autre, dans les noms placardés ou sur les enseignes des magasins.
Forgée par des siècles d'histoire, voilà donc une fabuleuse machine à remonter le temps, un conservatoire historique presque intact. Une origine orientale, beaucoup de culture latine, un héritage britannique, une mémoire européenne, mais surtout un cœur maltais : c'est ainsi que nous est apparue cette splendide capitale de la civilisation méditerranéenne. À elle seule, La Valette est d'ailleurs l'une des principales raisons de visiter Malte. En revanche, le soir, la capitale s'endort assez tôt et, en dehors du nouveau front de mer au pied des remparts, la vie nocturne n'a rien de trépidant. Ce qui ne l'empêche pas de développer des projets d'envergure, architecturaux ou culturels, pour se préparer à l'échéance de 2018, année qui consacrera La Valette Capitale européenne de la culture.
– À consulter : • *cityofvalletta.org* •

UN PEU D'HISTOIRE

L'opulente capitale des chevaliers

Contrôler La Valette, c'était posséder Malte. Et posséder Malte, pour l'Europe chrétienne, c'était détenir la clé stratégique de la Méditerranée, face aux ambitions de l'Empire ottoman et aux raids des Barbaresques. Les chevaliers (les fameux *knights,* selon le terme anglais) en firent une ville fortifiée et inexpugnable. Malgré les assauts de l'histoire, La Valette conserve aujourd'hui sa personnalité unique, sa marque de fabrique. Les Maltais sont fiers de leur ville comme si c'était leur joyau.
Commençons par le commencement. Après avoir vaillamment et victorieusement résisté aux Ottomans de Soliman II lors du grand siège de 1565, le grand maître de l'ordre de Saint-Jean, le chevalier français Jean Parisot de La Valette, décide de bâtir une autre capitale. Ravagée par les combats, la ville de Vittoriosa (qui s'appelait – et qu'on appelle encore – Birgù), quartier général de l'Ordre, est en effet en grande partie détruite. On trace alors les plans d'une nouvelle cité juchée sur la presqu'île de Sciberras, entre le Grand Port et celui de Marsamxett. Cette péninsule est plus élevée, donc moins exposée à l'ennemi que Birgù. Ce sera la nouvelle capitale de l'île. Elle porte le nom de son fondateur : La Valette (Valletta pour les Maltais).
L'ordre de Saint-Jean fait appel aux plus grands artistes de l'époque : Francesco Laparelli (1521-1570), l'architecte militaire du pape Pie IV, et Girolamo Cassar (1520-1592), son assistant. Le chantier colossal dure environ cinq années et occupe près de 8 000 hommes, en grande partie des esclaves musulmans et des ouvriers siciliens et maltais. De l'éperon rocheux desséché surgit une cité neuve à l'architecture moderne et fonctionnelle. Les rues se coupent à angle droit, ce qui favorise les manœuvres militaires tout en assurant la circulation des courants d'air quand sévissent les températures caniculaires de l'été. Entre 1566 et 1570, d'épaisses fortifications sont construites selon les plans de Laparelli et un impressionnant système de fossés est creusé. Il faut à tout prix protéger La Valette contre de nouvelles attaques !
Celles-ci n'auront pas lieu. La marine ottomane est en effet anéantie à Lépante par la Sainte Ligue, en 1571. La Valette devient alors une place forte dont la puissance ne sera jamais mise à l'épreuve.
À La Valette siègent le couvent et les organes essentiels de l'Ordre. Les chevaliers et les prêtres s'y installent. La nouvelle ville se couvre d'églises et de palais. Rien n'est trop beau. Parmi ces somptueux monuments, le palais des Grands-Maîtres est édifié sous le règne de Jean de La Cassière (1572-1581). En 1566, La Valette en personne pose la première pierre de l'église Notre-Dame-des-Victoires. Enfin le joyau de la capitale sort de terre : la co-cathédrale Saint-Jean, édifiée entre 1573 et 1577 sur les dessins de Cassar.

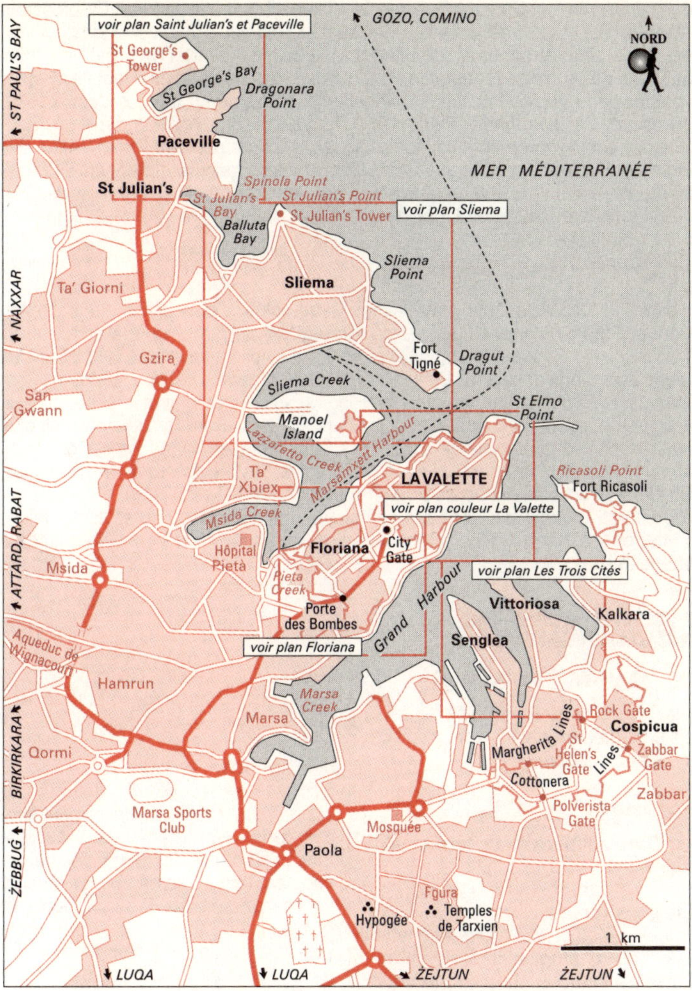

LA VALETTE ET SES ENVIRONS

Vers la domination anglaise

Les moines-chevaliers, faute de combats, sont maintenant devenus de riches résidents aux mœurs galantes. À l'image de l'Ordre, la ville prend goût à la vie facile et au luxe. Aux XVIIe et XVIIIe s, des travaux de construction et d'embellissement transforment La Valette. Le style baroque italien atténue les rudesses des siècles de défense militaire. Le peintre Caravage y séjourne. Mattia Preti décore églises et palais. La capitale s'adoucit. Mais cette transformation signifie aussi pour elle la perte de cette force armée qui avait fait naguère sa grandeur. En route pour l'Égypte, à bord de l'*Orient* (le vaisseau amiral de la flotte française), le général Napoléon Bonaparte y accoste. En quelques coups de canon, La Valette est prise et l'Ordre renversé. Bonaparte, arrivé le 12 juin 1798, en repart le 18. Son séjour est très bref, l'homme est pressé. Il loge au palazzo Parisio, l'actuel siège du ministère des Affaires étrangères, dans Merchant's Street. En juillet de la même année, Napoléon place l'île sous l'autorité du Directoire. Les chevaliers doivent se résigner à quitter cette ville-forteresse sur laquelle ils ont régné en maîtres depuis 1571, soit durant 227 ans. Entre 1798 et 1800, La Valette est dirigée comme une lointaine préfecture française. Les Maltais se rebellent, demandent l'intervention des Anglais qui, après la bataille d'Aboukir, chassent les Français et prennent l'île sous leur contrôle. La Valette restera le siège de l'administration britannique de 1799 à 1964 (année de l'indépendance de Malte).

La Valette sous les bombes

Pendant la Seconde Guerre mondiale, Malte subit le plus grand siège de son histoire depuis celui de 1565. Verrou stratégique au cœur de la Méditerranée, la colonie de l'Empire britannique, et en particulier La Valette, est la cible des avions allemands et italiens. Entre 1940 et 1942, la capitale et ses faubourgs sont victimes de terribles bombardements. Rien qu'au début de l'année 1942, près de 6 500 t de bombes sont larguées sur le Grand Harbour. Parmi les secteurs les plus touchés par ces raids meurtriers : les Trois Cités (Senglea, Vittoriosa et Cospicua). De nombreux monuments sont anéantis. C'est le cas de l'Opéra royal, mais aussi des vieux et somptueux palais du XVIe s ayant appartenu à l'Ordre, comme cette magnifique auberge de France, à La Valette. Ironie de l'histoire et absurdité de la guerre : les bombes allemandes jettent aussi à terre l'auberge d'Allemagne à Vittoriosa !

Arriver – Quitter

De et vers l'aéroport

Les liaisons entre l'aéroport et la capitale sont traitées juste avant La Valette, en tête de chapitre.

En bus

🚌 ***Gare routière*** *(plan couleur A3) : située juste à l'entrée de La Valette. Point de départ et d'arrivée de ttes les lignes de bus. Fonctionne tlj, env 5h30-22h30/23h.* Les billets s'achètent au kiosque d'information *(tlj 7h-20h30)*, dans les bus ou aux distributeurs automatiques. Pour plus de détails, se reporter à la rubrique « Transports intérieurs » dans « Malte utile ».

■ ***Informations :*** *au guichet de la gare routière ou auprès de la compagnie Arriva (☎ 21-222-000 ; • arriva.com.mt •).*

En bateau

➢ ***La Valette-Sliema :*** *avec le **Marsamxetto Steam Ferry Service.** ☎ 23-463-862. • captainmorgan.com.mt • À La Valette, embarcadère situé sur le quai Manderaggio (plan couleur B1, **1**). Mai-sept : départs ttes les 30-60 mn lun-sam 7h45-18h15 (de Sliema, 15 mn plus tôt) ; dim et j. fériés, dernier départ de La Valette à 16h15. Oct-avr : tlj 8h15-17h45 (15h45 dim et j. fériés). Billet : 1,50 €.* Un joli petit ferry assure la navette entre La Valette et Sliema en moins de 10 mn. Les débarcadères, tant à Sliema qu'à La Valette, sont assez centraux. Pratique, agréable et bien plus rapide que le bus ou la voiture pour une visite en journée. En revanche, si on loge à Sliema, difficile de dîner à La Valette... et de rentrer ensuite par le bateau.

➢ ***La Valette-Trois Cités :*** *avec le **Marsamxetto Steam Ferry Service** (voir ci-dessus). Embarcadère à La Valette au niveau de la Old Custom House, presque au pied de l'ascenseur des Upper Barraca Gardens (plan couleur B3, **2**), et arrivée aux Trois Cités à 300 m au sud du Musée maritime, non loin de la vieille ville. Départs ttes les 30 mn 9h15-18h15 (17h45 d'oct à mi-juin). Billet : 1,50 €.* Même principe que le ferry vers Sliema.

– Également avec ***A&S Water Taxis.*** *98-129-902 ou 99-893-134. • maltesewatertaxis.com • Départ, à La Valette, du même endroit que les ferries, en gros 9h-15h, arrivée à Vittoriosa à deux pas du Musée maritime. Billet : 3 €.* Traversée à bord d'une *dghajsa* (sorte de gondole maltaise à moteur) en 10 mn. Propose également des minicroisières (toujours dans le port) de 30 mn.

➢ Pour les liaisons avec la ***Sicile,*** se reporter au chapitre « Comment y aller ? En bateau » en début de guide.

Comment circuler à La Valette ?

À pied

Aucun doute, c'est le meilleur (et pour ainsi dire unique) moyen de découvrir la ville, qui est peu étendue !

En taxi électrique

■ ***Smart Cabs :*** *ils sont garés à côté de la co-cathédrale, sur Saint John's St. 77-414-177. Tlj 7h-19h (13h dim). Compter 4-6 € la course (3 pers max).* Blancs, électriques et petits, ils sont parfaits pour se faufiler dans les rues et les ruelles de la vieille ville. Porte-bagages à l'arrière.

– Évitez les taxis « normaux » (polluants et encombrants), et surtout ceux des grands hôtels qui sont en fait des services de limousine très chers.

En voiture et en minibus

À moins de loger dans la ville (et encore, la plupart des hôtels ou appartements sont près de l'entrée), inutile d'essayer de pénétrer dans La Valette en voiture. Peu de places et seules celles délimitées par des lignes blanches sont autorisées aux visiteurs ; les autres, jaunes et bleues, sont réservées aux habitants, alors gare aux amendes et à la fourrière ! Par ailleurs, le stationnement intra-muros est contrôlé par un système de vidéosurveillance rigoureux. À chaque entrée, une caméra flashe la plaque d'immatriculation du véhicule, qui sera à nouveau photographiée à la sortie. Les 30 premières minutes sont gratuites, mais passé ce délai, on paie (environ 6-7 € pour 24h... si on stationne le long de lignes blanches). Garez-vous par conséquent à l'extérieur des murs, dans la rue ou sur un parking, et découvrez la ville à pied. Il existe un parking place de Castille *(plan couleur A3)* gardé par un préposé, très pratique mais trop petit. Mieux vaut se garer dans l'immense parking face à la gare routière *(plan couleur B3).* Prix raisonnables.

Adresses et infos utiles

Office de tourisme de Malte *(plan couleur B3)* ***:*** *229 Merchants St, à l'auberge d'Italie. ☎ 22-915-440 ou 441. • visitemalte.com • Lun-sam 9h-17h15 ; dim et j. fériés 9h-12h45.* Documentation, liste des hébergements, brochures, magazines locaux (sur demande : *Day by Day, What's on* et parfois le *Time Out*).

✉ ***Poste centrale*** *(plan couleur B3)* ***:*** *Castille Pl. Lun-ven 8h15-15h45 ; sam 8h15-12h30.* Héberge aussi *Western Union,* service ultra-rapide d'envoi d'argent depuis l'étranger (voir la rubrique « Argent, banques, change » dans « Malte utile »).

■ ***Agence NSTS*** *(plan couleur C2,* ***7****)* ***:*** *220 Saint Paul St. ☎ 25-588-000. • nsts.org • Lun-ven 8h30-17h30 (18h en été).* Si l'idée d'un séjour linguistique à Malte vous titille, vous pouvez vous adresser à eux, ils proposent diverses formules, hébergement compris.

@ ***Ziffa Internet Center*** *(plan couleur B2,* ***3****)* ***:*** *194 Strait St. ☎ 21-224-307. Tlj 7h-19h (14h dim).* Pas le moins cher, mais le plus pratique et le plus rapide. Grosse batterie d'ordis et wifi à dispo ; également service de photocopies et gravure de CD. Enfin, *call centre* au sous-sol avec téléphone par Internet et vente de cartes téléphoniques pour des appels internationaux à moindre coût.

Argent, banques, change

■ ***Distributeurs automatiques :*** *plusieurs dans Republic St.* Ils acceptent la plupart des cartes de paiement.

■ ***Bank of Valletta*** *(plan couleur B2)* **:** *45 Republic St.* ☎ *21-312-020. Lun-jeu 8h30-14h ; ven 8h30-15h30 ; sam 8h30-12h30.*

■ **HSBC** *(plan couleur B2)* **:** *32 Merchants St.* ☎ *23-802-380. Lun-jeu 8h30-13h30 ; ven 8h30-16h30 ; sam 8h30-12h30.*

Ambassades, représentations étrangères

■ ***Ambassade de France*** *(plan couleur B2,* ***4****)* **:** *130 Melita St.* ☎ *22-480-600. • ambafrance-mt.org • Lun-ven 9h-13h ; l'ap-m sur rdv slt 14h-16h.*

■ **Consulat de Belgique :** *18 A/3 M.A. Vassalli St.* ☎ *21-230-893. • malcom.gatt@gattshipping.com •*

■ **Consulat de Suisse** *(plan couleur B2-3,* ***5****)* **:** *6 triq San Żakkarija.* ☎ *21-244-159. • valletta@honrarvertretung.ch •*

■ **Consulat du Canada** *(plan couleur C2,* ***6****)* **:** *Demajo House, 103 triq l-Arcisqof.* ☎ *25-523-233. • canhcon@demajo.com • Lun-ven 8h30-13h30.*

Compagnie aérienne

■ ***Air Malta :*** *slt à l'aéroport.* ☎ *21-662-211. Sinon, depuis la France ou un portable, appeler l'****International Call Centre*** *:* ☎ *0826-102-223 (0,18 €/mn). • airmalta.com •*

Culture, francophonie

■ ***Heritage Malta :*** ☎ *22-954-000. • heritagemalta.org • Pas de bureau ouv au public, infos par tél ou sur leur site internet.* Cette agence du ministère de la Culture gère les musées et sites publics. Elle propose un *pass*, le « Multisite Pass », en vente dans tous les sites et musées de *Heritage Malta* et utilisable sans limite dans le temps, pour 35 € ; réduc. Le *pass* « famille » (2 adultes et 2 enfants de moins de 12 ans) revient à 75 €. Ils donnent libre accès à la totalité des sites gérés par *Heritage Malta* (une vingtaine, soit la grande majorité), excepté à l'hypogée de Hal Saflieni, où seules 10 personnes par heure sont autorisées à entrer (ticket à acheter bien à l'avance sur Internet). Par ailleurs, *Heritage Malta* organise tout au long de l'année des expositions dans les principaux musées, parfois des concerts et, au moment des solstices et des équinoxes, une super balade au coucher du soleil sur les sites mégalithiques de Ħaġar Qim et Mnajdra (à ne pas manquer, mais à réserver très à l'avance...).

■ ***Alliance française de Malte-Méditerranée*** *(plan Floriana, B2,* ***1****)* **:** *casa Sir Luigi Presiozi, 108 Saint Thomas St, Floriana.* ☎ *21-238-456. • alliancefr.org.mt • Minuscule ruelle accessible par triq il-Miratur. Lun-ven 9h-12h30, 15h-19h. Fermé mer ap-m et w-e, ainsi que pdt les vac scol de Pâques, 1re quinzaine d'août et Noël.* Petite bibliothèque, soirées, conférences et quelques projections de films.

■ ***Librairie Agenda Bookshop*** *(plan couleur B2,* ***8****)* **:** *26 Republic St. Lun-sam 8h30-19h ; dim 9h-13h.* Presse française, livres en anglais, guides et cartes.

Santé

■ ***Médecins :*** 2 médecins francophones recommandés par l'ambassade de France, le Dr Jean-Pierre Farrugia *(☎ 21-237-558 ; 📱 99-498-662)* et le Dr Timothy Camilleri *(☎ 21-311-811 ; 📱 79-094-500).*

■ ***Ambulances :*** ☎ *112.*

✚ ***Mater Dei Hospital :*** *Tal-Qroqq, à Msida, soit à l'ouest de La Valette et de Floriana, sur la route de Sliema.* ☎ *25-450-000.* Tout beau tout neuf, c'est l'hôpital de référence à Malte.

✚ ***Saint James Hospital :*** *Ġorġ Borġ Olivier St, Sliema.* ☎ *23-291-000.* C'est un hôpital privé, donc cher.

■ ***Drs Demajo Dental Clinic :*** *26 Merchant St, 6e étage, La Valette.* ☎ *21-245-938. Ouv slt le mat. Autre antenne : 1 Marina Court, Giuseppe Cali St, 3e étage, Ta'Xbiex.* ☎ *21-344-346/7.*

Marchés

– Le marché quotidien *(lun-sam 7h30-12h30)* se tient sur Ordnance Street *(plan couleur A-B2).* On y vend

de l'alimentation (fruits, légumes, herbes), des vêtements, des jouets, bref, un peu de tout.
– Autre marché le dimanche matin à **Floriana,** au Park and Ride *(plan Floriana, A2).* On y trouve des antiquités, de la brocante et même des animaux domestiques. Un conseil : allez-y le plus tôt possible.

Où dormir ?

De prix moyens à un peu plus chic

■ ***Asti Guesthouse*** *(plan couleur B3,* ***20****) : 18 Saint Ursula St. ☎ 21-239-506 ou 21-227-483. • mol.net.mt/asti • Résa conseillée. Env 25 €/pers, avec petit déj.* Dans une très belle et vieille rue en pente, une pension qui se donne des airs de petit palais : lustres au plafond, colonnes antiques dans l'entrée, belle pierre calcaire d'une netteté patricienne. Les chambres sont aux étages, dans un style plus sobre que le rez-de-chaussée mais claires et très soignées, avec la douche et les toilettes sur le palier. Les fenêtres ouvrent sur la rue piétonne. Comme nous ne sommes pas les seuls à trouver cette adresse fort sympathique, compte tenu du bon rapport qualité-prix, et qu'il y a moins de 10 chambres, mieux vaut réserver. L'énergique mamie qui tient la boutique demande à l'occasion d'envoyer un chèque d'arrhes, rendu à votre arrivée.

■ ***Grand Harbour Hotel*** *(plan couleur B3,* ***21****) : 47 Battery St. ☎ 21-246-003. • grandharbourhotel.com • Doubles 60-85 € selon vue et saison, petit déj compris.* Très bien situé, cet hôtel familial propose une petite trentaine de chambres, impeccables et de style contemporain, dans les tons marron. Tout le confort est là : sanitaires rutilants, AC, TV sat'... sans oublier, pour une partie des chambres (les plus chères), la super vue sur le port ! Terrasse sympa sur le toit (avec toujours cette même vue) et resto. L'une des meilleures affaires de la ville, pour un hôtel.

■ ***Luciano Al Porto Boutique Accommodation*** *(plan couleur C3,* ***22****) : 255 Saint Ursula St. 📱 77-111-110. • vallettaboutique.com • Double env 80 €, avec petit déj.* Une élégante demeure fort joliment rénovée abritant 9 chambres pleines de charme avec carrelage et lustres à l'ancienne, poutres et murs de pierre, bonne literie et, en prime, tout le confort moderne (grand écran, AC, frigo, sanitaires dernier cri, etc.). Une bonne moitié d'entre elles ont vue sur le port, demandez-les en priorité. Également 3 chambres quadruples. Les proprios ne vivent pas sur place mais assurent une présence le matin.

■ ***British Hotel*** *(plan couleur B3,* ***23****) : 267 Saint Ursula St et 40 Battery St. ☎ 21-224-730 ou 21-239-022. • britishhotel.com • Réception côté mer. Doubles 65-90 € selon vue et confort, ttes avec sdb et petit déj. (payant).* C'est un immeuble ancien dont subsistent quelques jolis carrelages et bow-windows d'époque, géré par la même famille depuis 3 générations. Les chambres, d'aspect un peu inégal (certaines plus récentes), sont dispersées dans un curieux dédale de couloirs et d'escaliers. La plupart sont dotées de l'AC (en sus), toutes de TV et de coffres individuels. Celles qui possèdent des petits balcons-vérandas ouvrant sur le port sont vraiment agréables, malgré la simplicité de la déco. On aime particulièrement les nos 105 et 106, avec une très grande terrasse, mais il faut réserver longtemps à l'avance ! Sinon, on peut se consoler en profitant des transats posés sur le toit. Pour l'anecdote, Spielberg a tourné ici quelques scènes de son film *Munich.* Accueil sympathique.

Chic

■ ***The Osborne Hotel*** *(plan couleur A2,* ***24****) : 50 South St. ☎ 21-243-656. • osbornehotel.com • Doubles env 100-130 €, avec petit déj ; promos régulières sur*

LA VALETTE

Internet. 💻 *(payant).* 📶 Élégante façade en pierre claire rehaussée de volets rouges, dans une rue tranquille, non loin des Hastings Gardens. Les chambres, à la déco moderne, sont fonctionnelles, avec clim, chauffage, TV, baignoire, bouilloire et, pour les plus chères, un frigo-bar bien rempli (le luxe, quoi !). Certaines, aux 4e et 5e étages, bénéficient d'une très belle vue sur l'église des Carmes, la cathédrale anglicane et le port. D'autres regardent une cour (visiter si possible avant de vous décider !). Toit-terrasse pour bronzer ou se tremper... on hésite à dire dans la piscine, disons dans le très gros jacuzzi. Parties communes cosy et élégantes. Personnel serviable. Fait aussi resto.

🏠 ***Castille Hotel*** *(plan couleur B3,* ***25****) : Castille Sq, angle avec Saint Paul's St.* ☎ *21-243-677. • hotelcastillemalta.com • Doubles 75-150 € selon période, avec petit déj ; même prix pour les standard donnant sur rue ou sur mer ; les plus chères possèdent un balcon avec vue sur le Grand Port.* 📶 Le vieux palais de la fin du XVIe s, stratégiquement situé à l'angle de la place de l'auberge de Castille, abrite un hôtel patiné par le temps (très patiné...). Les chambres équipées de douche ou bains, w-c, AC et TV, donnent sur la place (vue géniale), sur la rue ou sur une cour intérieure. Hélas, l'ensemble aurait besoin d'une rénovation d'envergure, sans compter les draps trop courts et l'eau chaude parfois capricieuse. Néanmoins, il s'en dégage une ambiance légèrement surannée qui n'est pas déplaisante. Accueil vraiment charmant. Le petit déj (qui pourrait être un peu amélioré) se prend au 5e étage, sur le toit, avec un magnifique panorama sur le port, sur Floriana et sur toute l'agglomération de La Valette.

Où louer un studio, un appartement ?

🏠 ***Valletta Studios, chez Michael Mercieca*** *(plan couleur B3,* ***26****) : 61 A-62-63 Battery St.* ☎ *21-251-748.* 📱 *99-895-827. • vallettastudios.com • Studios 2 pers 60-70 € selon saison et confort.* 📶 Dans une maison plusieurs fois centenaire, 3 studios de taille moyenne, joliment rénovés et confortablement aménagés par le très sympathique Michael, qui connaît quelques mots de français. Ils possèdent tous un petit balcon avec, pour 2 d'entre eux, une vue directe et vraiment agréable sur la mer ! Pas de clim mais des ventilos. TV câblée. Un plan très sympa au cœur de la vieille ville !

🏠 ***Appartements du Manoel Theatre*** *(plan couleur B2,* ***27****) : 87 Old Mint St (appartements) et 115 Old Theatre St (informations).* ☎ *21-222-618. • teatrumanoel.com.mt • Contacter Mme Josette Portelli, responsable et guide du théâtre. Env 23 €/pers, hors eau et électricité. Min 5 nuits.* Le théâtre Manoel a aménagé 3 apparts de bonne taille au dernier étage, sous les toits, et les loue à un prix raisonnable. Pas très cher donc, mais ni la déco ni l'ameublement ne sont du dernier cri, et l'absence de clim les rend un peu étouffants par grosse chaleur (ventilos toutefois à disposition). Cuisine et salon avec TV en bas, chambre et sanitaires en mezzanine. 2 d'entre eux peuvent accueillir 4 personnes.

🏠 ***Palazzo San Pawl*** *(plan couleur B3,* ***28****) : 318 Saint Paul's St.* 📱 *99-423-110. • livinginvalletta.com • Apparts 2 pers env 80-100 € (+ 30 € pour le nettoyage après le départ) ; compter 25 €/pers supplémentaire. En principe, min 3 nuits.* 📶 Du charme à revendre ! Car les sympathiques Norman et Michael ont restauré avec la manière une très belle demeure familiale, dont les différents appartements (sauf un, qui dispose d'une entrée indépendante sur la rue) s'organisent autour d'un ravissant patio garni de végétation. La déco est soignée et élégante, mêlant l'ancien et le contemporain, et l'aménagement impeccable (TV câblée et lecteurs DVD, belles douches à l'italienne, cuisines équipées). Cerise sur le gâteau : une terrasse sur le toit profitant d'une vue géniale sur le port. Vraiment bien.

🏠 ***Lucia Nova*** *(plan couleur B1-2,* ***29****) : St Lucia St.* 📱 *79-488-047. • vallettasuites.com • Apparts 2 pers 115-150 € selon saison ; env*

25 €/pers supplémentaire. C'est l'un des appartements décorés par un duo qui ne manque pas d'imagination. Entièrement revisitée par leurs soins, cette maison typiquement maltaise, avec 2 chambres et une salle de séjour sur différents niveaux, arbore une déco néobaroque créative, où le mobilier de style s'accommode d'objets design, quand il ne s'agit pas de trouvailles pleines d'humour flirtant avec le kitsch ! Génial donc, d'autant que le confort est à l'image de la déco : impeccable (TV satellite avec filmographie préenregistrée, clim, salle de bains et cuisine modernes...). Rien ne manque, jusqu'à la terrasse sur le toit ! Si c'est complet, ils disposent de 2 autres appartements en ville, tout aussi soignés... et délirants !

Où manger ?

Bon marché (moins de 15 €)

La Valette compte pas mal de petits clubs philharmoniques *(filarmonica nazionale)* à la manière des fanfares municipales bien de chez nous. Ces espèces de mini-*Buena Vista Social Club* maltais, que l'on retrouve d'ailleurs dans chaque village, proposent en général aussi une petite restauration bon marché, souvent dans un décor à l'ancienne. Cela dit, la cuisine n'y est pas toujours très goûteuse. On a donc préféré vous en indiquer dans « Où boire un verre ? Où écouter de la musique ? ». À vous de voir si vous souhaitez quand même y casser une petite graine...

Piadina Caffe *(plan couleur C2, **30**) : 24 Santa Lucija St. ☎ 27-225-983. Tlj sf dim 7h30-16h.* Un petit snack d'à peine 3 ou 4 tables posées dans la minuscule salle ou sur le trottoir, qui attire les gens du quartier pour ses bons *piadina* (pain plat fourré) et ses salades fraîches (au quinoa, couscous, riz rouge ou noir...). Sans oublier les bons cafés. Accueil particulièrement charmant.

Margo's *(plan couleur C2, **31**) : 63 Republic St. ☎ 27-627-467. Tlj 12h-15h, 18h30-22h.* Ici, le pizzaiolo travaille sa pâte, coupe son jambon au gré des commandes, ajoute toutes sortes de produits frais, et cuit le tout dans un vrai four. Cela paraît évident, mais ce n'est pas si fréquent ! Alors on s'attable volontiers dans la salle toute blanche, aux sol et dessus de table en marbre, pour mordre dans ces bonnes pizzas à pâte fine et croustillante, servies avec le sourire. Également des pâtes et des salades. Très agréable.

L-Ingliz *(plan couleur B3, **32**) : 19 Saint John's St. ☎ 21-821-044. Tlj sf lun 11h-minuit. (au sous-sol).* Calé entre d'épais murs en pierre, ce snack de poche, accroché à une rue en pente, propose de bonnes salades préparées dans l'instant, des pâtes et des *wraps*, ainsi que l'une ou l'autre suggestion, le tout à prix très démocratiques. À emporter ou sur place. Bon accueil.

The Circle's *(German-Maltese Circle ; plan couleur C2, **33**) : 141 Saint Christopher St. ☎ 21-244-863. Lun-sam 9h-17h.* Petite cafétéria sise au rez-de-chaussée du vieux palais Messina (fin XVIe s), où se réunit le Cercle de l'amitié germano-maltaise. On y sert une petite restauration copieuse et pas chère, et le lieu (un patio fermé) est agréablement climatisé en été, lorsque s'abat sur la ville la canicule. Au menu : sandwichs, *ftira*, toasts, *wraps*, salades, pâtes et suggestions du jour. Fréquenté, entre autres, par les employés du quartier.

Marks & Spencer *(plan couleur B2, **34**) : Strait St. ☎ 21-220-614. Lun-sam 9h-19h.* Rien de local ici, c'est sûr, puisqu'il s'agit d'un magasin de la célèbre chaîne britannique, mais c'est toujours utile de savoir qu'on peut s'y restaurer d'un sandwich ou d'une salade du jour à n'importe quelle heure, et à prix mini. Espace climatisé entre les rayonnages, pour se poser.

Prix moyens (15-25 €)

Nenu The Artisan Baker *(plan couleur C2, **35**) : 143 Saint Domenic St. ☎ 22-581-535. Tlj midi et soir.* Il faut descendre quelques marches pour pénétrer dans cette ancienne boulangerie convertie en un agréable resto mêlant avec goût la pierre calcaire et la déco contemporaine. Mais ce n'est pas le seul attrait du lieu : outre un grand choix de *ftira* (sortes de pizzas maltaises) cuites au feu de bois, on y déguste une succulente et plantureuse cuisine traditionnelle, comme le *bragioli,* la soupe de poisson, et bien sûr le lapin (un must !). Le tout dans une ambiance chaleureuse et sous le regard bienveillant de Nenu, le patron (artisan boulanger de son état), dont l'imposant portrait orne l'un des murs. Parfait pour s'initier à la gastronomie de l'île.

|●| *Crianza* *(plan couleur C2,* ***36****) : 33 Archbishop St. ☎ 21-238-120. Fermé mar soir, mer soir et dim midi en été.* En plein centre de La Valette, en contrebas du palais des Grands-Maîtres, voilà un peu d'ombre et de fraîcheur. Merci à ce petit resto, discret et climatisé, d'être là où il faut, avec sa cave voûtée en pierre aménagée sans chichis. Ici, les produits sont frais, les raviolis maison, les risottos copieux, et les pâtes ont du goût. Choix de salades aussi pour les amateurs de verdure, et de grillades pour les viandards. Bonne carte des vins et accueil sympa, doublé d'un service rapide.

|●| *Elia Greek Cuisine* *(plan couleur C2,* ***39****) : 73 Merchant St. ☎ 27-689-525. Tlj midi et soir.* Un petit restaurant grec apprécié des habitants de La Valette pour sa cuisine bien tournée et plutôt bon marché. On y engloutit *souvlaki,* moussaka, *kleftiko* (agneau), poissons, grillades et autres *mezze,* assis aux quelques tables sur le trottoir ou dans une petite salle à l'étage. Accueil souriant.

|●| *Capistrano* *(plan couleur B2,* ***37****) : 61 Old Bakery St. ☎ 21-225-329. Mar-dim 19h-22h, plus mer-ven 12h-15h.* Une bonne adresse après la visite du théâtre Manoel. Cette salle accueillante, dont les murs jaune pâle s'enluminent de vieux cuivres, propose un bon choix de viandes et de poissons, ainsi que d'excellentes pâtes. Une tasse de soupe ou un hors-d'œuvre est offert pour attendre. Un bon rapport qualité-prix, d'autant que le service est tout sourire.

|●| *Trabuxu* *(plan couleur B2,* ***38****) : 8-9 South St. ☎ 21-220-357. Tlj sf dim 12h-15h, 19h-23h.* Le « Tire-Bouchon » (ou *trabuxu* en v.o. !) est connu de longue date pour son bar à vins intimiste situé à deux pas, au 1 Strait Street. La bonne nouvelle, c'est qu'il a ouvert ce petit bistrot chaleureux, vraiment charmant avec son vieux parquet, ses tables en bois et ses toiles contemporaines pour rester dans l'air du temps. À la carte, toujours autant de vins (privilégiez les locaux) pour accompagner les propositions du jour : raviolis, pâtes à la maltaise, poisson du moment. Tout est bon et servi aimablement, mais mieux vaut ne pas être trop pressé.

– Voir également le ***Pepe Nero*** *(plan Floriana, B2,* ***5****),* aux portes de la ville. Se reporter à la rubrique « Dans les proches environs de La Valette. Floriana ».

Chic (25-35 €)

|●| *Trattoria Da Pippo* *(plan couleur B2,* ***44****) : 136 Melita St. ☎ 21-248-029. Tlj sf dim 12h-15h. Résa hautement conseillée, surtout sam.* La plus romaine des tables de La Valette affiche un succès qui ne se dément pas. 3 marches conduisent à une petite salle bondée et bruyante, mais fraîche et pittoresque. Le principe est simple : on fait son choix parmi les viandes, poissons et fruits de mer exposés derrière le comptoir réfrigéré (en demandant les prix, quand même...), le cuisinier vous prépare ça comme vous voulez (nature, avec salade, en plat de pâtes...), et quand il n'y a plus rien, le resto ferme ses portes ! Service enjoué et efficace. À fréquenter sans hésitation.

|●| *Rubino* *(plan couleur B2,* ***43****) : 53 Old Bakery St. ☎ 21-224-656. Ouv le midi lun-ven et le soir mar-sam. Résa conseillée.* La maison est reconnaissable à sa charmante façade ancienne, style *Old England.* On y verrait bien Dashiel Hammett méditant sur le destin de son *Faucon de Malte.* On s'installe dans l'une des 3 petites salles qui dégringolent vers la cave, pour déguster une bonne cuisine traditionnelle présentée chaque jour à l'ardoise. Éviter d'y venir le torse dépoitraillé et à moitié nu, ce n'est pas le style de la maison.

Ambrosia *(plan couleur C2, **40**) : 137 Archbishop St. ☎ 21-225-923. Tlj sf dim, midi et soir. Couverts en sus.* Christopher Farrugia, qui a ouvert ce resto à deux pas du palais des Grands-Maîtres, est un artiste. Tout est là : une belle petite salle aux murs jaunes habillés de tableaux, une grande ardoise noire que les habitués lisent attentivement pour découvrir les propositions du jour, une ambiance chaleureuse qui donne envie de prendre son temps. Dans l'assiette, rien de banal ou d'attendu, mais une cuisine de terroir inventive et préparée selon les préceptes du *slow food.* Belle sélection de vins. Bonne musique, atmosphère à la fois intime, détendue et un peu chic.

Il Horza *(plan couleur C2, **41**) : 6 Saint Christopher's St. ☎ 21-226-936. Fermé sam midi et dim.* Encore un de ces petits bistrots chic perdus dans les ruelles de La Valette, mais qui font le bonheur des gourmets en quête de sensations « papillesques ». À peine quelques tables posées sur une sorte de mezzanine, dans une atmosphère intimiste avec pierre apparente (en revanche, évitez la petite salle en sous-sol, un peu étouffante). L'*antipasto* est délicieux et les pâtes, cuites al dente comme il se doit (*alle vongole,* à la truffe, aux oursins, etc.), sont succulentes. On peut juste regretter que les portions soient parfois un peu légères. Bon choix de vins. Patron affable qui n'a pas la langue dans sa poche : il est intarissable sur Malte et ses turpitudes...

Malata *(plan couleur C2, **42**) : Palace Sq, face à l'entrée du palais des Grands-Maîtres. ☎ 21-233-967. Lun-sam 12h-14h30, 19h-23h.* La terrasse idéalement située vous tend les bras avec ses chaises en fer forgé recouvertes de coussins et ses grands parasols pour recueillir enfin un zeste d'ombre. Sinon, pour les jours trop chauds ou trop frais (ça arrive), belle cave voûtée à l'intérieur. À la carte, une fraîche cuisine méditerranéenne qui fait le bonheur des habitués depuis belle lurette, parmi lesquels quelques notables locaux. Si vous venez un mardi soir, vous aurez même droit à un concert de jazz ! Une valeur sûre.

LA VALETTE

Où boire un verre ? Où écouter de la musique ?

La Valette n'est pas une ville pour noctambules : autant la journée, les terrasses sont prises d'assaut et les rues particulièrement animées, autant le soir (comme le dimanche), c'est vite le désert. Le nouveau front de mer, « Valletta Waterfront », à Floriana (environ 15 mn à pied de La Valette), compense cependant un peu cet état de choses, surtout le week-end.

Pour boire un verre en journée, ***plusieurs cafés*** classiques avec terrasse sur Republic Square et Saint John's Square *(plan couleur B2),* entre la co-cathédrale Saint-Jean et le palais des Grands-Maîtres.

La Valette *(plan couleur B2, **51**) : 297 Republic St. ☎ 21-236-011. Tlj 8h-21h.* La large porte impressionne un peu ; du coup, on ose à peine s'enfoncer sous la verrière du hall de ce palais du XVIe s où logeait le grand maître Jean de La Valette. On pense à un resto touristique, on tombe sur un club de fanfare *(band's club)* aéré par le ballet des ventilos, avec les habitués qui éclusent un godet, tapent le carton ou s'essaient au billard... dès le matin. Sympa pour le décor et la petite ambiance populaire. Sinon, resto pas cher, certes, mais sans saveur.

Caffe Cordina *(plan couleur B2, **50**) : 244-245 Republic St. ☎ 21-234-385. Tlj 8h-19h (15h dim).* Fondé par Cesare Cordina, c'est l'un des plus vieux cafés de La Valette et aujourd'hui l'un des plus touristiques. Établi en 1837, le café s'est installé en 1944 dans cette bâtisse historique qui fut d'abord la Maison du Trésor de l'ordre des Chevaliers, puis le *Grand Hotel* et enfin le Casino Maltese, avant de devenir ce lieu décoré dans un vague style « austro-hongrois ». Sa voûte est ornée de peintures signées Giuseppe Cali, qui évoquent les grands épisodes de l'histoire de Malte, tandis que la terrasse, aux larges parasols accolés, occupe la majeure partie de Republic Square, à l'ombre du palais des Grands-Maîtres. Autant dire que le lieu, très couru mais vraiment agréable pour boire un verre entre 2 visites, est une institution... Également des gâteaux, des glaces et quelques plats.

🍷 ***Badass Café*** *(plan couleur B2,* ***52****) : 46 Old Theatre St. Tlj 11h-2h.* Le seul bar à malts (entendez whiskies) à Malte ! Une centaine de sortes, dans une salle en sous-sol agréablement climatisée. Sert aussi des assiettes de frometon, de charcutaille et même de bouchées asiatiques, histoire d'amortir les doses !

🍷 ***The Pub*** *(plan couleur C2,* ***53****) : 136 Archbishop St. Tlj sf dim jusqu'à 18h en sem et 23h (ou minuit) ven-sam.* Voici le pub le plus anglais de La Valette, avec de la vraie Guinness en provenance directe de Dublin. On y croise d'authentiques sujets de sa Majesté et, parmi les photos qui couvrent les murs, vous pouvez vous amuser à chercher un certain Oliver Reed, acteur britannique mort à Malte en 1999, en plein tournage de *Gladiator.*

🍷 ♪ ***The Bridge Bar*** *(plan couleur C3,* ***54****) : 258 Saint Ursula St. 📱 79-474-227. Ouv ts les soirs mai-oct.* Dans le registre décontracté-jazzy, c'est sans doute l'adresse la plus sympa de la ville. Car ce bar à vins a eu une idée de génie : chaque vendredi, il métamorphose le carrefour piéton formé par Saint Ursula Street et East Street en un véritable amphithéâtre, avec toutes sortes de coussins et de photophores disposés sur les marches, tandis que le petit pont fait office de scène. D'excellents groupes de jazz s'y produisent, faisant ricocher la musique sur les vénérables demeures, tandis que la foule investit les escaliers et les murets un verre à la main. Magique !

🍷 ***Monaliza*** *(plan couleur A1-2,* ***56****) : 222 Great Siege Rd. ☎ 21-242-303. Tlj 12h-2h (4h w-e).* Une adresse assez originale : il s'agit d'un bar *lounge* installé dans un ancien bastion de la ville, en surplomb du port de Marsamxett, avec vue sur la co-cathédrale Saint-Paul et l'église des Carmes. Un endroit sympa pour boire un verre sur la terrasse branchée, avec son petit bassin design, ou dans la salle voûtée furieusement contemporaine. Musique *lounge* évidemment, avec même des soirées DJ le week-end. On y sert aussi une restauration légère. Excellent accueil.

🍷 ***The Stable*** *(plan couleur A2,* ***55****) : 1 Sappers St. Lun-ven 13h-23h.* Une curiosité que ce minuscule bar de quartier qui porte bien son nom. On y entre comme dans un box d'écurie, uniquement en marche avant tellement c'est petit, histoire de se désaltérer avant de reprendre sa cavalcade effrénée dans les ruelles de La Valette... Le dicton ici ? Ben, « henni soit qui mal y boit », évidemment !

🍷 ♪ ***Valletta Waterfront*** *(plan Floriana, B2) : au pied des remparts de La Valette, à Floriana. Accessible par l'ascenseur panoramique (plan couleur B3 ; fonctionne jusqu'à 21h) au niveau des Upper Barraca Gardens. Ou en 10-15 mn depuis la vieille ville : descendre les escaliers à gauche au bout de l'av. Girolamo Cassar (plan couleur B3) puis longer les quais.* À la fin du XVIIIe s, le risque d'une invasion ayant fortement diminué, les chevaliers commencèrent à construire à l'extérieur des fortifications, tandis que le grand maître Pinto faisait ériger des entrepôts au pied des remparts. Une longue campagne de restauration a permis de réhabiliter les bâtiments rescapés et de remplacer ceux qui avaient disparu par des façades de même style pour restituer l'harmonie architecturale d'origine. C'est très réussi. On y trouve en fait surtout des restos avec terrasse, mais il y a aussi quelques bars (certains avec musique ou DJ), comme le *Hard Rock Café* ou le *Q Bar.* Quoi qu'il en soit, l'ensemble permet de se plonger dans une belle animation, surtout le soir quand, au-dessus, la capitale sombre dans une douce léthargie.

– Voir également ***The Club Bar*** et ***The Palm Court Lounge*** *(plan Floriana, B1,* ***10****)*, aux portes de la ville. Se reporter à la rubrique « Dans les proches environs de La Valette. Floriana ».

Achats

Captain A. Caruana *(plan couleur B2,* ***60****) : 184 Old Bakery St (au coin de Saint Lucia St). ☎ 21-225-039. Tlj sf sam ap-m et dim 9h-19h.* Derrière une vitrine à l'ancienne, ce magasin vend du vin maltais et autres alcools.

À voir

Rappelons que *Heritage Malta* propose un « Multisite Pass » donnant accès à une vingtaine de sites et musées à travers l'île pour 35 €, ainsi qu'un *pass* familial (voir les « Adresses et infos utiles »). Également un *pass* pour les cinq musées de La Valette à 20 €. Loue aussi un audioguide complet de La Valette, disponible au musée d'Archéologie, sur Republic Street. • *myguide.com.mt* • ; prix : 8 €. Ce dernier donne des infos historiques sur la ville, sur l'architecture et sur plus d'une trentaine de sites. On peut également télécharger sur le site une version au format MP3. Très pratique.

L'entrée de La Valette

City Gate et pjazza Teatru Rjal *(porte de la ville et place du Théâtre-Royal ; plan couleur A-B3)* **:** le grand chantier de La Valette, qui s'est achevé fin 2013, nous livre une toute nouvelle zone d'entrée de la ville, un quartier particulièrement éprouvé pendant la Seconde Guerre mondiale. Pour réconcilier enfin le passé et le présent, l'architecte italien Renzo Piano, connu pour avoir réalisé le Centre Georges-Pompidou à Paris, n'a pas eu froid aux yeux, quitte à créer la controverse : le pont a été rétréci et est désormais flanqué de monolithes de styles babylonien et égyptien pour donner à nouveau l'impression d'entrer dans une forteresse ; la porte de 1964 (qui remplaçait les anciennes Porta Reale et San Giorgio) a été démolie ; un nouveau Parlement est sorti de terre, sous la forme d'un bâtiment sur pilotis aux façades hérissées de plusieurs milliers de petits blocs de pierre calcaire ; et les ruines du Théâtre royal (construit en 1866 et bombardé par l'aviation allemande en 1943) ont été restaurées afin d'y incorporer des structures modernes, à même d'accueillir des manifestations en plein air.

Saint James' Bastion and Cavalier *(bastion et cavalier de Saint-Jacques ; plan couleur B3)* **:** *de la place du Théâtre, prendre à droite l'escalier qui grimpe vers les remparts (autre entrée sur Castille Sq, par un long corridor voûté). ☎ 21-223-200 (résas spectacles). • sjcav.org • GRATUIT (donation appréciée).* Ce bastion défendait l'entrée de La Valette, côté sud-ouest (Floriana). Les plates-formes supportaient des canons. Le cavalier est un ouvrage surélevé dressé à l'intérieur d'un bastion pour le rendre plus invulnérable encore : il devait, à l'origine, y en avoir neuf pour ceindre La Valette, il n'y en eut finalement que deux. Trop cher... Il abrite aujourd'hui un vaste centre culturel *(Centre for Creativity)*. Ses beaux espaces mêlant grandes salles voûtées et puits de lumière modernes se consacrent à toutes sortes d'activités : expositions temporaires (contemporaines), films, théâtre, centre d'art, etc.

Saint John's Bastion and Cavalier *(bastion et cavalier de Saint-Jean ; plan couleur A2)* **:** *on peut le voir de l'extérieur, mais il ne se visite pas.* Au rez-de-chaussée, il abrite l'ambassade de l'ordre de Saint-Jean-de-Jérusalem et de Malte. Sujet de droit international public, l'Ordre est reconnu encore aujourd'hui comme un État souverain disposant d'ambassades à travers le monde. La partie humanitaire de l'Ordre est assurée par une association maltaise, distincte de cette ambassade. Pour en savoir plus sur l'Ordre, se reporter à la rubrique qui lui est consacrée dans le chapitre « Hommes, culture, environnement ».

Hastings Gardens *(jardins d'Hastings ; plan couleur A2)* **:** les jardins, bien agréables pour une balade matinale, occupent les fortifications dans le prolongement du bastion de Saint-Jean. La vue sur l'île Manoel, sur le front de mer de Sliema et sur les remparts de La Valette est imprenable. Si l'on sort des jardins à leur extrémité nord, on atteint un parking d'où se découvre en plus le flanc ouest de la cité, avec la coupole de l'église des Carmes et la flèche de la cathédrale protestante. D'ici, on voit bien pourquoi les catholiques entreprirent des travaux pour accroître la hauteur de l'église... Elle domine désormais sa rivale de quelques mètres !

Malta 5D *(plan couleur B2,* ***85****)* **:** *7 Old Bakery St. ☎ 27-355-001. • malta5d.com • Spectacles tlj, ttes les 30 mn 9h30-16h (14h dim). Entrée : 9 € ; réduc.* Un show de 20 mn qui passe efficacement en revue, sans longueurs, les moments clés de l'histoire de Malte. C'est à la fois didactique et ludique car, outre une bonne 3D, on a droit aux sièges qui bougent et même, en guise de cinquième dimension, à des bourrasques, des embruns et des chatouillis dans les jambes, le tout bien orchestré et savamment dosé. Plaira autant aux enfants qu'aux vétérans !

Fortifications Interpretation Centre *(plan couleur A2,* ***70****)* **:** *San Mark St. ☎ 22-927-377. De mi-juin à début oct, lun-sam 9h-13h (16h mar et jeu) ; le reste de l'année, lun-sam 9h-16h (13h sam). GRATUIT.* Pour les amateurs de remparts, tout sur l'art de fortifier à Malte, depuis les murs de pierre de l'âge du bronze jusqu'au XVIIIe s (en tout, l'île compte pas moins de 60 km de fortifications). L'expo court sur trois étages et comprend aussi des maquettes des différentes villes, une section sur les 35 bastions, encore debout, répartis à travers l'île, et une partie consacrée à la période britannique, au cours de laquelle furent installées une quarantaine de batteries.

Autour de la place et de l'auberge de Castille

Our Lady of Victory *(église Notre-Dame-de-la-Victoire ; plan couleur B3)* **:** *lun-ven 8h30-12h30.* La première église de La Valette, construite à partir de 1566, 1 an après la fin du grand siège. Elle commémore la victoire de l'ordre de Saint-Jean, aidé, rappelons-le, par 6 000 hommes des troupes de Philippe II d'Espagne. Ce fut aussi la première église conventuelle de l'Ordre (1571-1577), jusqu'à l'achèvement de la co-cathédrale Saint-Jean. Le grand maître Jean de La Valette y fut enterré, puis son monument funéraire fut transféré dans la crypte de la co-cathédrale.

L'église Sainte-Catherine-d'Italie *(plan couleur B3)* **:** *sa façade donne sur la pl. des Victoires, juste en face de Notre-Dame-de-la-Victoire. Accessible lun-sam 8h30-12h30 et lors de la messe dominicale à 11h.* Récemment restaurée, cette église baroque, de forme octogonale et dotée d'un dôme élégant, fut construite en 1576 par Girolamo Cassar et consacrée 3 ans plus tard. Elle accueillait les chevaliers italiens de l'ordre de Saint-Jean.

L'auberge de Castille, de León et du Portugal *(plan couleur B3,* ***73****)* **:** *Castille Sq. Ne se visite pas.* L'auberge de Castille, de León et du Portugal est probablement la plus grande et la plus belle de toutes les auberges de chevaliers. Édifiée en 1574 par Girolamo Cassar, elle fut presque entièrement reconstruite en 1744, sous le règne (qui dura 32 ans) du grand maître Pinto de Fonseca. Son buste et ses armoiries figurent sur le mur de façade au-dessus de la majestueuse porte d'entrée. L'escalier conduit à un couloir qui débouche sur une cour plantée d'orangers, que l'on devine à travers les portes vitrées. L'auberge de Castille devint en 1824 un cercle pour les officiers britanniques. Puis elle hébergea le ministère de la Guerre, qui en fit le quartier général des armées britanniques à Malte. L'Otan y eut aussi ses bureaux pendant une période. Restitué au gouvernement maltais à l'indépendance, ce prestigieux monument abrite aujourd'hui les bureaux du Premier ministre.

Upper Barraca Gardens *(jardins du Haut-Barraca ; plan couleur B3)* **:** *près de l'auberge de Castille. Tlj en principe 7h-23h (21h en hiver). Entrée libre.* Ce délicieux parc aménagé au XVIIIe s occupe un promontoire au-dessus des fortifications sud de la ville. Il surplombe Saluting Battery (lire ci-dessous) et ses canons tournés vers l'entrée du port. Il faut dire que de cet endroit unique, un des seuls ombragés de la ville, on a la plus belle vue qui soit sur le port de La Valette et les Trois Cités (Cospicua, Vittoriosa et Senglea) à travers les élégantes arcades des jardins. À ne pas manquer ! Y aller de préférence en fin de journée, en raison de la relative fraîcheur et de la belle lumière du soir qui se reflète dans les fontaines. Autrefois, les jardins étaient réservés aux chevaliers italiens de l'ordre de Malte. On peut y voir une statue de lord Strickland (1861-1940), qui s'opposa à l'Église maltaise, un buste de Giuseppe Cali (peintre), un autre de Churchill – une figure britannique très appréciée des Maltais –, ainsi qu'une statue intitulée *Les Gavroches,* datant de 1907. Petit kiosque sur place pour boire un verre.

The Saluting Battery *(plan couleur B3)* **:** *• wirtartna.org • Accessible depuis les Upper Barraca Gardens ; descendre les escaliers devant la fontaine. Visites guidées à 11h et 12h05 (seule la 1re permet d'assister aux coups de canon, tirés à 12h). Tarif : 2 € ; réduc.* Les canons ont été installés là au XVIe s afin de défendre La Valette contre les invasions. Ils ont conservé ce rôle jusqu'en 1960, mais étaient aussi utilisés à l'occasion de cérémonies officielles : lors de ses visites, la reine avait droit à 21 coups de canon. À l'époque des chevaliers, on tirait trois fois par jour, au lever et au coucher (signalant la fin et le début du couvre-feu en période de guerre), mais aussi à midi ; cette dernière tradition a été ravivée. On peut assister à la cérémonie depuis le balcon des Upper Barraca Gardens, mais la visite, en anglais, apporte un réel plus : rôle des canons, histoire du lieu et même de la bataille de Trafalgar. Tout cela servi sur fond de musique militaire britannique, en uniforme de l'époque, avec casque colonial et bretelles !

Lascaris War Rooms *(plan couleur B3,* ***74****)* **:** *Lascaris Ditch. ☎ 21-234-717. • lascariswarrooms.com • En contrebas de la pl. de Castille, dans les fossés, on y accède par la gauche des Upper Barraca Gardens (panneaux) ou par l'av. Girolamo Cassar et une série d'escaliers et de tunnels. Tlj 10h-17h (dernière entrée 16h). Entrée : 10 €, audioguide en français inclus ; réduc.* Ces souterrains du XVIIe s, creusés à partir du règne du grand maître Lascaris, furent agrandis puis aménagés en centre d'opérations pour les forces alliées pendant la Seconde Guerre mondiale. La situation stratégique de l'île, bastion anglais au carrefour des routes maritimes, cerné par l'Italie mussolinienne, la Libye italienne et la Tunisie vichyste, est très bien mise en lumière : de 1940 à 1943, Malte fut le site, proportionnellement à sa superficie, le plus bombardé du globe ! Le réseau, vaste, accueillit jusqu'à 300 personnes au plus fort de la guerre. D'une pièce à l'autre (salles des chiffres, radio, dortoirs, etc.), on peut revivre les principaux événements grâce à une reconstitution des conditions de vie et de travail. On voit même l'impressionnante salle des opérations où se décidait en direct la défense de l'île (au moyen d'une vaste carte horizontale où l'on déplaçait des pions indiquant les forces engagées !), et le bureau d'où le général Alexander prépara l'invasion de la Sicile, qui donne sur une salle entièrement occupée par la carte originale redécouverte lors des travaux de restauration. Émouvant.

L'auberge d'Italie *(plan couleur B3,* ***71****)* **:** *Merchants St, dans la rue descendant à gauche de l'auberge de Castille. Ne se visite pas sf à l'occasion d'expos temporaires dans la cour (entrée libre).* Commencée en 1574 par Cassar, puis agrandie en 1683 par le grand maître Gregorio Carafa, dont on voit le buste au-dessus du portail d'entrée. Elle accueillait jadis les réunions de la puissante congrégation des galères, chargée de la défense maritime de l'île. Traditionnellement, le chef de la langue d'Italie était aussi amiral de la flotte. C'est aujourd'hui le siège du *Parliament Secretary for Tourism* et de la *Malta Tourism Authority* (et de l'office de tourisme), qui devraient toutefois s'installer en 2014 ou 2015 dans le musée des Beaux-Arts... qui, lui, intégrera l'auberge d'Italie.

Le palazzo Parisio *(plan couleur B3,* ***72****)* **:** *Merchants St, en face de l'auberge d'Italie. Ne pas confondre avec celui de Naxxar, dans le centre de l'île.* Il abrite aujourd'hui le ministère des Affaires étrangères. Une plaque rappelle le très court séjour (quasiment une semaine de vacances...) que Napoléon Bonaparte y fit, du 12 au 18 juin 1798, en route pour l'Égypte...

Le centre de La Valette *(le long de Republic Street)*

National Museum of Archeology *(musée national d'Archéologie ; plan couleur B2,* ***78****)* **:** *auberge de Provence, Republic St. ☎ 21-221-623. • heritagemalta.org • Tlj 8h-18h15 (dernière admission). Fermé Vendredi saint, Noël et Jour de l'an. Visites guidées gratuites en anglais à 10h et 15h. Entrée : 5 € ; réduc.*
L'auberge de Provence fut construite par Girolamo Cassar à partir de 1571. La façade actuelle, influencée par l'architecture française, date de 1638. Au XIXe s, une partie du bâtiment servit d'hôtel et abrita l'*Union Club,* un des hauts lieux de la vie sociale de La Valette.
Le musée n'est pas grand mais il abrite une riche collection. Au rez-de-chaussée, la période préhistorique avec de nombreuses pièces provenant des principaux sites archéologiques de Malte : Tarxien, Hal Saflieni, Ħaġar Qim, Skorba et Mnajdra. Après une rapide introduction (reconstitution d'une sépulture, maquette intéressante de l'hypogée de Hal Saflieni), on passe dans le vif du sujet avec une série de mégalithes de calcaire (plusieurs tonnes), datant de 3300-2300 av. J.-C. et décorés de bas-reliefs en forme de spirales. Ils servaient à orner l'intérieur des temples, et peut-être aussi d'autels pour le culte. Voir notamment ce petit autel en pierre provenant du temple de Ħaġar Qim, dont les quatre faces sont piquetées de trous. On découvre ensuite de superbes sculptures d'animaux : linteaux ciselés de chèvres, dont un avec un cochon (un seul !) représenté dans le troupeau, Dieu sait pourquoi ! Le plus intéressant se situe toutefois dans la section suivante, consacrée aux représentations de la déesse de la Fertilité, certaines sculptées, d'autres modelées en argile, de toutes tailles. On ne se lasse pas d'admirer leurs formes voluptueuses. Notez en particulier la ***Femme endormie,*** provenant de l'hypogée de Hal Saflieni, ainsi que l'autre fierté du musée : la ***Vénus de Malte,*** devenue le symbole de l'archéologie maltaise. Cette statuette en terre, ne mesurant pas plus de 10 cm de haut, a été découverte à Ħaġar Qim. Elle n'a pas de tête, car celles-ci étaient sculptées à part. Sans doute interchangeables, on pouvait ainsi les emboîter dans n'importe quel corps. Examinez par exemple les muscles de son dos, remarquablement représentés, mais aussi ses hanches très larges et ses seins en forme de gourdes géantes, autant de critères de fertilité naguère très prisés. Voir aussi la fameuse statue de Tarxien, dont ne demeurent que les pieds et la « jupe » (elle devait mesurer 3 m), et les quelques symboles phalliques.
À l'étage, la section consacrée à l'âge du bronze évoque le quotidien des habitants de Malte entre 2400 et 700 av. J.-C., à travers une série objets d'artisanat (pas mal de céramiques) et des vidéos montrant, entre autres, les principaux sites de fouilles. Également une petite expo sur les *cart ruts,* ces sillons (dont l'origine demeure inconnue) creusés dans la roche et qu'on trouve un peu partout sur l'île. La visite s'achève dans la dernière salle en date, où l'on peut voir un sarcophage phénicien et la reconstitution d'une tombe découverte à Rabat.
Le salon d'apparat, également au 1er étage, accueille régulièrement des expos temporaires. Certaines sont vraiment de grande qualité, et elles permettent en plus d'admirer la riche décoration des murs et du plafond.

La co-cathédrale Saint-Jean *(plan couleur B2)* **:** *entrée sur le flanc gauche. ☎ 21-220-536. • stjohnscocathedral.com • Lun-ven 9h30-16h30 (dernière admission 16h) ; sam 9h30-12h30 (dernière admission 12h). Fermé dim (sf pour les messes) et j. fériés. Entrée : env 6 €, audioguide en français et accès au musée Saint-Jean inclus ; réduc. Entrée libre avt la messe du mat, vers 7h30. Attention, les talons hauts, les marcels et les flashs sont interdits ! Châles fournis pour les visiteurs distraits. Attention encore : certaines chapelles décrites plus loin peuvent être temporairement fermées pour conservation ou pour restauration.*

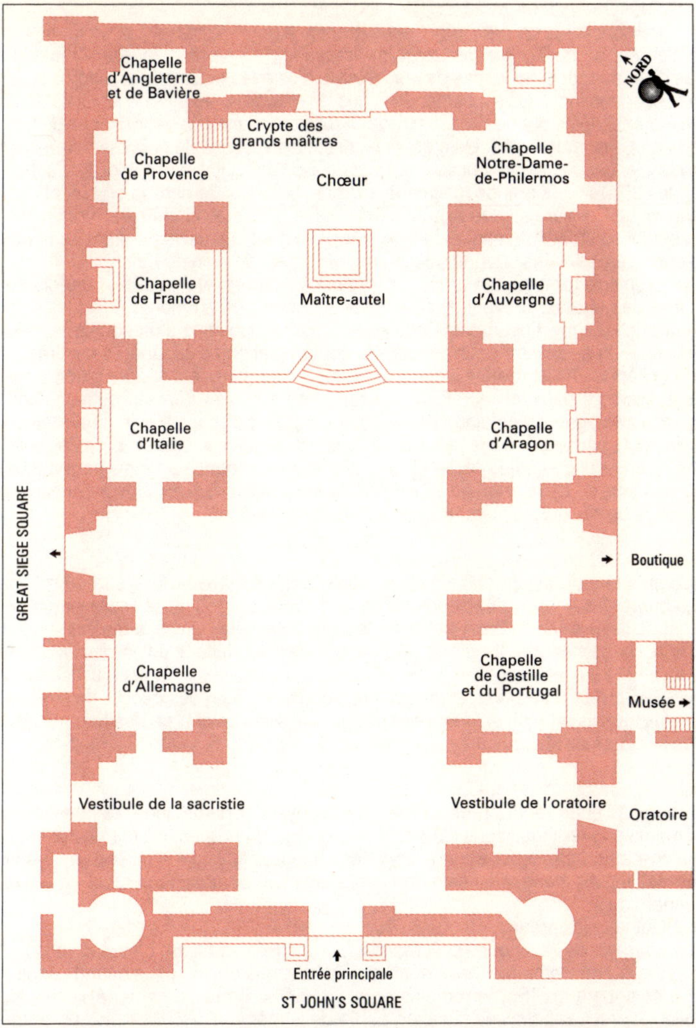

LA VALETTE – LA CO-CATHÉDRALE SAINT-JEAN

La co-cathédrale a été construite en 4 ans (1573-1577) sur les plans de l'architecte de l'ordre de Malte, Girolamo Cassar. Les travaux furent financés par le grand maître Jean de La Cassière. L'unique cathédrale se trouvant à Mdina, l'édifice de La Valette ne porte « que » le titre de « co-cathédrale ». Extérieurement, elle ressemble plutôt à une grosse église, basse et austère. Mais cette sobre façade abrite quelques splendeurs et une profusion d'ornementations baroques d'une richesse inouïe. Nombre de chevaliers et de grands maîtres lui ont fait des dons, histoire de concurrencer la magnificence des édifices de Rome...

Le dallage intérieur et les 374 pierres tombales

Le pavement de la co-cathédrale est extraordinaire. Il est formé par un immense damier régulier de 374 pierres tombales, chacune d'elles étant réalisée sur le principe de la marqueterie. Ici pas de bois mais le plus beau des marbres colorés où le noir et l'or dominent. Ne sont enterrés là que les chevaliers les plus haut placés dans la hiérarchie de l'ordre de Saint-Jean-de-Jérusalem. C'était un honneur que de finir dans un pareil monument. On marche ainsi sur les vestiges de chevaliers français, aragonais, castillans, provençaux, allemands, portugais, italiens et anglais. Sachez que les 20 premiers grands maîtres de l'Ordre sont enterrés dans la crypte, et que Jean de La Cassière repose exactement sous le maître-autel en marbre offert par Carafa. Voilà un aristocratique dallage européen dont la plus vieille pierre remonte aux premières années du XVIIe s (les dernières datant de la fin du XVIIIe).

Chaque pierre tombale est ornée de motifs héraldiques et macabres, parfois de scènes de batailles, souvent de squelettes et d'anges de la renommée équipés de trompettes. La mort est représentée sous la forme classique d'un squelette avec sa faux. Rien de sinistre pourtant dans la contemplation de ce funèbre pavement. Une épitaphe en latin donne l'identité résumée du défunt dont le nom commence habituellement par « fra » (ou F. ou Fr.), terme qui signifie « frère ». Seule une épitaphe est rédigée en catalan (située dans l'oratoire), qui qualifie le chevalier de « misérable pécheur ». Il y a même de l'humour noir : juste à l'entrée, côté Republic Street, entre la chapelle d'Italie et la chapelle d'Allemagne, la pierre tombale de Fra Anselme de Cays (mort en 1710) porte cet avertissement en latin : « Toi qui me marches dessus, on te marchera dessus »...

Les peintures de la voûte en berceau

Elles ont été réalisées par Mattia Preti, artiste calabrais (1613-1699) surnommé « il Calabrese », qui y travailla pendant 6 ans, de 1660 à 1666. Elles représentent le cycle de la vie de saint Jean-Baptiste, le saint patron de l'Ordre, à qui est consacrée la co-cathédrale. Il peignit de manière traditionnelle, c'est-à-dire à l'huile directement sur les ébauches dessinées, et non à l'eau et *a fresco,* en utilisant les techniques du trompe-l'œil et du tridimensionnel. Voilà un des décors de plafond les plus réussis du XVIIe s. Avec ce chef-d'œuvre, Preti devint l'un des hommes les plus célèbres de Malte.

Les chapelles latérales gauche

Comme, à l'époque, la langue primait sur le pays d'appartenance, les chevaliers de même origine linguistique étaient, à la ville, regroupés dans une même auberge. À la co-cathédrale, il leur était réservé des chapelles. Il y en a huit en tout, autant que de langues parlées au sein de l'Ordre. Les huit pointes de la croix de Malte viennent de là.

En allant vers le chœur :

– *La chapelle de la langue d'Allemagne (ou des Rois mages) :* c'était d'abord la chapelle d'Angleterre, mais elle fut affectée à la langue d'Allemagne quand l'Angleterre se sépara de l'Église romaine pour adopter le protestantisme. Autrichiens, Hollandais et Scandinaves faisaient partie de la même maison. Le retable décrivant l'Adoration des mages est une œuvre du Maltais Stefano Erardi (1630-1716). Rappelons que la chapelle fut gravement endommagée... lors des bombardements allemands de 1943.

– *La chapelle de la langue d'Italie (ou Sainte-Catherine d'Alexandrie) :* remarquez le mausolée en marbre polychrome à la mémoire du grand maître Gregorio Carafa (1680-1690), encadré de deux anges dont l'un écrase un turban et l'autre un crâne. Derrière son buste en bronze, une plaque de marbre clair sculpté représente la bataille des Dardanelles de 1656 entre les galères de Venise assistées par celles de l'ordre de Saint-Jean (ou ordre de Malte) commandées par Gregorio Carafa, contre la flotte ottomane, grande victoire pour les chrétiens. Également un retable signé Preti et une copie du *Saint Jérôme* du Caravage, l'original se trouvant dans l'oratoire du musée Saint-Jean (voir plus loin).

– *La chapelle de la langue de France (ou Saint-Paul)* : l'emblème des rois de France, la fleur de lys, apparaît nettement sur les murs, avec des croix de Malte. La chapelle abrite quatre mausolées. Le plus insolite est un gisant en marbre blanc représentant un homme allongé, la tête appuyée sur un bras, tenant un manuscrit déroulé dans la main droite. Il s'agit du mausolée de Louis-Charles d'Orléans, comte de Beaujolais, frère du roi Louis-Philippe. Emprisonné au fort Saint-Jean, à Marseille, pendant la Révolution, il y contracta la tuberculose. À sa libération, il fut conduit à Malte où il mourut le 29 mai 1809. À côté du gisant, le mausolée du grand maître Emmanuel de Rohan-Polduc (qui siégea de 1775 à 1797). Contre le mur opposé, les autres mausolées sont ceux du grand maître Adrien de Wignacourt et de son oncle Joachim.
– *La chapelle de la langue de Provence (ou Saint-Michel)* : généralement fermée au public mais bien visible à travers les grilles, elle renferme les mausolées des grands maîtres Antoine de Paule (1623-1636) à droite et Jean-Paul de Lascaris Castellar (1636-1657) à gauche. Ce dernier était si autoritaire et si austère qu'aujourd'hui encore à Malte on dit faire une « tête de Lascaris » pour désigner la mine renfrognée d'un rabat-joie. Un escalier descend à la *crypte*, également inaccessible à la visite, où se trouvent les monuments funéraires de plusieurs grands maîtres : les sarcophages de Philippe Villiers de l'Isle-Adam (1521-1534) et de Jean Parisot de La Valette (1557-1568), ainsi que les monuments funéraires de Martino Garzes, de Vasconcellos et d'Alof de Wignacourt (1601-1622).
– *La chapelle de la langue anglo-bavaroise (ou des Reliques)* : la langue anglo-bavaroise fut créée en 1784 pour accueillir à Malte la noblesse germanique de Bavière. Cette chapelle est une extension de la chapelle de Provence. Lors de son passage sur l'île en 1798, le général Bonaparte emporta quelques souvenirs de Malte et de la chapelle : deux coffres en argent, des ornements et des reliques.

Les chapelles latérales droite

En allant vers le chœur :
– *La chapelle de la langue de Castille, León et Portugal (ou Saint-Jacques)* : autel et peintures signés Preti, une fois de plus. Le monument funéraire du grand maître Manoel de Vilhena (1722-1736), en bronze et marbre vert, de style rococo, est le plus tarabiscoté de tous les mausolées. À gauche, celui du grand maître Pinto (1741-1773) semble bien classique. Cela n'empêcha pas ledit Pinto, de son vivant, de s'autoproclamer « prince de Malte » ! Il fut aussi le premier à se faire représenter orné d'une couronne fermée...
– *La chapelle de la langue d'Aragon (ou Saint-Georges)* : là encore se dressent quelques monuments funéraires édifiants, ceux des grands maîtres tels Redin (1657-1660), Rafael Cottoner (1660-1663), Nicolas Cottoner (1663-1680), frère du précédent, et Ramon Perellos (1697-1720). Le buste en bronze doré de Nicolas Cottoner repose sur un autel de marbre soutenu par deux statues d'esclaves (un Turc et un Africain), allégories de l'Asie et de l'Afrique, qui ploient misérablement sous la lourdeur de leur fardeau. Le même Cottoner, tout sauf modeste, fit sculpter ses initiales « NC » sur les murs près de la grande chaire en bois. Évidemment, avec un nom pareil, le symbole de la famille est un plant de coton. Le retable est la première œuvre de Mattia Preti.
– *La chapelle de la langue d'Auvergne (ou Saint-Sébastien)* : on y trouve la plus vieille pierre tombale de la co-cathédrale, datant de 1608. Encadrée par deux belles colonnes torsadées, la chapelle abrite un tableau représentant le martyre de saint Sébastien. Le monument funéraire du grand maître Annet de Clermont de Chattes-Gessan (9 février 1660-2 juin 1660, un mandat bien court) est d'un style sobre qui contraste avec le rococo et le maniérisme des autres tombeaux.
– *La chapelle Notre-Dame-de-Philermos* : réservée au culte mais bien visible depuis l'entrée. On se croirait dans une chapelle grecque orthodoxe. La luxueuse grille en argent ressemble vraiment à une iconostase. On y expose la précieuse icône habillée (à la grecque) de Notre-Dame-de-Carafa. Celle-ci a la particularité

d'être composée d'une image de jeune femme peinte au XVIIe s, plaquée à l'arrière de l'ovale du visage d'une madone en argent. Elle remplace l'icône byzantine originale, *Notre-Dame-de-Philermos,* longtemps vénérée par les chevaliers. Mentionnée dans les annales de Rhodes au XIVe s, elle fut apportée à Malte en 1530 où elle resta jusqu'en 1798. Le général Bonaparte l'emporta, puis elle fit partie de la collection impériale de Russie du temps du grand maître Paul Ier avant d'être offerte au roi Alexandre de Yougoslavie, qui la plaça au monastère de Cetinje au Monténégro. Actuellement, elle est conservée au musée des Beaux-Arts de cette ville. Quelle destinée !

– Vous remarquerez aussi que la co-cathédrale possède deux orgues. Celui de droite est faux, il n'a été placé là que pour la symétrie.

Le musée Saint-Jean *(plan couleur B2)* **:** *accès par la co-cathédrale, à droite de la chapelle de la langue de Castille. ☎ 21-220-536. Mêmes horaires que la co-cathédrale. Photos interdites.*

L'oratoire et les toiles du Caravage

La première partie du musée occupe l'oratoire, construit entre 1602 et 1605, et transformé par Preti en 1680 dans un style vénitien. Dans le passage qui y mène, ne manquez pas le gigantesque crucifix dû à Polydore de Caravage (à ne pas confondre avec Michelangelo). Comme dans la co-cathédrale, les sols sont en marbre polychrome et les plafonds richement ornementés. Mais le regard est immédiatement happé par le fameux tableau du Caravage (Michelangelo !), son œuvre la plus monumentale, magnifiquement éclairée et richement encadrée d'or. Il réalisa cette *Décollation de saint Jean-Baptiste* (décapitation) lors d'un séjour de 15 mois à Malte en 1607-1608. Il aurait offert cette toile en remerciement de son entrée dans l'ordre de Saint-Jean-de-Jérusalem le 14 juillet 1608. Le tableau se trouve à la place qui lui avait été désignée lors de sa commande : au-dessus de l'autel de l'oratoire de la co-cathédrale. C'est là que les chevaliers passaient leur dernière nuit de laïc, en méditation, avant de prononcer, le lendemain, les vœux qui en feraient à jamais des religieux.

UN SANG D'ENCRE

La Décollation de saint Jean-Baptiste *est considérée comme le chef-d'œuvre du Caravage. Lui-même en était si fier que c'est le seul tableau qu'il signa. Mais cherchez donc la signature du peintre ! Allez, on vous aide, elle se trouve dans le sang qui s'écoule du cou du saint. Ce détail morbide révèle la compassion de l'artiste qui le pousse jusqu'à s'identifier à la victime. Il faut dire que le peintre, recherché et condamné à mort pour un homicide commis en Italie, vit alors à Malte, tel un persécuté.*

La scène est d'une très forte intensité dramatique. Pour tous ceux qui ont raté cet épisode biblique, rappelons que saint Jean-Baptiste reprocha au roi Hérode son mariage avec Hérodiade, un mariage interdit par la loi juive, Hérodiade étant la belle-sœur d'Hérode. Pour ses paroles, Jean-Baptiste fut jeté en prison et haï par la reine. Elle se vengea par l'intermédiaire de sa fille, Salomé, qui, après avoir dansé pour le roi subjugué, exigea qu'on lui apporte en retour la tête du saint. Ce qu'Hérode, à contrecœur, ordonna. Dans la partie gauche, une vieille servante tétanisée d'horreur se tient la tête dans les mains. Une jeune servante se penche en tendant la bassine (à moins que ce ne soit Salomé elle-même ?) sur laquelle elle doit placer la tête du martyr pour l'apporter à Hérodiade. La tête du saint vient d'être tranchée à l'épée par le bourreau. Le gardien lui demande de finir le travail. Le bourreau tire de son dos le coutelas avec lequel il va couper la lanière de peau qui relie encore la tête au corps. La partie droite du tableau appartient à l'arrière-plan très sombre, qui est le mur de la prison, avec sa porte et une fenêtre grillagée par laquelle deux curieux, ou deux fidèles de Jean-Baptiste, regardent la scène. Restauré à Florence, ce tableau est saisissant, notamment par la force

de la lumière qui s'en dégage. La violence du blanc des vêtements de la jeune servante ne fait que davantage ressortir celle du crime. L'arc lumineux blanc-gris-brun des trois personnages met en valeur la couleur jaune cireux du cadavre du supplicié. La seule touche de rouge est celle de la tunique du saint. Ici, ni ange ni intervention divine : signe peut-être d'une forme de pessimisme concernant l'humanité ? La technique du clair-obscur, initiée par le Caravage, atteint ici sa plus haute expression.
Cette victime innocente, sacrifiée à la luxure d'un roi amoureux de la fille de sa femme, n'était que l'annonce de Celui qui allait être livré à la croix, sacrifié à la folie des hommes. Telle était la leçon que contemplaient les jeunes novices avant de s'engager définitivement dans l'Ordre.
– *Saint Jérôme écrivant :* situé en face de la *Décollation de saint Jean-Baptiste.* Le front ridé, le torse nu d'une blancheur cadavérique, les jambes couvertes par un drap rouge, seule véritable touche de couleur du tableau, un homme à la barbe grisonnante est plongé dans une méditation nocturne. Assis d'une manière inconfortable, il écrit à la plume sur un gros cahier posé sur une table, à côté d'une tête de mort, d'une pierre et d'un crucifix. Selon un critique d'art (Dominique Brême), l'ascète (saint Jérôme) « semble s'être soudainement emparé de l'encrier et de la plume pour fixer, en hâte, une idée fugace qu'il craint de perdre ». Rappelons que le saint est connu aussi pour avoir traduit la Bible du grec au latin. D'autres critiques ont souligné la troublante ressemblance du saint avec le portrait d'Alof de Wignacourt, le grand maître de l'Ordre et protecteur du Caravage. À l'arrière de l'ascète, un chapeau de cardinal accroché au mur symbolise la vanité de son existence passée. Dans l'angle en bas à droite du tableau, le blason du commanditaire : le bailli Ippolito Malaspina, chef de la langue d'Italie. Ce tableau fut volé le 29 décembre 1984, puis récupéré 2 ans plus tard. Cela explique peut-être la vitre de protection (tant pis pour les reflets...).

Le reste du musée

Il est accessible par un escalier jouxtant l'oratoire. Y sont présentés des collections d'argenterie, quelques peintures, de superbes recueils de chants du XVIe s et des vêtements sacerdotaux des grands maîtres. Les pièces les plus remarquables sont des tapisseries flamandes réalisées dans l'atelier de Jodicus De Vos à Bruxelles à partir de cartons de Rubens (1577-1640). L'ensemble, composé de 29 pièces, est unique au monde et réellement magnifique. Il fut offert par le grand maître aragonais Ramon Perellos après son élection. Pour être sûr qu'on ne l'oublie pas, une des tapisseries le représente ! Voir aussi le tableau illustrant le baptême du Christ, signé d'Aleccio, assistant de Michel-Ange à la chapelle Sixtine, et le portrait du grand maître Pinto, réalisé par le peintre français Antoine de Favray, dans un style très Louis XIV.

Republic Square *(place de la République ; plan couleur B-C2)* **:** l'esplanade, au centre de laquelle se dresse une petite statue de la reine Victoria, occupe une place stratégique entre la co-cathédrale et le palais des Grands-Maîtres avec, sur son flanc sud-est, la Bibliothèque nationale. Les terrasses de cafés envahissent l'esplanade, en particulier celle du célèbre *Caffe Cordina,* fondé en 1837 (voir « Où boire un verre ? Où écouter de la musique ? »).

Bibliotheca ou National Library *(Bibliothèque nationale ; plan couleur C2, 80)* **:** *36 Treasury St. ☎ 21-243-297 ou 21-236-585. • libraries-archives.gov.mt • De début oct à mi-juin : lun-ven 8h15-17h ; sam 8h15-13h. De mi-juin à fin sept : lun-sam 8h15-13h. Fermé dim et j. fériés. GRATUIT (sur présentation d'une pièce d'identité).* Dominant la place de la République, le bâtiment a été construit entre 1786 et 1796, du temps du grand maître Emmanuel de Rohan-Polduc, pour favoriser l'éducation des jeunes chevaliers et des Maltais. Quand un chevalier décédait, il léguait les quatre cinquièmes de ses biens à l'Ordre, dont ses livres. En outre, Louis XIV faisait envoyer à Malte un exemplaire de chaque livre publié en France. Ainsi la bibliothèque s'est-elle enrichie au fil des âges. Aujourd'hui, elle abrite aussi les archives nationales (dont celles de l'ordre de Saint-Jean depuis ses origines). Dans la salle de lecture du 1er étage, on peut voir la copie d'une bulle papale de 1113 confirmant les possessions de l'Ordre à Jérusalem et l'acte de donation de Malte à l'Ordre par l'empereur Charles Quint (1530). Si vous avez le temps...

State Rooms *(palais des Grands-Maîtres ; plan couleur C2)* **:** *Palace Sq, Republic St. ☎ 21-249-349. • heritagemalta.org • Tlj sf jeu 10h (9h w-e)-16h30 (dernière admission). Fermé Vendredi saint et pdt les fêtes de fin d'année. Visite guidée (en anglais) en principe à 14h. Attention, le musée ferme à 15h30 quand il y a une réunion parlementaire (en général lun-mar sept-juin). Entrée : 10 € (palais et armurerie), audioguide inclus ; réduc.*

Le palais fut édifié sous le règne du grand maître Jean de La Cassière (1572-1581) et sous la direction de Girolamo Cassar, ingénieur de l'Ordre, avant d'être agrandi et embelli sous les grands maîtres Perellos (1697-1720) et Pinto (1741-1773). Il fut le siège du gouvernement depuis l'époque des chevaliers jusqu'à l'occupation française. Pendant la période anglaise, c'est le gouverneur qui l'utilisa. Depuis l'indépendance de l'île, il abrite les bureaux du président de la République et de la Chambre des représentants (qui devraient toutefois être transférés courant 2014 dans les locaux du nouveau Parlement, à côté du Théâtre royal).

– *Au rez-de-chaussée :* les deux ***cours intérieures*** sont superbes. La première, à laquelle on accède par Republic Street, est veillée par l'horloge des Maures (1745), à quatre cadrans : les heures, les phases lunaires, les mois et les jours. Sur le toit, les personnages qui sonnent les heures représentent des esclaves turcs, travaillant pendant le repos des chevaliers... Sur la gauche, quelques marches descendent vers l'autre cour, celle de Neptune, la plus grande des deux. Elle doit son nom au bronze de Neptune, attribué à Jean de Bologne (1529-1608), le sculpteur des Médicis. Au-dessus de Neptune, on peut lire « Dieu est mon droit ». À l'arrière, sous les arcades, une fontaine servait d'abreuvoir aux écuries. Les armoiries du grand maître Perellos sont soutenues par Neptune et la Renommée.

– *Au 1er étage :* les ***appartements*** et les ***salles d'apparat.*** Pour accéder aux différentes salles, on suit un superbe couloir au sol de marbre marqueté, aux voûtes peintes, décoré d'armures et de peintures représentant quelques grands maîtres de l'Ordre, dont Hompesch et Pinto. L'extraordinaire ***chambre du Conseil,*** baignant dans la pénombre, est une grande salle où se tenait le Conseil suprême de l'Ordre. Elle servit un temps de salle de réception et de banquet sous les Anglais puis, dès 1920, accueillit les réunions du gouvernement maltais autoproclamé et, plus tard, la Chambre des représentants, jusqu'en 1976. Le haut des murs, sous le plafond à caissons, est occupé par une immense fresque peinte qui raconte en tableaux les batailles navales de l'Ordre. En dessous, un fantastique ensemble de tapisseries des Gobelins, illustrant la faune et la flore du Brésil, couvre tout l'espace. Offertes par le grand maître Perellos en 1710, elles furent saisies par des pirates lors de leur transfert depuis la France et ne purent être récupérées qu'au prix d'une rançon équivalente à ce qu'elles avaient coûté ! Ensuite vient la ***salle du Grand Conseil*** *(ou salle du Trône),* où le grand maître siégeait sur le trône, sous un grand crucifix, entouré du prieur de Saint-Jean et de l'évêque de Malte. Aux murs, les fresques historiques racontent en 12 panneaux les épisodes du grand siège de Malte de 1565. Elles ont été peintes par Matteo Perez d'Aleccio (fin XVIe-début XVIIe s). On peut y lire aussi les vertus des chevaliers : la Patience, la Persévérance, la Réputation, la Foi, la Prudence, la Charité, l'Espoir, la Noblesse, etc. Pour la petite histoire, sachez que le balcon doré aurait été récupéré sur un galion espagnol. Voir aussi le ***salon des Ambassadeurs,*** tout de rouge vêtu. C'est ici que le grand maître recevait les diplomates des royaumes accrédités auprès de l'ordre de Malte. Les fresques seraient de Lionello Spada. Elles représentent l'histoire de l'Ordre quand celui-ci était fixé à Rhodes. Notez le mobilier et quelques tableaux de souverains, dont ceux de *Louis XV* par Van Loo, *Louis XIV* par Jean-François de Troy, ainsi qu'un tableau de *Catherine II de Russie* et d'*Alof de Wignacourt*. Enfin, on peut encore jeter un œil à la ***salle des Banquets,*** ornée de portraits des présidents maltais.

Palace Armoury *(musée de l'Armurerie ; plan couleur C2,* ***84****)* **:** *au rdc du palais des Grands-Maîtres. Tlj 9h-16h30 (dernière admission). Fermé Vendredi saint et pdt les fêtes de fin d'année. Entrée : 10 € (armurerie et palais), audioguide compris ; réduc.* On peut y admirer une belle collection d'armes, d'armures et de casques provenant de l'armée de l'ordre des chevaliers de Saint-Jean, et même quelques pièces piquées à leurs ennemis ottomans. Dans l'avant-salle se tient le carrosse personnel des grands maîtres, d'un style très Louis XVI. Les armoiries sur les portes changeaient à chaque grand maître ; lors de l'invasion française, une allégorie de la République coiffée d'un bonnet phrygien y fut peinte ! Ce carrosse aurait été, dit-on, utilisé par Napoléon. Une des pièces les plus intéressantes est l'armure gravée d'or et d'argent que portait le grand maître Alof de Wignacourt quand il fut peint par le Caravage (cette toile est au musée du Louvre). Notez aussi l'armure pour protéger la tête du cheval, décorée à l'identique et surmontée d'une pointe. Et puis celle du Grand Commandant Jean-Jacques de Verdelain. Au XVIe s, beaucoup d'armures étaient inspirées de ce qui se faisait en Italie du Nord, notamment à Milan. Quelques armures turques, histoire de comparer. Parmi les nombreux casques exposés, prenez le temps d'observer la variété des dessins et des formes utilisées pour la protection du soldat. Certains ont des formes quasi surréalistes. De vrais instruments de torture ! Voir notamment la très belle collection de morions à pics ou espagnols, très prisés à l'époque. Enfin, dans la salle en face, vitrines remplies d'escopettes, d'arbalètes, de flasques à poudre en fer ou en corne du XVIe s. Et des épées, des lances et des canons sculptés assez impressionnants.

La casa Rocca Piccola *(plan couleur C2,* ***76****)* **:** *74 Republic St. ☎ 21-221-499. • casaroccapiccola.com • Visites guidées en anglais ttes les heures : tlj sf dim et j. fériés 10h-16h (durée : 45 mn). Entrée : 9 € ; réduc ; gratuit moins de 14 ans.* Il s'agit d'une des rares maisons maltaises appartenant à une vieille famille de l'île qui soient ouvertes à la visite. Elle est toujours habitée. Construite vers 1580, cette demeure d'une cinquantaine de pièces (on en visite 12) porte le nom du premier propriétaire, Don Pietro La Rocca, amiral de l'ordre de Saint-Jean. À sa mort, elle passa entre les mains d'autres chevaliers de la langue d'Italie. Dans la seconde moitié du XVIIIe s, elle fut vendue à un noble maltais, un des ancêtres de l'actuel propriétaire, qui est d'ailleurs toujours chevalier et qui, depuis peu, accueille parfois les visiteurs avec Kiku, un imposant perroquet bleu et jaune.

– *La Sala Grande :* la visite débute par cette pièce d'apparat aux plafonds peints des armoiries des propriétaires successifs. La pièce la plus insolite est un cabinet de style chinois représentant, entre autres, saint François d'Assise et deux Indiens de Goa peints comme des Indiens d'Amérique... Il renferme en fait une chapelle portative : les deux battants du haut et celui du bas s'ouvrent sur un mini-oratoire prêt pour la messe, avec autel, tabernacle, chemin de croix et tout le bataclan ! Remarquez aussi le très beau buffet aux armes des chevaliers (XVIe) : ce serait le plus vieux meuble de Malte.

– *La chapelle :* l'autel et le retable sont peints en faux marbre. Une des deux croix présentées cacherait un morceau de la Vraie Croix et ne porte pas moins de sept sceaux du Vatican attestant de son authenticité !

– *La salle à manger d'hiver :* notez la décoration à la sicilienne avec une assiette peinte en trompe l'œil. Belle table florentine du XVIIIe s.

ENTREVUE AVEC LE SAINT PIED

Dans la chapelle de la casa Rocca Piccola sont conservées trois jolies mules (les chaussures, pas l'animal !) de pape. Elles ont été rapportées par de jeunes prêtres maltais, après leurs entrevues avec le souverain pontife. Il était alors de coutume de baiser les pieds du Saint Père... mais pas de voler ses mules !

– *Les archives :* une pièce aux apparences de bibliothèque, où sont conservés tous les documents ayant trait à l'histoire de la famille depuis le XVIe s. Plus de 700 lettres archivées. Certains documents évoquent la revente d'esclaves musulmans... Ne ratez pas la belle statue en bois de saint Paul, datant du XVIIe s.
– *Le couloir :* une collection de jeux d'échecs de plusieurs pays y est exposée. Dans l'un d'eux, la pièce symbolisant la reine ne possède pas de couronne... « détail » assez courant à l'époque. Il n'y a en effet jamais eu de reine de Malte ! Également un jeu d'échecs complet signé Lalique, une rareté. Juste après, vous verrez la chaise à porteurs du chevalier de Vachon de Belmont : d'un style élégant, très XVIIIe, avec ses armoiries peintes, elle a été offerte par le grand maître Pinto. Le chevalier de Vachon fut capitaine général des galères de l'Ordre de 1764 à 1766. En 1798, il refusa de rentrer en France, désobéissant ainsi à Napoléon, qui voulait chasser tous les chevaliers de Malte. Vachon resta, changea de vie, et distribua aux nécessiteux ce qui lui restait de fortune. Ayant pris le contrôle de l'île après le départ des Français, les Anglais octroyèrent une pension à cet homme qu'ils admiraient pour avoir tenu tête à Napoléon. Mort en 1807, le chevalier de Vachon est enterré dans la co-cathédrale Saint-Jean.
– *La chambre à coucher de l'aïeule Orsola :* très beau lit à baldaquin où l'aïeule de l'actuel propriétaire donna naissance à neuf enfants qui, tous, survécurent. Depuis cette époque, le lit est considéré comme porteur de chance et certains visiteurs le touchent par superstition.
– *La salle verte (Green Room) :* une très belle pièce avec un chandelier de Murano. On peut voir le carton d'invitation officiel pour le couronnement de la reine Élisabeth II d'Angleterre adressé en 1953 aux parents de l'actuel propriétaire.
– *La bibliothèque :* nombreuses toiles et peintures, dont une série de 10 marines qui appartinrent au grand maître français de Lascaris, chevalier de Provence. Elles étaient probablement exposées dans le grand salon de son navire personnel. Voir aussi l'horloge du XVIIe s à une seule aiguille.
– *La salle en porphyre (Porphyry Room) :* appelée ainsi parce qu'à l'origine, les murs étaient peints pour imiter le marbre de porphyre, de couleur rouge. Le plafond, vieux de 400 ans, est original. On peut y voir un remarquable secrétaire en marqueterie de 1640, qui aurait appartenu au grand maître de Lascaris (on voit ses armoiries). Portraits de la famille de Piro, dont celui de la petite Francesca (4 ans à l'époque), bien en chair, peint à l'occasion d'un contrat de mariage (si, si). La montagne derrière elle n'a rien de maltais !
– *La salle bleue (Blue Room) :* charmant petit salon où sont exposés les dessins et les tableaux modernes appartenant à la famille de Piro. Les instruments chirurgicaux sous la vitre de la petite table sont des pièces uniques en argent, ayant servi à l'Ordre au XVIIIe s. Voir aussi le bel « égoïste » en vitrine ! La porte de l'église étant située juste en face de la fenêtre, les proprios pouvaient assister à la messe sans quitter leur demeure...
– *La salle à manger d'été (Summer Dining Room) :* cette pièce, ajoutée en 1918 par le grand-père Antonio, est une sorte de « folie » comparée au reste de la maison. Blanche et lumineuse, typiquement Art nouveau, elle est éclairée par de grandes baies vitrées, encadrées par des colonnes classiques, et ouvre sur le jardin privatif. Notez le trompe-l'œil en enfilade. Chandeliers en argent, verres en cristal, mobilier de style, le couvert est mis, la table est dressée, on n'attend plus que les convives. Bref, une atmosphère très Belle Époque.
– *L'escalier :* en redescendant, dans la cage d'escalier, observez la peinture intitulée *Madame Electricity,* qui évoque l'arrivée de l'électricité dans la maison en 1918.
– La visite se termine par un tour dans les *abris souterrains* de la Seconde Guerre mondiale : l'un était public, l'autre était réservé à la famille. Ils ont été creusés dans le roc, à l'emplacement des anciens puits. Ils pouvaient abriter 150 personnes et donnent un aperçu des terribles conditions de vie de la population sous les bombes allemandes.

Toy Museum *(musée du Jouet ; plan couleur C2,* ***77****)* **:** *222 Republic St. ☎ 21-251-652. En principe lun-ven 10h30-16h30 (14h30 juin-sept) ; w-e 10h30-13h. Entrée : 2 € ; gratuit moins de 10 ans.* Un petit musée qui abrite de belles pièces dans trois petites salles, les plus anciennes remontant aux années 1930 : voitures, avions, bateaux et autres véhicules miniatures, poupées, dînettes et automates, etc.

Ailleurs au centre *(aux abords de Merchant Street)*

La Castellania *(plan couleur B2,* ***81****)* **:** *à l'angle de Merchant St et de Saint John St.* Actuellement siège du ministère de la Santé, ce beau bâtiment de 1750 a une histoire mouvementée. D'abord tribunal de l'ordre de Saint-Jean, il servit de résidence au chevalier-chancelier. À la suite de la révolte des prêtres maltais en 1775, les condamnés y furent décapités, et leurs têtes exposées au grand public, provoquant l'indignation du peuple. Le pilori se situait juste à l'angle des deux rues.

Saint Paul Shipwrecked Church *(église Saint-Paul-le-Naufragé ; plan couleur C2)* **:** *Saint Paul's St, entrée sur Saint Lucia St. En principe, tlj sf dim mat 9h30-17h30.* Voici une des plus anciennes églises de La Valette. Conçue par l'architecte Garagona, elle fut construite en 1639 et dédiée à l'apôtre Paul, qui fit naufrage à Malte. À l'intérieur, d'une riche ornementation baroque, on peut admirer une belle statue (XVIIe s) en bois doré de saint Paul, signée Melchiore Gafà. Elle est portée en procession chaque année, en février, lors de la fête qui commémore le naufrage du saint. L'église abrite aussi, à droite du chœur, une relique qui serait un morceau d'os du saint apôtre. Dans le chœur, tableau de Perez d'Aleccio (1547-1616) : *Naufrage de saint Paul.* Le même thème est repris sous les voûtes latérales. Avant de repartir, ne manquez pas, dans une petite pièce à droite du vestibule, les colossaux ornements d'autel en argent massif – ailleurs, ils sont généralement en bois.

POURQUOI CROISE-T-ON LES DOIGTS ?

La croix est le symbole du christianisme. Croiser les doigts était un signe discret de reconnaissance. Lors des persécutions, c'était une chance de rencontrer un autre chrétien. Aujourd'hui, ce signe conjure le mauvais sort et porte bonheur.

Triq il Merkanti Market ou Is-Suk *(marché couvert ; plan couleur C2,* ***82****)* **:** *à l'arrière du palais des Grands-Maîtres.* Grande halle métallique inaugurée en 1862, le marché couvert abrite des éventaires de toutes sortes : boutiques d'alimentation, de viande, de poissons, de fruits et légumes. Venez avant midi.

Jesuit's Church *(église des Jésuites ou église de Gesù ; plan couleur C2)* **:** *Merchant St, à l'angle d'Archbishop St. Tlj mat et soirée.* L'ensemble est composé de l'ancien collège des Jésuites et de l'église de Gesù. Construite à la toute fin du XVIe s par Buonamici et consacrée en 1731, elle fait penser à l'église del Gesù de Rome. Les jésuites l'occupèrent jusqu'à leur expulsion en 1768. Elle revint ensuite aux chevaliers de l'Ordre, à condition qu'ils y fondent une université. On peut y voir de nombreux tableaux, dont *Les Martyrs jésuites de Nagasaki* de Stefano Erardi. Le plafond porte les armoiries du grand maître Cottoner.

Au nord de la ville

National Museum of Fine Arts *(musée des Beaux-Arts ; plan couleur A2,* ***79****)* **:** *Admiralty House, South St. ☎ 21-225-769. • heritagemalta.org • Tlj*

9h-17h (dernière admission 16h30). Fermé Vendredi saint et pdt les fêtes de fin d'année. Entrée : 5 € ; réduc.
Le musée est installé dans un bel édifice qui abrita à partir du début du XIXe s l'Amirauté. Thèmes dominants : la religion (Ancien et Nouveau Testament), la guerre contre les Ottomans, l'histoire de l'ordre des chevaliers, mais aussi de simples scènes de vie, des vues de Malte et, surtout, un certain nombre d'œuvres de ***Mattia Preti*** (1613-1699), maître du baroque devenu LE peintre de référence sur l'île. Né en Calabre, il a vécu 40 ans à Malte. Surnommé « il Cavaliere Calabrese », il fut fait chevalier de l'ordre de Malte et en devint le peintre officiel. Il est enterré dans la co-cathédrale Saint-Jean, dont il a peint les remarquables fresques du plafond. Très influencé par le Caravage, « le dernier des Caravagistes » reprend l'interprétation psychologique des personnages. Admirez notamment, dans la salle 12 au 1er étage, *Baptism of the Christ* (composition pyramidale, lumière chaude sauf sur le corps blanc du Christ, et couleurs vénitiennes en arrière-plan), *Incredulity of saint Thomas* (dans ce clair-obscur dramatique, saint Thomas, qui ne croit que ce qu'il voit, met son doigt dans la plaie du Christ !), *Martyrdom of saint Catherine of Alexandria* (un petit morceau de bravoure baroque) ou encore *Saint Sebastian,* très représentatif de son attachement au Caravage avec ce beau contraste sur le corps du saint, tendu par la flèche enfoncée dans son flanc et le regard déjà tourné vers le ciel...
Le reste du musée propose principalement des œuvres italiennes et maltaises, de qualité inégale. On retiendra salle 8 *Judith et Holofernes,* de Valentin de Boulogne (XVIIe s), où l'on perçoit l'influence du Caravage dans la lumière, et le beau déhanché du *Christ holding the Cross,* de Guido Reni, inspiré de Michel-Ange. Salle 14, les tableaux d'Antoine de Favray (XVIIIe s) méritent une halte pour la qualité de l'exécution, tandis que salle 22, *The Death of Draguth,* de Giuseppe Cali, représentant le célèbre corsaire ottoman pendant le grand siège, plaît beaucoup pour sa composition presque kitsch. Au cours de la visite, ne manquez pas de vous attarder sur les beaux exemples de mobilier maltais.

MALTE À L'AVEUGLE...

Dans la salle 18 du musée des Beaux-Arts est exposée la seule aquarelle que le célèbre peintre anglais William Turner ait jamais réalisée sur Malte. Il l'a peinte dans le cadre d'un livre consacré aux voyages de lord Byron. Seulement voilà, le romantique et précurseur de l'impressionnisme n'avait, lui, pas tout à fait l'âme routarde : jamais il ne s'est rendu sur l'île... Qu'à cela ne tienne, il s'est tout bonnement inspiré du travail d'un autre peintre !

Teatru Manoel and museum *(théâtre Manoel et musée ; plan couleur B2,* ***83****) : 115 Old Theatre St. ☎ 21-222-618. • teatrumanoel.com.mt • Lun-ven 9h30-16h ; sam 9h30-12h. Entrée : 5 €. Visite guidée possible sur résa (sans supplément).* La visite commence par une rapide présentation du tout petit musée (vieilles affiches, accessoires pour simuler la pluie, le vent et le tonnerre, quelques costumes de scène), avant de pénétrer dans le théâtre. Construit en 1731 par le grand maître Antonio Manoel de Vilhena « pour les honnêtes plaisirs du peuple », il s'agit d'un des plus vieux théâtres du monde toujours en service et le troisième plus ancien d'Europe. Il s'inspire du théâtre Santa Lucia de Palerme. Il compte 600 places – dont deux ont longtemps été réservées à la censure. Éclipsé par le Théâtre royal qui vit le jour en 1861, le théâtre Manoel déclina et revint sur le devant de la scène à plusieurs reprises, avant d'être rénové après la Seconde Guerre mondiale et de retrouver sa splendeur. Notez, entre autres, ses loges en bois, réparties sur trois niveaux, dans lesquelles sont accrochés des miroirs pour « satisfaire la vanité des femmes » ! Également de très beaux plafonds peints (en léger trompe l'œil), rehaussés d'or 22 carats. Une visite sympathique mais pas indispensable.

Un peu plus au sud, sur Strait Street, à l'angle de Old Theatre Street, des ***toilettes publiques*** *(Public Convenience ; plan couleur B2,* ***9*** *; payant)* non seulement très bien tenues mais assez loufoques, qui s'apparentent presque à un petit espace contemporain, avec ses tonalités rouges et gris métallisé.

Our Lady of Mount Carmel *(église des Carmes ; plan couleur B1-2)* **:** édifiée avec le couvent voisin par Cassar (encore lui) vers 1570. En partie détruite pendant la Seconde Guerre mondiale, elle fut reconstruite sur un plan elliptique, et coiffée en 1958 d'un dôme neuf et immense, mesurant 64 m de haut. On le voit de partout, et en particulier depuis les quais de Sliema. Pourquoi un tel dôme sur une église somme toute assez ordinaire ? En raison de la proximité de la cathédrale anglicane Saint-Paul, les fervents catholiques voulaient rivaliser en hauteur et construire un dôme plus élevé que le clocher voisin.

Saint Paul's Anglican Cathedral *(cathédrale anglicane Saint-Paul ; plan couleur B1)* **:** *Independence Sq.* Construite entre 1839 et 1844 d'après les plans de l'architecte Scamp dans un style très (trop ?) néoclassique, elle se trouve à l'emplacement de l'ancienne auberge d'Allemagne (1574). C'est Adélaïde, tante de la reine Victoria, qui finança les travaux de sa poche. Le clocher s'élève à 60 m de haut. L'intérieur est celui d'une église protestante, donc austère dans son style et son décor. L'église anglicane maltaise est dirigée par l'évêque anglican de Malte, qui est aussi celui de Gibraltar, où il réside.
– Près de l'église, à l'angle d'Old Theatre Street et de West Street (triq il-Punent), une plaque posée sur un mur d'immeuble rappelle que l'écrivain écossais sir Walter Scott habita au *Beverley Hotel* (ancien *palazzo Britto*), du 21 novembre au 13 décembre 1831. Pour cet amoureux de La Valette, la cité était une « ville splendide tranquille comme un rêve ».

L'auberge d'Aragon *(plan couleur B1)* **:** *Independance Sq. Ne se visite pas.* Bâtie en 1571 sous la direction de Girolamo Cassar (encore lui !), la résidence des chevaliers aragonais conserve presque intégralement sa forme d'origine. Sa sobre façade est dotée d'un portique ajouté au XIXe s. Elle a connu de nombreux usages : caserne napoléonienne, habitation privée, école, puis résidence du Premier ministre de 1924 à 1971. On y trouve aujourd'hui le ministère de la Justice.

Tal'Pilar *(église Notre-Dame-du-Pilier ; plan couleur B1)* **:** *West St. Ouv tôt le mat et en soirée.* Dédiée à la Vierge de Saragosse (Aragon), elle fut construite en 1670 et servit d'église aux chevaliers de la langue d'Aragon.

À la pointe est de La Valette

Sacra Infermeria *(Infirmerie sacrée ; plan couleur D2)* **:** *Mediterranean St, entrée face au Malta Experience. ☎ 21-243-840. Tlj 9h30-16h30 (16h la caisse). Entrée : 4,50 € ; réduc.*
Voici l'un des plus prestigieux monuments laissés par l'ordre de Saint-Jean. Il fut construit à partir de 1575 sous l'égide du grand maître Jean de La Cassière, soit 10 ans après le grand siège, pour servir d'hôpital.
– Au rez-de-chaussée du bâtiment (les étages, eux, abritent le Centre européen de conférences), on peut admirer la ***grande salle*** d'hôpital. Impressionnante : longue de 155 m, large de 10,50 m (12 hommes pouvaient y marcher de front !), haute de 11 m et dallée de marbre, elle pouvait accueillir 563 lits et jusqu'à 914 en cas d'« urgences ». Des fenêtres étroites et basses laissent passer la lumière du dehors, mais empêchent le chaud sirocco de pénétrer à l'intérieur. L'air y circule facilement sans qu'il y ait vraiment de courants d'air. Ce fut là un des hôpitaux les plus modernes de son temps et le plus grand d'Europe. Selon Prosper Jardin, historien, « c'était aussi le plus moderne sur le plan clinique, le plus humain sur le plan de l'accueil et du réconfort moral ».
Les malades y étaient admis sans distinction de race ni de religion. Ils bénéficiaient des soins les plus avancés : ablation des calculs de la vessie, chirurgie de la cataracte, etc. Des médecins étaient envoyés par l'Ordre étudier la médecine à Florence, à

LA VALETTE

Pise et à Montpellier, la chirurgie à Paris. En 1887, le chirurgien David Bruce découvre ici le germe de « la fièvre méditerranéenne » dans la rate humaine. Chaque malade y avait son lit, fait unique à l'époque, avec des rideaux et des moustiquaires en été. En hiver, les hauts murs étaient tendus de tapisseries pour se protéger du froid. D'un côté de la salle se trouvaient les cas graves, de l'autre les malades chroniques. Les chevaliers, qui ne se mêlaient quand même pas à tout le monde, étaient cantonnés dans les salles annexes. Les fous, eux, étaient priés d'aller se faire voir dans les souterrains.

L'ARGENT N'A PAS D'ODEUR

À la Sacra Infermeria, le repas de tous les malades était servi dans de la vaisselle d'argent. Seuls les galériens et les condamnés en étaient privés (risque de vol ?). La raison de ce traitement unique à l'époque est que l'on s'aperçut rapidement que les services en argent étaient mille fois plus hygiéniques que les vieilles auges en bois !

Après leur admission, les malades devaient commencer par se confesser et... rédiger leur testament. On n'est jamais trop prudent ! Celui-ci comportait systématiquement le legs d'une somme d'argent pour dire des messes pour le salut de l'âme du défunt. Quant aux infirmiers, il s'agissait souvent de débiteurs insolvables, réfugiés à l'hôpital, qui leur accordait le droit d'asile. Les gros travaux (nettoyage, balayage) étaient assurés par des esclaves capturés lors des combats navals (Turcs, Barbaresques ou Noirs d'Afrique). Ceux-ci préféraient travailler à l'hôpital que d'être recrutés comme galériens.

Régulièrement, les malades recevaient la visite du grand maître. Avant d'entrer, ce dernier devait déposer les insignes de son rang à la porte. Il était accompagné du grand hospitalier, chef de la langue de France, et de l'infirmier, chargé des services hospitaliers – lui aussi français.

– Au sous-sol, une autre vaste salle qui servit en son temps de magasin et d'entrepôt abrite une exposition très complète sur l'histoire de l'Ordre et de l'hôpital, avec de nombreux panneaux instructifs, des maquettes, et même quelques reconstitutions grandeur nature. Elle est prolongée par un réseau de galeries souterraines, aménagées à l'époque de la Seconde Guerre mondiale, qui est désormais consacré à l'époque de l'occupation napoléonienne, jugée catastrophique en raison d'une hausse brutale de la mortalité. Néanmoins, les Maltais ne sont pas rancuniers puisque, pour une fois, on a droit à des panneaux traduits en français !

The Malta Experience *(plan couleur D2)* **:** *attraction située dans le bastion Saint Elmo, face à la Sacra Infermeria, Mediterranean St. ☎ 21-243-776 ou 21-251-284. • themaltaexperience.com • Spectacle ttes les heures lun-ven 11h-16h ; w-e et vac scol 11h-13h (14h oct-juin). Entrée : 10 € ; réduc.* Ce montage audiovisuel de 45 mn (en 17 langues) permet de revivre les différentes périodes de l'histoire de Malte depuis les origines. Intéressant et bien fait, mais trop cher.

Fort Saint Elmo *(fort Saint-Elme ; plan couleur D1)* **:** *actuellement fermé pour restauration, il devrait rouvrir et accueillir le nouveau musée d'Histoire militaire de Malte fin 2014.* Telle une puissante sentinelle, dominant le port de La Valette, le fort Saint-Elme occupe un site stratégique. Construit en 1552, il fut agrandi par le grand maître Claude de La Sengle (1553-1557). Lors du grand siège de 1565, après une courageuse résistance de quelque 1 500 hommes durant 1 mois, il tomba aux mains des Ottomans, ce qui n'empêcha pas ces derniers de subir, comme on le sait, une cuisante défaite au bout du compte. Le fort Saint-Elme fut alors réparé et agrandi par les grands maîtres de Wignacourt, Perellos et Pinto. Il fut occupé en 1775 par don Gaetano Mannarino, lors de la malchanceuse révolte des prêtres, puis transformé en prison par les Français entre 1798 et 1800. L'armée britannique en fit ensuite une caserne et, bien plus tard, la partie nord du fort servit de décor aux scènes de prison du film *Midnight Express*. Ironie de l'histoire, ce film dépeint les prisons et l'univers carcéral de la Turquie des années 1970 !

National War Museum *(musée national de la Guerre ; plan couleur D1)* **:** *dans le bastion Saint-Grégoire, attenant au fort Saint-Elme. ☎ 21-222-430. • heritagemalta.org • Tlj 9h-17h (16h30 la caisse). Fermé Vendredi saint et pdt les fêtes de fin d'année. Entrée : 6 € ; réduc. Attention, fin 2014, le fort Saint-Elme devrait en principe accueillir les collections du musée d'Histoire militaire, qui, lui, devrait abriter un nouveau musée sur La Valette et son histoire.* Ce musée bien agencé retrace l'implication de Malte pendant la Première Guerre mondiale en Méditerranée, mais surtout au cours de la Seconde, période présentée de façon claire et efficace. De la collection de casques aux batteries antiaériennes, rien ne manque pour retracer les principales phases du conflit sur l'île. Voir notamment le *Faith,* le seul avion de guerre (biplan) rescapé sur les trois que l'unité maltaise de l'armée britannique possédait, l'*E-Boat MTM Barchino,* le moteur d'avion *Spitfire* construit par Rolls-Royce ou encore le camion *Bedford.* Avez-vous remarqué le camouflage maltais ? Il est unique au monde : les peintures, couleur sable, évoquent de gros cailloux ! Intéressante collection de photos montrant la vie quotidienne à cette époque et l'importance des dommages causés par les bombardements sur La Valette. Nombreuses vitrines d'uniformes et objets militaires, séries de médailles, etc. Avant de partir, ne manquez pas les cadres à photos et les cendriers sculptés par des prisonniers allemands. Plus drôles, la canne d'Eisenhower et le cigare cubain de Churchill.

À faire

➢ ***Promenades en calèche :*** elles sont partout à La Valette et vous ne manquerez pas d'être abordé par les cochers. Les premiers prix annoncés tournent autour de 40-50 €, mais après une courte discussion, on s'en tire généralement pour 25-30 €. À ce prix, vous aurez droit à une balade de 30-40 mn autour des remparts ou dans le cœur de la vieille ville, pour quatre personnes maximum.

Manifestations

– ***Festival de Musique baroque de La Valette :*** *3 sem en janv. • vallettabaroquefestival.com.mt • Au théâtre Manoel et à la co-cathédrale, entre autres.* Un festival récent, conçu pour célébrer l'identité baroque de la ville.
– ***Festival de Feu d'artifice :*** *les 29 et 30 avr, dans le Grand Port.* Connaissant l'amour des Maltais pour les feux d'artifice, ce grand rendez-vous est l'occasion pour les artificiers de se surpasser. Sublime !
– ***Festival de Jazz :*** *2de quinzaine de juil, pdt 3 j.*
– ***Notte Bianca :*** *fin sept-début oct. Infos : ☎ 21-232-515. • nottebiancamalta.com •* C'est la plus importante manifestation de La Valette, une nuit blanche à ne pas manquer si vous êtes dans les parages. Musées gratuits, bâtiments historiques ouverts toute la nuit, expos, danse, musique, théâtre un peu partout...
– ***In Guardia et Alarme ! :*** *ces spectacles (reconstitutions de parades et combats militaires d'époque), qui se déroulent pour l'instant à Vittoriosa (voir ce chapitre), devraient à nouveau se tenir au fort Saint-Elme de La Valette dès le début de 2015.*
– Voir également les fêtes citées dans « Malte utile » en début de guide.

DANS LES PROCHES ENVIRONS DE LA VALETTE

FLORIANA

Ce grand faubourg, accessible à pied, s'étend à l'ouest de la vieille ville de La Valette, entre la place de la fontaine aux Tritons, le faubourg de Pietà et la ville de Marsa. Située en hauteur, bordée par deux anses du port, Floriana est

ceinturée par d'épaisses fortifications et des bastions *(Magazine Bastion, Saint Francis Bastion, Sa Maison Bastion).* On le voit immédiatement, elle constitue une sorte d'avant-ville à but défensif, juste avant l'entrée *(City Gate)* de La Valette.
Vers 1636, la ville de La Valette devenant trop petite, le grand maître Antoine de Paule confia à l'ingénieur italien Paolo Floriani le soin d'établir un plan d'extension de la cité. Floriani a si bien travaillé qu'il y a laissé son nom. Il s'agissait à l'époque de renforcer les défenses de La Valette, les chevaliers craignant une nouvelle invasion ottomane. Aujourd'hui, il suffit de flâner à pied dans Floriana pour comprendre et apprécier ce quartier hors du temps où il y a plus à ressentir qu'à voir.

Où manger ?

|●| ***Pepe Nero*** *(plan Floriana, B2, **5**)* **:** *Vault 18, Valletta Waterfront.* ☎ *21-222-220. Tlj midi et soir. Plats et pizzas env 9-15 €, viande env 25 €.* Une petite escapade au Valletta Waterfront vaut la peine pour 2 raisons : c'est l'un des rares endroits à La Valette où l'on trouve de l'animation en soirée (voir la description dans « Où boire un verre ? Où écouter de la musique ? » à La Valette), et la vue sur le Grand Port et les Trois Cités depuis les terrasses vaut à elle seule le détour. Si l'on ajoute que le *Pepe Nero* prépare, outre de bonnes pizzas (pâte fine et bien croustillante), des viandes de qualité supérieure, on se dit qu'on a bien fait de marcher 15 mn depuis la vieille ville !

Où boire un verre ?

🍷 ***The Palm Court Lounge et The Club Bar*** *(plan Floriana, B1, **10**)* **:** *dans l'hôtel Phoenicia, The Mall, près de la gare routière, aux portes de La Valette.* ☎ *21-225-241.* Le *Palm Court Lounge (10h-22h)* est un vaste salon aux plafonds voûtés, parfait pour le très british *five o' clock tea,* tandis que le *Club Bar (à partir de 18h),* au décor d'inspiration coloniale, est plutôt l'endroit pour boire un cognac ou un bon whisky après le dîner (plusieurs dizaines de sélections disponibles !).

À voir

★★ ***L'hôtel Phoenicia*** *(plan Floriana, B1, **10**)* **:** *The Mall.* ☎ *21-225-241.* • *phoeniciamalta.com* • *Dans Floriana, après la pl. de la fontaine aux Tritons, sur la droite en venant de celle-ci.* Construit en 1937 par lord et lady Strickland, inauguré en 1947, ce fut le premier grand hôtel de luxe de l'île et le premier aussi à être équipé d'une piscine. Elle occupe un des bastions des fortifications, au milieu de luxuriants jardins ! L'hôtel a conservé son élégant décor d'époque. Des hôtes illustres y ont séjourné : la reine Élisabeth II, Alec Guinness, Gérard Depardieu pendant le tournage du *Comte de Monte-Cristo.* À défaut d'y dormir, on peut jeter un œil à l'intérieur (dans le hall de réception) ou boire un verre dans un des bars au style très anglais (voir ci-dessus la rubrique « Où boire un verre ? »).

★ ***Herbert Ganado Garden*** *(jardin Herbert-Ganado ; plan Floriana, B1, **11**)* **:** *sur triq id-Duka Ta'York (Duke of York).* Ce jardin offre une belle vue sur les Trois Cités et ses anses découpées – un peu moins sympa quand même que celle des Upper Barraca Gardens. On y trouve un mémorial de la Guerre *(War Memorial).*

★ ***Maglia Gardens*** *(jardins Maglia ; plan Floriana, A-B1-2)* **:** *jardins bordés par Il-Mall et triq Sarria.*
Dans le prolongement de City Gate, c'est une espèce de grande esplanade, un grand mail ombragé, ponctué de monuments commémoratifs (sculptures et statues de

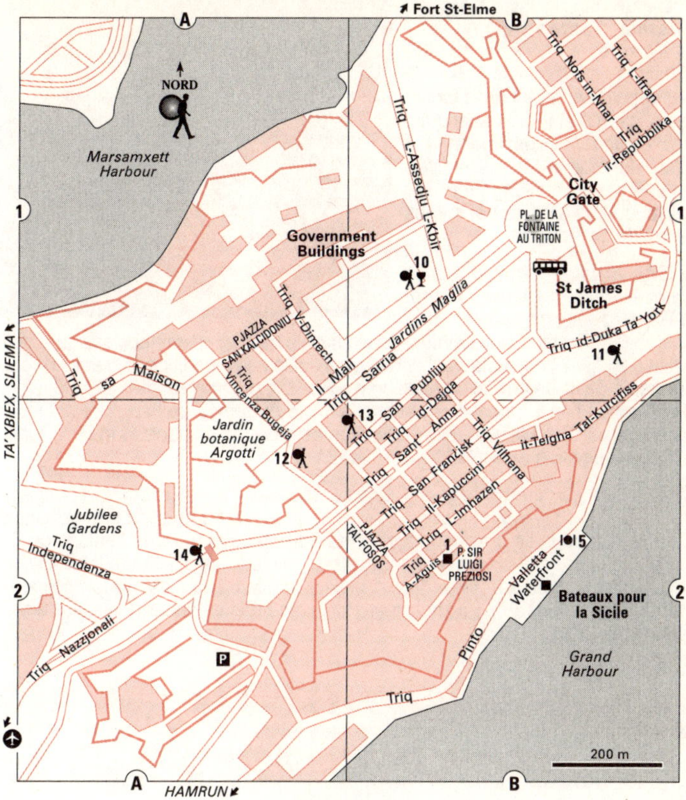

FLORIANA

■ **Adresse utile**

1 Alliance française de Malte-Méditerranée

Où manger ?

5 Pepe Nero

Où boire un verre ?

10 The Palm Court Lounge et The Club Bar

À voir

10 Hôtel Phoenicia
11 Jardin Herbert-Ganado
12 Chapelle Sarria
13 Église Saint-Publius
14 Porte des Bombes

personnages historiques). Le plus grand célèbre l'indépendance obtenue en 1964.
À l'extrémité ouest des jardins, la ***chapelle Sarria*** *(plan Floriana, A2,* ***12****),* en forme de rotonde au dôme argenté, fut édifiée en 1678 par Lorenzo Gafà et décorée par Mattia Preti. Ses portails arborent de magnifiques entrelacs de pierre. En face, une église méthodiste néogothique de 1883.
À côté, la ***Wignacourt Water Tower*** *(fontaine de Wignacourt)* est un vestige d'un long aqueduc construit par le grand maître de Wignacourt au début du XVIIᵉ s pour acheminer l'eau potable des collines jusqu'à La Valette.

Juste derrière s'ouvre l'***Argotti Botanic Garden*** *(jardin botanique Argotti ; plan Floriana, A2 ; tlj jusqu'à la tombée de la nuit).* Il regroupe de nombreuses plantes rares, cactus et arbres exotiques de la zone méditerranéenne à tendance semi-tropicale. Vue panoramique et plongeante sur les faubourgs à l'ouest et sur les remparts de Floriana.

UN JEU À CROQUER

C'est aux jardins Maglia que les chevaliers venaient jouer au paille-maille, l'ancêtre du croquet, qui fut ensuite adopté par la cour d'Angleterre. Ils étaient encouragés en cela par l'austère Jean de Lascaris, grand maître de 1636 à 1657. Ce dernier voyait dans ce jeu l'exercice idéal pour occuper le corps et l'esprit des chevaliers. Ainsi n'étaient-ils pas soumis à d'autres tentations...

San Publius Church *(église Saint-Publius ; plan Floriana, A-B2,* ***13****)* **:** *en principe, tlj 6h-10h, 16h30-19h.* Construite au XVIIIe s dans un style massivement néoclassique, bombardée en 1942 puis restaurée, cette église est le dernier édifice religieux élevé par l'ordre de Saint-Jean. Elle doit son nom à Publius, procurateur romain, gouverneur de Malte en l'an 60, converti au christianisme du temps de l'apôtre Paul (qui fit naufrage sur l'île). Celui-ci aurait guéri son père par imposition des mains. Publius devint ensuite le premier évêque de l'île.

La porte des Bombes *(plan Floriana, A2,* ***14****)* **:** *sortir par triq Sant' Anna qui descend à l'ouest, en direction de triq Nazzjonali.* À hauteur du premier niveau des fortifications se dresse la porte des Bombes, qui marque l'entrée de Floriana. On la franchit en arrivant à La Valette par la route. Des deux arches identiques, seule celle de droite date du XVIIIe s. Elle porte l'inscription suivante : « Je combats les Turcs partout, mais ici je me sens en sécurité. » L'autre a été relevée en 1868.

LES TROIS CITÉS (COTTONERA)

Entre les hauteurs de Kordin au sud et le fort Ricasoli au nord s'étendent les magnifiques Trois Cités, réunies sur deux petites péninsules formant (avec la péninsule de Kalkara) une sorte de trident, aux noms chargés d'histoire : Senglea, Vittoriosa et Cospicua. C'est depuis les jardins d'Upper Barraca, du haut des fortifications de La Valette, que les Trois Cités apparaissent le mieux dans toute leur splendeur méditerranéenne. À ce niveau, le littoral portuaire très découpé forme une succession de trois pointes et de trois anses aux eaux profondes. Difficile d'imaginer sous ce ciel bleu le fracas des invasions et des guerres qui ont ponctué l'histoire maltaise. Aujourd'hui, un port de plaisance occupe les quais de Vittoriosa (alias Birgù), face aux vénérables demeures et églises veillées par des forts et bastions. Tandis qu'une partie du front de mer de Senglea (alias Isla) est en pleine réfection pour offrir, bientôt, des quais comparables au *Waterfront* de La Valette, à deux ou trois encablures de là.

UN PEU D'HISTOIRE

C'est à Vittoriosa (Birgù), l'une des trois cités, que se fixent les chevaliers de l'ordre de Malte à leur arrivée de Rhodes. Ils y resteront jusqu'au grand siège de 1565 avant l'édification de La Valette, stratégiquement mieux située pour répondre à une éventuelle invasion. L'essor des Trois Cités ne s'arrête cependant pas du jour

au lendemain. Sous le grand maître de Lascaris (1636-1657), Bormla, la future Cospicua, sort de terre. La prise de Candie (Héraklion, en Crète) par les Ottomans en 1670 ravive les craintes d'une attaque. Pour protéger au mieux cet ensemble, le grand maître Nicolas Cottoner (1663-1680) édifie des lignes de défense uniques, les *Cottonera Lines,* destinées à ceinturer les hauteurs des Trois Cités à l'est, sur une longueur de 5 km environ. Le résultat est impressionnant : près de 40 000 personnes pouvaient se réfugier derrière ce rempart.
Au début du XVIIIe s, l'ensemble fortifié des Trois Cités et de La Valette forme le site le mieux défendu de la Méditerranée. De cet abri stratégique unique partent les expéditions maritimes de l'ordre de Saint-Jean. Afin de construire et de réparer les galères, des docks et des chantiers navals sont développés – autant d'activités qui marquent encore la vie économique des Trois Cités. Lors de la Seconde Guerre mondiale, les bombardements allemands ont lourdement frappé Senglea et Cospicua, ainsi qu'une partie de Vittoriosa. Des sept auberges de chevaliers qui s'y trouvaient depuis le XVIe s, quatre ont échappé aux bombes.

VITTORIOSA (BIRGÙ)

Des Trois Cités, Vittoriosa (la Victorieuse) est la plus intéressante. Elle forme une péninsule effilée, qui se termine par le fort Saint-Ange juché sur son éperon rocheux. Telle une figure de proue, il symbolise l'histoire mouvementée de l'île. Par sa situation, son passé et ses monuments, Vittoriosa a plus à offrir que ses voisines Senglea et Cospicua. C'est à pied, au fil des ruelles entrelacées, qu'il faut la découvrir, de préférence le matin ou en fin d'après-midi. Du fort Saint-Ange au Musée maritime, en passant par l'église Saint-Laurent et les vieilles auberges des chevaliers de l'ordre de Malte, cette petite ville a réussi à maintenir (malgré les guerres) son caractère à la fois aristocratique et villageois. Longtemps laissée pour compte, presque abandonnée, elle retrouve petit à petit sa splendeur d'antan. N'oublions pas que c'est là que tout a commencé en 1530 pour les chevaliers de l'Ordre.
– ***Marché :*** *ts les mar mat, à Saint Margherita Heights (plan C3).*

Un peu d'histoire

Dès leur installation sur l'île de Malte en 1530, les chevaliers de l'ordre de Saint-Jean (chassés de l'île de Rhodes par les armées ottomanes) se fixent à Birgù (« le bourg »). Cette langue de terre, entourée de deux anses profondes et abritée des vents, constitue un endroit idéal pour amarrer les bateaux. Birgù devient le premier port fortifié de l'île. Le grand maître Claude de La Sengle (1553-1557) dépense des fortunes pour consolider ce site stratégique. Non seulement le siège de l'Ordre se trouve à Birgù, mais les auberges des chevaliers y sont établies, dans le lacis médiéval des ruelles.
Le ***grand siège de 1565*** constitue un moment crucial dans l'histoire de Birgù. Le 18 mai 1565, 180 galères turques et 40 000 soldats se présentent devant l'île. Objectif du sultan : conquérir le verrou de Malte pour poursuivre l'expansion de l'Empire ottoman à l'ouest de la Méditerranée. Pour se défendre, Malte n'a que 8 000 à 9 000 hommes dont 600 chevaliers, des combattants étrangers et 4 000 soldats maltais des forces régulières. Ces troupes combattent d'abord dans le fort Saint-Elme puis dans le fort Saint-Ange, dernier bastion de la résistance maltaise. La bataille est extrêmement meurtrière, du côté turc comme du côté maltais (environ 7 000 morts). La plupart des maisons de Birgù et de Senglea sont détruites ou endommagées par environ 70 000 boulets de canon tirés par l'armée ottomane ! Le 8 septembre 1565, au moment où arrivent les renforts envoyés par l'empereur Philippe II, les Turcs se retirent : à peine 10 000 soldats regagnent Constantinople.

Adresse utile

Office de tourisme

Où dormir ?

10 Villa del Porto
11 Palazzo Vittoriosa

Où manger ?
Où boire un verre ?

20 BeBirgu
21 Two and a Half Lemon
22 Del Borgo
23 Kiosques Alice Springs et D'Breeze
24 Marina Pizzeria & Restaurant

LES TROIS CITÉS

Après le grand siège, Birgù, meurtrie mais toujours vivante, est renommée Vittoriosa (la Victorieuse). Le grand maître Jean Parisot de La Valette (1557-1568) répare les fortifications mais décide de construire une ville nouvelle, plus sûre, plus invincible, plus belle encore, sur l'autre rive du port. Ainsi naît La Valette, telle que nous la connaissons aujourd'hui. C'est la fin de la splendide et valeureuse Vittoriosa, que les chevaliers quittent définitivement pour se fixer dans de plus grandes auberges construites dans la nouvelle capitale. Dès l'automne 1565, le centre de gravité du pouvoir se déplace à La Valette.

Arriver – Quitter

En bateau

➢ ***De/vers La Valette :*** *avec le* ***Marsamxetto Steam Ferry Service*** *(☎ 23-463-862 ; • captainmorgan.com.mt •). L'embarcadère (plan B3), qui se trouve en fait sur le territoire de Cospicua, est à 300 m au sud du Musée maritime, non loin de la vieille ville. Départs (de Vittoriosa) ttes les 30 mn, 9h-18h (17h30 d'oct à mi-juin), arrivée (à La Valette) à la* Old Custom House, *presque au pied de l'ascenseur qui monte aux Upper Barraca Gardens. Billet : 1,50 €.*
Également avec ***A&S Water Taxis*** *(plan B2). 98-129-902 ou 99-893-134. • maltesewatertaxis.com • Départ (de Vittoriosa) au bas de l'église Saint-Laurent, à 2 mn à pied de la vieille ville, en gros 9h-15h. Billet : 3 €.* Sortes de gondole à moteur.

Adresse utile

ℹ ***Office de tourisme*** *(plan C2) : au palais de l'Inquisiteur, triq il-Mina il-Kbira. ☎ 21-800-145. Lun-sam 9h-17h30 ; dim 9h-13h.*

Où dormir à Vittoriosa et dans les environs ?

On ne trouve presque pas d'hébergements aux Trois Cités, mais pour ceux qui souhaiteraient y loger, voici quand même 2 options.

D'un peu plus chic à chic

Villa del Porto *(hors plan par C3,* ***10****) : 1 Marina St, à* ***Kalkara.*** *☎ 21-668-420. • villadelportomalta.com • À 2 mn en voiture de l'entrée de Vittoriosa, sur le front de mer de Kalkara (pas vraiment d'enseigne, c'est la dernière maison sur la droite, avec des bow-windows rouges, avt la montée vers le fort de Rinella). Réception slt le mat ; le reste du temps, téléphoner. Doubles 60-100 € selon saison, petit déj compris.* Dans une haute et belle maison rénovée de 4 étages avec ascenseur, une petite quinzaine de chambres aux murs blancs et mobilier moderne en bois, tout confort. Certaines ont vue sur la mer, les autres coûtent un peu moins cher, à vous de choisir ! Quoi qu'il en soit, tout est nickel. Petit déj-buffet pris sur la terrasse panoramique. Bon accueil du gérant.

Palazzo Vittoriosa *(plan C2,* ***11****) : 55 Hilda Tabone St. ☎ 21-370-830. • palazzovittoriosa.com • Apparts 4 pers 400-500 €/sem selon saison.* Une adresse qu'on vous recommande non pas pour le *palazzo* lui-même, somptueux (peut-être le plus bel hébergement de toute l'île) mais hors de prix, mais pour les 2 appartements, situés à quelques dizaines de mètres de là, que le sympathique proprio néerlandais loue aussi. Ils ne se louent qu'à la semaine mais, si c'est ce que vous cherchez, c'est une bonne affaire car ils sont tous 2 très soignés et bien arrangés, un peu à l'image du *palazzo*... en nettement, nettement plus modeste.

Où manger ? Où boire un verre ?

Bon marché (environ 10 €)

BeBirgu *(plan C2,* ***20****) : Vittoriosa Sq (la pl. centrale), juste derrière la statue de saint Laurent. Tlj 7h-minuit.* C'est la belle façade avec de lourdes portes vertes, qui dissimule, au bout d'un couloir, une ravissante cour intérieure avec fontaine et mur en rocaille. Parfait pour boire un verre en journée, mais on peut aussi y grignoter un sandwich, une salade ou un *ftira* à petit prix. Le lieu accueille aussi le *Saint Lawrence Band Club.*

Prix moyens (15-25 €)

Two and a Half Lemon *(plan B2,* ***21****) : Vault 5, Old Treasury Building, sur la marina. ☎ 21-809-909. En saison, tlj 11h-23h ; hors saison, fermé dim soir.* Grande terrasse sous les arcades, au ras de l'eau et des bateaux. Décoration intérieure tendance, dans les tons marron et citron vert, mais on vient plutôt pour la terrasse avec vue sur le port. À la carte, une sympathique cuisine dans le vent, sans génie mais fort honorable. Salades, sandwichs, poissons et viandes, ainsi que des pierres chaudes. On peut aussi se rabattre sur les plats de pâtes pour limiter l'addition.

Del Borgo *(plan C2-3,* ***22****) : Saint Dominic St. ☎ 21-803-710. Tlj à partir de 17h.* Niché dans une ruelle perpendiculaire à la rue principale, ce bar à vins réserve de bien jolies surprises. Pour un simple verre du cru (essayez le *Zelus,* un vin maltais dont vous nous direz des nouvelles !), accompagné (ou non) d'une assiette de charcuterie, fromages, tapas ou *antipasti,* d'un plat plus consistant bien mitonné (comme le *beef olives*) ou même, pourquoi pas, d'un *mqaret,* dessert typique de l'île réalisé ici avec un soin tout particulier (goûtez-y, vous ne serez pas déçu !). Cadre contemporain agréable et climatisé, avec murs de pierre et plafond voûté. Très bon accueil.

À voir

Vittoriosa Square *(place de la Victoire ou misraħ ir-Rebha ; plan C2)* **:** c'est la place centrale de Vittoriosa. Deux monuments se dressent là : la statue de saint Laurent, posée sur un socle blanc, érigée en 1880, et un monument de la Victoire (construit en 1705), qui commémore le grand siège de 1565. C'est en effet sur cette place qu'eurent lieu les derniers combats entre les chevaliers et les soldats ottomans. Derrière commence la petite rue Saint-Antoine (triq Sant' Anton), ancien cœur du ghetto juif avant l'arrivée des chevaliers à Malte en 1530. Dans la partie haute de la place, on remarque une très belle façade avec une véranda vitrée de couleur verte, ornée de colonnes blanches, de pilastres et de balcons en fer forgé. C'est le siège du *Saint Lawrence Band Club,* club musical fondé en 1883.

Parish Museum *(musée de l'Église, oratoire San Ġużepp ; plan C2)* **:** *dans l'ancienne chapelle Saint-Joseph (XVIIIe s), dans un recoin de la pl. centrale de Vittoriosa. Tlj 9h-12h. GRATUIT (donation appréciée).* Malgré sa petite taille, ce musée abrite beaucoup d'objets rares, et surtout très variés. Dans l'entrée, une chaise à porteurs (XVIIe s) est exposée près d'un jeu de cartes de tarot enfermé dans un grand boîtier vitré en bois. À côté, les plaques gravées utilisées pour l'imprimer (1609). Également des boulets de canon turcs du siège de 1565, des forceps utilisés par les prêtres au XVIIe s pour donner la communion aux malades lors des épidémies (!) et différents vêtements sacerdotaux. Dans la chapelle du fond ont été conservés le chapeau et l'épée du grand maître Jean Parisot de La Valette (1555-1568). Ces reliques sont exceptionnelles.

Le port de Vittoriosa *(plan B1-2-3)* **:** il consiste aujourd'hui en deux longs quais en enfilade (*Saint Lawrence Wharf* et *Vittoriosa Wharf*) bordés d'un côté par une marina très chic, inaugurée par la reine Elizabeth en 2005, et, de l'autre, par de vieux bâtiments datant du XVIe au XIXe s. Du temps de l'Ordre, on l'appelait le port des Galères *(porto delle Galere)*, car c'est ici qu'elles étaient amarrées. On y trouvait alors les bureaux de l'administration de l'Ordre, le trésor de l'Ordre, le magasin de la flotte et plusieurs entrepôts. Le quartier général de la flotte se trouvait dans le Scamp Palace. Les capitaines des galères, tous chevaliers, disposaient également d'une maison sur ce quai : le *palazzo del Capitan*, aujourd'hui occupé par le *casino di Venezia*. Jolie balade à faire pour admirer les bateaux et la vue sur le fort Saint-Ange, La Valette et Senglea.

Maritime Museum *(Musée maritime ; plan B2)* **:** *The Waterfront, Vittoriosa Wharf. ☎ 21-660-052. • heritagemalta.org • ♿ (sf mezzanine). Tlj 9h-17h (dernière admission 16h30). Fermé Vendredi saint et pdt les fêtes de fin d'année. Entrée : 5 € ; réduc. Ticket combiné avec le palais de l'Inquisiteur : 7 €.*
Ce musée occupe l'ancienne boulangerie navale construite pour les Britanniques dans les années 1840. Vaste et bien conçu, il comblera les amateurs de bateaux et objets nautiques en tous genres.
– *Au rez-de-chaussée :* à gauche, une grande salle consacrée à la navigation à la vapeur, avec toutes sortes de matériel (moteurs, pièces détachées...). Voir notamment la cabine de pilotage d'un dragueur reconstituée sur la mezzanine. Également des ancres romaines, dont la plus grosse jamais trouvée.
– *Au 1er étage :* fort belle collection de maquettes (navires de l'Antiquité, vieux bateaux marchands, galères de l'ordre de Malte), mannequins, instruments de navigation, outils anciens pour la construction des bateaux, cartes maritimes, armes et canons. Voir aussi cette peinture du *Carrack Santa Maria*, le plus grand navire de l'ordre, qui fut ravi aux Turcs. D'une capacité de 100 canons et quelque 2 000 hommes, il possédait aussi une chapelle, une boulangerie et même de petits jardins ! À droite dans la salle, une peinture montrant Malte en 1725, avec La Valette au premier plan. Mais la section la plus importante est sans doute celle consacrée à la *Royal Navy*, qui présente toute l'histoire de la force navale maltaise aux XIXe et XXe s à travers des thèmes précis : les services médicaux, les docks, le port, les guerres mondiales, l'après-guerre... Au passage, ne manquez pas la reconstitution d'une batterie de canons à bord d'un galion, l'énorme figure de proue du *HMS Hibernia*, la superbe barque maltaise à avirons, les scaphandriers ou encore la reconstitution d'un bar de navire avec son vieux juke-box...

Inquisitor's Palace *(palais de l'Inquisiteur ; plan C2)* **:** *triq il-Mina il-Kbira. ☎ 21-827-006. • heritagemalta.org • Tlj 9h-17h (dernière admission 16h30). Fermé Vendredi saint et pdt les fêtes de fin d'année. Entrée : 6 € ; réduc. Ticket combiné avec le Musée maritime : 7 €.*
Ce grand bâtiment, construit vers 1530, abrita d'abord la Castellania, c'est-à-dire le tribunal des chevaliers, puis, à partir de 1574, le siège de l'Inquisition à Malte – rôle qu'il conserva jusqu'à l'arrivée des troupes napoléoniennes en 1798. C'est le grand maître Jean de La Cassière (1572-1581) qui, redoutant l'expansion des idées protestantes, demanda au pape de lui envoyer un inquisiteur. Ce préfet papal était une sorte de juge et de gardien des principes religieux. Il s'arrogeait des pouvoirs énormes, créant un « État dans l'État ». Le grand inquisiteur s'en prenait aux pratiques de magie, courantes à l'époque, aux mœurs relâchées de certains chevaliers. Il s'acharnait aussi sur les francs-maçons, « ennemis » de l'Église et du pape. Jusqu'en 1798, 62 inquisiteurs se sont succédé, dont deux sont devenus papes.
À peine l'entrée franchie, lever la tête et admirer la voûte *a fresco* du XVIe s mise au jour en 1927, puis la superbe cour gothique à arcades ogivales. Prendre ensuite l'escalier baroque pour découvrir les nombreuses salles présentant peintures (évidemment religieuses), statues de saints et autres objets de culte. Voir la salle de la *Cancelleria* avec ses murs ornés des armoiries des 62 inquisiteurs, la chapelle et son autel portable du XVIIIe s et, dans l'appartement de l'inquisiteur Ruffo, les statues du Christ, dont une est en papier mâché. Plus loin, de charmants

dioramas illustrent les traditions de Noël maltaises, et des crèches en pagaille, locales (comme celle en toile de jute) et du monde entier : néo-zélandaise en porcelaine, sicilienne en pierre de lave ou encore américaine, où le divin enfant est un souriceau (référence à Mickey !)... Ne pas manquer non plus la salle du tribunal, avec le trône de l'inquisiteur, ni les nombreuses cellules au rez-de-chaussée et au sous-sol, où sont évoqués quelques cas concrets. La « salle de torture », elle, n'entrait en fonction que pour les « cas graves » est-il précisé... Principal supplice : l'étirement.

Les auberges des chevaliers (plan C2) **:** *dans le quartier du Collachio, au-dessus du port et de la pl. de la Victoire.*
Contrairement au mode de vie de Rhodes, où ils logeaient ensemble dans des couvents, à Birgù, les chevaliers se répartissaient par langue. Le gîte et le couvert leur étaient assurés.
Au départ de la place centrale de Vittoriosa (Vittoriosa Square ou misraħ ir-Rebha), prendre triq Hilda Tabone à l'angle supérieur gauche. Des plaques posées sur les façades signalent aux n°s 21 et 23 l'***auberge d'Auvergne et de Provence*** et, juste après, aux n°s 24-27, l'***auberge de France.*** À voir plus pour le symbole que pour l'édifice lui-même, qui héberge néanmoins parfois des expositions temporaires. L'***auberge d'Aragon*** se trouve juste en face de la ruelle Tramuntana mais ne présente guère d'intérêt. Juste après, à l'angle de triq Hilda Tabone et de triq Gilormu Cassar, se dresse l'***auberge de Castille et Portugal.***
Revenir 30 m sur ses pas pour emprunter, côté gauche (face à l'auberge d'Aragon), l'adorable triq il-Tramuntana – une des plus belles ruelles de Malte, aux vieilles maisons fleuries. Aux n°s 10-11, la ***Maison normande,*** du XIIIe s, conserve une superbe fenêtre gothique à arcades et colonnettes, et une frise normande remontant à un édifice du XIe s, à l'époque où les Normands régnaient sur la Sicile voisine. Elle est ouverte à la visite *(lun, mer et ven-sam 9h-12h ; donation suggérée)* car son propriétaire l'a restaurée : c'est l'occasion de voir ses vieux escaliers à vis. Au bout de triq il-Tramuntana, tourner à droite dans triq il-Majjistral. Au n° 40, la belle ***auberge d'Angleterre*** du XVIe s, restaurée en 1989, abrite aujourd'hui une bibliothèque *(l'été, lun-ven 8h-13h ; sinon lun-jeu 8h30-12h, 13h-17h, ven 14h-20h).* De style maniériste, elle arbore un puissant balcon en pierre. On regagne Vittoriosa Square en tournant à gauche face à l'auberge d'Auvergne et de Provence. L'***ancienne auberge d'Allemagne*** était située directement sur la place. Elle fut détruite pendant un raid aérien en 1942. Seule une plaque sur un mur de façade rappelle son existence.

Saint Laurence's Church (église Saint-Laurent ; plan B-C2) **:** *tlj 9h30 (10h dim)-12h, 16h30-17h30.* Située au-dessus du port, elle fut reconstruite à la fin du XVIIe s par Lorenzo Gafà dans un style baroque classique pour Malte (un dôme central, trois petits dômes latéraux dans chaque bas-côté). Endommagée en 1806, bombardée en 1941, elle abrite néanmoins un intérieur riche. L'œuvre la plus intéressante est une célèbre peinture de Mattia Preti, *Le Martyre de saint Laurent.* L'édifice antérieur servit de cathédrale aux chevaliers avant la construction de celle de La Valette. Une porte latérale (bas-côté gauche) ouvre sur une petite place bordée par l'oratoire de la Sainte-Croix (autrefois Notre-Dame-des-Douleurs), où furent enterrés des chevaliers de l'Ordre tués lors de l'attaque de Sinan pacha (1551) et du grand siège (1565).

Le fort Saint-Ange (plan B1) **:** *l'intérieur est fermé pour travaux.* Ce monument résume à lui seul l'histoire de Malte et des chevaliers. Si ses murs pouvaient parler ! Déjà utilisé comme place stratégique par les Arabes en 828, le fort doit son nom à Angelo de Melfi, qui obtient les îles en fief entre 1352 et 1353. À leur arrivée, les chevaliers s'y installent (c'est là que résidèrent les grands maîtres de 1530 à 1574) et renforcent les fortifications. C'est durant le grand siège que le fort joue un rôle défensif essentiel. Après 1574, il sert de prison, puis de quartier général à la *Royal Navy* sous l'occupation britannique. Au retrait des Anglais après l'indépendance en 1964, il est abandonné. À la suite d'un accord signé entre l'Ordre et le gouvernement maltais, la plate-forme supérieure du fort est maintenant à la disposition de cette organisation humanitaire internationale pour une durée de 99 ans.

Malta at War Museum *(plan C3)* **:** *poste d'Aragon, à l'entrée de la ville. ☎ 21-896-617. • wirtartna.org • Tlj sf lun 10h-17h. Fermé Vendredi saint et pdt les fêtes de fin d'année. Entrée : 8 €, audioguide compris ; réduc.* Un site historique d'envergure ! Certes, la partie musée ne manque pas d'intérêt (uniformes, armes, matériel divers et images d'archives montrant la vie de la population des Trois Cités pendant la guerre), mais la visite prend tout son sens lorsqu'on pénètre dans les entrailles du plus grand abri antiaérien civil qui ait été remis en état à Malte (il pouvait accueillir environ 600 personnes). Casque vissé sur la tête et audioguide à la main, on découvre un réseau de boyaux desservant des dortoirs sommaires (premiers arrivés, premiers servis), différents modèles d'abris creusés par les familles de leurs propres mains, des autels religieux, et même une salle de naissance... Une vraie cité souterraine... qui pourtant n'est qu'un exemple parmi les centaines d'abris qui furent creusés sur l'île au cours des deux années qui suivirent les premiers bombardements ! Impressionnant. Surtout lorsque l'on prend conscience des dures conditions de vie qui régnaient dans ces espaces confinés...

À voir dans les environs

Le fort Rinella : *Saint Rocco Rd, à **Kalkara.** ☎ 21-800-992. • wirtartna.org • Accès par le bus n° 3 (ttes les 30-60 mn) de La Valette (durée : 30 mn). En voiture, gagner les Trois Cités, puis le quartier de Kalkara, d'où l'on suit les panneaux. Tlj sf lun 10h-17h. Fermé Vendredi saint et pdt les fêtes de fin d'année. Entrée : 10 € ; réduc. Demander la brochure en français.*

Le fort Rinella fut construit par les Britanniques en 1878 pour abriter le plus gros canon de l'époque (voir encadré), conçu par l'inventeur et industriel sir William George Armstrong, à un moment où il fallait protéger l'archipel maltais de la flotte italienne nouvellement équipée de canons modernes. Poste d'observation privilégié, notamment durant la Seconde Guerre mondiale, il s'agit d'un ouvrage défensif classique, entouré de fossés et de murs épais, dressé au sommet d'une falaise surplombant la mer. On peut découvrir le fort à partir de 10h, mais on vous conseille vraiment de faire la visite qui débute à 14h et s'achève à 16h30 (tous les jours). Pendant plus de 2h, on profite alors des explications des volontaires (en tenue de fantassin et de lancier) sur le fonctionnement du monstrueux canon et, surtout, on assiste à leurs nombreuses manœuvres et démonstrations, dont celle d'une séquence de tir d'un canon de l'époque victorienne. Pour un supplément de 10 €, vous aurez même le droit de participer et de mettre le feu aux poudres ! Sinon, il vous en coûtera seulement 5 € pour avoir droit à un coup de fusil ! On découvre ensuite le système de défense du fort (casemates et caponnières, salle de chargement des obus de l'Armstrong), ainsi que les salles où vivaient

UNE GROSSE BERTHA AVANT L'HEURE

Le fort Rinella abrite le plus gros canon à chargement par la bouche jamais construit. D'un calibre de 45 cm, mesurant 11 m de long et pesant 100 t, il ne fallait pas moins de 200 kg de poudre noire pour propulser un obus (explosif), d'une précision sans faille et capable de transpercer 60 cm de blindage à 8 km de distance ! Et pourtant, le canon ne servit jamais... Mais comme il avait été conçu, justement, pour ne jamais être utilisé (son rôle étant avant tout dissuasif), il remplit parfaitement sa mission !

les soldats (film historique de présentation). Pour parachever la visite, vous pourrez prendre le thé avec des biscuits de soldat au café du fort... Cronch, cronch.

Fêtes et manifestations

– ***In Guardia :*** *1 à 5 spectacles par mois (sf en août), dim à 11h, à la Saint John's Tower (plan C3). Rens à l'office de tourisme pour les dates ou sur • visitmalta.com/events • Durée : 40 mn. Accès : 7 €.* Une reconstitution de parade militaire telle qu'elle pouvait se dérouler à l'époque des chevaliers. Dans le même style, le spectacle « Alarme ! » *(qui a lieu 4 fois par an)* met en scène des combats entre milices maltaises et troupes napoléoniennes.

– ***Birgù Fest :*** *en oct. Pour plus d'infos : • visitmalta.com/events •* Environ 250 hommes costumés en chevaliers de l'ordre de Malte célèbrent la grande fête de Birgù et la victoire contre les Ottomans en 1565. Spectacle historique haut en couleur, surtout lorsque la cité est illuminée par des milliers de bougies en soirée, à ne pas manquer. Sur 3 jours : concerts, théâtre de rue, visites guidées, etc.

SENGLEA

Quadrillée par des rues régulières qui se coupent à angle droit, la petite ville de Senglea forme un promontoire baigné par deux anses (*French Creek* et *Dockyard Creek*) très protégées des vents. Il est agréable de s'y promener à pied quand il ne fait pas trop chaud. À l'est, les rues en escaliers descendent jusqu'au quai, qui regarde la cité de Vittoriosa, de l'autre côté de l'anse.

Senglea est aujourd'hui un lieu bien calme. On y trouve peu de cafés, peu de restaurants... bref, voici un bel endroit endormi, non dénué d'un petit charme à la vénitienne... Mais à la place des gondoles, de gros yachts rutilants !

– Ne pas manquer la régate du 8 septembre dans le Grand Port, qui célèbre Notre-Dame-des-Victoires (celle du grand siège de 1565), prélude à la fête paroissiale, l'une des plus animées de Malte.

Un peu d'histoire

Cette langue de terre s'appelait naguère *Isla* (nom d'ailleurs toujours utilisé), car la presqu'île est rattachée à Malte par un isthme fort étroit. Du temps du grand maître de Homedes (1536-1553), ce promontoire sert de lieu de promenade aux chevaliers de l'Ordre. On y trouve des jardins, des grottes et même un petit zoo. Devant la menace ottomane, le grand maître Claude de La Sengle décide de fortifier l'*Isla*... et de lui donner son nom : Senglea. Lors du grand siège de 1565, la ville résiste avec courage à l'assaillant, ce qui lui vaut plus tard le titre honorifique d'*Invitta*, l'Invaincue. Malheureusement, l'histoire ne se répète pas, puisque au cours de la Seconde Guerre mondiale elle est presque entièrement détruite par les bombardements allemands, avant d'être reconstruite dans les années 1950.

Où manger ?

De bon marché à prix moyens (moins de 25 €)

I●I ***Kiosques Alice Springs et D'Breeze*** (plan B2, **23**) : *ts 2 situés sur le quai de Senglea, à 100 m de distance env.* On y sert *(en horaire continu)* des boissons et une restauration simple mais pas bien chère. Ça peut dépanner car il y a peu d'adresses où se sustenter dans le secteur. Plusieurs bancs pour profiter du panorama sur Vittoriosa.

I●I ***Marina Pizzeria & Restaurant*** (plan B2, **24**) : *2 triq San Pietru u San*

Pawl. ☎ *21-678-576. Tlj (sf dim soir et mar hors été) 18h30-23h.* Sur le quai du port de Senglea, ce restaurant sans prétention sert des pizzas, des pâtes et des plats classiques à prix raisonnables. Petite salle ou terrasse sur le quai. Très agréable.

À voir

Our Lady of Victories *(Notre-Dame-des-Victoires ; plan B3)* **:** *au centre de la ville.* Construite en 1650 sur les plans de Cassar, elle fut détruite en partie pendant la Seconde Guerre mondiale, sur ordre de Hitler, qui trouvait que la coupole trop haute gênait son aviation. Reconstruite après la guerre avec l'argent du plan Marshall et la générosité des Maltais. Sur la façade extérieure sont inscrits les noms des chevaliers qui succombèrent lors du grand siège de 1565. Elle renferme une coupole peinte sur des tonalités de bleu, une chapelle ornée de tentures rouges et un autel doté d'un baldaquin doré hautement baroque. Remarquez, dans le couloir conduisant à l'oratoire (à droite), les ex-voto en forme de cœur.

L'église de la Visitation *(ou Notre-Dame-de-Porto-Salvo ; plan A1)* **:** appelée aussi église Saint-Philippe-Neri. Située à l'extrémité nord de Senglea, elle fut construite en 1596, remaniée plusieurs fois et affectée à la congrégation de Saint-Philippe-Neri. Un des rares bâtiments épargnés par les bombes de la dernière guerre. Le chœur et les stucs des colonnes foisonnent d'angelots potelés et de représentations florales.

Le jardin de Safe Haven et la tour de guet *(Gardjola ; plan A1)* **:** toutes les rues de Senglea semblent converger vers la pointe nord où se dresse un petit bastion (le *sheer bastion*) occupé par un jardin public planté de palmiers et d'oliviers. De cet endroit, la vue sur le port et sur La Valette est imprenable. Une petite échauguette (1692) porte sur ses côtés deux sculptures réalistes : l'une représente un immense œil humain grand ouvert, l'autre une belle oreille. Ces deux organes symbolisent la vigilance nécessaire aux chevaliers pour surveiller l'entrée du port.

COSPICUA

Des Trois Cités, Cospicua est la plus réservée, car géographiquement en retrait de Vittoriosa et de Senglea, dont les pointes la prolongent. Aujourd'hui, c'est une petite ville industrieuse et une zone d'activité portuaire qui vit au rythme des bateaux à réparer, des docks et des cales sèches. L'activité était déjà la même à l'époque punique ! Depuis l'ouverture à Birżebbuġa (au sud-est de l'île), dans les années 1990, du *Free Port Terminal,* les cargos et les porte-conteneurs ne passent presque plus par le port de La Valette. Et puisque le trafic maritime de Cospicua est aujourd'hui ralenti, il a fallu trouver un autre moyen pour dynamiser la cité. Il viendra de la terre, grâce à l'aménagement de quais voués au tourisme sur le même modèle que le *waterfront* de La Valette, entre Cospicua et Senglea. Ils seront à terme investis par des terrasses de cafés et de restos.

À voir

Bir Mula Heritage House and Museum *(plan C3)* **:** *79 Saint Margaret St.* ☎ *21-826-910 ou 21-661-000. • birmula.com • Sam-dim 10h-12h ; sinon sur rdv. Donation appréciée.* Une maison du XVIIe s qui abrite des objets et des pièces archéologiques trouvés par les propriétaires dans la région de Cottonera... et jusque dans la cave. Des poteries aux vieilles machines à écrire en passant par les becs à gaz des années 1920, les lieux ont un petit côté attachant dans un style inventaire à la Prévert. Le plus intéressant demeure néanmoins le sous-sol, avec son vieux puits, son lavoir et son cellier à arcades. Demandez aussi à voir les graffitis qui couvrent certaines pierres et balustrades de l'escalier : les plus anciens remontent au temps des chevaliers, et même à l'époque punique.

L'église de l'Immaculée-Conception *(plan B3) :* *au-dessus du Xatt ta'Bormla, on y accède par un grand escalier. Tlj 6h-9h, 16h30-19h env.* Construite après le grand siège, elle fut souvent remaniée et abrite de belles peintures. À gauche du chœur, l'Immaculée en question resplendit de tous ses feux derrière une vitre protectrice.

Les remparts *(plan C3) :* en repartant directement vers La Valette en voiture, on passe par la porte Sainte-Hélène (1736), la principale ouverture dans les remparts de Cospicua, appelés les *Margherita Lines* (1638-1736). Juste après se révèlent les *Cottonera Lines,* seconde ligne défensive édifiée à la fin du XVIIe s, percée par la porte du Sauveur (sortie de Vittoriosa) et la porte de Zabbar. Elle protège intégralement Cospicua par le sud. Son invulnérabilité fut soulignée tant par Napoléon que par Nelson.

SLIEMA

13 000 hab.

Au nord-ouest de La Valette, accessible par la route ou par le ferry, Sliema n'est pas un quartier mais une ville qui se prolonge au nord-ouest par Saint Julian's. Elle épouse la forme d'une presqu'île. À l'est, une extrémité en forme de pince ferme l'entrée du port, se terminant par l'imposant fort Tigné. C'est une des plus grandes villes de l'île, et la plus résidentielle. Le front de mer, animé et commerçant, est bordé par des rangs d'immeubles modernes, de plus en plus hauts au fil du temps. Derrière cette barrière balnéaire se cache cependant un quadrillage de vieilles rues aux maisons anciennes et bourgeoises. Authentiquement maltaises, en pierre calcaire avec des heurtoirs aux portes et des bow-windows, ces belles demeures discrètes et bien conservées donnent un certain charme aux rues de Sliema. Bien sûr, la visite n'est absolument pas comparable à celle de La Valette, ni à celles de Mdina et Rabat, les joyaux architecturaux de l'île. Mais elle peut faire l'objet d'une balade d'une demi-journée (pas désagréable d'y aller en ferry) ou même être un camp de base pour ceux qui ne veulent pas payer les tarifs de La Valette. Et puis on est tout proche de Saint Julian's, pour ceux qui veulent faire la fête le soir...

UN PEU D'HISTOIRE

Sliema tient son nom du mot arabe *silem,* qui signifie à la fois « arriver », « revenir après un long moment », « jouir de la paix » et « être sain et sauf ». Ouf ! C'est ce mot de soulagement que les marins maltais prononçaient naguère en entrant dans le port de Marsamxett. Sliema ne fut longtemps qu'un gros village sur une pointe que les chevaliers de l'Ordre fortifièrent en construisant le fort Tigné en 1793. Au XIXe s, la ville de La Valette devenant trop petite pour accueillir l'expansion démographique, Sliema prit de l'importance et devint une cité résidentielle pour les habitants aisés. Des Anglais s'y installèrent, ainsi que de nombreuses familles maltaises.

Arriver – Quitter

En bus

➢ ***La Valette-Sliema :*** *bus n°s 12, 13, 14, 15, 21, 22 et 24.* La plupart des arrêts se situent au niveau de l'embarcadère des ferries de Sliema. Compter env 15-20 mn de trajet.

ST JULIAN'S, PACEVILLE, St George's Bay
NORD
St Julian's Point
St Julian's Tower
Balluta Bay
Independance Gardens
Plaza Hotel
42
10
11
12
1
2
Triq Iorg Borg Olivier
Triq Il-Kbira
Triq Lapsi
Triq Sant' Anglu
Triq Ta' Birkirkara
Triq Telgha
Triq Il-Kbira
T. Sciciluna
Triq It-Torri
Triq It-Torri
Triq Sir Adrian Dingli
Triq San Gwann Bosco
Triq Santa Margarita
Triq San Frangisk
Triq Norfolk
Triq Sir Nicolo Isouard
Triq G. Depiro
Triq Huber
Triq Blanche
Elena
Triq Sant' Ignazju
Treiqet Sant' Ignazju
L' Oadima
T. Il-Kulleg
Ta' San Giljan
Triq Manwel Dimech
Triq It-Telgha
Tirq Birkirkara
Triq Sant' Enriku
Triq Fazon
Triq ir-Rodolfu
Triq Santa Maria
Triq Tal-
Triq San Trofimu
Triq Il-Kalb
Triq Imqaddsa
Triq L-Imrabat
Triq ir-Rodolfu
Triq Manoel Dimech
Triq Sant Agatha
Triq Gianni Bencini
Triq Vlani
Triq Moroni
Triq Bouvarie
Triq Reggie Miller
Triq Ix-Xatt
Briffa
d'Argens
P. MEME SCICIUNA
Albertu
Belveder
Triq Il-Flotta
Triq San Luqa
Cameron
T. Il-Kapillan Karlu Manche
Triq Il- Vittorja
Triq Reid
Triq ta ta' Sliema
Triq Manoel
Triq Il-Gzira
Triq Il-Forti Manoel
(accès interdits)
MANOEL ISLAN
Triq Ellul Nazju
Triq San Iorg
Triq L-Imsida
LA VALETTE
A
B
1
2
3

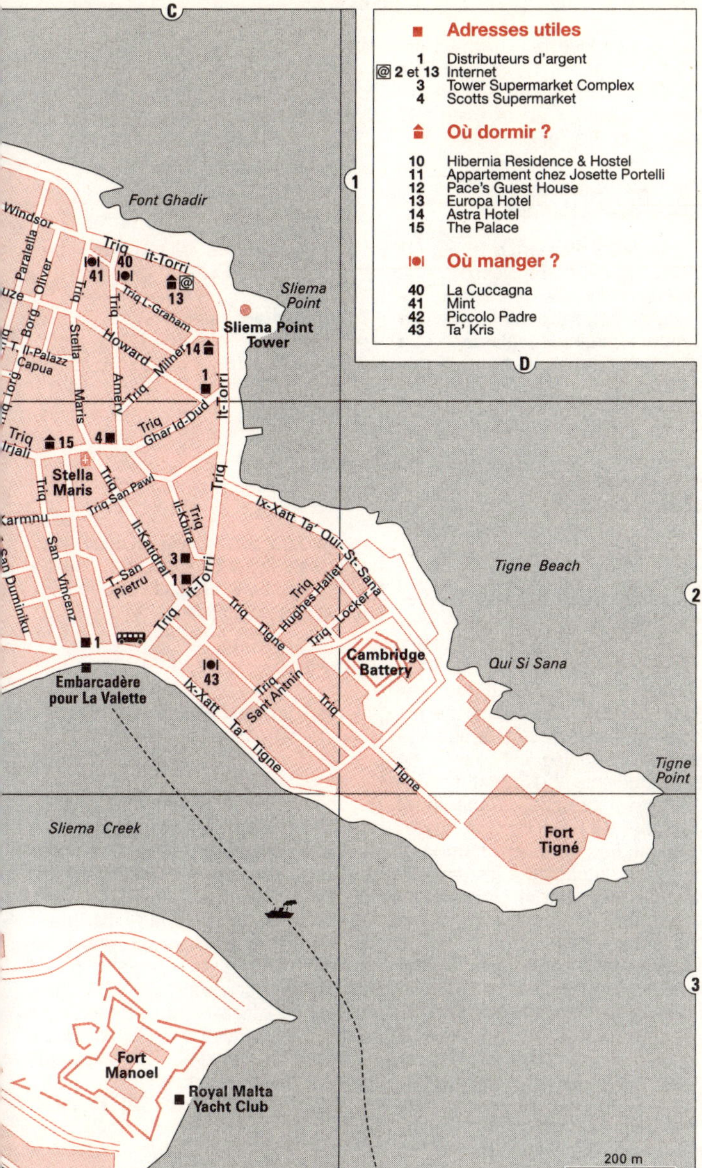

Adresses utiles
1 Distributeurs d'argent
@ 2 et 13 Internet
3 Tower Supermarket Complex
4 Scotts Supermarket
Où dormir ?
10 Hibernia Residence & Hostel
11 Appartement chez Josette Portelli
12 Pace's Guest House
13 Europa Hotel
14 Astra Hotel
15 The Palace
Où manger ?
40 La Cuccagna
41 Mint
42 Piccolo Padre
43 Ta' Kris
Font Ghadir
Sliema Point
Sliema Point Tower
Windsor
Triq it-Torri
Triq L-Graham
Howard
Milner
Stella Maris
Amery
Triq Ghar Id-Dud
It-Torri
Capua
Triq San Pawl
Il-Kbira
Il-Katidral
T. San Pietru
San Vincenz
San Duminiku
Ix-Xatt Ta' Qui-Si-Sana
Triq Hughes Hallet
Locker
Triq Tigne
Cambridge Battery
Triq Sant Antnin
Ix-Xatt Ta' Tigne
Tigne
Tigne Beach
Qui Si Sana
Tigne Point
Fort Tigné
Embarcadère pour La Valette
Sliema Creek
Fort Manoel
Royal Malta Yacht Club
200 m
LA VALETTE

SLIEMA

En bateau

➢ ***De/vers La Valette :*** *avec le* ***Marsamxetto Steam Ferry Service*** *(☎ 23-463-862 ; • captainmorgan.com.mt •). L'embarcadère (plan C2) à Sliema se trouve sur le front de mer, vers le milieu. Départs pour La Valette ttes les 30-60 mn, mai-sept 7h30-18h (16h dim), oct-avr 8h-17h30 (15h30 dim). Traversée en 10 mn. Billet : 1,50 €. Le débarcadère à La Valette se trouve sur le quai Manderaggio (plan couleur La Valette, B1,* ***1****).*

Adresses utiles

■ ***Distributeurs d'argent*** *(plan B2, C1 et C2,* ***1****) :* *triq it-Torri.* En plein cœur de la partie commerciale de Sliema. Plusieurs distributeurs à la *Bank of Valletta* (change automatique également) et à *HSBC.* Également sur le front de mer (triq ix-Xatt).

@ ***Internet :*** *on trouve des ordinateurs accessibles au public dans certains hôtels, comme le* Milano Due Hotel *(plan B2,* ***2****) ou l'*Europa Hotel *(plan C1,* ***13****).*

■ ***Supermarchés : Tower Supermarket Complex*** *(plan C2,* ***3****), triq il-Kbira. Lun-sam 8h-20h. Aussi le* ***Scotts Supermarket*** *(plan C2,* ***4****), triq Amery.* Très centraux.

Où dormir ?

Bon marché

☗ ***Hibernia Residence & Hostel*** *(plan B2,* ***10****) : Depiro St. ☎ 25-588-000. • nsts.org • Selon saison, env 10-20 €/pers en dortoir et 20-30 €/pers en chambre double, petit déj inclus. 💻 (payant).* Située dans une rue résidentielle tranquille, cette auberge de jeunesse, affiliée à l'agence de voyages étudiante *NSTS,* pratique des prix relativement sages. Choix entre des dortoirs de 6 à 8 lits non mixtes avec sanitaires et des chambres-studios avec kitchenette (et terrasse pour certaines), le tout globalement bien tenu, sur 6 étages. Laverie, salle à manger et terrasse sur le toit.

☗ ***Appartement chez Josette Portelli*** *(plan A2,* ***11****) : 88 F Rudolph St. 📱 79-344-843. • jportelli2001@yahoo.com • Env 30 € pour 2, électricité et eau en sus. Min 5 j.* 📶 Un bon plan pour ceux qui ne sont pas trop sensibles au bruit, car l'appartement est situé sur une rue assez passante, à un carrefour. Pour le reste, c'est impeccable : refait à neuf dans un style agréable et coloré, il se compose de 2 chambres (l'une d'elles, sur l'arrière, possède un balcon donnant sur des jardinets), d'une pièce à vivre conviviale dotée d'une cuisine complète, et d'une salle de bains moderne. Ajoutez à cela l'accueil dynamique de Josette (la guide du théâtre Manoel de La Valette), et vous obtenez un bon rapport qualité-prix.

Prix moyens

☗ ***Pace's Guest House*** (plan B2, **12**) **:** *10 Saint Agatha St. ☎ 21-343-357. 📱 79-939-815. • paceguesthouse.com • Doubles 30-50 € selon saison, avec petit déj.* 📶 Dans une ruelle en retrait du front de mer, une modeste pension proposant des chambres petites mais propres et fonctionnelles. Toutes avec douche et w-c, TV, frigo, et même la clim pour la plupart (premier arrivé, premier servi). Évitez juste les 2 chambres en sous-sol, plutôt confinées. Cuisine à dispo et machine à laver sur place *(payant).* Terrasse sur le toit avec, sur demande, un barbecue. L'accueil est sympa, et le rapport qualité-prix convenable.

☗ ***Europa Hotel*** (plan C1, **13**) **:** *138 triq it-Torri (Tower Rd). ☎ 21-334-070. • europahotelmalta.com • Doubles avec sdb 20-60 € selon saison et confort (+ 10-16 € pour la vue) ; petit déj 5 €. 💻 📶 (payants).* Dans le genre hôtel sans âme en front de mer, l'*Europa,* à la façade toute bleue, offre un rapport qualité-prix intéressant, surtout hors saison. Mieux vaut toutefois ne pas être trop exigeant : si les chambres se révèlent d'un niveau de confort correct (salle de bains, TV et ventilo), elles sont en revanche dépourvues de déco, et assez sombres sur l'arrière (certaines se contentent de vitres dépolies). Choisir plutôt une chambre avec vue sur mer (géniale depuis les balcons), même si elles sont plus chères et que la rue peut s'avérer un peu bruyante.

Astra Hotel (plan C1, **14**) : *127 triq it-Torri (Tower Rd). ☎ 20-122-012 ou 20-122-341. • astrahotelmalta.com • Entrée sur Graham St. Doubles 35-80 € (+ 8-12 € avec vue) selon saison ; petit déj 5 €/pers. Réduc sur Internet.* L'annexe du *Preluna,* un établissement mitoyen de bonne catégorie, ne brille pas par la fantaisie mais se révèle convenable : chambres meublées simplement (type enseigne scandinave), avec literie et carrelage un peu vieux, mais propres. TV (pas d'AC). Là encore, la vue sur la mer des étages supérieurs vaut le supplément à payer. Accueil pro.

Très chic

The Palace (plan C2, **15**) : *High St. ☎ 21-333-444. • thepalacemalta.com • Doubles standard 90-170 € selon saison ; petit déj 14 €/pers. Dîner 25 €. Parking 2 €/j.* Au cœur de Sliema, un palace (comme son nom l'indique) de 8 étages, avec 160 chambres, dont des suites de différentes catégories. En gros, plus on monte dans les étages, mieux c'est, mais les premières chambres, aux niveaux inférieurs, sont déjà... parfaites. Resto au rez-de-chaussée *(The Tabloïd)* proposant tous les soirs un buffet à thème. Spa, fitness, sauna et, sur le toit, un autre restaurant (asiatique) et une piscine extérieure à débordement avec une vue imprenable sur Saint Julian's d'un côté et Floriana de l'autre. Super, si vous en avez les moyens !

Où manger ?

Bon marché (moins de 15 €)

Mint (plan C1, **41**) : *30-39 triq Stella Maris. ☎ 21-337-177. À l'angle de Windsor, face au front de mer. Tlj sf lun 8h (9h w-e)-19h.* Ambiance décontractée, un tantinet bohème, pour ce café jeune et coloré qui fait salle comble tous les midis. Le succès s'explique facilement : tous les jours, le présentoir regorge de nouveaux sandwichs originaux, de petits plats maison (lasagnes, cakes salés...) et de desserts bien caloriques ! Simple, bon, pas cher, et servi avec le sourire dans une salle guillerette ou sur la terrasse face à la mer. Très sympa.

Prix moyens (15-25 €)

La Cuccagna (plan C1, **40**) : *47 triq Amery. ☎ 21-346-703. Tlj sf lun 19h-minuit, plus le midi (sf sam) d'oct à mi-juin. Résa conseillée (pas possible sam).* Un bon et très sympathique resto familial. Des pâtes, bien sûr, excellentes, des pizzas (au brie...), des viandes en sauce, des burgers et des raviolis maison (au lapin), et du poisson frais, le tout servi dans un cadre rustique, agréable et climatisé. Belle sélection de vins. Excellent accueil. Une de nos adresses préférées, mais pensez à réserver (ou à arriver tôt) car de nombreux Maltais partagent notre enthousiasme !

Ta'Kris (plan C2, **43**) : *80 Fawwara Lane. ☎ 21-337-367. Fermé dim midi en été. Résa conseillée le soir.* Caché dans une ruelle de poche où ne tiennent que 4 petites tables en terrasse, ce resto convivial est un havre de paix et de fraîcheur (AC). La salle, une ancienne boulangerie, a conservé son cachet d'antan (vieux carrelage et grand four à pain) et ne manque pas de charme. Excellente cuisine familiale maltaise (lapin, *bragioli*...), préparée avec des légumes frais et généreusement servie, ce qui explique sans doute le grand nombre d'habitués. Sans oublier le service qui, même débordé, reste souriant. Une super petite adresse là encore.

|●| **Piccolo Padre** *(plan B1,* ***42****) : 195 triq it-Torri (Tower Rd). ☎ 21-344-875. Tlj midi et soir. Résa conseillée en saison pour être placé en terrasse.* Situé à la frontière de Saint Julian's, un resto italien pour amoureux où l'on s'installe sur une charmante terrasse dominant la baie... La salle aussi est agréable, avec ses murs en pierre et son éclairage tamisé. Dans l'assiette, une honnête cuisine proposant de bonnes pâtes, des pizzas appétissantes et autres salades fraîches, ainsi que des viandes grillées, le tout pas si cher que ça. Accueil et service un peu routiniers, mais ça reste l'un des bons rapports qualité-prix du coin. Le *Barracuda,* qui partage la même demeure, se veut lui plus classe : les vedettes du show-biz y font généralement incursion durant leur séjour maltais... en trustant les plus belles vues.

À voir

La promenade du front de mer : du débarcadère des ferries (en provenance de La Valette), on peut faire un grand tour à pied en longeant la mer par triq it-Torri. En chemin, on passe devant deux tours anciennes : *Sliema Point Tower (plan C1)* et *Saint Julian's Tower (plan B1).* Les bons marcheurs pourront continuer par les jardins de l'Indépendance jusqu'à Saint Julian's et la baie de Spinola.

Les vieilles rues de Sliema *(plan B-C1-2)* **:** des trois rues principales (triq Sir Adrian Dingli, triq Ghar id-Dud et triq Manoel Dimech) partent de nombreuses ruelles qui ont un certain charme, avec leurs maisons maltaises traditionnelles fermées sur leurs secrets. Parmi nos rues préférées : triq San Vincenz et triq San Duminiku. Mais il y en a bien d'autres. La jolie triq il-Katidral conduit à l'église Stella Maris.

Le fort Tigné *(plan D2-3)* **:** *à la pointe est de Sliema.* Restauré, il se dresse fièrement sur le promontoire de Dragut Point, du nom du fameux corsaire turc tué lors du grand siège de 1565 par les éclats d'un boulet de canon maltais. Construit en 1793 par le chevalier français de Tigné, ce fort fut le dernier ouvrage militaire des chevaliers. L'intégralité de la pointe est inaccessible depuis un certain temps : les immeubles y poussent comme des champignons.

Entre Sliema et La Valette

L'île et le fort Manoel *(Manoel Island ; plan B-C3)* **:** sorte de péninsule au cœur même du port de Marsamxett. Un pont y conduit, sur lequel passe une petite route que l'on prend depuis les quais de Sliema. Une grande partie de l'île est toutefois, elle aussi, inaccessible à cause de grands travaux. On ne peut donc voir le fort que de loin. À l'origine, cet îlot servit de quarantaine aux équipages des navires qui commerçaient avec l'Orient. Au temps des croisades et au Moyen Âge, c'est de ces contrées orientales que provenaient le plus souvent les épidémies de peste. Pour éviter que cette terrible maladie ne se répandît, les marins une fois arrivés au port de Marsamxett devaient attendre 40 jours sur l'île avant de débarquer sur la terre ferme. Ayant vocation hospitalière, les chevaliers de l'Ordre y installèrent le lazaret San Rocco en 1643, qui fut d'autant plus fréquenté qu'il était plus économique que ceux des autres ports. Le lazaret était encore actif au XVIIIe s, notamment pendant l'épidémie de peste qui ravagea Marseille en 1720. On peut aujourd'hui en voir les ruines. Quand on pense que jadis, autour du lazaret, on ne trouvait pas moins de six cimetières ! Autant dire que les épidémies n'étaient pas rares.
Le fort Manoel, toujours vaillant mais fatigué, fut quant à lui construit entre 1723 et 1732, à l'époque du grand maître Manoel de Vilhena (d'où son nom) par les chevaliers français de Tigné et Mondion. Son but était défensif. Il pouvait abriter un demi-millier d'hommes. Très endommagé pendant la Seconde Guerre mondiale, il est en cours de réaménagement.

À faire

Balades en mer

■ ***Captain Morgan :*** *Dolphin Court, Ix-Xatt Ta' Tigné (sur le front de mer). ☎ 23-463-333. • captainmorgan.com.mt • Embarcadère sur la promenade principale (quai triq Marina), entre triq Manoel Dimech et triq it-Torri, à 2 mn à pied du centre de Sliema.* Balade dans les ports de La Valette et des Trois Cités *(départs 10h30-15h30 ; env 16 €).* Et aussi des excursions à la journée autour de Malte avec baignade prévue dans le Blue Lagoon de Comino ou un tour en jeep à Gozo. En saison, fait tout de même un peu usine à touristes.

■ Le long du quai, d'autres compagnies, comme ***Luzzu Cruises*** *(📱 79-064-489 ; • officialluzzucruises.com •),* proposent le même type d'excursions à des prix similaires. Autre option, plus chic : ***Hera Cruises*** *(☎ 21-330-583 ; • heracruises.com •),* à bord de goélettes ; mais là, les tarifs sont nettement plus élevés.

SAINT JULIAN'S ET LE QUARTIER NOCTURNE DE PACEVILLE

7 700 hab.

◗ Pour le plan de Saint Julian's et Paceville, se reporter au cahier couleur.

Au nord-ouest de Sliema, le littoral maltais, rocailleux et très découpé, ne forme qu'une vaste agglomération « les pieds dans l'eau », mais aussi dans le béton. De la baie de Balluta à la baie de Saint-Georges, de la pointe de Spinola à la pointe de Dragonara, on trouve plus d'immeubles que de plages. Inutile de sortir masque et tuba, les seules sirènes de la côte se trémoussent sur les rythmes endiablés que distillent bars et boîtes de Paceville ! Amateurs de sorties nocturnes, ce secteur a été créé spécialement pour vous.

DU HILTON AUX DREADLOCKS DES TOURISTES : UN VRAI « MELTING-POTES »...

Saint Julian's est une station balnéaire dont le commerce touristique est la première activité. Au pied de la haute tour d'acier et de verre, dominant toutes les autres constructions, se trouve l'hôtel *Hilton* où sont venues des stars comme Madonna ou Brad Pitt. Ce symbole de l'hôtellerie 5 étoiles résume bien la tendance de la ville : attirer une clientèle internationale haut de gamme. Les grandes chaînes hôtelières de luxe sont déjà implantées là : *Westin, Corinthia, Méridien, Radisson, Intercontinental...*

Ce développement récent ne doit pas faire oublier les origines villageoises de Saint Julian's, comme en témoignent les petits bateaux de la baie de Spinola et quelques rues aux maisons basses de Paceville. Ce quartier est parallèlement devenu le haut lieu des écoles d'anglais à Malte. Résultat : une foule jeune et cosmopolite venue des quatre coins d'Europe. Dans la rue : stands de henné, de tresses africaines, dreadlocks, etc. Bref, quelques arpents de *world culture* en version maltaise.

Attention : les rues du centre sont parfois fermées à la circulation pendant le week-end. Il peut alors devenir difficile d'accéder à son hôtel en voiture.

Arriver – Quitter

➢ **La Valette-Saint Julian's :** *bus nos 12, 13, 14 et 24.*
➢ **Mdina-Mosta-Saint Julian's :** *bus nos 202 et 203.*
➢ **Ċirkewwa-Saint Paul's Bay-Saint Julian's :** *bus no 222.*
➢ **Sliema-Mosta-Għajn Tuffieħa :** *bus no 225.*
➢ **De l'aéroport :** *bus no X2.*

Adresses utiles

■ ***Banques :*** *2 agences* ***HSBC,*** *l'une triq Elija Zammit (plan couleur A1,* ***1****), à Paceville, l'autre triq San Ġorġ (angle triq Qaliet ; plan couleur A2,* ***1****), avec distributeur extérieur et bureau de change. 2 agences* ***Bank of Valletta,*** *l'une à l'angle de Dragonera et Paceville (plan couleur A1,* ***1****), l'autre à l'angle de San Ġorġ et triq Ross (plan couleur A2,* ***1****).*
@ **Primatel Call Centre** (plan couleur A1, **2**) **:** *triq Wilga, Paceville. Ouv 24h/24 ! Tarifs classiques.* Une incroyable batterie d'ordis, au débit correct, et possibilité d'appeler l'international à prix très bas.
■ ***Librairie Chaucer's*** *(plan couleur A1,* ***3****)* **:** *niveau 1, F8, Bay Street Hotel Complex, Saint George's Bay, Saint Julian's. Tlj 10h-22h.* Très bonne librairie moderne avec un grand choix. Vend aussi de nombreux magazines, dont quelques titres en français.

Où dormir ?

D'une manière générale, l'hébergement à Saint Julian's et Paceville tend plutôt vers le haut de gamme. Mais on vous a tout de même déniché quelques alternatives moins dispendieuses...

Bon marché

🏠 ***Hostel Malti*** *(hors plan couleur par A2,* ***15****)* **:** *41 Birkirkara Hill St. ☎ 27-302-758. • hostelmalti.com • Env 15-20 €/pers en dortoir de 6-12 lits selon saison.* 💻 📶 Une vraie AJ à Malte ? Colorée ? Fraternelle ? Avec un authentique esprit routard et toutes les petites choses qui garantissent un séjour convivial (une cuisine équipée, un salon accueillant, une terrasse sur le toit avec banquettes et barbecue) ? Bienvenue au *Malti,* qui remplit tous les critères avec la manière ! Dortoirs simples mais sympas, et sanitaires bien tenus. Un bon plan, d'autant que Spinola Bay n'est qu'à 15 mn à pied !

De prix moyens à un peu plus chic

🏠 ***Hotel Alfonso*** *(plan couleur A2,* ***11****)* **:** *triq il-Qaliet. ☎ 21-350-053. • alfonsohotel.com • Doubles env 30-85 € selon saison, avec petit déj ; supplément de 10 € pour une terrasse ou l'AC.* Hôtel familial et de taille humaine proposant un honnête rapport qualité-prix. Situé dans une rue en retrait de la voie principale (très passante), il renferme des chambres simples et sans charme, mais propres, équipées de ventilo, douche, w-c et balcon (vue sur la baie de Spinola pour les supérieures). Attention, quelques-unes sont aveugles. Terrasse sur le toit pour profiter du panorama sur Saint Julian's. Bon accueil.
🏠 ***Ir-Rokna Hotel*** *(plan couleur B2,* ***14****)* **:** *Church St. ☎ 21-384-060. • roknahotel.com • Doubles 50-100 € selon saison, avec petit déj ; également de grandes chambres familiales (4 pers) avec kitchenette.* 💻 📶 Bien situé devant l'hôtel *Hilton,* ce petit hôtel familial propose des chambres classiques bien tenues, confortables, avec ou sans balcon (supplément), toutes climatisées (pour le même prix), avec salle de bains, TV (satellite) et téléphone. Bruyant toutefois le week-end, quand les jeunes sortent de boîte. Ambiance bon enfant et accueil souriant. Excellentes pizzas et *lampuki* au resto de l'hôtel. Bref, un bon rapport qualité-prix.

LES ENVIRONS DE LA VALETTE

Chic

Hotel Valentina *(plan couleur B1, **13**) : triq Schreiber. ☎ 21-382-232 ou 21-382-406. • hotelvalentina.com • Doubles env 50-110 € selon saison, avec petit déj-buffet (promos fréquentes) ; également des familiales. 10 % de remise au resto* The Avenue *(voir plus loin « Où manger ? »). Parking.* Situé en plein cœur de Paceville mais dans une rue relativement préservée de l'agitation, ce bel établissement proche du concept de « boutique-hôtel » est une bonne surprise avec sa réception accueillante, au design élégant et coloré. Les chambres sont dans le même esprit, contemporaines, colorées et de très bon confort. La moitié donne sur la rue, l'autre sur la cour intérieure, et certaines disposent de balcons. Vraiment une très bonne adresse, et un excellent rapport qualité-prix hors saison.

Très chic

Hotel Juliani *(plan couleur A2, **12**) : 12 triq San Ġorġ. ☎ 21-388-000. • hoteljuliani.com • Doubles env 80-160 € selon saison. Parking.* C'est le bel hôtel du secteur : déco contemporaine soignée, chambres élégantes et tout confort, piscine de charme sur le toit, et un accueil impeccable. Le tout face à la jolie Spinola Bay... et à la très passante triq San Ġorġ. Mieux vaut loger sur l'arrière si on est sensible au bruit.

Où manger ?

Dans la baie de Spinola

Bon marché (moins de 15 €)

Dick's Bar & Café *(plan couleur A2, **20**) : 150 triq San Ġorġ. ☎ 21-350-091. Tlj sf mer 8h-minuit.* C'est un petit snack-bar à l'angle de 2 rues passantes et bruyantes, avec une terrasse de poche plus tranquille sur l'arrière. Il n'a rien de particulier, sauf qu'il est resté modeste et bon marché dans un quartier où le moindre resto se donne des airs de grandeur. Impeccable pour caler une petite faim : sandwichs, burgers, salades, omelettes, pâtes et boissons fraîches. Sans prétention et sympa, comme l'accueil.

1927 tal-Każin *(plan couleur A2, **22**) : triq San Ġorġ. ☎ 21-354-361. Ouv tlj sf lun.* Le restaurant du *Saint Julian's Band Club,* fondé en 1927, fait face au port de Spinola, côté rue. Vous pourrez vous installer dans la petite salle fraîche ou sur l'agréable terrasse ombragée par des arcades. Moules sautées, *bragioli,* lapin à l'ail et au vin blanc, on sert ici une cuisine maltaise traditionnelle sans chichis mais bonne, à des prix raisonnables, et dans un cadre authentique. Ambiance familiale et populaire très sympa.

Gochi *(plan couleur A2, **28**) : 148 triq San Ġorġ. ☎ 21-382-411. Tlj sf lun 12h-15h, 17h-23h.* De l'extérieur, on ne voit que le comptoir de vente à emporter, toujours très fréquenté. Mais tout au fond, au calme, on découvre une salle conviviale à la déco asiatico-bohème sympa comme tout : des calligraphies marrantes sur les murs, du bambou au plafond, et en guise de mobilier, des tables basses et des coussins pour s'asseoir par terre, à moins de préférer le divan plus cosy. Impeccable pour déguster dans la bonne humeur sushis, sashimis et autres makis préparés à la commande et d'une grande fraîcheur. Accueil décontracté.

De prix moyens à chic (15-35 €)

Paparazzi *(plan couleur A2, **23**) : triq San Ġorġ. ☎ 21-374-966. Tlj 9h30-minuit. Résa à l'avance conseillée pour une table en terrasse, près de l'eau.* Malgré la proximité de la rue (très passante), la belle terrasse vaut le détour pour sa vue dégagée sur la baie de Spinola. Également une salle élégante et branchée avec lustres et tableaux.

L'autre avantage, c'est qu'on peut y manger à toute heure (plats copieux, service un peu débordé) sandwichs, pizzas, salades, pâtes, burgers, steaks, et même des petits déj. Bien aussi pour boire un verre (voir plus loin).

Gululu *(plan couleur A-B2,* **25***) : Spinola Bay. ☎ 21-333-431. Tlj 11h-23h.* C'est sans doute le plus bel emplacement du secteur, directement sur le quai et largement à l'écart des voitures. Très romantique le soir (à condition d'être à l'extérieur) ! Et comme la cuisine se révèle simple mais tout à fait honorable (essentiellement des spécialités maltaises familiales à base de poisson frais à choisir sur l'étal, ou de lapin), on ne regrette pas l'attente (car, mieux vaut le savoir, c'est très apprécié des locaux et des touristes, et par conséquent souvent bondé).

Peppino's *(plan couleur A2,* **21***) : 31 triq San Ġorġ. ☎ 21-373-200. Tlj sf dim 12h-15h, 18h30-23h.* Une institution fréquentée par les figures locales, les touristes en voyage de noces et parfois quelques stars en goguette. Du coup, ça peut paraître un peu surfait pour le prix (pas donné) de la cuisine italienne que l'on vous sert. Réservez, surtout si vous lorgnez sur l'une des rares tables de la miniterrasse.

À Paceville

Bon marché (moins de 15 €)

Fluid' *(plan couleur A1,* **24***) : au niveau 2 du centre commercial du* Bay Street Hotel Complex. *☎ 23-722-020. Tlj jusqu'à minuit (1h sam).* Toujours dans ce grand centre commercial, repaire des fêtards qui ne veulent pas se casser la tête, sauf sur le béton de Paceville. Sorte de cafétéria US, avec une grande terrasse et des écrans géants. On y mange à peu près bien à prix raisonnables. Salades, pâtes, pizzas, steaks et plats aux noms d'États américains...

De prix moyens à chic (15-35 €)

The Avenue *(plan couleur A2,* **26***) : triq Gort. ☎ 21-351-753. Fermé dim midi.* De loin, le meilleur rapport qualité-prix-espace du quartier. C'est une sorte de multiresto moderne composé de plusieurs salles alignées le long de la rue, avec une terrasse pimpante, beaucoup de bois et des couleurs contemporaines. Service efficace. Cuisine simple, fraîche et bien préparée : pâtes, salades, viandes grillées, poissons, pizzas. Beaucoup de familles avec leurs enfants, c'est bon signe. Souvent plein, donc mieux vaut y venir en début de service.

Gozitan *(plan couleur B1,* **27***) : 57 triq Paceville. ☎ 27-864-626. Tlj midi et soir.* Dans un décor de bistrot, des spécialités de Gozo originales mais pas spécialement bon marché. Ragoût de poulpe, lapin frit à l'ail (de Gozo !), cailles, raviolis maison, plateau gozitan (pour 2), tout ici est 100 % Gozo – même les pommes de terre qui accompagnent les plats. Voilà l'occasion de tester la manière culinaire de l'île voisine dans un cadre simple et agréable. Soupe et salade (buffet) sont compris avec chaque plat. Bon accueil.

Où fumer une chicha ?

Plush *(plan couleur A1,* **40***) : triq San Ġorġ, face à la pl. centrale.* L'un des bars les plus animés de Paceville, *Plush* s'ouvre par une belle et grande terrasse où chaque table dispose d'une pipe à eau. En toile de fond, joli bar changeant de couleur et bonne musique house qui fait bouger les pieds. Pas de piste de danse, mais toujours beaucoup d'ambiance.

Où boire un verre ? Où danser ?

Paceville est la capitale de la vie nocturne maltaise. Bars et boîtes se regroupent dans un rayon de 200 m en descendant vers le *Bay Street Hotel*

Complex, un centre commercial vieillissant mais toujours florissant. Beaucoup, beaucoup de jeunes (16-25 ans), sortis des écoles de langue, gravitent autour du ***Footloose***, de l'***Empire*** et du ***Havana*** *(plan couleur A1, **44**)*. Parmi les adresses les plus branchées, ce sont ***Nordic*** (un bar tendance à la scandinave) et ***Native*** qui tirent leur épingle du jeu : archibondés et inondés de décibels !

🍷 ***Paparazzi*** *(plan couleur A2, **23**)* **:** *triq San Ġorġ. ☎ 21-374-966. Tlj de 10h jusque tard...* L'une des plus belles terrasses de Saint Julian's, idéale pour boire un verre au coucher du soleil, face à la baie de Spinola. Fait aussi resto (voir « Où manger ? »).

🍷 ♫ ***The Qube Vodka Bar*** *(plan couleur A1, **41**)* **:** *Saint George St, Paceville. ☎ 21-371-944. Tlj de 20h jusque tard dans la nuit.* Il s'agit du seul bar à vodkas de Malte. Environ 60 sortes de vodkas au bar, avec même des *vodka jellies* pour les curieux et d'autres aromatisées avec de célèbres marques de barres chocolatées...

🍷 ♫ ***Hard Rock Café*** *(plan couleur A1, **45**)* **:** *niveau 2,* Bay Street Hotel Complex, *Saint George's Bay.* ☎ *23-722-250.* Désormais aussi international (et classique) qu'un Disneyland, avec des souvenirs de quelques vedettes accrochés aux murs. Organise parfois des soirées.

À voir

Spinola Bay *(baie de Spinola ; plan couleur A-B2)* **:** cette petite baie très abritée, où mouillent quelques bateaux de pêche, barques et croquignolets *luzzu*, constitue un point névralgique de l'animation de Saint Julian's, aux rues bordées par des dizaines de restaurants et de cafés. Quelques maisons de pierre et hangars à bateaux creusés dans le roc demeurent au milieu des rangées d'immeubles modernes. Écrasé sous le soleil estival dans l'après-midi, Saint Julian's s'anime à partir de 17h, quand la température s'adoucit. En soirée, bouchons fréquents, provoqués par une intense circulation dans un réseau routier inadapté. Au cœur de la nuit, l'animation change de centre de gravité et se déplace vers la rue des boîtes à Paceville.
La baie porte le nom de Rafael Spinola, un chevalier génois, qui s'était fait construire un palais dominant de loin la petite anse. Situé à l'angle de triq Spinola et de triq San Ġorġ, le ***palazzo Spinola*** est une splendide demeure en globigérine (la fameuse pierre calcaire couleur de miel) de 1688 qui servit d'hôpital militaire pendant la Première Guerre mondiale.

***Paceville* :** situé entre la baie de Spinola et Saint George's Bay, Paceville fait partie de Saint Julian's, mais s'en distingue par sa multitude de commerces (cafés, pubs, restaurants, fast-foods, discothèques, magasins de mode, galeries commerciales...). Ce haut lieu de la vie nocturne maltaise concentre surtout son animation dans les rues Ball et Paceville. Aux abords du grand carrefour (place) où se rejoignent les rues San Ġorġ, Elija Zammit et Dragonara, ce n'est qu'une ribambelle de discothèques et de bars dansants. Le week-end, des foules de jeunes envahissent la chaussée où les voitures ne peuvent même plus se frayer un chemin. Et ça dure jusqu'à l'aube. Toute la rue est alors devenue une gigantesque boîte. Impressionnant !

Dragonara Point *(pointe Dragonara ; plan couleur B1)* **:** son nom lui viendrait du rugissement de la mer qui pénètre ici dans des grottes souterraines à forte pression et qui ferait penser à un dragon ! Quoi qu'il en soit, cette pointe de terre accueille aujourd'hui le plus beau casino de Malte et le complexe hôtelier de 300 chambres du *Westin Dragonara Resort.*

Saint George's Bay *(baie de Saint-Georges ; plan couleur A1)* **:** une petite plage de sable artificielle (le sable vient de Jordanie !), bordée par une promenade, souligne le fond de la baie. Elle est dotée d'un système de filtration de l'eau pour assurer une bonne qualité de baignade. Cela ne fait pourtant pas oublier l'urbanisation alentour, d'autant qu'une bonne partie de l'arène est squattée par les chaises longues de l'*Intercontinental.* Noir de monde en été.

L'EST

L'est de Malte recèle moins de vestiges culturels et historiques que d'autres coins de l'île et ne présente pas le bord de mer le plus attrayant (port de commerce de Birżebbuġa et urbanisation un peu anarchique à Marsaskala). Mais on y trouve quand même quelques raisons d'y faire un tour, à commencer par l'hypogée de Hal Saflieni (entre les Trois Cités et la côte), classé au Patrimoine mondial de l'Unesco, tout comme le site archéologique de Tarxien. Et, pour l'ambiance : le port de pêche de Marsaxlokk, clairsemé de *luzzu,* ces petites barques maltaises toutes colorées.

TARXIEN

7 600 hab.

Entre les Trois Cités et la ville de Żejtun, à environ 5 km au sud-est de La Valette, Tarxien est une sorte de gros village qui s'est peu à peu aggloméré à la grande conurbation maltaise. Depuis la découverte et la mise en valeur, en pleine ville, d'un site datant du Néolithique, son nom est devenu synonyme d'archéologie. Si les apprentis chercheurs risquent de s'enflammer volontiers, les autres se plaindront du manque d'explications sur place et lui préféreront sans doute les temples de Ħaġar Qim et de Mnajdra, plus spectaculaires et situés dans un environnement plus grandiose.

Arriver – Quitter

➢ ***De/vers La Valette :*** *bus nos 81, 82, 84 et 85.*

Où dormir ?

☗ ***The Burrow B & B :*** *3 Alley 4, Saint Mary St.* 📱 *99-493-360. • theburrowmalta.com • Situé dans un renfoncement sur Saint Mary St. Doubles 50-80 € selon saison, avec petit déj. Table d'hôtes sur résa env 10-15 €.* Du charme à revendre ! Si la maison porte bien ses 400 ans, avec ses salles voûtées, sa courette intérieure adorable et sa belle terrasse, la déco n'est pas en reste : des meubles anciens, de jolis bibelots, et une atmosphère chaleureuse entretenue par les sympathiques propriétaires (le piano ne fait pas de la figuration mais sert à l'occasion de soirées piano-bar !). Et les chambres ? De caractère et de bon confort (AC en sus), elles ne déçoivent pas. Impeccable.

L'EST

L'EST

À voir

Le site archéologique de Tarxien : *triq it-Templi Neolitici. ☎ 21-695-578. • heritagemalta.org • Situé au cœur même de la ville de Tarxien. C'est indiqué depuis La Valette. Tlj 9h-17h (dernière admission 16h30). Fermé Vendredi saint et pdt les fêtes de fin d'année. Entrée : 6 € ; réduc.*

De tous les sites archéologiques de Malte, Tarxien n'est pas le plus impressionnant au premier abord, loin s'en faut, mais c'est sans doute le plus complexe. Autant dire qu'il s'adresse principalement aux férus d'archéologie, d'autant que toutes les pierres sculptées du site sont désormais des copies : les originaux sont exposés au musée national d'Archéologie de La Valette. C'est aussi pour cette raison que l'on a trouvé l'intérêt de cette visite un peu limité. Étendu sur un terrain d'un demi-hectare, le site comprend quatre structures mégalithiques principales datées de 3600 av. J.-C., donc bien avant l'arrivée des Phéniciens (vers 800 ans av. J.-C.). Les temples sont, eux, plus précisément datés de 3100-2500 av. J.-C. Mais il n'est pas exclu que ces datations soient encore affinées dans l'avenir, sachant qu'elles ont déjà été modifiées...

Dommage qu'il ne reste plus grand-chose des temples... Il vous faudra donc apprendre à décrypter les pierres étalées de-ci, de-là. Ne manquez pas les gros boulets de pierre entassés sous un arbre près de l'entrée, ils ont sans doute servi à mouvoir les plus gros blocs comme une espèce de roulement à billes géant ! Remarquez ensuite le dessin irrégulier de l'architecture. Les archéologues y voient un ensemble de quatre temples juxtaposés, dont trois plus aisément identifiables. Vu de haut (il faudrait un hélico !), le dessin fait songer à des trèfles emmêlés. L'un d'eux ne compte pas moins de six chambres. Dans le temple sud, remarquer l'entrée monumentale (trop visiblement restaurée...) et ses énormes dalles. Les vestiges d'une statue colossale (copie), qui devait mesurer près de 3 m de haut, représentent une divinité. Les spécialistes pensent que ce temple était sans doute l'un des plus richement décorés de la préhistoire maltaise. Observer ici et là les motifs sculptés sur la pierre. Ils représentent des spirales aux formes harmonieuses que les spécialistes relient à la culture mycénienne grecque. Des traces de feu indiquent peut-être des crémations ayant eu lieu à l'âge du bronze. Au fil de la promenade, on peut voir une table d'offrandes, de petits autels, un âtre circulaire. Dans une chambre du mur entre le temple sud et le temple central, ne loupez pas le bas-relief représentant deux taureaux et une truie en train d'allaiter 13 porcelets.

DANS LES ENVIRONS DE TARXIEN

L'hypogée de Hal Saflieni : *Hal Saflieni St, à* ***Paola.*** *☎ 21-805-019 ou 21-825-579. Bus n°s 81 à 85 et 91 à 94 depuis La Valette. Ouv tlj. Visite (audioguidée) ttes les heures 9h-16h. Fermé Vendredi saint et pdt les fêtes de fin d'année. ATTENTION, RÉSA IMPÉRATIVE : le site respecte un quota de slt 80 visiteurs/j. (10 visiteurs à la fois), il faut donc réserver le plus tôt possible (jusqu'à plusieurs sem avt !) sur Internet : • heritagemalta.com • Les billets se retirent le jour même à la caisse de l'hypogée. Être ponctuel, au risque de perdre sa place. Tarif : 30 € ; réduc. Enfants de moins de 6 ans non admis. Photos et films interdits. À NOTER : les places des visites de 12h et 16h restent accessibles en dernière minute ; achat des billets la veille dès 9h (mais mieux vaut se présenter dès... 7h30 pour être en bonne place dans la queue !), soit au musée des Beaux-Arts de La Valette, soit au musée d'Archéologie de Gozo, selon le principe du 1er arrivé, 1er servi ; prix : 35 € !*
Ce site un peu mythique est sans doute celui qui suscite le plus de questionnements... Il fut découvert par hasard autour de 1899 par un maçon qui creusait les fondations de sa maison. Mais il mit 3 ans à en parler, laissant ainsi quelques détails disparaître ! Zamit, le père de l'archéologie maltaise, confie alors les fouilles au père jésuite Magri, avant de reprendre lui-même la direction des opérations. Il émet l'hypothèse que le site a été colonisé par des paysans siciliens 5 000 ans av. J.-C., pour accueillir, quelque deux ou trois millénaires plus tard, cet hypogée, qui consiste en un cimetière et un temple. L'ensemble s'étage sur trois niveaux, jusqu'à 11 m de profondeur, et forme un fascinant labyrinthe de galeries et de chambres agrandi en fonction des besoins : dès qu'une chambre était remplie de sépultures, on construisait la suivante. Les spécialistes ont retrouvé dans sa construction de l'albâtre d'Italie, des pierres des îles de Lipari et de Pantelleria, ainsi que des pigments siciliens dans les peintures rupestres. On estime à 7 000 le nombre de sépultures probables. Certains ossements retrouvés à Hal Saflieni dateraient de 3 500 ans avant l'ère chrétienne.
Après une intéressante introduction (film de présentation ainsi qu'une courte exposition historique), la vraie visite commence : elle se fait en 10 étapes, au gré d'éclairages *ad hoc* et des commentaires de l'audioguide... Plus il descend en profondeur, plus le visiteur avance dans la pénombre. Le mystère s'accroît. On découvre enfin une ***chambre des oracles,*** sorte de cavité rocheuse et obscure percée de petites ouvertures et encore ornée de vestiges de décorations. Vous noterez que seuls les sons graves y émettent un vibrato, pas les aigus.
Puis c'est le ***Saint des Saints,*** une superbe et émouvante chambre sculptée comme une construction mégalithique, presque en trompe l'œil. Du Saint des Saints, plongez donc votre regard dans la chambre inférieure. Bizarrement, les

marches s'arrêtent à environ 2 m du sol. Comment accéder à la porte qui se trouve en face, alors ? Le sol était-il recouvert de terre et d'ossements ? Difficile à savoir... Enfin, voir la ***pièce principale,*** très belle aussi, ouverte sur les côtés et sculptée par endroits : on dirait la place d'un village souterrain. On comprend alors beaucoup mieux que cet hypogée était destiné à assurer le cycle éternel de la vie et de la mort. Il existerait d'autres hypogées de ce type à Malte, mais ils n'ont pas (encore) été mis au jour. En résumé, une visite certes onéreuse, mais intéressante, et à réserver au plus tôt !

Les caves Marsovin : *Marsovin Cellars, Wills St, à* ***Marsa*** *mais côté Paola. ☎ 21-824-918. • marsovin.com.mt • De La Valette, direction Paola et, au grand rond-point, au centre, tourner à gauche vers les quais (triq Telgħet Raħal Ġdid). C'est à 200 m sur la droite. Les caves se trouvent près des anciens docks du port et se visitent slt jeu à 11h30 ou sur rdv (mieux vaut téléphoner quelques j. avt). Compter 1h15 de visite. Entrée : 10 €.* Les caves Marsovin sont installées dans des salles voûtées et fraîches construites en 1620, réaménagées au fil des siècles pour les besoins du commerce, puis adaptées à ceux de la viticulture par la famille Cassar. Maison familiale fondée en 1919, la société Marsovin est aujourd'hui à la tête de quatre domaines à travers l'île et un cinquième à Gozo. Réputés pour leur finesse, les vins de Marsovin proviennent de cépages variés : cabernet sauvignon, cabernet franc, merlot noir, chardonnay, syrah, etc. La visite comprend une dégustation des principaux vins de la maison.

MARSASKALA

9 300 hab.

Au sud-est de l'île, sur les flancs d'une anse profonde exposée au sirocco, ce port de taille moyenne garde un certain charme à condition de faire abstraction de l'urbanisation anarchique et galopante qui l'entoure. Le coin le plus agréable est justement le port avec ses dizaines de *luzzu* colorés. Les cafés et restos alignés sur les quais accueillent essentiellement un tourisme maltais, très familial. Marsaskala signifie « le port de l'escale ». Disons que celle-ci ne fait pas partie de nos favorites... mais elle n'est pas désagréable pour autant, surtout le soir venu, une fois la chaleur retombée.
En 1993, une fouille fut menée par 8 m de fond dans l'avant-port de Marsaskala. Les plongeurs maltais et français ont trouvé des amphores orientales et africaines, ainsi que des céramiques, le tout enseveli sous une bonne couche d'algues posidonies. Était-ce le chargement d'un navire naufragé ou une banale décharge antique due à l'inconscience écologique de l'époque ? Personne n'a encore su trancher...

Arriver – Quitter

➢ ***De/vers La Valette :*** *bus nos 91, 92, 93 et X5.*

Où dormir ?

Prix moyens

Summer Night Guesthouse : *24 Saint Anne St. ☎ 21-637-956. 99-443-079. • cutalex@onvol.net • Env 35-40 € pour 2 et 45 € pour 4 ; réduc à partir de 3 nuits. 10 % de réduc au pub du rdc pour les résidents (fermé lun ; même proprio).* Bien placée en surplomb du port, au-dessus du pub-resto du même nom, cette minirésidence propose des chambres avec coin cuisine et des studios avec kitchenette (si, si, il y a une différence entre cuisine et kitchenette !). Tous équipés d'une douche-w-c, de la clim (facturée en plus) et d'un balcon donnant sur le port. On vous conseille les chambres d'angle pour la vue. Ou alors de loger au 3e étage, où les chambres sont plus grandes et dotées de petites terrasses. Ascenseur. Entretien correct et bon accueil d'Alexander. En revanche, mieux vaut savoir que le coin n'est pas des plus calme, surtout le week-end en raison des nombreuses terrasses de cafés qui accueillent les familles en goguette !

Où manger ?

De prix moyens à chic (15-35 €)

Tal Familija : *triq il-Gardiel. ☎ 21-632-161. Tlj sf lun 12h-15h, 18h-23h. Menu maltais env 20 € (café inclus) ; autres menus 25-48 €.* Certes, ce resto est situé sur une artère passante et sa terrasse est banale... Alors, installez-vous dans la salle climatisée, avec ses belles nappes surmontées d'élégants verres à vin et ses tableaux aux murs. Passez-vous la serviette autour du cou, comme dans le temps, et écoutez le volubile patron, qui saura vous donner envie de déguster ses nombreuses spécialités maltaises. Bon rapport qualité-prix dès le premier menu. Goûtez donc les escargots, la purée de haricots ou les classiques lapin et *bragioli.* On vous conseille aussi et surtout le poisson, très bien cuisiné. Bref, on aurait bien tort de bouder cette *familja.*

Grabiel : *Mifsud Bonnici Sq, sur le rond-point face au port. ☎ 21-634-194. Ouv tlj (sf dim soir et lun midi pour la partie chic).* Bizarrement situé en plein carrefour, ce vaste resto au cadre moderne se partage entre une salle élégante et une brasserie plus populaire, prolongée par une large terrasse. Mieux vaut choisir cette dernière, la carte proposant, en plus de la pêche du jour et de très bonnes pâtes (notamment aux oursins), toutes sortes de snacks, salades, sandwichs, omelettes et pizzas (le soir seulement). On peut même y prendre un petit déj anglais le matin pour se mettre en jambes ou déguster un gros gâteau dans la journée tout en buvant un verre. On ne vient ici ni pour le cadre ni pour la qualité du service, variable, mais pour trouver de bonnes assiettes roboratives et économiques. Très familial et souvent bondé.

À voir

Les ruines du fort Saint-Thomas : une route côtière longe le rivage sud de la baie et aboutit à un grand complexe hôtelier à l'abandon. Juste devant se dresse le fort Saint-Thomas, restauré il y a quelques années *(pas d'accès).* Construit sous le grand maître Alof de Wignacourt en 1614 sur les plans de Cassar, l'édifice quadrangulaire est entouré de douves.

La baie de Saint-Thomas : *à env 2 km, au sud-est de la ville.* La plage de Saint-Thomas *(Saint Thomas' Bay)* occupe le fond d'une baie encerclée par des habitations modestes. Comme souvent à Malte, aucun arbre pour se mettre à l'ombre et beaucoup de monde en été. Au bout de la baie, un chemin mène à une petite crique de rochers calcaires où l'on peut glisser dans une eau limpide. Hélas, très peu de place pour poser sa serviette, et le coin n'est pas toujours bien entretenu.

ŻEJTUN

11 400 hab.

Situé sur le plateau rocailleux entre La Valette et la côte est de l'île, Żejtun signifie « pressoir à huile d'olive » (en arabe, *zeitun* veut dire « olive »). Charmante petite ville organisée autour d'une belle église baroque située sur une

place élégante. Dans le centre, de jolies façades et églises témoignent d'une certaine prospérité. Ambiance provinciale et (très) paisible, loin de l'agitation des bords de mer... un délice !

Arriver – Quitter

➢ ***De/vers La Valette :*** *bus nos 81, 82, 84 et 85.*

Où dormir ?

The Pink Shack : *12 sqaq San Isidoru. 79-261-400. • bedandbreakfast.com/fr/malta-zejtun-the-pink-shack.html • Doubles env 65-80 €. Min 2 nuits.* Une perle rare, perdue au cœur d'un labyrinthe de ruelles pittoresques qui ne laissent rien deviner. Car derrière une façade anodine, on découvre une maison rénovée avec art : plafonds voûtés et vieux murs (400 ans !) s'accommodent à merveille d'une verrière moderne et de larges baies vitrées, qui annoncent une déco soignée mêlant harmonieusement l'ancien et le moderne. Les chambres, plus classiques, sont cosy et parfaitement tenues par des hôtes attentionnés (accueil à l'aéroport, un bon petit déj servi tard si nécessaire...). Dernier argument de poids : une adorable piscine dans la cour intérieure. Super !

Où boire un verre dans les environs ?

Bars du Saint Mary's Musical Club et du Saint Joseph Club : *à Għaxaq, sur l'élégante pl. de l'église, à droite quand on est en face du porche. Généralement de 16h au dernier client (tte la journée dim).* Contrairement à sa façade luxueuse digne d'un palais (voir encadré plus loin), l'intérieur du bar présente moins de caractère, malgré quelques vitraux notables. Au rez-de-chaussée, les membres, en tee-shirt et espadrilles, disposent d'une buvette, d'un écran géant pour les retransmissions sportives et de 2 billards (dont un *snooker* accessible aux non-membres) placés sous la protection de sainte Marie. Atmosphère ! Même si les habitués semblent indifférents à votre présence, ils ne sont pas hostiles aux visiteurs qui sont toujours les bienvenus, comme partout dans les clubs musicaux maltais. Si vous trouvez porte close, vous pourrez vous rabattre sur le *Saint Joseph Club* voisin, très complémentaire du premier si l'on en croit la lecture de la Bible... Et somme toute encore plus beau !

À voir

Saint Catherine's Church *(église paroissiale Sainte-Catherine)* **:** édifiée par Lorenzo Gafà en 1692, cette église baroque répond au plan habituel (coupole centrale et dômes latéraux). À l'intérieur, plusieurs chapelles abritent des peintures religieuses. Le chœur possède un maître-autel en marbre. Toiles et fresques, ors et tentures framboise, baldaquin à l'identique, lustres en cristal... On n'a pas dit lourd, on l'a juste pensé ! Par le transept de gauche ou par la petite place, on peut accéder à un charmant oratoire du XVIIIe s.

Saint Gregory's Church *(église Saint-Grégoire)* **:** *derrière l'église Sainte-Catherine, prendre la triq San Grigor et la suivre jusqu'à l'église du même nom. Attention, ce n'est pas la 1re mais la 2de (à env 500 m) ! Ouv tlj pour la messe, mat (vers 9h) et soir (vers 18h30).* Construite en 1436, remaniée au fil des siècles, elle conserve néanmoins son apparence fortifiée. L'endroit, stratégique, permettait

aux soldats de prier tout en surveillant la côte ! En cas d'alerte, un garde adressait des signaux lumineux aux hommes de Mdina, la capitale de Malte. Des passages secrets étaient creusés dans ses murs pour en assurer la défense. Ils débouchent sur les toits. En 1969, lors de fouilles, on a retrouvé une vingtaine de squelettes.
– Derrière l'église, plusieurs maisons anciennes, notamment dans la rue Luqa-Briffa.

DANS LES ENVIRONS DE ŻEJTUN

Għaxaq : *à 2 km env du centre de Żejtun.* Għaxaq est une petite bourgade paisible où les papis se retrouvent sur le parvis de l'église Saint Mary pour prendre le frais. Rien de bien spectaculaire à voir, hormis le *Saint Mary's Musical Club* et son voisin, le *Saint Joseph Club* (voir plus haut « Où boire un verre dans les environs ? »). Le *Saint Mary's Musical Club* n'est pas le seul à être hébergé dans un beau monument. Son voisin, le *Saint Joseph Club,* est installé lui aussi dans un petit palais construit par des bénévoles. Son surnom : « Il-Meravilja ». Fondé en 1874 du temps de la colonie anglaise, ce club musical abrite une très belle cage d'escalier surmontée d'une coupole où sont peints des portraits de quelques grands noms de la musique classique. Dans la salle cohabitent un home cinéma et une statue de saint Joseph. Comme au *Saint Mary's Musical Club,* on peut y boire un verre en s'imprégnant de la véritable identité maltaise.

CE N'EST PAS DU PIPEAU !

Au lieu d'un local en préfabriqué, les membres du Saint Mary's Musical Club *ont bâti un édifice proche des palais de la Renaissance. Rien que ça ! Tout semble ancien mais, en réalité, c'est une copie. De 1985 à 2002, le chantier s'est fait à la main avec des outils d'un autre âge et quelques machines. Résultat : une façade digne des papes Borgia, des balcons sculptés comme à l'époque de l'Italie impériale, des colonnes torsadées comme en Sicile. Ni ciment ni béton, rien que du marbre et du calcaire acheminé par centaines de tonnes depuis les carrières de l'île.*

MARSAXLOKK

Ancré sur la façade orientale de l'île, à 12 km au sud-est de La Valette, ce petit port vit de la pêche artisanale et un peu du tourisme. Son nom aux sonorités étranges (prononcer « Marsachlok ») signifie « la baie du sirocco ». En effet, quand ce vent torride venu du désert d'Afrique souffle, la baie, orientée au sud-est, est frappée avant le reste de l'île.
Mais venez donc voir cet adorable petit port où flotte une ribambelle de *luzzu,* ces barques colorées qui portent sur leur coque un œil peint à la proue pour chasser le mauvais sort. Jolies photos garanties ! Un seul bémol : cette centrale électrique, au fond de la baie, qui trouble un peu cette belle image de carte postale.

UN PEU D'HISTOIRE

Cette partie du littoral étant plutôt basse et facilement accessible par bateau, l'homme l'a profondément marquée. Les premiers Phéniciens débarquent dans cette baie au IXe s av. J.-C. avant d'installer des comptoirs sur l'île. Plus tard, ce sont les navires de l'Empire ottoman qui accostent à Marsaxlokk et gagnent Vittoriosa pour affronter les chevaliers de l'Ordre.

Arriver – Quitter

➢ ***De/vers La Valette :*** *bus nos 81 et 85.*

Où dormir ?

Duncan Guesthouse : *32 xatt is-Sajjieda. ☎ 21-657-212. • duncanmalta.com • Doubles env 45-55 € ; possibilité de petit déj.* Stratégiquement situé sur le port au-dessus du resto du propriétaire, ce petit établissement est un point de chute impeccable : propre et moderne, il rassemble une dizaine de chambres et de studios simples et fonctionnels, au rapport qualité-prix indéniable (clim, TV et frigo pour tout le monde, cuisine pour certains, machine à laver à disposition). Tous (sauf un) possèdent un balcon, mais la grande terrasse sur le toit est parfaite pour observer le retour des pêcheurs ! Accueil sympathique.

Où manger ?

De prix moyens à chic (15-35 €)

La Capanna : *60 xatt is-Sajjieda. ☎ 21-657-755. Devant le port. Tlj sf lun, midi et soir.* Voilà sans doute l'une des meilleures adresses du secteur. Et pourtant, aucun orgueil dans cette petite salle, aucune fatuité dans le décor. On y sert des poissons, bien sûr (détaillés à la carte et présentés frais sur un plateau), mais aussi des calamars à l'ail et autres bons petits plats maltais mijotés, comme le ragoût de poulpe. En accompagnement, des légumes de saison, préparés à l'huile d'olive, un régal. Et pour attendre, quelques mini-*bruschette* sont offertes. Ceux qui veulent limiter les frais choisiront les pâtes. Très apprécié des locaux.

Tartarun : *xatt is-Sajjieda. ☎ 21-658-089. Au début du quai. Fermé dim soir et lun.* La table de référence de la ville fait le plein de louanges pour la qualité du service, à la fois pro et souriant, pour son cadre élégant et pour sa cuisine essentiellement tournée vers la mer, fraîche et élaborée avec soin (poisson préparé devant les convives, homards et langoustes provenant du vivier...). Une belle adresse pour se faire plaisir... mais mieux vaut ne pas être trop pressé.

À voir. À faire

Le marché aux poissons : *dim mat slt (jusqu'à 14h), sur les quais.* On y trouve évidemment des poissons, mais aussi des fruits et des légumes.

Le marché quotidien : *tlj jusqu'à 14h, sur les quais aussi.* Une brochette d'échoppes vendant dentelles, vêtements et souvenirs pour touristes, parfois made in... très loin de Malte.

DANS LES ENVIRONS DE MARSAXLOKK

Le fort Saint-Lucien : *à 600 m du port, en suivant le front de mer vers le sud.* Construit en 1610, le fort servit à la défense de Malte lors de l'invasion par les troupes napoléoniennes en 1798. Il est occupé aujourd'hui par un centre de recherches marines.

La crique de Peter's Pool : *à 3 km env à l'est. Pour y accéder depuis Marsaxlokk, prendre la route de Marsaskala, tourner à droite vers Delimara Point au croisement de l'église carmélite, puis prendre toujours à main droite avec la grande cheminée en ligne de mire, enfin tourner à gauche au panneau « Peter's Pool » en suivant un chemin très cahoteux. On peut se garer par là ou aller jusqu'au petit parking, 300 m plus bas, mais attention le w-e c'est un peu difficile, car les voitures ne peuvent pas se croiser !* Jolie route en tout cas avec des murs de pierre sèche, des lauriers-roses et de jolies maisons restaurées... Quant au site lui-même, il s'agit d'une grande anse bien formée soulignée par une sorte de vaste plate-forme naturelle et rocheuse toute blanche et très lumineuse, dans un recoin du rivage de la péninsule de Delimara. Aux heures obliques, le rebord rocheux offre un peu d'ombre ; sinon, rien. Cette « piscine de pierre » est vraiment très belle et ravira les amateurs de baignade tranquille en semaine ou hors saison. Malheureusement, l'eau est parfois souillée...

BIRŻEBBUĠA

8 700 hab.

À 3 km au sud de Marsaxlokk, Birżebbuġa est censée être une petite ville balnéaire, mais rien ne donne vraiment envie d'y séjourner. Ce site abrité a en effet été retenu pour construire, dans les années 1990, un port de commerce ultramoderne. Implanté sur le rivage de la pointe de Kalafrana, au sud-est, il s'agit d'un port franc *(free port)* qui forme aujourd'hui la première zone portuaire de Malte. D'autre part, du côté de Ħal-Far (West ?), l'autre *free port* à conteneurs, un village de tentes abritant des citoyens africains, rappelle que Malte est aussi une porte d'entrée en Europe pour les travailleurs immigrés, ce qui n'est pas sans poser quelques problèmes politiques. Bref, on ne peut pas dire que le coin soit très propice à la baignade, mais les amoureux de voyages au long cours pourront rêver en regardant les cargos en partance pour le bout du monde... Les autres prendront la jolie petite route, très mal carrossée mais praticable, qui relie Ħal-Far à Żurrieq : maisons et villas anciennes, murs de pierres sèches et cactus évoquent le Malte rural d'autrefois.

FROM YALTA TO MALTA !

Ne faites pas un détour exprès, vous seriez déçu. Mais si vous passez devant, entre Saint George's Bay et Pretty Bay, ralentissez devant cette stèle en pierre et en métal, de style vaguement abstrait, qui porte une inscription à la mémoire de George Bush (père) et de Mikhaïl Gorbatchev. Les deux présidents se retrouvèrent en effet les 2 et 3 décembre 1989 pour un sommet américano-soviétique au large des côtes maltaises. Mais en raison du mauvais temps, le bateau dut se rapprocher du port de Birżebbuġa, d'où l'érection de ce monument. « From Yalta to Malta ! », disent les Maltais, fiers que leur île ait été choisie pour symboliser la fin de la guerre froide.

➢ ***De/vers La Valette :*** *bus n° 82.*

– ***Marché :*** *jeu, sur Saint Catherine St.*

Plage

Pretty Bay : en plein cœur de la ville, cette plage de sable en arc de cercle est baignée par des eaux calmes et peu profondes. On y trouve toutes les commodités, cafés et restaurants, jeux pour enfants et parasols en location. Mais il faut aussi parler des silhouettes des porte-conteneurs, cargos et autres grues du grand port de commerce de Malte qui occupe la droite de la baie. À gauche, l'énorme centrale électrique de Marsaxlokk. Vous l'aurez compris, Pretty Bay n'est plus aujourd'hui aussi *pretty* que ça !

DANS LES ENVIRONS DE BIRŻEBBUĠA

La grotte et le musée de Għar Dalam : *à 1 km env du centre, en direction de Għaxaq, sur la gauche de la route. ☎ 21-657-419. • heritagemalta.org • Tlj 9h-17h (dernière admission 16h30). Fermé Vendredi saint et pdt les fêtes de fin d'année. Entrée : 5 € ; réduc.*
Extérieurement, on ne voit qu'une maison (musée) dans un joli paysage méditerranéen. Et pourtant, sous la colline s'étire la « caverne des Ténèbres » (Għar Dalam), comme l'ont surnommée les Maltais, formée il y a environ 2,5 millions d'années pour la partie la plus ancienne. C'est une rivière souterraine, typique des reliefs karstiques, qui a peu à peu affouillé la roche, formant une sorte de tunnel souterrain long de 144 m, où sont alignées quelques stalactites massives (bien mises en valeur). À l'époque glaciaire, davantage pluvieuse, les eaux ont charrié de nombreux cadavres d'animaux, qui se sont déposés sur le site.
Parmi les ossements, exposés à la manière d'un cabinet de curiosités dans le sympathique petit musée à l'ancienne mode, on a retrouvé des restes de daims noirs, d'ours bruns, de renards, de loups de petite taille et, surtout, d'hippopotames et d'éléphants nains. Ces animaux étaient parfois à peine plus grands qu'un gros mouton !
Ces découvertes prouveraient que l'île de Malte était autrefois rattachée à la Sicile (ou, tout du moins, que le bras de mer les séparant était beaucoup plus étroit) et que ces espèces venues d'Europe auraient abouti à pied sec ou à la nage dans ce « cul-de-sac » maltais, où elles tentèrent de s'adapter avant de disparaître.
Des preuves d'occupation humaine remontant à l'époque néolithique (vers 5400 av. J.-C.), avec l'arrivée d'éleveurs sur l'île, ont parallèlement été mises au jour. Ce sont les plus anciennes de Malte.

Playmobil Fun Park : *zone industrielle de Ħal-Far, au sud-est de l'île. ☎ 22-242-445. • playmobilmalta.com • Accès juste après le grand rond-point entre Gudja et Birżebbuġa. Tlj 10h-18h. Entrée : enfant 2,40 € ; adulte 1,20 € ; gratuit pour les adultes après 13h en sem (sf j. fériés et pdt vac scol) !* Tout d'abord, soyez prévenu : on entre par le magasin ! Paradis des enfants de moins de 10 ans, le parc aux allures de château médiéval a été aménagé contre l'usine *Playmobil* de Malte, en pleine zone industrielle (glauque). Grandes vitrines avec scènes complètes, bateau pour grimper dessus, zone spéciale pour les moins de 3 ans... toutes les dernières nouveautés de la marque sont à disposition.

ŻURRIEQ

9 800 hab.

Au nord-est de la *Blue Grotto,* ce gros bourg maltais s'étend dans un paysage aride et rocailleux, entre l'aéroport et la mer. Sa fête paroissiale, fin juillet, est très colorée. Peu de choses à voir, mais quelques belles maisons anciennes et un moulin plus ou moins restauré en vous promenant dans le dédale des rues du centre.
➢ ***De/vers La Valette :*** *bus nos 71 et 73.*
– ***Marché :*** *jeu, sur Main Sq.*

L'EST

À voir

L'église paroissiale Sainte-Catherine : *le mat jusqu'à 12h et le soir après 16h.* Édifiée au XVIIe s, plusieurs fois remaniée, elle est typique de ces églises baroques maltaises, avec une coupole centrale et trois dômes surmontant chaque bas-côté. Beaucoup de voûtes à caissons en bois doré. L'édifice abrite de belles peintures de Mattia Preti, qui vécut à Żurrieq pendant la grande peste de 1676. L'artiste habitait au 4 triq il-Fjuri (rue des Fleurs).

Le palais de l'Armurerie : *descendre la triq Mons. Pietru Pawl Saydon puis, presque en face, dans le grand virage, prendre la triq il-Ħaddiema, qui conduit à ce palais de la fin du XVIIe s, à 100 m sur la gauche.* Il servit d'armurerie du temps de l'Ordre. C'est aujourd'hui une résidence privée.

La chapelle Ħal Millieri (chapelle de l'Annonciation) **:** *à l'extérieur de Żurrieq, à env 1 km au nord-ouest, le long d'une petite route de campagne (panneau côté gauche sur la route de Kirkop/La Valette). Le 1er dim du mois 9h-12h.* Construite vers 1450, elle est située dans un enclos planté de cyprès et bordé par des murs de pierre. Très mignon, mais on peut juste l'apercevoir lorsque la grille est fermée. À l'intérieur, belles peintures murales et curieux fonts baptismaux réalisés à partir d'un pressoir à olives.

LE SUD

Ici, on est « aux antipodes » du Nord-Est de l'île, au propre comme au figuré : des sites naturels préservés, même s'ils sont également très fréquentés l'été : la *Blue Grotto* d'abord, bien agréable (et rafraîchissante !), avec ses eaux translucides, et Għar Lapsi, autre petite crique avec des garages à bateaux creusés dans la paroi rocheuse. Sans oublier les principaux sites protohistoriques de Malte : Ħaġar Qim et Mnajdra, où *Heritage Malta* organise des balades aux solstices et équinoxes.

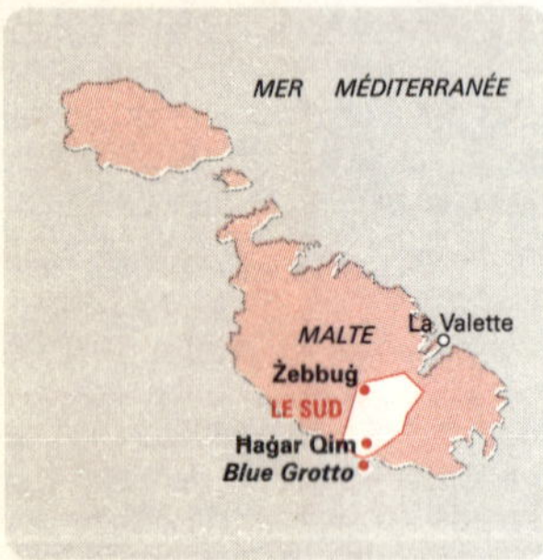

LA BLUE GROTTO (WIED IZ-ŻURRIEQ)

Un must des circuits touristiques, où les cars débarquent par dizaines tout au long de la journée. Toute la panoplie est là : échoppes de souvenirs, marchands de glace et restos un peu médiocres... Mais bon, les barques colorées gentiment rangées sur les bords du chemin en pente et sous les arcades en pierre, sur deux étages, sont bien sympas. Et puis, même si on n'est pas seul, c'est quand même l'occasion de se baigner dans une belle crique ou de se dorer la pilule sur les rochers. Quant à la Grotte bleue, but de l'excursion, elle est vraiment jolie le matin, lorsque le soleil illumine les eaux de la caverne de teintes turquoise.

Arriver – Quitter

➢ ***En bus de Rabat ou de Siġġiewi :*** *bus n° 201.*

➢ ***En voiture :*** la descente en lacet est plutôt jolie. L'accès au parking du site étant étroit, il n'est pas rare, en plein été, d'assister à de formidables bouchons. Le pauvre gardien a bien du mal à débloquer la situation. N'oubliez pas de lui laisser une pièce en partant.

Où prendre les tickets pour la grotte ?

– ***Guichet sur la jetée :*** *☎ 21-649-925 ou 21-640-058. 📱 99-455-347. Tlj 9h-16h30 (dernier départ), à condition que le temps le permette. Durée : env 20-25 mn. Tarif officiel affiché : 8 € ; réduc.* Départs en continu, dès que le nombre requis de passagers est atteint (8 personnes en principe). On attend rarement un bateau plus de 15 mn.

Où manger ?

|●| ***Restaurant Tax-Xiha :*** *☎ 21-680-684. Tlj de 9h jusqu'au dernier client.* Situé près des boutiques de souvenirs, dans un décor en bois sur le thème de la pêche. Monter au dernier étage, s'attabler sur la terrasse ombragée par des canisses (un vrai perchoir !) et admirer la vue : voilà qui met déjà en appétit. Cuisine maltaise touristique mais honorable. En principe, toujours un poisson frais selon arrivage, mais vérifiez quand même. Pour la petite histoire, c'est le plus vieux resto du coin, et Mohammed Ali s'y arrêta même un jour.

À voir

👍👍 ***La Blue Grotto*** *(Grotte bleue)* **:** plutôt que de la Grotte bleue, parlons des grottes, puisque la balade nous mène dans sept cavernes successives. La Grotte bleue elle-même s'enfonce à plus de 40 m sous la falaise. Attention : le déplacement ne vaut le coup que si la mer est totalement calme, et l'eau, par conséquent, translucide. En effet, la principale attraction est le fond marin, sa flore et ses couleurs chatoyantes. Alors par gros temps, on ne voit évidemment rien. L'axe de la grotte fait qu'il vaut mieux venir le matin. L'excursion se fait en barque à moteur (lire plus haut pour l'achat des tickets). La *Blue Grotto* compte parmi les spots de plongée les plus prisés. Un monde fou en été, évidemment. Rappelons que l'on peut aussi se baigner dans la crique, comme tout le monde. Plusieurs accès à l'eau. Quelques méduses aussi de temps à autre, alors gare...

DANS LES ENVIRONS DE LA BLUE GROTTO

👍👍👍 ***Les temples de Ħaġar Qim et de Mnajdra :*** *au sud de Siġġiewi. ☎ 21-424-231. • heritagemalta.org • De Rabat, bus n° 201 (et, en été, bus n° 71 depuis l'aéroport). Avr-sept, tlj 9h-19h ; jusqu'à 17h le reste de l'année ; dernière admission 30 mn avt. Fermé Vendredi saint et pdt les fêtes de fin d'année. Achat du billet combiné au* Visitor Centre *: 9 € ; réduc. Audioguide 1 €.*

S'il n'y a qu'un ensemble du Néolithique à voir, c'est celui-là. Pour son aspect évocateur, son étonnant état de conservation, mais aussi pour la relative virginité des paysages alentour. Il s'agit surtout de deux temples, dont la découverte et la construction sont relatées au *Visitor Centre* par une petite vidéo ainsi qu'une expo permanente et interactive. Signalons que ces deux temples sont aujourd'hui

protégés des intempéries par de gigantesques toiles, dessinées par l'architecte suisse Hunziker. Bien sûr, on aurait préféré s'en passer, mais en saison, vous serez bien content de trouver un peu d'ombre et de fraîcheur, car il n'y a pas un arbre à la ronde... D'ailleurs, pensez quand même à emporter eau et chapeau pour la marche jusqu'au temple de Mnajdra.
La datation des temples fait encore débat mais, en gros, on peut avancer la période de 3600 à 3000 av. J.-C. pour les parties les plus anciennes, et les années 3000-2400 av. J.-C. pour les plus récentes.
– Le premier temple, à 2 mn du *Visitor Centre,* ***Ħaġar Qim*** (prononcer « Hadjar' Im »), a ceci d'unique qu'il possède deux portes, de part et d'autre de son arène circulaire. L'entrée principale, enchâssée dans un mur cyclopéen, se compose de deux grosses pierres verticales surmontées d'un linteau : une entrée typique que l'on nomme trilithon. Comment ces blocs de calcaire tendre, la fameuse globigérine, furent-ils taillés ? Avec du silex en provenance de Sicile ou des îles Lipari, voire de Pantelleria, où l'on trouve de l'obsidienne (un verre volcanique). En revanche, on manque encore d'informations sur les techniques de transport et d'érection de ces blocs massifs, dont le plus gros pèse environ 20 t pour 6,40 m de long. On pense qu'ils ont été déplacés sur de gros boulets de pierre, façon roulement à billes, et relevés grâce à des rampes. Car l'édifice que vous voyez là n'est probablement qu'une partie de la construction d'origine (c'est du moins ce que laissent supposer des plans du site gravés sur la pierre du second temple)...
En entrant, remarquer les deux portes taillées dans la masse et donnant sur deux absides, qui devaient être closes par une porte de bois maintenue par une barre ou une corde (on voit bien les trous). La forme de la salle suivante laisse supposer l'existence d'un dôme, en tout cas le temple devait être, au moins en partie, couvert d'un toit. Quoi qu'il en soit, l'ensemble de l'édifice, et ce qu'on y a retrouvé, permet de jauger les qualités artistiques des Maltais de l'époque : les pierres arboraient spirales et trous décoratifs, et les poteries étaient ornées de dessins géométriques. Précisons que presque toutes les œuvres originales, notamment les magnifiques statuettes représentant la déesse de la Fertilité, reposent au musée national d'Archéologie de La Valette : les autels et blocs poinçonnés que l'on voit sur place ne sont que des copies.

– Pour se rendre au temple de ***Mnajdra,*** 600 m plus loin, emprunter la voie pavée rectiligne qui descend vers la côte. Joli spectacle, n'est-ce pas ? Un lieu à la fois reposant et grisant, très nature, face à l'îlot sauvage de Filfla et exposé de tout son long à la Grande Bleue. En toile de fond, une tour de guet du XVIIe s. En revanche, gare au cagnard, qui cogne !
Les trois temples de Mnajdra forment un trèfle à trois feuilles. Plus ou moins de la même époque que leur voisin, ils semblent mieux conservés : cela est dû au fait que les parois extérieures sont en coralline, du calcaire corallien plus dur que la globigérine de Ħaġar Qim. Ici, seules les parties intérieures sont en globigérine, une pierre plus facile à sculpter. Autre curiosité, le premier temple est orienté de telle sorte que les rayons du soleil frappent le fond aux équinoxes de printemps et d'automne, tandis qu'ils illuminent les côtés de la porte aux équinoxes d'été et d'hiver... De cette façon, les quatre saisons étaient signalées... Bien vu, non ?
Dans le temple de gauche, on voit une sorte de fenêtre au pourtour poinçonné qui donne sur un autel (peut-être sacrificiel), tandis que sur la droite on devine un dôme en guise de toiture. Dans l'abside de droite, voir ce trou au niveau du sol, par lequel l'oracle s'adressait peut-être au fidèle tout oreille. Sur la gauche, juste avant de passer la deuxième porte, notez le plan de la façade du temple, gravé dans la roche. Étonnant ! C'est peut-être le plan d'évacuation d'urgence ? Non moins étonnant, le souci esthétique de l'époque : nombreuses perforations décoratives (en plus des trous destinés aux barres de porte), couloirs pavés et, bien sûr, les statuettes retrouvées lors des fouilles.

Où manger après la visite ?

|●| **_Restaurant Ħaġar Qim :_** _juste au-dessus de l'entrée du site. ☎ 21-424-116. Fermé lun soir (ts les soirs sf ven-sam hors saison). Plats env 6-23 €._ On n'y vient pas exprès, mais c'est le seul resto à proximité immédiate des temples. La carte propose salades, pâtes, poissons, viandes... et le lapin (maltais).

GĦAR LAPSI

Għar Lapsi n'a plus rien d'un recoin secret connu des seuls initiés, mais il y flotte encore comme une odeur d'exclusivité. Au terme d'une route en lacet qui descend ferme, on laisse la voiture au parking pour atteindre le vif du sujet. Un microscopique port de pêche avec ses hangars à bateaux troglodytiques, une criquette dont les parois sont creusées de cavernes, et une autre (à gauche) où les gamins se jettent du haut des rochers.
Au large flotte l'îlot de Filfla, curieux pavé émergé dans la grande mare indigo. Au confluent de la légende populaire et de la constatation zoologique, on dit de Filfla qu'il serait en quelque sorte la nurserie des requins, l'endroit où ils font et élèvent leurs petits. Un jour, il fut pêché un grand requin blanc de – paraît-il – 23 pieds de long, soit environ 7,50 m. Les experts estiment que la taille a été exagérée d'au moins 2 m, mais ça ne change pas grand-chose quand on se retrouve nez à nez avec le bestiau ! En tout cas, la photo des mâchoires de squale exposée au café _Grotta Bar_ de Wied iż-Żurrieq _(Blue Grotto)_ apporte la preuve de cette histoire... Ce qui ne doit pas vous empêcher de faire trempette dans les jolis bassins naturels, puisque aucun humain ne s'est encore fait happer. Mais ce qui est sûr, c'est que si vous venez par un beau week-end estival, il faudra jouer des coudes pour avoir une place et étaler votre serviette sur les quais ou les rochers (pas de plage). Les Maltais débarquent alors en famille, avec armes et bagages.

Où manger ? Où boire un verre ?

De bon marché à prix moyens (moins de 20 €)

|●| 🍸 **_Lapsi View :_** _sur le parking. ☎ 21-680-800 ou 21-640-608. Fermé lun (plus le soir mar-ven hors saison)._ Un grand bâtiment de béton peint en bleu, pas si désagréable que ça avec sa terrasse en longueur profitant d'une fort jolie vue sur la mer. À l'intérieur, des tables en formica recouvertes de plastique et des objets de bistrot, comme dans les _PMU_ de chez nous. Très populaire et sans chichis, il est le préféré des Maltais. Au menu : tout, du burger au poisson frais en passant par les pizzas, les _ciabattas_ et les glaces pour se rafraîchir. Copieux et pas cher du tout. Les affamés pourront même commander un lapin entier.

De prix moyens à chic (15-35 €)

|●| 🍸 **_Blue Creek :_** _☎ 21-462-786 ou 21-462-800. Ouv tlj sf mar._ Les groupes l'adorent pour sa clim et sa terrasse donnant sur la mer. Pensez à réserver pour avoir une place en terrasse (la salle est plus guindée)... Pour les budgets moyens, grandes assiettes de fromages ou d'_antipasti_ à partager, et puis des salades, des pâtes, et même des burgers. À la carte du resto, plats de viande et de poisson classiques et sans surprise. Rapport qualité-prix globalement honnête. Bon accueil.

À voir (de loin !)

– ***L'îlot de Filfla :*** émergeant des flots à environ 3 milles nautiques de la côte, l'îlot, cerné de hautes falaises, a été utilisé comme cible pour des exercices de tirs par l'armée anglaise jusqu'en 1971, avant de devenir réserve naturelle. On y trouve une espèce de lézard endémique à taches rouges, une colonie de pétrels, ainsi que des oiseaux migrateurs de passage, qui ont enfin un coin à eux pour oublier les chasseurs. Une chapelle y fut construite au Moyen Âge, mais elle a été détruite par un séisme au XIXe s.

QRENDI

Joli village rural, bien tranquille, oublié du reste de la planète, Qrendi est un détour sympa pour ceux qui se rendent à la *Blue Grotto.*
Si la grande et ambitieuse *église de l'Assomption,* commencée en 1620 mais remodelée au début du XVIIIe s par Lorenzo Gafà, semble souffrir un peu des outrages du temps, les *maisons des XVIIIe et XIXe s* se portent mieux. L'occasion d'une balade le nez en l'air, pour admirer balcons, terrasses et belles façades aux portes closes par des stores de bois, comme souvent, afin d'aérer tout en gardant la fraîcheur. Au final, l'atmosphère et la disposition de Qrendi rappellent quelque peu celles d'une médina arabe. Ne venez pas en plein après-midi : rien qu'en éternuant vous réveilleriez tout le village...
➢ ***De/vers La Valette :*** *bus nos 71 et 72.*

SIĠĠIEWI

8 000 hab.

Siġġiewi est un village qui a conservé pas mal de son atmosphère maltaise. On vous regardera quand même comme un touriste mais, ici, on peut observer le rythme local, loin de l'agitation des côtes, sans oublier de visiter l'église paroissiale autour de laquelle rayonnent des ruelles tortueuses bordées de maisons des XVIIe et XVIIIe s. N'hésitez pas à faire un tour au hasard des venelles et admirez cette unité architecturale à peu près intacte, chose rare à Malte où un bâtiment moderne vient souvent jouer les trouble-fête. Au moment de la *festa,* statues, oriflammes, guirlandes et autres calicots débarquent en masse : un vrai festival de couleurs rouge et or.

Arriver – Quitter

➢ ***De/vers La Valette :*** *bus no 62.*

Où manger ?

|●| Ceux qui ont faim grimperont la rue jusqu'à l'***Aussie Take-Away,*** tenu par un ancien d'Australie. Choix de snacks très abordables.

À voir

★★ ***Saint Nicolas' Parish Church*** *(église paroissiale)* **:** le portique très élégant, dont les colonnes corinthiennes soutiennent des arches ornées de nombreux symboles, est le seul de son genre à Malte. Lorenzo Gafà signe là sa première réalisation (fin du XVIIe s), abondamment et brillamment transformée dans les années 1860. À l'arrière de l'église se situe la partie ancienne : comme la façade et le portique ont été ajoutés ultérieurement, les deux clochers se retrouvent au milieu de l'édifice. Dans le chœur, toile représentant saint Nicolas par Mattia Preti. On retrouve le saint sur la place de l'église, en statue cette fois, juste en face d'une chapelle typique.

The Limestone Heritage *(carrière-musée du Calcaire globigérine)* **:** *triq Mons. Azzopardi, à l'écart du centre (panneaux). ☎ 21-464-931. • limestoneheritage.com • ♿ Lun-ven 9h-16h ; sam 9h-12h. Fermé dim. Entrée : 7 € ; réduc. Sinon, dîners folkloriques sur résa chaque ven mai-oct.* La pierre est omniprésente à Malte. Visiter cette ancienne carrière, c'est en quelque sorte découvrir les coulisses de l'architecture, de la culture, voire des mentalités maltaises. Après avoir visionné un film de présentation intéressant, la visite s'effectue *in situ,* en suivant un itinéraire jalonné d'étapes commentées par audioguide : de la coupe des blocs à leur transport en passant par la taille, le polissage et le stockage, tout est évoqué en détail à l'aide de reconstitutions convaincantes. Ici une collection d'outils, là un camion rouge très rétro, décoré à l'image des charrettes d'autrefois, plus loin un puits, une *girna* (genre de borie) et des arches reconstituées donnant des exemples concrets de l'omniprésence de cette pierre dans la vie quotidienne des habitants de l'île. On apprend que le calcaire globigérine est une variété de couleur claire et tendre (assez facile à sculpter) qui se forma il y a environ 22 millions d'années. À l'époque, Malte était encore sous la mer, comme le prouvent les fossiles marins incrustés dans la pierre. Vous en verrez quelques exemples dans le petit musée visible en fin de parcours, qui présente également toutes sortes d'outils. Traditionnellement, à la fin de l'exploitation, les carrières étaient converties en vergers d'agrumes : ici, une partie du site abrite un jardin où se baladent quelques animaux. Enfin, après un détour par une tombe punique (découverte par hasard lors de la construction du musée !), direction l'atelier de taille où ceux qui se rêvent Michel-Ange d'un jour pourront s'essayer à la taille de la pierre sous la conduite d'un spécialiste *(supplément).*

ŻEBBUĠ

11 300 hab.

Son nom signifie « olive ». Ville de la plaine fertile devenue assez étendue depuis que des résidences cossues ont germé à la périphérie, Żebbuġ n'a toutefois pas rejoint Attard au rang des « ghettos de luxe ». Au contraire, l'atmosphère du centre-ville a gardé son cachet populaire et animé. Autour de la belle église Saint-Philippe, de nombreux bistrots où l'on a tout intérêt à prendre son temps pour siroter un *Kinnie* ou une Cisk. Quelques vénérables immeubles de la seconde moitié du XIXe s survivent autour de la grand-place et abritent en général les clubs de fanfare et les antennes locales des deux partis politiques. Jetez un œil par exemple à l'antre de la *Banda San Filippo* (1851), à l'orée de la place de l'église, ou encore à la *Każin San Ġużepp,* à deux pas.

La ville doit son statut de cité au grand maître Emmanuel de Rohan-Polduc (1775-1797), qui se remercia lui-même en érigeant un arc de triomphe à sa propre gloire. Żebbuġ fut dès lors baptisée « *Città de Rohan* ».

➢ ***De/vers La Valette :*** *bus n°s 61 et 62.*

À voir

Saint Philip's Parish Church *(église paroissiale)* **:** œuvre d'un Cassar (père ou fils, la question demeure en suspens) datant du XVIIe s, elle présente une façade imposante, dotée d'un portique rappelant celui de la co-cathédrale Saint-Jean de La Valette. À l'intérieur, noter la *Mort de saint Philippe* par Francesco Zahra et l'*Immaculée Conception* d'Antoine de Favray.

L'arc de Rohan : arc de triomphe (de taille tout de même très modeste) construit en 1776 sur ordre d'Emmanuel de Rohan à l'entrée de la cité. Son rôle est simplement décoratif ; il commémore l'accession de Żebbuġ au statut de « ville » à part entière.

LE CENTRE

Si La Valette et les Trois Cités rassemblent la plus grosse part du patrimoine culturel de Malte, le centre de l'île, avec les cités contiguës de Mdina et Rabat, en constitue le berceau historique. Fondée par les Phéniciens et occupée successivement par les Grecs, les Romains et les Arabes (et même les Normands, puis, plus tard, les Espagnols), Mdina est un petit bijou sur lequel aucun visiteur étranger, ou presque, ne fait l'impasse. On la surnomme aussi la cité silencieuse, pour son atmosphère particulièrement tranquille à la nuit tombée, lorsque les touristes l'ont abandonnée et qu'elle s'offre alors tout entière à ceux qui n'ont pu s'en arracher...

RABAT

11 500 hab.

Pour le plan de Rabat et Mdina, se reporter au cahier couleur.

Rabat est peuplée depuis l'époque phénicienne. Les Grecs, les Romains, les Arabes et les Normands se sont succédé sur ce plateau naturellement protégé des invasions et cerné de plaines fertiles capables de nourrir une large population. Séparée de sa jumelle, Mdina, par les Arabes à la fin du IXe s, Rabat s'est développée « hors les murs », en ville ouverte, populaire et laborieuse. Riche en histoire, elle offre quelques sites intéressants à visiter, notamment les catacombes où reposent les premiers chrétiens. Généralement, on visite Rabat et Mdina la même journée. En effet, les deux cités se touchent et les hébergements quasi inexistants ne permettent guère de séjourner ici. Ce n'est peut-être pas plus mal, car cette virginité a permis à Rabat de conserver son atmosphère authentique, sa nonchalance et son esprit de clocher.

Arriver – Quitter

➢ ***De/vers La Valette :*** *bus nos 51, 52 et 53.*

➢ ***De l'aéroport :*** *bus nos 201 et X3.*

➢ ***De/vers Mosta :*** *bus nos 202, 203 et 205.*

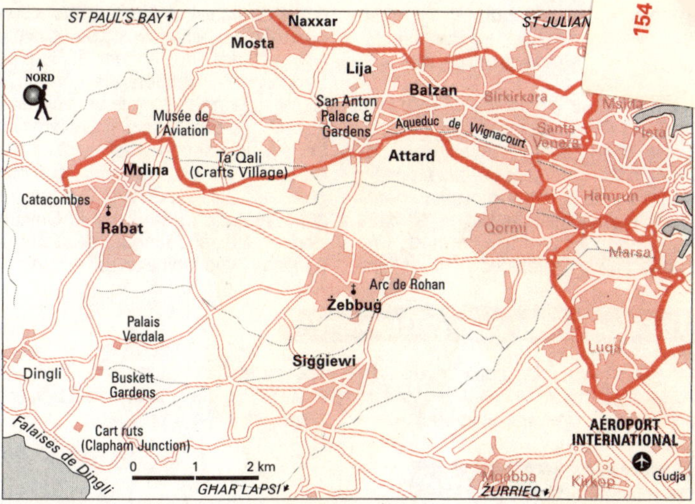

LE CENTRE

Adresses utiles

✉ **Poste** *(plan couleur A2)* **:** *à côté de la police, pl. de l'Église, au centre de Rabat. Lun-sam 7h30-12h45.* Service *Western Union* pour les transferts urgents d'argent liquide.

■ ***Bank of Valletta*** *(plan couleur B2,* ***2****)* **:** *face à la station de bus. Lun-jeu 8h30-14h ; ven 8h30-15h30 ; sam 8h30-12h30.* Distributeur.

■ ***HSBC*** *(plan couleur B2,* ***3****)* **:** *12 Saqqajja Sq, juste un peu plus haut que la* Bank of Valletta, *face aux Howard Gardens.* Distributeur.

Où dormir ?

Point de Vue Guesthouse *(plan couleur B2,* ***10****)* **:** *2/7 Saqqajja Sq, face aux Howard Gardens.* ☎ *21-454-117.* • *pointdevuemalta.com* • *Résa impérative. Doubles 60-70 €, avec petit déj.* Si ce petit palais du XVIIIe s ne manque pas de cachet, avec ses belles parties communes hautes de plafond, les chambres sont à l'inverse très simples : propres, bien tenues, correctement équipées (clim en sus, chauffage au gaz défectueux en hiver), mais aménagées de façon fonctionnelle. Toutes sont situées au-dessus du resto-bar de la maison. Le coin est calme la plupart du temps... sauf le samedi soir, où l'on peut avoir du mal à fermer l'œil. Préférez d'ailleurs une chambre sur l'arrière, plus tranquille que celles donnant sur la place, et offrant une belle vue sur la campagne. Le panorama n'est pas usurpé : durant la Seconde Guerre mondiale, des personnels de la RAF s'installèrent ici pour guider les avions atterrissant sur la piste voisine de Ta'Qali ! D'où le nom de la *guesthouse.* Un bon rapport qualité-prix-situation, où la réservation s'impose, car c'est le seul hébergement à Rabat.

Où manger ?

Pour un en-cas rapide, misez sur les *pastizzi,* ces chaussons fourrés à la ricotta ou aux petits pois. Par exemple au ***Crystal Palace*** *(plan couleur A1,*

21), un minuscule troquet à l'allure décatie, près de la Domus Romana.

I●I ***Butcher's Grill*** *(plan couleur B2, **10**) : 2/7 Saqqajja Sq, le resto de l'hôtel Point de Vue (voir « Où dormir ? »). ☎ 21-454-117. Tlj 12h-15h, 19h-23h.* Envie d'originalité ? Avec un Sud-Africain aux commandes, pas étonnant de trouver à la carte le *nyama choma* (viande grillée) ou le *samaki* (à base de poisson ou de fruits de mer) ! Une bonne partie des épices vient en ligne droite de Zanzibar, et les cuistots sont eux-mêmes tanzaniens ! Sinon, vous pouvez aussi vous en tenir à des plats locaux plus traditionnels comme le *timpana,* le *lampuki* ou le *bragioli.* Également des pizzas (le soir en semaine, toute la journée le week-end) et des pâtes moins chères, ainsi que des petits déj. Salle de resto chic à l'arrière, avec vue sur la campagne. Devant, grande terrasse (donnant hélas sur un parking), avec Mdina en toile de fond.

Où déguster une pâtisserie ?

I●I ***Parruċċan*** *(plan couleur A2, **23**) : face à l'église. 📱 99-471-460. Tlj sf dim en été 10h-17h.* Une pâtisserie-boulangerie spécialisée dans les biscuits et nougats maltais. Pas donné, mais c'est bon et la devanture a fière allure.

Où boire un verre ?

🍷 ***Le Vince Cafe et le King George V*** *(plan couleur A2, **40**) : pl. de l'Église.* Archipopulaires. Les papis bavardent sur leur banc, et nous, on peut faire une pause à l'ombre de leur terrasse à arcades ou sous les parasols, après la visite du centre de Rabat. Néanmoins, on n'y sert pas de vrai café, et l'hygiène laisse parfois à désirer.

🍷 ***Club du Parti travailliste*** *(plan couleur A2, **41**) : près de l'église Saint-Paul. Tlj 9h-20h.* À Malte, boire un coup au club local est un passage obligé. Souvent bruyant et animé, c'est le lieu de vie et de réunion par excellence, où les hommes – exclusivement – tapent le carton sur des tables en formica, jouent au billard ou regardent les matchs de foot... Le touriste est toléré et traité avec courtoisie, mais certainement pas intégré. Personne ne vous regarde, mais tout le monde vous voit.

🍷 Pour faire bonne mesure, on se doit aussi de citer le ***club du Parti nationaliste*** *(plan couleur A2, **42** ; triq il-Kbira ; généralement ouv vers 18h)* et, dans le même style, le café du ***L'Isle Adam Band Club*** *(plan couleur A2, **44** ; tlj 9h-minuit),* situé dans le joli palazzo Xara.

LE CENTRE

À voir

Pour ceux que cela intéresserait, il existe un ***petit train touristique*** faisant une balade commentée de 30 mn de Rabat, Mdina et Marfa. *Infos au 📱 79-212-142. • melitatrains.com • Départ devant la Domus Romana (plan couleur A1), à Rabat : en été, ttes les heures 10h-16h ; en hiver, jusqu'à 15h. Durée : 25 mn. Tarif : 4,50 €.*

👥 ***Wignacourt College Museum*** *(plan couleur A2) : à deux pas de la pl. de l'Église. ☎ 27-494-905. • wignacourtmuseum.com • Tlj 9h30-17h. Entrée : 5 €, audioguide compris ; réduc.*

Ce musée consiste en un ensemble comprenant, outre le collège de Wignacourt lui-même (fondé en 1619 par le grand maître qui lui légua son nom) et ses collections d'objets d'art et religieux, la grotte Saint-Paul (où la première communauté chrétienne de Malte aurait été fondée), des catacombes romaines et un abri de la Seconde Guerre mondiale.

– ***Le collège de Wignacourt :*** on commence la visite au 1er étage, qui regroupe plusieurs salles de part et d'autre d'un couloir aux murs ornés de peintures commandées par Wignacourt, montrant les saints héros de l'Ordre (censés

inspirer les chapelains en charge, à l'époque, du collège). Dans la salle XVIe s (à gauche après avoir monté l'escalier), les œuvres les plus anciennes, avec notamment le polyptique de *Saint Paul...* assis en majesté, prêchant, martyr, mordu par un serpent et, enfin, recevant l'illumination.
Dans la salle suivante, dessins, ébauches et peintures d'artistes maltais et italiens des XIXe et XXe s. Puis vient la salle Mattia Preti, dont on retiendra surtout le *Saint Pierre pénitent* au regard humide, superbe. À côté, un *Saint Jean-Baptiste* (et d'autres œuvres) d'Antoine de Favray (XVIIIe s), des tableaux de Francesco Zahra (*Saint Paul, Portrait de l'évêque Pellerano* ou encore ce portrait de Wignacourt inspiré du Caravage)... et les chaussons de l'inquisiteur Fabio Chigi.
Plus loin, la salle archéologique (monnaies, vases, céramiques, cartes anciennes) ; la salle du chapitre où se réunissaient les chevaliers (voir l'urne électorale et le masque mortuaire de Cosmana Navarra, la noble espagnole qui finança la construction de l'église Saint-Paul) ; la salle des vêtements cérémoniels et de l'argenterie (chasubles, dont celle du grand maître Pinto) ; la salle de l'autel (ne pas manquer « l'autel de la galère », portatif, qu'on emportait à bord des navires) ; la salle du reliquaire (avec une réplique du saint suaire de Turin et l'une des seules ceintures de prières de chevalier encore existantes) ; et enfin la salle du trésorier, où l'on peut voir le coffre du trésorier au-dessus de son lit, accessible par une petite échelle.
On peut ensuite aller jeter un œil à la chapelle baroque, tout au fond du couloir, avant de redescendre au rez-de-chaussée et d'accéder, au sous-sol, à la ***grotte de Saint-Paul*** (en suivant le fléchage). Selon la légende, c'est dans cette cavité que l'apôtre aurait séjourné lors de son passage à Malte vers l'an 60, après le naufrage de son bateau qui l'emmenait à Rome, et qu'il aurait commencé à prêcher. La crypte était couverte de fresques, mais il n'en reste plus que des traces colorées, en raison de l'humidité.
– De là, on rejoint les ***catacombes,*** d'origine probablement romaine, encore encombrées des gravats résultant du creusement de l'abri de la Seconde Guerre mondiale, avec lequel elles communiquent. Voir, dans les tombes, les reposoirs en pierre pour les têtes des défunts.
– Enfin, on pénètre dans l'***abri,*** qui pouvait protéger jusqu'à 400 personnes. À noter que pendant la guerre, le collège servit de boulangerie, d'hôpital, puis, après, d'école.
En remontant au rez-de-chaussée, ne pas manquer d'aller voir, tout au bout du couloir, l'Austin Six de 1938 du dernier archevêque de Malte. Pour l'installer dans cette pièce, il a fallu casser puis reconstruire le mur du fond !
Agréable ***café*** sur place, où boire un bon cappuccino et même grignoter un morceau. Il organise aussi des événements le jeudi soir en été.

Saint Paul's Church *(église Saint-Paul ; plan couleur A2)* **:** *sur la pl. principale. Ouv slt pdt les messes, le mat et en fin d'ap-m.* Commandée par une noble espagnole, cette église collégiale d'architecture hautement baroque fut achevée dans les années 1680 par l'omniprésent Lorenzo Gafà. Sa vaste coupole lumineuse contraste avec la nef plongée dans la pénombre. Ors, tentures violines, chandeliers en cristal et un baldaquin que même les tsars n'auraient pas osé demander à leurs ateliers... Riche en peintures, on y trouve des réalisations de Francesco Zahra, de Preti ou d'Erardi (notamment, dans le chœur, *Saint Paul naufragé mordu par une vipère*).

Saint Paul's Catacombs *(plan couleur A2)* **:** *☎ 21-454-562. • heritagemalta.org • Tlj 9h-17h (dernière admission 16h30). Fermé Vendredi saint et fêtes de fin d'année. Entrée : 5 €, audioguide en français compris ; réduc. Billet combiné avec la Domus Romana, le musée d'Histoire naturelle de Mdina et le petit train touristique : 14 €.*
Cette nécropole, à la fois chrétienne et païenne, date des IVe et Ve s apr. J.-C. et occupe plus de 2 000 m², dont une partie seulement est accessible. Elle se trouve à l'emplacement de sépultures phéniciennes antérieures, hors des limites

de la vieille ville, car selon les lois romaines, un cimetière devait toujours rester à l'extérieur de la cité. À Malte – contrairement à Rome –, les Romains ne se rendirent coupables d'aucune persécution religieuse. On a retrouvé ici des tombes de diverses confessions et formes.

La visite, très impressionnante, est une véritable plongée en apnée dans un univers souvent méconnu et permet de se faire une idée précise des rites grâce aux commentaires très complets de l'audioguide. Après un rapide passage dans les petites catacombes (notez la pierre gravée avec les outils du médecin), on pénètre dans le réseau dense de boyaux et de salles des grandes catacombes. Vous remarquerez d'abord des tables rondes taillées dans la roche. Ce sont des tricliniums funéraires. On y plaçait de la nourriture pendant les funérailles et on festoyait en l'honneur du mort. Ces « tables agapes » sont une coutume romaine, mais à Rome, on les fabriquait en bois.

Les galeries étaient à l'origine décorées, mais l'humidité n'a laissé que peu de traces des peintures. Des trous creusés un peu partout dans les parois permettaient de loger des lampes à huile, et quelques puits de lumière apportaient un peu d'aération. Le plafond a par endroits été taillé de manière à donner l'impression d'une voûte « à baldaquin », et non d'une vulgaire grotte. Les tombes pouvaient être familiales ou individuelles (le plus souvent), toujours avec un reposoir pour la tête. La plupart du temps, les corps étaient simplement emmaillotés dans un linge. Il y a un siècle à peine, un paysan redécouvrit ces catacombes oubliées. Mais toutes les tombes avaient déjà été pillées. En revanche, tout a été laissé en très bon état : on voit encore par endroits la pierre tombale originale, soit plate, soit « en selle de cheval ».

Saint Agatha's Catacombs and Museum *(hors plan couleur par A2)* **:** *à 200 m des catacombes Saint-Paul (c'est indiqué). ☎ 21-454-419. Lun-ven 9h-17h ; sam 9h-13h. Fermé dim et j. fériés. Entrée : 5 € ; réduc. Fiche explicative en français.*

La visite est surtout intéressante pour la ***crypte*** du XIIIe s, recouverte de 32 fresques de style byzantin, réalisées par le peintre sicilien Salvo d'Antonio au XVIe s. Celles-ci ont été restaurées (un peu trop ?) il y a une trentaine d'années. Vous verrez notamment une rare représentation de la Vierge allaitante (sa tête a malheureusement disparu...). Sainte Agathe, représentée à 13 reprises, est censée s'être réfugiée ici pour fuir les Romains qui voulaient sa peau sous prétexte qu'elle avait décliné les avances d'un notable sicilien. Retournée en Italie vers 250, elle eut les seins tranchés et devint une martyre célèbre. Derrière la crypte, les ***catacombes,*** dont l'origine remonterait au IVe s, ressemblent trait pour trait à celles de Saint-Paul, en deux fois plus grand (4 000 m^2), mais la section accessible est très petite et seulement visible lors de visites guidées expédiées en 15 mn. C'est frustrant, sauf si on a vu auparavant celles de Saint-Paul. On peut y voir néanmoins des « tables agapes » (pour honorer les morts) en forme d'alpha et d'oméga, symboles du début et de la fin, une chapelle et son autel, où résonnent les sons graves, ainsi que quelques squelettes...

Avant de partir, n'oubliez pas de visiter le ***musée*** à l'étage. Difficile de faire plus hétéroclite ! Statues (dont une très belle représentation en albâtre de sainte Agathe du XVIIe s), peintures religieuses, pierres votives, fossiles, minéraux de tous les pays réunis dans les années 1960, outils, pièces de monnaie, et même un crocodile momifié ou les déjections d'un dinosaure ! Au moins, on ne s'ennuie pas.

Casa Bernard *(plan couleur A2)* **:** *46 triq San Pawl. ☎ 21-451-888. 📱 99-844-343. • casabernardmalta.com • Visites guidées à chaque heure, lun-sam 10h-15h, ou sur résa. Entrée : 8 € ; réduc.* Cette ancienne tour de guet de l'époque médiévale a peu à peu été transformée pour prendre l'allure d'un palais au XVIe s, celui du médecin personnel de plusieurs grands maîtres successifs, le docteur Bernard. C'est aujourd'hui une noble demeure, encore habitée, où l'on découvre des salons aux meubles d'époque (maltais et anglais), un escalier en colimaçon permettant d'accéder à la tour, l'ancien réfectoire voûté devenu salle à manger, la chapelle dans la cave (d'origine romaine), la cour et le jardin fleuris. Une belle occasion de plonger dans l'histoire de Malte.

Domus Romana *(« maison romaine » ; plan couleur A1)* **:** *près de la porte des Grecs de Mdina.* ☎ *21-454-125.* • *heritagemalta.org* • *Tlj 9h-17h (dernière admission 16h30). Fermé Vendredi saint et fêtes de fin d'année. Entrée : 6 € ; réduc. Billet combiné avec les catacombes Saint-Paul, le musée d'Histoire naturelle de Mdina et le petit train touristique : 14 €. Fiche en français disponible à l'accueil.* Voici l'occasion d'une incursion dans Melite, ville punique romanisée à partir de 218 av. J.-C. Car, en poussant les portes de ce petit musée très intéressant, on pénètre en réalité sur le site d'une villa de l'époque de la République (Ier s av. J.-C.), l'édifice romain le plus important jamais découvert à Malte ! Ses principaux vestiges sont des fragments de mosaïques, dont la plus célèbre figure deux colombes s'abreuvant à une fontaine centrale, entourée de labyrinthes symboliques. Magnifique ! La collection rassemble également des poteries, amphores, objets de la vie quotidienne, métiers à tisser, éléments architecturaux et quelques statues bien mises en valeur. Les fouilles ont aussi mis au jour près de 250 sépultures islamiques, témoignages de l'implantation arabe au XIe s. C'est en 1249 que l'empereur Frédéric II expédia les musulmans en exil à Lucerne... à l'exception de ceux qui avaient accepté de se convertir au catholicisme.

DANS LES ENVIRONS DE RABAT

Le palais Verdala et les Buskett Gardens *(jardins Buskett ; hors plan couleur par A2)* **:** le palais, qui ne se visite pas, abrite la résidence d'été du président de la République. Si le drapeau bleu avec un écusson blanc et rouge flotte au vent, c'est que le boss est là. Plutôt que d'un palais, on pourrait d'ailleurs parler de demeure fortifiée, construite sur une butte à la fin du XVIe s par l'architecte de La Valette, Girolamo Cassar. Un aspect médiéval allié à certains raffinements et marques de confort, la demeure étant destinée au grand maître provençal Hugues de Loubenx de Verdalle, jouisseur notoire.

Tout autour, ô joie, se dresse la seule « forêt » de Malte – en réalité un grand parc boisé entrecoupé de terrasses. Deux accès, l'un en contrebas du palais, l'autre environ 1 km plus loin. Pas immense, mais tout de même bien rafraîchissant, il est planté de chênes verts, de pins d'Alep, de cyprès et d'oliviers. Bien sûr, cette verdure inattendue est artificielle : elle a été plantée pour la chasse au cerf et au sanglier à l'époque des chevaliers (qui, quant à eux, étaient importés, enfin le gibier, quoique, les chevaliers aussi...). Les 28 et 29 juin s'y déroule l'*Mnarja* (prononcer « Imnarja »), fête populaire avec musique, poésie et chants traditionnels.

Clapham Junction *(« cart ruts » ; hors plan couleur par A2)* **:** *après les Buskett Gardens, poursuivre en direction des falaises de Dingli. Au carrefour, dans un hameau, un panneau indique les cart ruts tt droit, puis à gauche. Cela dit, l'accès est parfois fermé par une barrière.* Les *cart ruts* sont des sillons semblables à ceux d'un chemin, creusés dans la roche calcaire à l'âge du bronze (grosso modo vers 1500-1000 av. J.-C.). Larges d'environ 1,20 m, ils sont profonds de 10 à 60 cm. Ils existent en plusieurs endroits sur Malte et Gozo, mais c'est ici qu'ils sont les plus nombreux, se croisant et s'entrecroisant comme des voies ferrées. D'où le nom de *Clapham Junction,* qui fait référence à la gare de triage de Londres, célèbre pour son impressionnant enchevêtrement de rails. On suppose qu'ils ont été tracés par des chariots ou des traîneaux tirés par des bêtes de somme. Toutefois le mystère demeure quant à la substance transportée : les hommes de l'époque auraient pu acheminer des pierres de construction, de la terre, du sel... La présence d'une carrière, juste à côté, donne une possible indication. Mais pourquoi autant de traces et où menaient-elles ? Là aussi, boule de gomme : par endroits, elles vont directement à la falaise, ailleurs, elles disparaissent purement et simplement, pour réapparaître au détour d'une colline : phénomène probablement en rapport avec des changements de topographie consécutifs à un séisme ou dus à l'érosion. Certains, confrontés au mystère, ont même imaginé des rigoles destinées à recueillir les eaux de pluie ou à renforcer les fondations de bâtiments... Au milieu des traces, remarquez la dépression trouée de cavernes. Ces cavités, nommées *Għar il-Kbir* (« la Grande Grotte »), étaient habitées jusqu'au XIXe s par des paysans, qui furent ensuite chassés et sommés de se trouver une maison comme tout le monde. Bon, avouons-le : curiosité mise à part, ce n'est pas super impressionnant !

Balades à partir de Rabat

Le sud-ouest de Malte a conservé une grande partie de son charme. Rural, reculé, peu construit. Ses paysages escarpés se déclinent parfois en pentes douces, et ses couleurs sèches, fauves et brûlées, savent se teinter de vert tendre et de bleu exquis. Cette région, la plus authentique de Malte, réconciliera avec l'île ceux qui ne supportent plus les conurbations polluées et les voitures envahissantes. Que ce soit à pied, à vélo ou à scooter, prenez le temps de parcourir les sentiers du Sud-Ouest. Évitez les raids en plein après-midi sous le cagnard, et pensez à emporter beaucoup d'eau et éventuellement un casse-croûte.

➢ ***Les falaises de Dingli :*** *une balade sympa, à faire à pied ou en voiture. Accès bien indiqué après les Buskett Gardens.* Avec leurs 250 m d'altitude, les Dingli Cliffs gagnent le titre de « point culminant » du pays... Toujours est-il que tomber de 250 m ou de 2 500 m, ça fait à peu près pareil, alors ne vous penchez pas trop ! Elles sont plutôt belles, ces falaises, avec leurs couches géologiques bien délimitées formant un feuilleté gris ocre, tandis que les cultures en terrasses dessinent des taches vertes partout où la falaise forme un replat. Au loin, on aperçoit généralement la petite île de Filfla.

– Le long de la route côtière se dresse la petite ***chapelle de Sainte-Marie-Madeleine*** (1646). Magnifique panorama sur les falaises.

I●I ***Bobbyland :*** *au bord de la falaise, juste à l'ouest du radar (vous savez, l'énorme balle de golf visible depuis tt le sud de l'île !). ☎ 21-452-895. L'été, ouv tlj sf dim soir et lun ; l'hiver, ouv le midi sf lun, plus le soir ven-sam. Plats 9-19 €.* Le premier *Bobbyland,* nommé en souvenir d'un garde anglais affecté à la station de radar voisine, dans les années 1950, occupait à l'origine un simple baraquement de l'armée. C'est aujourd'hui l'un des lieux favoris des Maltais pour venir manger en famille le week-end. Spécialité de lapin et menu très classique comprenant les habituelles préparations de viande (y compris de cheval) et de poisson. Jolie terrasse.

➢ ***Baħrija et le Sud-Ouest :*** *env 2h juste pour y aller.* Une marche costaude, car les chemins sont rudes. Une bonne carte détaillée est nécessaire ; par ailleurs, n'hésitez pas à vous renseigner auprès des habitants. Possibilité à priori de se restaurer sur la place centrale de Baħrija (voir plus loin le texte consacré à ce village dans « La côte nord et nord-ouest »). De là, les courageux peuvent descendre jusqu'à *Fomm ir-Riħ,* une baie encore intacte, préservée de la civilisation et dotée d'une petite plage.

MDINA

▸ Pour le plan de Rabat et Mdina, se reporter au cahier couleur.

Perchée sur son promontoire, à 200 m d'altitude, au cœur de l'île, Mdina s'offre à tous les regards, des lieues à la ronde. Endroit le plus visité de Malte

avec La Valette, mais paradoxalement quasi privé d'hébergements, la vieille cité couleur de miel connaît pendant la journée un rush massif de visiteurs en provenance des côtes. Il faut venir (ou rester, après avoir fait les visites de rigueur au cours de la journée) en fin d'après-midi, lorsque les cars sont partis, que les rues désertées résonnent du miaulement des chats et que de belles couleurs chaudes caressent la pierre fatiguée.

Dans le lacis des ruelles, ça tourne, ça bifurque, on fouine sans se lasser dans les coins et recoins du labyrinthe, à la recherche d'un joli balcon, d'une respectable façade ornée de beaux heurtoirs de porte (souvent des dauphins censés porter bonheur), d'un coin d'ombre et de calme. Du pain bénit pour le touriste curieux, qui pourra flâner le nez en l'air en ouvrant de grands yeux tout ronds. Aujourd'hui, environ 400 chanceux, descendants directs des nobles qui ont incarné celle que l'on nomme encore *Citta Notabile,* ont le privilège d'habiter Mdina, véritable musée à ciel ouvert. Avec La Valette et les Trois Cités, Mdina est sans aucun doute l'une des villes les plus passionnantes de Malte.

> **BON PLAN**
>
> *Pourquoi donc les ruelles de Mdina sont-elles si tortueuses et si étroites, comme dans la plupart des médinas arabes, d'ailleurs ? Deux raisons. La première est d'ordre climatique : en été, le dédale procure de l'ombre et, en hiver, il permet de briser la course du vent. La seconde relève de la stratégie militaire : comme l'ennemi ne voyait jamais la fin de la rue, chaque recoin était propice aux embuscades. Malin !*

UN PEU D'HISTOIRE

Les sœurs jumelles que sont Rabat et Mdina étaient à l'origine une seule et même cité, *Melita* (« ville du miel »), déjà occupée avant notre ère par les Grecs, puis par les Romains. Après la deuxième guerre punique, ces derniers agrandissent la ville, qui comprend Mdina mais aussi une partie de l'actuelle Rabat.

Vers 870, les Arabes, venus d'Afrique du Nord pour conquérir la Sicile et Malte, décident de couper la ville en deux pour se concentrer sur la fortification de Mdina (de l'arabe *al-Medina,* « la ville »), bientôt faite siège du gouverneur. On connaît leurs talents exceptionnels dans l'art de bâtir les forteresses. Mais le comte normand Roger de Hauteville reconquiert le sud de l'Italie, la Sicile et Malte en 1090 et réintroduit le christianisme. Roger, devenu comte de Sicile, ne se débarrasse pourtant pas des Arabes, qui restent ses vassaux. Ils ne seront chassés qu'en 1224.

Plusieurs propriétaires se succèdent aux XIIe et XIIIe s : Henri VI le Cruel, empereur germanique, le Capétien Charles d'Anjou, puis les rois d'Aragon. Mdina est toujours choisie comme capitale et place forte de l'île. En plein essor, la ville du Silence (qui possède environ 36 pseudonymes de ce genre...) se dote de palais et d'édifices réussissant la synthèse entre l'architecture méditerranéenne et l'influence normande. Elle est le siège de l'*Università,* organe du gouvernement dirigé par des magistrats au service du roi.

Au cours du XVe s, Mdina est la proie d'incessantes attaques des Barbaresques et perd des habitants. Lorsque le roi Charles Quint offre l'archipel aux chevaliers de Saint-Jean, ceux-ci, après le grand siège de 1565, décident de bâtir une nouvelle capitale sur la côte : La Valette. À la fin du XVIe s, Mdina devient donc la *Città Vecchia,* la « vieille ville », honorée et respectée mais... déclinante. Et, pour ne rien arranger, le grand tremblement de terre de 1693 cause de graves dégâts, ravageant notamment les palais et la cathédrale. Heureusement, le grand maître Manoel de Vilhena (1722-1736) a pris soin de reconstruire Mdina, et même de l'embellir.

Arriver – Quitter

Mêmes indications que pour Rabat (voir plus haut).

Adresse utile

Office de tourisme (*plan couleur B1*) **:** *Torre dello standardo, Saint Publius Sq. ☎ 21-454-480. Avr-sept, lun-sam 9h-17h15, dim 9h-13h. Fermé le reste de l'année.* Dans une ancienne tour d'observation datant du XVIIe s.

Où dormir ?

Xara Palace (*plan couleur B1,* ***11***) **:** *misraħ il-Kunsili. ☎ 21-450-560. • xarapalace.com.mt • Doubles officiellement à partir de 185 € (petit déj en sus), mais offres fréquentes sur Internet ; également des forfaits incluant le dîner.* L'un des plus beaux hôtels de Malte, dont les suites occupent un vieux palais du XVIIe s... Les chambres sont douillettes, avec des montagnes de coussins, de jolies couleurs pastel, du mobilier ancien (ou de style), mais aussi tout le confort moderne (TV câblée, lecteur CD, AC...). Les chambres les plus petites et les moins chères (si l'on peut dire) sont en duplex et mesurent au moins 28 m². D'autres ont une terrasse privée avec une vue étonnante sur toute une partie de l'île, s'étendant jusqu'à La Valette. Également un resto gastronomique, le *De Mondion*, avec là encore une terrasse panoramique. Bref, une adresse tout indiquée pour une lune de miel ou un séjour de luxe loin du brouhaha des côtes.

Où manger ?

De bon marché à prix moyens (moins de 25 €)

Il Gattopardo (*plan couleur B1,* ***24***) **:** *20 Villegaignon St. ☎ 21-451-213. Tlj sf dim jusqu'à 16h ; le soir, slt sur résa.* Un charmant salon de thé-galerie d'art, tenu par un docteur en anthropologie (parlant un peu le français) et sa femme. Jolie salle en longueur sous voûte de pierre prolongée d'une courette. À la carte, quelques plats hellénisants (salade grecque, tzatziki), assiette maltaise au poisson fumé et spécialité de *pastourman*, une saucisse arménienne. Bons gâteaux également. Une petite adresse élégante, accueillante et économique.

Theos (*plan couleur B1,* ***22***) **:** *dans le prieuré des Carmélites, Villegaignon St. 79-99-63-15. Tlj midi et soir.* Dans des petites salles voûtées, intégrées au prieuré, avec des plafonds peints et du mobilier contemporain. On y sert un menu maltais tous les midis à prix avantageux. Le soir, c'est cuisine grecque, turque et calabraise ! Une halte bienvenue.

Trattoria A.D. 1530 (*plan couleur B1,* ***25***) **:** *au pied du Xara Palace, dont il dépend. ☎ 21-450-560. Tlj 12h-22h (14h30-17h : snacks et glaces slt).* Le « petit » resto du *Xara Palace* n'a évidemment rien d'un boui-boui mais reste très accessible : on y déguste très simplement des pâtes et des pizzas, un chouia plus chères qu'ailleurs, mais de qualité et servies dans un cadre d'exception. Belle terrasse ombragée, très romantique le soir lorsque la ville gagne en quiétude. Parfait aussi pour prendre une glace aux heures chaudes ou un milk-shake bien crémeux.

Sharma (*plan couleur B1,* ***26***) **:** *19 triq L-Imhazen. ☎ 21-453-817. Fermé lun midi.* Au 1er étage, grande salle climatisée de style arabo-indien avec murs de pierre et tapis orientaux à terre. La déco fait écho aux plats, d'inspiration arabe, méditerranéenne et indienne, le tout plutôt bien servi. Petit bémol sur le service, pas toujours très au point. Mais bon, l'ambiance est chaleureuse (souvent pas mal de monde). Également une terrasse sur le toit avec vue sur les remparts.

Chic (25-35 €)

The Medina *(plan couleur B1,* ***27****) : 7 Holy Cross St. ☎ 21-454-004. Ouv slt le soir. Fermé dim.* Le chef propose le meilleur de la cuisine nationale, saupoudrée de quelques touches exotiques ou issues de la nouvelle cuisine : *mezze* d'entrées maltaises, *aljotta* (soupe de poisson), salade paysanne, ragoût de poulpe aux pommes, raisins et noix, cailles rôties glacées au miel de Gozo, lapin fermier à l'ail et au vin blanc, etc. Mais attention, si l'on se tourne vers les plats plus élaborés, l'addition peut vite flamber... Tout cela servi sous les vénérables voûtes ou dans une très belle cour intérieure agrémentée de plantes grimpantes.

Bacchus *(plan couleur B1,* ***28****) : 1 triq L-Inguanez. ☎ 21-454-981. Tlj midi et soir.* Cette institution chic et touristique est logée dans les poudrières construites au XVIIe s par le grand maître aragonais de Redin. Belles salles voûtées qui constituent un décor fort romantique, à moins de préférer dîner en terrasse sur le bastion. Recettes anglo-méditerranéennes raffinées, mais pas données. Toutefois, la carte à midi vous permettra de ne pas vous ruiner. Accueil aimable et service pro.

Où siroter un thé ? Où déguster une pâtisserie ?

Fontanella *(plan couleur B1,* ***30****) : 1 Bastion St. ☎ 21-454-264. Tlj 10h-23h (18h en sem l'hiver).* Sur les remparts, derrière le palais Costanzo, voici le repaire des amateurs de bons gâteaux et milk-shakes. Il y a souvent foule en saison et, du coup, le service peut être assez lent. L'idéal est de venir en soirée, une fois les groupes repartis, pour profiter du calme, de la fraîcheur de la terrasse... et de la vue panoramique sur la campagne environnante. Petite restauration aussi (mais très simple et sans génie, du genre soupes et *ciabattas*).

À voir

Rappel : si ça vous intéresse, un ***petit train touristique*** fait un tour rapide (30 mn) de Rabat, Mdina et Mtarfa. Voir la rubrique « À voir » à Rabat.

Les remparts et l'entrée principale *(plan couleur B1-2)* **:** entre les XVe et XVIIIe s, les chevaliers de l'ordre de Saint-Jean ont restauré à plusieurs reprises les fortifications. En analysant le rempart extérieur, on voit bien les deux techniques employées : là où il se tient parfaitement vertical, c'est le style de construction arabe, tandis que les chevaliers, eux, bâtissaient une muraille légèrement inclinée. La porte principale par laquelle on entre aujourd'hui dans la cité date de 1724, sous le grand maître portugais Manoel de Vilhena. L'ancienne porte voulue par les Arabes se devine encore à droite de l'entrée actuelle. On y accédait par un pont-levis enjambant une douve qui, évidemment, n'a jamais été remplie d'eau, pays sec oblige ! Pourquoi les chevaliers l'ont-ils déplacée ? Oh... simple motif personnel : le grand maître, qui possédait son palais à côté de l'ancienne entrée, souhaitait avoir la cour pour lui tout seul, et transféra donc la porte et le corps de garde un peu plus loin. L'espace, ça se crée...

Vilhena Palace *(palais de Vilhena ; plan couleur B1)* **:** c'est le premier édifice que l'on voit, à droite après l'entrée. Il fut construit en style baroque français (en 1730) par l'architecte Charles-François de Mondion, sur l'emplacement de l'ancienne université (siège du gouvernement) endommagée par le grand tremblement de terre, pour le grand maître portugais Antonio Manoel de Vilhena

(1722-1736). Le palais comporte une impressionnante porte monumentale ouvrant sur une élégante cour carrée avec deux étages de galeries. Destiné à loger les grands maîtres en visite à Mdina, il abrite aujourd'hui le musée d'Histoire naturelle d'un côté, et les bureaux du conseil local de l'autre.

National Museum of Natural History *(musée d'Histoire naturelle ; plan couleur B1)* **:** *dans une aile du palais de Vilhena. ☎ 21-455-951. • heritagemalta.org • Tlj 9h-17h (dernière admission 16h30). Fermé Vendredi saint et fêtes de fin d'année. Entrée : 5 € ; réduc. Billet combiné avec la Domus Romana, les catacombes de Saint-Paul à Rabat et le petit train touristique : 14 €.* Une collection géologique, paléontologique et animalière très classique (fossiles, minéraux, crânes humains, animaux empaillés, squelettes), à la présentation datée. On vous l'indique ici par souci de cohérence géographique, mais ce n'est pas une visite indispensable.

The Mdina Dungeons *(plan couleur B1)* **:** *tt de suite à droite en entrant dans Mdina. ☎ 21-450-267. • dungeonsmalta.com • Juil-août, lun-ven 9h30-20h, w-e 9h30-16h30 ; le reste de l'année, tlj 10h-16h30 ; dernière admission 30 mn plus tôt. Entrée : 4 € ; réduc.*
Toute l'histoire de la torture à Malte : un sacré programme ! Plutôt déconseillé aux jeunes enfants... cela va sans dire. Pour les grands, cela pourra aussi être un peu dur à regarder... ou paraître kitsch, voire drôle.
Dans ces anciennes geôles à l'obscurité de circonstance, des mannequins de cire, figés mais bien ensanglantés, illustrent les techniques de supplice employées à Malte à travers les âges : Romains, Byzantins, Arabes, Normands, chacun avait sa spécialité. Une petite mention particulière pour la conjuration des Esclaves (1749), un événement strictement local. L'histoire raconte que Imselliti et Kara Mahmet, esclaves personnels du grand maître Pinto, complotèrent pour tuer celui-ci. La conjuration découverte, Pinto fit arrêter 38 « meneurs » : ils furent torturés en public, marqués au fer rouge ou écartelés. Chevaleresques, les chevaliers, non ? On peut aussi lire l'histoire de prisonniers célèbres, comme Parisot de La Valette, qui purgea 4 mois de prison à Gozo pour avoir laissé éclater sa colère contre un citoyen. En somme, une inquiétante tranche d'histoire, servie bien saignante, comme il se doit.

➢ Tourner à gauche dans la rue Inguanez, puis tout de suite à droite dans la rue Villegaignon. Au coin, petite ***chapelle Sainte-Agathe*** bâtie en 1410 et reconstruite après le séisme de 1693. Plus loin, on devine le ***couvent des Bénédictines.*** En face, la ***casa Inguanez,*** du début du XXe s pour la façade mais du XVe s à l'intérieur. Les Inguanez sont l'une des grandes familles nobles de Malte, et cette maison compta parmi ses hôtes plusieurs rois d'Espagne. Sa façade donnant sur la ruelle (triq Mesquita) menant à la pjazza Mesquita est percée d'un portail avec un superbe heurtoir de porte. Moins bien conservé, l'***ancien hôtel de ville,*** 50 m après la casa Inguanez, sur la rue Villegaignon, montre une façade qui s'effrite inexorablement. Il est dû à Charles-François de Mondion et abrite aujourd'hui les archives nationales. On arrive à la place principale, la ***place Saint-Paul,*** dominée par la cathédrale de Malte. Un seul anachronisme dans le paysage architectural : une maison des années 1930, fleuron du renouveau gothique, qui choque, car elle n'est pas du tout dans le ton. Les autres demeures ont été rénovées au XXe s mais en conservant le style original.

Saint Paul's Cathedral *(cathédrale Saint-Paul ; plan couleur B1)* **:** *lun-sam 9h30-16h45 ; dim 15h-16h45. Entrée : 5 € (musée et palazzo de Piro inclus). Le billet s'achète au musée ou au palazzo de Piro (attention, ils ferment à 16h, n'arrivez pas au dernier moment).*
L'un des plus beaux exemples d'architecture religieuse baroque à Malte. On la doit à Lorenzo Gafà, qui fut chargé de remplacer l'ancienne église romane rasée par le séisme de 1693. Achevées en 1702, la cathédrale et sa coupole figurent sur toutes les cartes postales comme le symbole de Malte. Sur la façade assez épurée, vous remarquerez l'absence de vitraux, d'où un aspect très sobre. Comme toujours,

deux clochers, deux horloges : celle de gauche fait office de calendrier, avec les initiales des mois et des jours écrites en italien. Tout en haut, une croix à double barre horizontale indique qu'il s'agit du plus important des édifices religieux de Malte, la seule et unique cathédrale (d'où le titre de « co-cathédrale » dont doit se contenter Saint-Jean, à La Valette).
La seule partie primitive est le chœur, qui a survécu au séisme, ainsi que les anciennes portes en chêne (au fond, face à l'entrée). Admirer la peinture du *Naufrage de saint Paul* par Mattia Preti, à demi dissimulée par le baldaquin. À gauche du chœur, dans la chapelle du Saint-Sacrement, noter l'icône du XIIe ou XIIIe s, probablement importée d'Italie. Parmi les beaux objets d'art : des lustres de Murano, un tabernacle d'argent massif ou encore un autel incrusté de lapis-lazuli. Les dalles en marbre polychrome, dédiées à des évêques et à des « monseigneurs » (prêtres de première classe), sont moins nombreuses et moins impressionnantes que celles de la co-cathédrale de La Valette. On peut néanmoins s'amuser à décrypter les blasons des évêques, des chanoines et des nobles enterrés sur place... Sachez que les grandes familles locales ont toujours le droit d'être inhumées dans la cathédrale !

Le musée de la Cathédrale *(plan couleur B1)* **:** *à côté de la cathédrale, dans l'ancien séminaire. ☎ 21-454-697. Lun-ven 9h30-16h ; sam 9h30-15h. Fermé dim et j. fériés. Entrée : 5 € (cathédrale et palazzo de Piro inclus) ; réduc ; gratuit moins de 12 ans. Photos et films interdits.*
Situé dans l'ancien séminaire de la cathédrale, c'est l'un des musées les plus intéressants de Mdina. Avant d'entrer, admirer l'élégante façade baroque, avec ses balcons soutenus par des atlantes. À l'intérieur, la collection, très variée, rassemble au rez-de-chaussée des pièces archéologiques romaines, des monnaies, de l'argenterie (voir la somptueuse série de statues en argent du XVIIe s), des coffres remplis d'objets liturgiques ou rituels, ainsi qu'un carrosse et des vestiges de l'ancienne cathédrale, notamment des panneaux en bois provenant du chœur (XVIe s), parmi lesquels une intéressante allégorie de Malte, un personnage casqué portant sceptre et écu.
À l'étage, vaste collection de vêtements sacerdotaux, avec des chasubles et des mitres cousues d'or et de pierres précieuses, de superbes manuscrits (surtout des livres de chœur, le plus ancien remontant au XIIIe s) et une galerie de peinture rassemblant de belles réalisations de Mattia Preti, notamment *Mocking of Christ* et une *Annonciation* gigantesque (cette dernière étant, en fait, de son école). Également un chef-d'œuvre d'Antoine de Favray : *The Satyr at the Peasant's Table,* et quelques agréables portraits de dames grecques et turques du XVIIIe s. Plus loin, au fond de la seconde salle, superbe polyptyque de *Saint Paul,* œuvre du début du XVe s tout en relief, qui donne une idée des talents de l'école espagnole. Et puis, un *Sainte Agathe* de l'école sicilienne du XVIe s, la martyre exposant ses seins sur un plat. La pièce maîtresse du musée est toutefois ailleurs : un ensemble exceptionnel de gravures sur bois d'Albrecht Dürer.

Palazzo de Piro *(plan couleur B1)* **:** *3 triq is-Sur ; extension du musée de la Cathédrale. ☎ 20-100-560. • palazzodepiro.com • Tlj 10h-16h. Entrée : 2 €. Billet combiné avec la cathédrale et le musée : 5 €.* Cette magnifique demeure du XVIIe s accueille, dans deux salles à gauche de l'entrée, de petites expos changeantes, généralement sur des thèmes religieux. Elle abrite aussi un café-resto sympa. Concerts et petits événements régulièrement organisés.

Carmelite Priory *(église et prieuré des Carmélites ; plan couleur B1)* **:** *Villegaignon St. ☎ 21-454-524. 79-253-316. • carmelitepriory.org • Face au palazzo Costanzo. Visite sur résa slt, mar-sam 10h-16h. Entrée : 4 € ; réduc.*
Après s'être implantée à Rabat au XVe s, la communauté carmélite s'installe à Mdina dans les années 1660. Érigée par l'architecte français Médéric Blondel des Croisettes, cette église baroque fut la première conçue selon un plan elliptique à Malte. Elle fut aussi et surtout le point de départ de l'insurrection contre les

LE CENTRE

occupants français, qui commirent par la suite l'erreur de brader, voire de voler ses objets sacrés... L'église n'est pas la partie la plus passionnante de la visite, d'ailleurs. On préfère le joli cloître du prieuré, attribué une fois de plus à Lorenzo Gafà. La pièce maîtresse en est le beau réfectoire, avec son superbe plafond XVIIIe et sa décoration baroque des XVIIe-XIXe s. Détailler les prophètes de l'Ancien Testament peints par Il Negro (école de Mattia Preti), et les saints siciliens. Et puis repérer le médaillon du Christ entouré de deux disciples, encastré dans les stalles XVIIIe. Jolie chaire surmontée par Notre-Dame-de-Trapani, du nom de la ville sicilienne. Jusque dans les années 1960, on mangeait encore dans cette salle dans un silence total, si l'on excepte la lecture des textes sacrés. Aujourd'hui, il ne reste que cinq frères carmes... À noter aussi, l'oratoire où l'on peut admirer une *Sainte Vierge* de Preti ou, dans un autre registre, la cuisine ancienne reconstituée dans la salle voisine. Et puis, dans le désordre, la boîte à voter néogothique de la salle du chapitre, la cellule où le frère Avertanus Fenech, paralytique, vécut 11 années, ou encore la bière à porteurs. Quant à l'*antependium* (devant d'autel en argent, commencé en 1780 et terminé en... 1870), il remplaça celui volé par les Français durant l'occupation napoléonienne.

Le palazzo Falson *(plan couleur B1)* **:** *Villegaignon St. ☎ 21-454-512. • palazzofalson.com • Tlj sf lun 10h-17h (dernière entrée 16h). Fermé Vendredi saint et pdt les fêtes de fin d'année. Entrée : 10 €, audioguide inclus ; réduc.*
Si le tarif d'entrée n'est pas ce qu'on appelle donné, la visite vaut la peine pour découvrir un palais caractéristique, l'un des plus vieux de Mdina, et l'intéressant musée privé qu'il abrite. Les parties les plus anciennes de l'édifice remontent au XIIIe s, mais la majeure partie de la construction date des XVe-XVIe s. L'admirable cour révèle des influences normandes siciliennes, avec une fontaine inspirée de celles du cloître de Monreale, sans oublier les délicieuses odeurs de jasmin... Au XVIe s, le grand maître Villiers de L'Isle-Adam y réside un temps. Racheté en 1927 par le peintre et philanthrope Olof Gollcher (issu d'une famille de marins d'origine suédoise), le palais renferme aujourd'hui ses collections.

Au rez-de-chaussée, l'ancien réfectoire abrite outils, armes, armures médiévales, serrures, rouets, poids et mesures. Très élégante armurerie où l'on nous apprend (rappelle ?) que les femmes aussi portaient des armes... La belle cuisine, que le propriétaire appelait sa « trattoria », possède une cheminée ornée de carreaux en majolique. Suit l'atelier de peinture de Gollcher, où l'on pourra se faire une idée de son talent... En montant à l'étage, impossible de rater l'impressionnante chambre forte dans laquelle était conservée la collection d'argenterie (comprenant quelque 800 pièces !). Remarquez le modèle de nef, jadis placé face à l'assiette des convives les plus prestigieux, pour souligner leur importance sociale... Plus haut, les appartements privés permettent d'exposer des marines (dont le *Swalan,* bateau du grand-père de Gollcher), du beau mobilier (notamment de superbes pièces maltaises), des peintures, bijoux, tapis et antiquités. Voir encore la chambre minuscule du majordome et surtout la *salle des petits objets.* On y trouve une belle collection de pièces de monnaie (carthaginoises, byzantines, romaines), des tabatières, des *vesta* (boîtes d'allumettes) ou encore des pièces en cristal de Venise et de Bohême.

À L'HEURE DE LA RÉVOLUTION

Dans la salle des petits objets du palazzo Falson, vous pourrez admirer une montre à gousset française de 1791, signée Robert Robin. Sa particularité ? Son cadran s'arrête au chiffre X. En effet, rappelons que dans le nouveau calendrier républicain issu de la Révolution française, les journées duraient 10 heures, chaque heure se subdivisant en 100 mn ! Inutile de préciser que cette nouvelle organisation de la journée fut bien vite abandonnée...

Dans la salle de réception, quelques belles signatures : un portrait d'enfant de Murillo, une scène de la vie paysanne selon Teniers, quelques tableaux classiques signés Nicolas Poussin (avec ses chers chérubins ou le thème des quatre saisons) et *Lucrèce se donnant la mort* de Mattia Preti. Enfin, la bibliothèque et ses 4 500 volumes, et puis la chapelle et ses magnifiques icônes, la chambre avec ses jolis portraits de femmes. Pour finir, une petite salle rassemble quelques curiosités, dont sept bulles papales.

Petit *café* sur le toit avec vue géniale sur les environs (jusqu'à la mer) si vous êtes gagné par la soif.

Ensuite, avancer jusqu'à la place Tas-Sur, d'où l'on jouit d'un ***panorama*** sur une grande partie de l'île. À gauche, sur la colline d'en face, l'hôpital et les anciens baraquements britanniques. En face, la baie de Saint-Paul et l'agglomération de Buġibba. Le très visible dôme de Mosta, avec Naxxar derrière, puis à droite l'ensemble Saint Julian's-Paceville. Au loin, dans les brumes, se cache la capitale.

The Mdina Experience *(plan couleur B1) : 7 pjazza Mesquita. ☎ 21-450-055. • themdinaexperience.com • De la rue principale, tourner à gauche après la casa Inguanez et suivre le fléchage. Tlj 10h-16h30 (dernier show). Entrée : 6 € ; réduc. Billet combiné avec les autres shows de Mdina,* The Knights of Malta *et* Medieval Times *: 15 €.* Il s'agit en réalité de trois attractions spécifiques, présentées dans différents bâtiments de la ville mais gérées par la même compagnie. ***The Mdina Experience*** retrace en 45 mn l'histoire de la ville depuis ses origines (assez pédagogique). Plus ludique, ***The Knights of Malta*** comprend, en plus d'un diaporama historique, un parcours jalonné de reconstitutions grandeur nature. Les scènes, très soignées (notez les expressions des visages), illustrent les principales étapes de l'histoire des chevaliers de Malte. ***Medieval Times*** reprend le même schéma, à grand renfort de mannequins sanguinolents et de scènes variées, mais sur le thème du Moyen Âge : commerce, médecine, et toutes sortes de joyeusetés de l'époque (impressionnante scène de banquet notamment).

Greeks Gate *(porte des Grecs ; plan couleur A-B1)* **:** pour effectuer une sortie en beauté, passez par cette porte, dont l'arc brisé est l'une des dernières traces subsistant de la période arabe. À la sortie, on peut visiter la Domus Romana toute proche (se reporter plus haut à la rubrique « À voir » à Rabat).

DANS LES ENVIRONS DE MDINA

Malta Aviation Museum *(musée de l'Aviation) : juste à côté du stade national. ☎ 21-416-095. • maltaaviationmuseum.com • Bus nos 51, 52 et 53 depuis Rabat ou La Valette. Tlj sf j. fériés 9h-17h (13h dim l'été) ; dernière entrée 45 mn plus tôt. Entrée : env 6 €.*

À L'AISE BLAISE

La route qui mène au musée de l'Aviation depuis le Ta'Qali Crafts Village est d'une qualité et d'une largeur inhabituelles à Malte. Et pour cause, vous roulez sur la piste d'atterrissage de l'ancien aéroport...

Géré par des bénévoles toujours prêts à faire partager leur passion, le musée ne cesse de s'agrandir au fur et à mesure des dons et rachats. Carcasses rouillées trouvées dans les champs, épaves repêchées en mer, fuselages venus de l'étranger, rien ne leur fait peur ! Répartie dans trois vastes hangars, la collection comprend de nombreux appareils, dont un Hurricane remonté après 54 années passées sous l'eau et qui a demandé 12 années de restauration ! Également un Meteor F8 des années 1950, un Douglas Dakota DC3, un Fiat G91R incarnant la nouvelle génération des avions de chasse d'après-guerre, un Seahawk anglais, aux ailes peintes en jaune et noir, façon abeille (pour ne pas être

descendu par les Français lors de la crise de Suez, qui auraient pu les confondre avec les appareils égyptiens, de modèle identique)...
Mais le clou du musée, c'est ce Spitfire de la Royal Air Force qui, parmi bien d'autres, veillait sur le ciel maltais pendant la Seconde Guerre mondiale. Plus comique, le *Pou du ciel* (réplique), un petit aéroplane amateur construit par un allumé français, Henri Mignat, qui volait avec un moteur de 2 CV. La fabrication de cet ancêtre de l'ULM coûtait 10 fois moins que celle d'un avion, mais les accidents furent innombrables ! Des instruments de navigation, un vieux simulateur américain aux airs de jouet pour enfants, un canon de défense antiaérien, une jeep Willis, des moteurs, des caméras de reconnaissance, des kits de survie, un siège éjectable et des uniformes complètent cette belle collection que les passionnés ne feront pas l'erreur de survoler. L'occasion, aussi, d'une plongée dans l'univers de la Seconde Guerre mondiale.

Où acheter des souvenirs ?

Ta'Qali Crafts Village : *à deux pas du musée de l'Aviation (même accès que pour ce dernier) et du stade national, entre Mdina et Mosta. Tlj sf sam ap-m et dim 9h-16h30.* Ce village artisanal est la halte obligatoire de tous les cars de touristes. On y compte une trentaine de magasins et ateliers nichés dans les entrepôts du vieil aéroport : travail sur bois, céramique, orfèvrerie, verre, dentelles... Le plus intéressant se trouve toutefois un peu à l'extérieur du « village ». Il s'agit de ***Mdina Glass*** *(☎ 21-415-786 ; • mdinaglass.com.mt • ; en été, lun-ven 8h30-18h, sam 9h-15h ; en hiver, lun-ven 9h-16h30, sam 9h-13h),* une fabrique de verre soufflé : vases, calices, cendriers, bibelots, etc., en verre coloré et irisé. Dans l'arrière-boutique, des souffleurs en short et sandales s'affairent autour des fourneaux, pas dérangés le moins du monde par les touristes qui flashent à tout-va. Les articles avec des défauts sont soldés dans un coin, ce qui permet de faire des cadeaux sans se ruiner. Dans le village, on trouve 2-3 cafétérias pour se restaurer.

LE CENTRE

Où faire une dégustation de vins ?

■ ***Meridiana Wine Estate :*** *près du stade national, Ta'Qali. ☎ 21-413-550. • meridiana.com.mt • Boutique lun-ven 9h-16h. Pour une visite guidée ou une dégustation, résa impérative (possible par Internet) et payante (env 10 €).* On vous fait visiter les installations et tester les rouges et les blancs de *Meridiana,* l'un des domaines les plus réputés du pays. Les cépages de chardonnay, de syrah, de cabernet et de merlot ont été plantés en 1994 et 1995. Le domaine est arrosé grâce à un réservoir souterrain datant de la dernière guerre.

MOSTA

18 700 hab.

Bien campée à l'intérieur des terres, cette grande ville est l'une des plus importantes de Malte. D'abord en nombre d'habitants, ensuite pour les transports, puisque tous les bus qui relient l'est à l'ouest y passent systématiquement, et enfin pour les visites, grâce à sa fameuse *Rotunda,* un impressionnant dôme dont on dit qu'il est le quatrième plus grand au monde. Mosta, dont le nom est dérivé de « centre », a commencé à se développer très tôt

au Moyen Âge, forte de cette situation centrale et éloignée des côtes qui en faisait une cité plus facile à protéger, à l'instar de Mdina.
Nulle part où dormir ici, et c'est bien dommage. Mosta se contente d'accueillir les touristes pour 1h ou deux, histoire de jeter un œil au dôme. Pourtant, le vieux centre avec ses ruelles bordées de vieux palais ne manque pas d'intérêt.

Arriver – Quitter

➢ ***De/vers La Valette :*** *bus nos 31, 35, 37, 38, 41, 42 et 44.*
➢ ***De/vers Rabat ou Sliema :*** *bus nos 202 et 203.*
➢ ***De/vers Rabat :*** *bus no 205.*
➢ ***De/vers Sliema ou Għajn Tuffieħa :*** *bus no 225.*
➢ ***De/vers l'aéroport :*** *bus no X3.*
➢ ***De/vers Saint Paul's Bay et Mellieħa :*** *bus nos 41 et 42.*

Adresses et info utiles

■ ***Banques :*** *les agences de la* ***Bank of Valletta*** *et de* ***HSBC*** *se trouvent dans Constitution St, qui longe le dôme.* Distributeurs et change. *Également l'****APS Bank*** *face au dôme.*

@ ***Pjazza Café :*** *au tt début de Constitution St, face au dôme. ☎ 21-413-379. Tlj sf jeu midi et dim midi.* 2 ordinateurs fonctionnant à pièces...
– ***Marché :*** *lun sur Constitution St.*

Où manger ? Où boire un verre ?

Bon marché (moins de 15 €)

|●| ***Sphinx Pastizzeria :*** *face au dôme. Tlj jusqu'à 22h.* Minuscule stand qui vend des *pastizzi*, des chaussons au fromage, ainsi que des parts de pizza. Mais la spécialité, ce sont les chaussons aux épinards *(al'cioffi)*, fondant et goûteux à souhait. À emporter uniquement.
|●| ***The Premier :*** *de l'autre côté du dôme, côté Constitution St. Tlj jusqu'à 20h.* Vente de *pastizzi* et de parts de pizzas à emporter.
|●| ***Olympic Bar :*** *47 Constitution St. ☎ 21-432-067. Sur le côté du dôme. Tlj 8h-22h.* Plus populaire, tu meurs ! Cette cafétéria basique est LE rendez-vous des employés du coin, qui plébiscitent ses omelettes, ses salades ou ses plats de pâtes archicopieux et préparés à la commande. Simple, bon et à un tarif imbattable.
|●| 🍷 🍦 ***Pjazza Café :*** *voir « Adresses et info utiles ».* Sympa pour grignoter pas cher une pizza (seulement le soir), un burger, un feuilleté, mais aussi des gâteaux, glaces et pâtisseries. Grande variété de cafés et de chocolats chauds (à la vanille, à la noisette, etc.). Salle moderne et climatisée au 1er étage, toute vitrée, pour observer le dôme et l'animation de la place.
🍷 ***JS City Bar :*** *triq il-Kbira. Dans la rue qui part à l'angle de la pl. du Dôme, à env 200 m. Ouv tlj.* Une petite maison en angle surmontée d'un balcon flanqué de 2 statues, avec une agréable tonnelle en pleine ville pour prendre l'apéro en compagnie des habitués du coin ou des touristes égarés.

Chic (25-35 €)

|●| ***Ta'Marija :*** *Constitution St. ☎ 21-434-444. À côté de la banque HSBC. Menu env 25 € (28 € les soirs de spectacle).* *Ta'Marija* est un peu à Mosta ce que le Moulin-Rouge est à Paris : une image d'Épinal, bien ficelée mais plutôt stéréotypée, où défilent les groupes. La plupart viennent le mercredi ou le vendredi soir *(slt ven déc-mars)* pour assister à un spectacle folklorique de chants et danses maltais. D'autres soirées musicales ont lieu les jeudi (« romance » !) et samedi.

On aime ou pas. Ces soirées-là, il est indispensable de réserver. Sinon, nombreux plats traditionnels, depuis les escargots maltais au café de grand-mère avec son anisette ! Le tout servi dans un beau décor, une grande salle rustico-chic.

À voir

Mosta Dome (Rotunda) : *lun-ven 9h-11h45, 15h-17h ; sam 9h-12h. Entrée libre sf aux heures des offices.*

C'est l'église la plus vaste de Malte et le quatrième plus grand dôme non soutenu du monde : environ 39 m de diamètre pour 66 m de haut. D'ailleurs, on l'aperçoit à des kilomètres à la ronde : c'est sans doute le monument le plus visible de l'île. Il fut construit entre 1833 et 1860 (et consacré en 1871) avec l'argent de deux frères maltais émigrés aux États-Unis et celui de la population, qui a également travaillé de manière bénévole sur cet énorme chantier. Tous les habitants ont mis la main à la pâte !

LE MIRACLE DE MOSTA

Le 9 avril 1942, alors que 300 personnes s'étaient réfugiées dans le dôme pour se protéger des bombardements allemands, une bombe perça la coupole et retomba sans exploser à l'intérieur de l'église. Regardez le mot « Assumpta » sur la frise ; cinq médaillons au-dessus du « U », on voit un endroit abîmé et rafistolé à la hâte. On parla évidemment de miracle. En tout cas, ce fut une sacrée chance. Dans la sacristie trône une réplique de la bombe en question.

On doit son imposante silhouette néoclassique à l'architecte d'origine française Giorgio Grognet de Vassé, qui s'est inspiré du Panthéon de Rome, en toute simplicité. Vous remarquerez deux horloges sur la façade. Ici, celle de gauche donne la date, et celle de droite l'heure. Mais sur la plupart des églises maltaises, l'une donne la vraie heure et l'autre une fausse : une astuce destinée à tromper le diable...

Ne pas manquer également les deux autels d'argent massif et les chasubles brodées de fils d'or. Quant aux peintures, elles proviennent de l'ancienne église du XVIIe s.

La place de la Rotonde : centre névralgique de la ville, ses maisons étalent un superbe camaïeu beige, rose et ocre. C'est l'apanage de cette pierre caméléon qu'est la globigérine, changeant de couleur avec le temps. Les bow-windows (balcons clos) rappellent les fameux moucharabiehs arabes. Ils font si bien partie du patrimoine architectural maltais que le gouvernement subventionne leurs propriétaires pour qu'ils les maintiennent en état. Juste en face du dôme, la triq il-Kurat Feliċ Calleja est l'une des plus charmantes ruelles de Mosta. Baladez-vous entre ses murs couleur de miel, griffés de grands portails autour desquels courent bougainvillées ou rosiers grimpants.

DANS LES ENVIRONS DE MOSTA

Mosta Fort et les Victoria Lines : *une promenade sympa et facile à effectuer au départ de Mosta. Du dôme, prendre vers le nord en direction de Saint Paul's Bay. Après env 1 km, un rond-point ; continuer tt droit. Sur la droite, 100 m après, commencent les fortifications baptisées Victoria Lines. Tourner au niveau de l'indication « Public Garden » et se garer un peu plus loin.*

Ces lignes étaient destinées à empêcher une éventuelle invasion d'infanterie après un débarquement dans les baies de Mellieħa ou de Saint-Paul. Nommées en hommage à la reine d'Angleterre, elles furent achevées en 1897 par les soldats de Sa Majesté. Elles s'étendent des abords de la baie de Fomm ir-Riħ, à l'ouest,

LE CENTRE

à Baħar iċ-Ċagħaq, au nord, en suivant le contour d'une faille géologique, ce qui les rend encore plus raides et imprenables. Sur le tracé, trois forteresses veillent : Bingemma Fort, Mosta Fort et Madliena Fort. Peine perdue, puisque ces remparts n'ont jamais servi. Mais qui donc craignaient les Anglais à cette époque ? Ce n'étaient plus ni les Ottomans ni les pirates, mais... les Italiens. Des Italiens menaçants, avec leurs visées expansionnistes sur l'Europe méditerranéenne. Pour les Britanniques, la protection des deux bases stratégiques de Malte et Gibraltar faisait figure de priorité absolue.
Cette portion de remparts au nord de Mosta, en très bon état de conservation, permet une balade d'environ 800 m sur le chemin de ronde. Profitez à fond du panorama sur le Nord-Ouest de Malte : au premier plan, le village de Burmarrad, qui signifie « endroit insalubre » parce qu'il fut bâti sur des marécages, puis, au fond, les stations balnéaires de Saint Paul, Buġibba et Qawra. Juste en contrebas, le damier des jardins et des champs. Le chemin de ronde aboutit au Mosta Fort, construit dans les années 1880. Les Anglais le remirent en service pendant la Seconde Guerre mondiale afin d'observer les côtes, et ils y placèrent des batteries antiaériennes. Aujourd'hui, il fait office de dépôt d'armes (accès interdit).

NAXXAR

12 000 hab.

Presque collée à Mosta, Naxxar (se prononce « Nachar ») préserve avec brio son visage de paisible village. La population déjà significative et sa proximité avec Birkirkara promettent dans l'avenir une lutte acharnée pour échapper aux griffes tentaculaires de la grande conurbation.
Naxxar est touristique. Une bonne occasion pour boire un coup et profiter de l'ambiance au *Peace Band Club,* un de ces nombreux mini-*Buena Vista Social Club* locaux (enfin, la fanfare locale, quoi !), devant l'église paroissiale. Avec tout le savoir-faire maltais, ce bâtiment de la seconde moitié du XIXe s a été agencé en troquet de pays, avec tables en formica, billard et accueil patibulaire. Un univers radicalement différent de celui des bars touristiques du bord de mer, qui ravira le routard que vous êtes !

Arriver – Quitter

➢ ***De/vers La Valette :*** *bus nos 31, 35, 36, 37 et 43.*
➢ ***De/vers Rabat :*** *bus no 205.*
➢ ***De/vers Sliema ou Għajn Tuffieħa :*** *bus no 225.*

Où dormir ?

Knights in Malta B & B : *138 Saint Lucy St. ☎ 21-432-636. • knightsinmalta.com • Dans une rue calme du centre. Doubles avec sdb 60-90 € selon confort et saison, avec petit déj. AC en sus.* L'entrée dans cette charmante maison vieille de trois siècles se fait par un joli patio garni de plantes. À l'intérieur, des murs de pierre, des plafonds à poutres, le tout chargé de bibelots et décoré avec goût. Les chambres, toutes différentes et personnalisées, sont au diapason, très agréables et soignées. Sans oublier le solarium et le jacuzzi sur le toit, les massages en option, le riche petit déj continental et l'accueil très prévenant du couple (anglo-maltais) de proprios. En bref, une excellente base pour découvrir l'île, loin des flux touristiques de la côte !

À voir

L'église paroissiale de la Nativité de la Vierge : *en principe, tlj 7h-11h, 16h30-19h env.*
Deux en un ! La nouvelle église a été édifiée au XVIIIe s autour de l'ancienne (qui date du XVIIe), l'englobant tout en conservant deux façades distinctes. Les plans sont l'œuvre de Vittorio Cassar. La façade de la nouvelle église possède la seule porte en bronze de toute l'île. Plus précisément, elle est seulement plaquée de bronze et date de 1913... Admirez encore cette fascinante couleur rosâtre de la globigérine qui a vu le soleil.
Dans le lanternon du dôme, on peut voir la colombe inscrite dans un soleil, symbole du Saint-Esprit. Tout autour de la coupole, les statues des 12 apôtres et, aux coins, les 4 évangélistes. Pas besoin de s'étendre sur la déco, extrêmement riche, pour ne pas dire *too much*... Du tape-à-l'œil, de la dorure en veux-tu en voilà, comme souvent, pour mieux éblouir les paroisses voisines. De part et d'autre de la nef, les bas-côtés sont coiffés de trois minicoupoles chacun, peintes au XXe s dans un style un rien plus sobre. Cette configuration architecturale, étonnante pour nous, est assez classique dans le baroque maltais.

Le palazzo Parisio : *Victory Sq, face à l'église paroissiale. ☎ 21-412-461. • palazzoparisio.com • Tlj 9h-18h (dernière entrée 17h). Fiche explicative et audioguide en français. Entrée : 12 € ; réduc. Jardins seuls : gratuit.*
Entrée chère et visite assez rapide, mais il s'agit d'un des rares palais privés ouverts au public.
Il fut bâti en 1733 pour le grand maître portugais Manoel de Vilhena dans une version très simple, bien plus modeste que celle que l'on visite aujourd'hui. Le repreneur, un noble sicilien nommé Parisio, en fit sa résidence d'été en 1737 (sa demeure principale étant le palazzo Parisio de La Valette, à ne pas confondre). Mais c'est surtout au tournant des XIXe et XXe s que le palais fut considérablement embelli et enrichi de tout ce qui se faisait de plus chic en matière de mobilier et d'œuvres d'art. Friqués, les marquis de Scicluna ? Rien de plus normal, ce sont eux qui ont ouvert la première banque privée maltaise...
Voici un rapide tour des principaux centres d'intérêt du palais. Dans l'entrée, voir les quatre statues en marbre qui symbolisent les quatre saisons. Bien sûr, il faut admirer la balustrade de l'escalier monumental. En haut, la loggia avec, en vrac, des peintures représentant le blocus de Napoléon à Malte, le naufrage de saint Paul et l'invasion de l'île par les Turcs en 1565 (notez les chaînes censées empêcher l'ennemi d'entrer dans la ville).
On continue par la Salle rouge, aux murs peints à la main (non, ce n'est pas du papier peint !) ou couverts de tentures, avec deux œuvres du peintre Zahra, puis la salle à manger, peinte en trompe l'œil et ornée de centaures, d'animaux et de femmes dansantes. Grandes toiles représentant la vie napolitaine, et sets de table en dentelle maltaise. Dans le cabinet d'étude, sur la fresque de stuc pour le moins chargée, remarquer ce rigolo clin d'œil : deux chérubins se passent un coup de fil, sur un paysage de poteaux téléphoniques. C'est en effet à l'époque où elle fut peinte, vers 1900, que le téléphone débarqua à Malte !
Dans la chambre à coucher du marquis, noter les rideaux en soie de Paris, les meubles superbes de Milan (ouh, la belle armoire érotique !) et le sol en mosaïque. Sur le plafond de stuc ciselé, une copie de *L'Immaculée Conception* d'Esteban Murillo. Les portes

LA CROISIÈRE ÇA M'USE

Ne manquez pas le grand escalier (d'ailleurs immanquable !) du palazzo Parisio, avec son immense balustrade taillée dans une seule pièce de marbre. Sachez qu'il fallut trois tentatives pour que celle-ci arrive intacte. Le bateau qui transportait la première pièce coula. La deuxième pièce se brisa net une fois arrivée sur place. Il fallut enfin l'aide de l'armée britannique (n'est-ce pas ce qu'on appelle avoir le bras long ?) pour fixer définitivement le plus long bloc de marbre que l'on puisse trouver à Malte.

en bois sculpté s'ouvrent pour les unes sur la chapelle, pour les autres sur la chambre des enfants. Les meubles du salon musical (« salle des femmes ») sont plaqués d'or 24 carats, tandis que le plafond croule sous les dorures. Chaque meuble arbore un instrument de musique, tout comme les quatre angles du plafond. Beau sol de mosaïque figurant la croix de Saint-Jean à huit pointes (aussi appelée croix maltaise...). Guère discret, mais ça n'est rien comparé à la salle de bal : pas un centimètre carré n'est épargné par les moulures et les dorures, reflétées dans de grands miroirs. Vanité, vanité... Les bustes représentent les grands maîtres, parmi lesquels Parisot de La Valette.
Dans la salle de billard, l'antre des hommes, le plus étonnant reste ce plafond peint en trompe l'œil et surtout ces murs imitant une fois de plus la tapisserie : la texture est si bien rendue qu'on mettrait sa main à couper qu'il s'agit bien de tapisserie. Sur les côtés, les sièges surélevés permettaient à ces messieurs de mieux admirer les prouesses au billard du maître de céans... Et notamment grâce à ces charmants angelots en bronze soutenant l'éclairage du billard. Le vice et la vertu, quoi !
Par ici la sortie : les beaux jardins, organisés autour d'une charmante fontaine, abritent de nombreuses variétés d'arbres et de fleurs. Le premier, très formel, à la française, est bordé par une orangerie de la fin du XIXe s. Le deuxième jardin est paysager, à l'anglaise.

On y trouve par ailleurs le séduisant ***Caffé Luna,*** un restaurant très chic de qualité, qui propose des plats simplifiés le midi (et même des sandwichs) à des tarifs plus raisonnables. Fait également salon de thé.

ATTARD, BALZAN ET LIJA

Campés au centre de l'île, ces trois villages imbriqués les uns dans les autres forment le quartier résidentiel le plus chic de Malte : superbes demeures, rues mignonnes et proprettes, quelques églises notables, un calme de rigueur... et le palais du président de la République ainsi que l'ambassade américaine. Voilà, en gros, ce que l'on peut trouver à Attard, le village principal, et dans ses deux faubourgs, Balzan et Lija.

LE CENTRE

Arriver – Quitter

➢ ***De/vers La Valette :*** *bus nos 37, 38, 41, 42, 43, 44 et 55.*

Où dormir ? Où manger ?

De très bon marché à prix moyens

University Residence : *triq Robert Mifsud Bonnici, à Lija. ☎ 21-430-360. • universityresidence.com • Entre la rotonde et l'église Saint-Sauveur, tourner à gauche. Attention, les touristes ne sont admis qu'en fonction des places disponibles. Env 14 €/pers en chambre de 4 lits ; env 35 € pour 2 en chambre privée ; bungalows individuels (1 ou 2 chambres) 90-185 € selon confort.* L'hébergement de base consiste en de véritables appartements communautaires, c'est-à-dire différentes chambres organisées autour d'une cuisine que l'on partage avec des étudiants ou des touristes ; les lieux ne sont pas de première jeunesse, les éclairages au néon un peu cinglants, et certaines piaules n'ont qu'un lit-placard, mais l'ensemble reste adéquat pour le prix. Au-delà, toutes sortes d'options sont possibles, de la simple chambre privée aux apparts généralement occupés par les profs ou des parents en visite, jusqu'aux bungalows isolés à l'extérieur du campus (propres, fonctionnels, dotés d'une piscine privée !). Au milieu de ce microcosme universitaire bon enfant, il y a même une piscine dans un jardin agréable, un bar avec un billard, une salle

TV et vidéo, une laverie, un minimarché, un tennis... Heureux étudiants !

The President's Kitchen Garden : *dans les dépendances du palais présidentiel, aux San Anton Gardens. Tlj 10h-14h, 18h-22h. En-cas env 2-5 €.* Étonnant ! Le président a décidé de rendre accessible à tous une partie de son domaine, désormais réaménagé en un espace familial génial avec toutes sortes de jeux pour les enfants. Mieux : on y trouve une cafétéria pimpante, où les sandwichs et salades sont élaborés chaque jour par les cuisines présidentielles, avec les produits du jardin ! Les gains sont reversés à des fonds de charité.

À voir

San Anton Gardens and Palace : *en face du* Corinthia Palace Hotel *(5 étoiles), à Attard. Entrée libre dans les jardins.*
Ce palais était la demeure du grand maître provençal Antoine de Paule (1623-1636), qui le légua à l'Ordre ; il devint la résidence du gouverneur britannique pendant la période coloniale. Aujourd'hui, il ne se visite pas, à l'exception des cours intérieures, et pour cause : c'est la résidence officielle du président de la République. À droite de l'entrée des jardins se dresse le *Melita Hotel,* un hôtel particulier qui appartenait à la maîtresse du grand maître. Les jardins communiquaient, on peut donc imaginer les folles sérénades des deux tourtereaux. Rappelons que les chevaliers de l'Ordre avaient fait vœu de chasteté, et pourtant on retrouve aujourd'hui leurs descendants un peu partout dans le monde...
Rare oasis de sérénité au cœur du brouhaha maltais, ce jardin botanique regroupe de magnifiques espèces florales, des serres, une pergola et de vénérables arbres exotiques. Bien rafraîchissant, tout ça. Quelques bustes de *royals* anglais et des statues contemporaines dues à des artistes locaux égayent certains parterres. Au fond, face à l'entrée, des volières. En remontant complètement sur la gauche, on peut voir une partie du palais en pénétrant dans la cour. Et, avec un peu de chance, apercevoir la voiture du président qui rentre du turbin...

Saint Mary's Church *(église Sainte-Marie)* **:** *à Attard, sur la pl. centrale.* Date du début du XVIIe s. Belle façade Renaissance, l'un des plus beaux exemples du pays. Jolis palais alentour.

L'église Saint-Sauveur : *à Lija.* Principale église de ce village si joliment balancé, elle est le théâtre d'une *festa* colorée, début août. Construite au XVIe s, elle fut par la suite agrandie et dotée d'une coupole.

Balzan : le vieux bourg est très sympa. La longue rue qui court dans le prolongement de l'église affiche un déchaînement de vieilles façades et de bow-windows de toutes les couleurs. C'est l'un des plus jolis ensembles qu'on ait vus.

LA CÔTE NORD ET NORD-OUEST

Front de mer touristique et bétonné, en particulier dans l'entité de la baie de Saint-Paul, Buġibba et Qawra, le Nord-Ouest de l'île est le royaume des vacanciers (et le refuge des familles maltaises !). Ils y établissent leur quartier en été pour profiter, notamment, des quelques plages lovées au creux de jolies baies, comme celle de Mellieħa et la Golden Bay. Bref, si les amateurs d'eau salée et de soleil « s'y retrouvent », les fondus de culture ne s'y rendent pas en priorité. En revanche, pour ceux qui cherchent un peu des deux, cette partie de l'île peut constituer, somme toute, une base honorable.

SAINT PAUL'S BAY, BUĠIBBA ET QAWRA

C'est là que se trouve la plus forte concentration touristique de l'île. Buġibba et Qawra (prononcer « Boudjibba » et « Aoura »), les deux autres villes qui, avec Saint Paul, enserrent la baie, s'étendent sur le front de mer, sans frontière apparente, et alignent hôtels, restos et bars en pagaille. Ceux qui recherchent la tranquillité ou une forme de charme dépaysant loin des univers de béton passeront leur chemin... La palme du béton *cheap* revenant sans aucun doute à Qawra. Les autres y apprécieront certains avantages : on déniche toujours un logement, même en plein été, et la concurrence fait baisser les prix. Quant à la situation, elle permet de rayonner facilement dans le reste de l'île. Les bus y passent à longueur de journée pour rejoindre La Valette, Mdina ou encore Mellieħa. Du coup, on peut sans problème atteindre les musées et les plages.

UN PEU D'HISTOIRE

Impossible de parler de Saint Paul's Bay sans évoquer l'épisode maltais de l'apôtre Paul. Prosélyte acharné, il fut emprisonné par les Romains en raison de son activisme religieux (le christianisme était alors une petite secte prohibée !) et envoyé à Rome pour y être jugé. Mais le navire fit naufrage vers 60 apr. J.-C., peut-être au niveau de la petite île (la description qu'en donne la Bible reste floue). Ou bien plus près de la côte car, par gros temps, gagner la terre à la nage de cette distance semble un véritable exploit. Bref, difficile de démêler la vérité historique de la légende. En tout cas, l'homme fut bien accueilli et ne tarit pas d'éloges sur l'hospitalité des Maltais, qui l'aidèrent à échapper aux troupes de l'Empire. Le jeu de cache-cache dura 3 mois et l'évangéliste eut le temps de fonder une petite communauté chrétienne, qui se développa rapidement au détriment des païens. Paul forma celui que l'on considère comme le premier leader spirituel chrétien de Malte, le Romain Publius. Cette aventure est relatée en détail dans le chapitre 27 des *Actes des apôtres.*

Arriver – Quitter

➢ ***La Valette-Saint Paul's Bay-Buġibba et Qawra :*** *bus nos 12 et 31.*
➢ ***Ċirkewwa-Saint Paul's Bay-Buġibba :*** *bus nos 221 et 222.*
➢ ***De l'aéroport à Buġibba :*** *bus no X3.*

Adresses utiles

✉ **Poste** *(plan B1) : sur le front de mer, à l'angle avec triq Dolmen. Tlj sf dim 8h-13h30.*

@ **Nine Ball Café** *(plan B1, **1**) : près de la station de bus de Buġibba. Tlj 8h-23h.* L'un des cybercafés les plus modernes, et tarifs intéressants pour téléphoner à l'étranger. Vente de cartes de téléphone également.

■ ***HSBC et Bank of Valletta :*** *à Saint Paul's Bay, dans la rue principale, triq San Pawl (plan A2, **2**). **HSBC :** lun-jeu 8h30-13h30 ; ven 8h30-16h30 ; sam 8h30-12h30.* Distributeur à l'extérieur et change à l'intérieur. *Également une **HSBC** (plan B1, **2**) à Buġibba, misraħ il-Bajja, au centre-ville, et une **Bank of Valletta** (plan A1, **2**) plus loin sur le littoral.*

■ ***Ecobikes Malta :*** *8 triq L-Imsell, à*

Buġibba. ☎ 27-500-022. 📱 99-471-627. • bikerentalmalta.com • Lun-sam 9h-12h, 17h-19h ; dim 9h-12h. Env 15 €/j. Un bon moyen de visiter l'île sans se fatiguer : le vélo électrique. Loue aussi des VTT, un peu moins chers. Attention tout de même à la conduite maltaise.

■ ***Location de voitures :*** *à Buġibba et Qawra, nombreuses agences autour de la station de bus. Faire jouer la concurrence. Dans les petites agences locales, compter env 50 € pour 3 j. (loc minimale) et 100 €/sem (négociable, surtout si la clientèle se fait rare).*

Où dormir ?

À Buġibba

Quelques adresses à prix raisonnables. Attention, hors saison ou à l'heure de la sieste en été, il y a rarement quelqu'un pour vous accueillir dans les *guesthouses.* Téléphonez, histoire de ne pas vous casser le nez.

De bon marché à prix moyens

🏠 ***Lingo Guesthouse*** *(plan A1, **10**) : 160 Patri Guzepp Calleja. ☎ 27-011-27. 📱 99-491-788. • tonylingo@gmail.com • Bus direct (le X3) de l'aéroport (arrêt à 100 m de l'AJ). Ouv mai-sept. Compter 14-17 €/pers en dortoir (4-6 lits) ou chambre (2-5 lits). Pas de petit déj. Min 3 nuits.* 💻 📶 Une *guesthouse* vraiment sans prétention, pour ne pas dire basique, mais correctement tenue par un authentique routard de la première heure qui a fait de cette espèce d'AJ privée, à défaut d'un lingot, une pépite de convivialité. Les chambres possèdent un ventilo et une cabine de douche (w-c à l'étage). Pour se détendre, une salle avec billard, baby-foot et TV au rez-de-chaussée ou, mieux, le toit-terrasse avec hamac et vue sur la ville et la mer. Pratique, un frigo à chaque étage.

🏠 ***Maltese Cross Guesthouse*** *(plan B1, **11**) : 163 triq Sant' Antnin, dans la zone piétonne, en plein centre de Buġibba. ☎ 21-573-517. • maltesecross@onvol.net • Souvent fermé en hiver. Double env 40 €. CB refusées.* 📶 Non, il ne s'agit pas de la Croix-Rouge maltaise et, vue de l'extérieur, la façade austère peut donner l'impression que c'est fermé ! Sonnez donc à l'interphone. Vous serez très bien accueilli dans cette petite pension familiale où les chambres, simples et plus très jeunes mais bien tenues, possèdent toutes une salle de bains (parfois de l'autre côté du couloir). Certaines, côté rue, disposent aussi d'un balcon. Cela dit, les nuits du centre-ville sont agitées, alors songez à prendre une chambre à l'arrière. Pas de petit déj, mais bouilloire, thé et café sont en libre-service dans une salle commune.

🏠 ***The Buccaneers Guesthouse*** *(plan A1, **12**) : Gulju St, dans le centre de Buġibba. ☎ 21-571-671. • buccaneers.com.mt • Ouv avr-oct. Double env 40 €, avec petit déj. CB acceptées (3 % de commission).* 📶 *(réception).* Une trentaine de chambres climatisées (sans supplément) avec coffre, douche et w-c (pas toujours assez séparés !). C'est simple mais propre et assez bon marché pour le coin. Quelques familiales spacieuses. Balcons côté rue. Petite piscine hors sol posée sur le toit-terrasse. Beaucoup d'habitués. Fait aussi bar et resto.

À Saint Paul's Bay

Un peu plus chic

🏠 ***Gillieru Harbour Hotel*** *(plan A1, **13**) : Church Sq. ☎ 21-572-720. • gillieru.com • Doubles 50-85 € selon saison, avec petit déj. Supplément vue sur mer.* 📶 Tant qu'à payer le prix, autant que ce soit pour loger dans l'hôtel le mieux situé de la baie de Saint Paul, c'est-à-dire au bord de l'eau. Certes, toutes les chambres n'en jettent pas autant que le hall d'entrée (un vieux truc d'hôtelier !), mais elles sont très convenables, avec

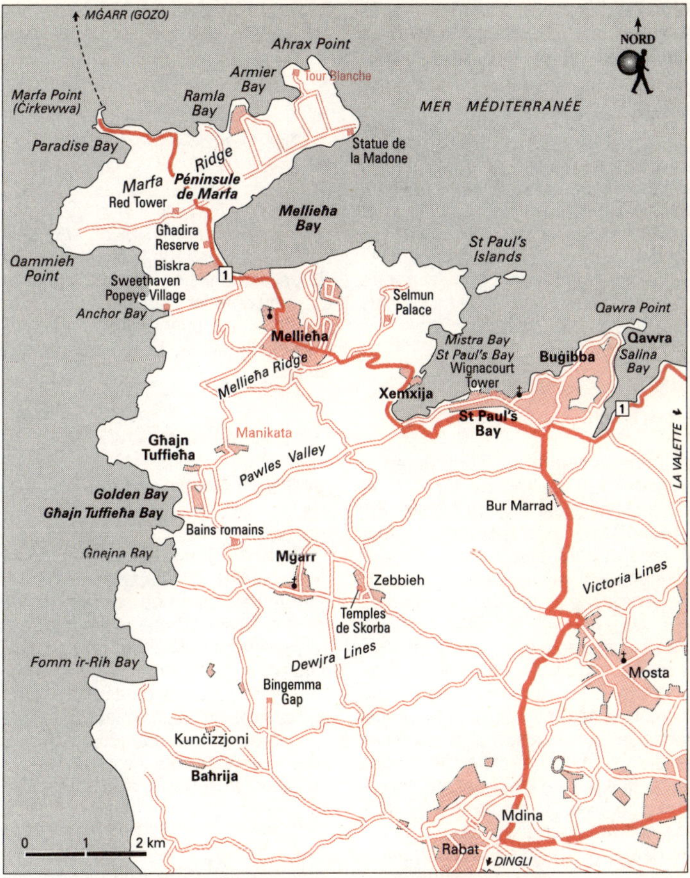

LA CÔTE NORD ET NORD-OUEST

AC et TV. Préférez tout de même le côté mer (d'autant que l'insonorisation est moyenne). Piscine. Resto au bord de l'eau derrière l'hôtel (voir « Où manger ? »).

À Qawra

De prix moyen à chic

🏠 ***Winston Self-catering Apartments*** *(plan B1,* ***14****)* **:** *L-Imrejkba St.* *☎ 21-572-039. 📱 79-572-039. • winstonmalta.com • Compter 25-40 €/nuit pour 2 selon saison (+ 5 € si 1 seule nuit, + 10 €/pers supplémentaire).* Pas pétri de charme, c'est le moins qu'on puisse dire ; mais ces studios et appartements très simples ne sont pas chers et assez pratiques. D'autant qu'on peut faire sa cuisine. TV satellite, coffre ; AC en supplément. Terrasse-solarium sur le toit avec transats et parasols.

🏠 ***Parklane Aparthotel*** *(plan B1,* ***15****)* **:** *Maskli St. ☎ 21-577-319. • parklanemalta.com • Compter 35-90 € pour 2 selon saison ; petit déj en sus.* 💻 📶 Réception très élégante avec son petit bar, ses canapés et son coin bibliothèque. Aux étages, une trentaine d'appartements tout équipés et nickel, en particulier les rénovés (demandez plutôt ceux-là). Certains peuvent accueillir jusqu'à 5 personnes. Également une petite piscine sur le toit. Très bien.

Où manger ?

La plupart des restos de Buġibba, de Qawra et de Saint Paul's Bay sont à vocation touristique. Menu convenu, cuisine souvent médiocre, chaises et tables en plastique sur une terrasse bondée, service routinier, bref ça n'est ni le moment ni l'endroit pour faire votre demande en mariage. Voici néanmoins quelques adresses pour survivre.

De bon marché à prix moyens (10-25 €)

|●| Dans le centre de Buġibba, entre la misraħ il-Bajja, triq Sant' Antnin et triq il-Ħalel *(plan B1),* on trouve une concentration de ***sandwicheries, kebabs*** et ***bars.*** Les fauchés viennent ici grignoter sur le pouce.

|●| ***George's*** *(plan B1,* ***22****)* **:** *sur le front de mer. ☎ 21-522-467. Tlj 8h30-23h.* Une grande terrasse couverte qui domine la mer. Rien de bien compliqué dans l'assiette, mais au moins les prix sont vraiment serrés et il y a à la carte de quoi contenter tout le monde. Également des sandwichs... pour une croûte de pain. En prime, une piscine en contrebas, accessible aux clients du resto pour 5 € la journée, chaise longue comprise !

|●| ***Crepe & Co*** *(plan B1,* ***21****)* **:** *triq i-Turisti, à Qawra. ☎ 27-024-900. À l'angle avec triq il-Merluzz. Tlj 11h-23h.* Ne cherchez pas la comparaison avec les galettes bretonnes, vous seriez déçu... Mais dans leur genre, ces crêpes ont l'avantage d'être préparées à la commande, garnies correctement, et servies en continu sur un petit bout de terrasse ou dans une salle de snack pimpante. Pour le secteur, c'est déjà pas mal, surtout pour le prix.

|●| ***The Overflow*** *(hors plan par B1,* ***20****)* **:** *triq il-Maskli, à Qawra. ☎ 21-582-519. Dans une petite rue, vers le Suncrest et le Qawra Palace. Ouv slt le soir (et dim midi en hiver).* Accueilli par des sourires, on mange sous une tonnelle dans une rue tranquille au cœur du quartier touristique de Qawra. Rien d'exceptionnel mais une gentille cuisine familiale. Les proprios sont anglais.

Un peu plus chic (20-25 €)

|●| ***Gillieru Restaurant*** *(plan A1,* ***13****)* **:** *sur le Vieux Port, attenant à l'hôtel du même nom. ☎ 21-573-480. Ouv tlj midi et soir.* Resto élégant en forme de paquebot. On s'installe derrière la grande baie vitrée ou sur la belle terrasse donnant directement sur la mer : ça y est, vous connaissez son principal atout et il n'est pas négligeable. Poissons et fruits de mer, dont certains tirent leur épingle du jeu, mais aussi du lapin ou des pâtes très correctes. On peut aussi venir juste pour y boire un verre.

|●| ***Ristorante Da Rosi*** *(plan A1,* ***24****)* **:** *96 Church St, face au Vieux Port. ☎ 21-571-411 ou 21-577-312. Lun-sam slt le soir, et le dim midi en hiver. Fermé en fév.* Ce bistrot italo-maltais situé derrière le *Gillieru* (donc pas au bord de l'eau) possède une bonne réputation. C'est justifié : le cadre est indéniablement moins séduisant que celui de son voisin, mais sa cuisine est nettement meilleure et l'accueil autrement plus sympathique. Salade *manikata,* saumon, poulpe, gambas ou alors lapin et *bragioli,* et toutes sortes de bons plats de pâtes joliment présentés.

Où boire un verre ? Où danser ?

À Buġibba

Le soir, Saint Paul est mort, paix à son âme. Toute l'animation se concentre sur la façade orientale de Qawra et dans le centre de Buġibba, sur la misraħ il-Bajja et dans les rues environnantes – qui ne sont qu'une succession de restos

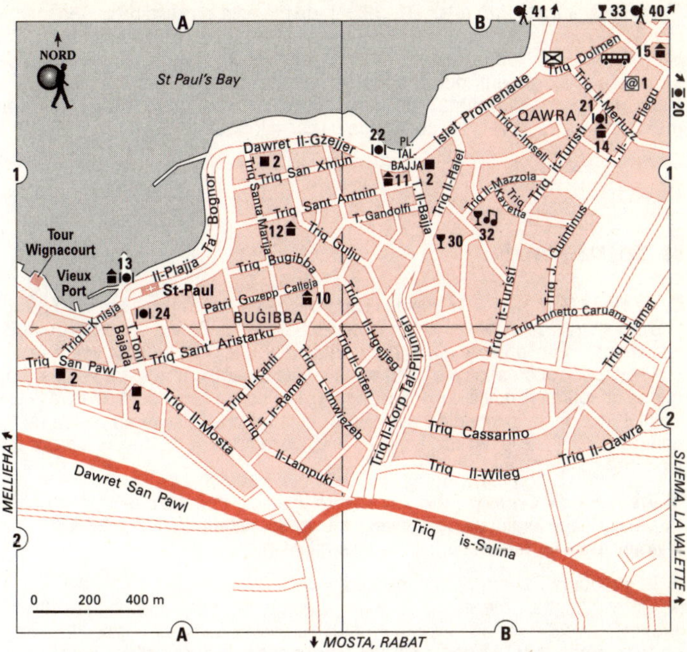

SAINT PAUL'S BAY, BUĠIBBA ET QAWRA

Adresses utiles	**Où manger ?**
@ 1 Nine Ball Café	13 Gillieru Restaurant
2 Banques et distributeurs	20 The Overflow
4 Strand Diving Services	21 Crepe & Co
	22 George's
Où dormir ?	24 Ristorante Da Rosi
10 Lingo Guesthouse	**Où boire un verre ? Où danser ?**
11 Maltese Cross Guesthouse	30 O'Reilly's Irish Pub
12 The Buccaneers Guesthouse	32 Flamingo's
13 Gillieru Harbour Hotel	33 Bar Zigumar
14 Winston Self-catering Apartments	**À voir**
15 Parklane Aparthotel	40 Malta Classic Car Collection
	41 Malta National Aquarium

ouverts tard, de bars et de boîtes. Ça bouge pas mal en été et le week-end, et parfois un DJ fait péter la sono dans l'un des bistrots du quartier. À qui mettra le son le plus fort... Sinon, on trouve des pubs britanniques un peu partout.

Bar Zigumar (hors plan par B1, **33**) : *triq il-Luzzu. Situé dans une ruelle longeant la mer, qui quitte la promenade au niveau du bar Fuego.* Face aux bateaux, tranquille et discret malgré l'agitation touristique générale environnante. Terrasse bien agréable au coucher du soleil. C'est sans doute le seul rade encore authentique du secteur !

Flamingo's (plan B1, **32**) : *triq il-Mazzola. En principe, ouv ts les soirs.* Fréquentation essentiellement britannique et plutôt jeune, avec musique rock qui bastonne à volume 12. Un classique !

🍸 ***O'Reilly's Irish Pub*** *(plan B1,* ***30****)* **:** *triq il-Halel, angle de triq il-Bajja (Pioneer Rd). Tlj dès 17h en été, dès 12h en hiver.* Le bon vieux pub irlandais transféré dans un climat un peu moins bruineux, avec sa collection de bières à la pression et son immanquable bar en bois chaleureux. Propose aussi des cocktails dans des verres de 1 l ! Retransmissions de foot, *live DJ* le samedi et karaoké occasionnel.

À voir

À Saint Paul

Le Vieux Port *(plan A1)* **:** quelques dizaines de barques et de *luzzu* protégés par une digue, voilà résumé le modeste port de Saint Paul. Datant du milieu du XIXe s, il était entouré à l'époque d'une poignée de maisons dont on peut voir quelques survivantes. L'une est située juste en face des bateaux, une autre vers la droite quand on tourne le dos à la mer. La plus belle se trouve cependant derrière l'église Saint-Paul, dans la direction de Qawra. Aujourd'hui, le style architectural des années 1970 a pris le dessus. Le week-end, les familles se retrouvent à bronzer ou à pêcher sur les quais.

Saint Paul's Church *(plan A1)* **:** petite chapelle dominant le port, au centre du vieux village (enfin, ce qu'il en reste). L'église, datant du XVIe s, fut restaurée à maintes reprises, notamment après la dernière guerre.

Wignacourt Tower *(tour Wignacourt ; plan A1)* **:** *sur le port. ☎ 21-225-952. En principe, car les permanences sont assurées par des bénévoles, tlj 10h-13h (12h lun, mer et ven), plus lun et mer 19h-22h, jeu et dim 18h-21h. Entrée : 2 €.* Érigée en 1610, cette tour fait partie de la première série de fortifications voulue par le grand maître français Alof de Wignacourt. À cette époque, 13 tours ont été bâties entre Mellieħa et le sud de l'île, pour pallier les lacunes du système défensif. En effet, les Arabes n'avaient appliqué leurs extraordinaires techniques de défense que dans la ville de Mdina. La tour Wignacourt est aujourd'hui la plus ancienne des tours de garde de Malte. Son importance stratégique était grande, puisque la baie de Saint Paul, large et plate, était l'un des endroits les plus exposés à un éventuel débarquement de l'armée turque. À l'intérieur, exposition sur les fortifications maltaises et les techniques défensives de l'époque. Du toit, vue globale sur la baie et l'île Saint-Paul.

L'île Saint-Paul **:** ou plutôt les îles, puisqu'il y en a deux. On y trouve une statue en marbre blanc (érigée en 1845) de Paul, censé avoir fait naufrage dans les parages. Le bâtiment juste à gauche de la statue n'est qu'un abri abandonné utilisé par les chasseurs. C'est du fort Campbell, après le Selmun Palace (voir « Dans les environs de Mellieħa »), que l'on a la meilleure vue sur les îlots. Des excursions y mènent depuis le port de Saint Paul, avec *Mermaid Cruises (tlj à 11h, 13h et 15h ; env 15 €).*

Malta Classic Car Collection *(hors plan par B1,* ***40****)* **:** *triq it-Turisti. ☎ 21-578-885. • classiccarsmalta.com • Lun-ven 9h30-18h ; sam et j. fériés jusqu'à 13h30. Entrée : 7 € ; réduc.* Une impressionnante collection privée de voitures anciennes, rassemblée pendant près de 40 ans par un passionné infatigable. Elle regroupe principalement des modèles des années 1950-1960, plus quelques-uns des années 1930, présentés dans un contexte qui plaira aux nostalgiques de l'époque : juke-boxes, distributeurs et autres pompes à essence vintage garantissent une déco pleine de réjouissants clins d'œil. En tout, selon les périodes (car il continue à vendre et à acheter, le bougre), on peut y voir en moyenne 80 à 90 véhicules : Alfa, Triumph, Fiat, MG, Austin, Cortina, Jaguar... beaucoup de belles anglaises, et même une Trabant venue de Brno (République tchèque) sur ses quatre roues. Demandez qu'on vous montre comment s'ouvre l'étrange

Isetta BMW de 1957, ça vaut le coup ! La forme est classique, mais le musée est bien fait (il y a même deux espaces vidéos proposant des films d'archives).

À Qawra

Salt pans (salines) **:** *à Qawra, au fond de Salina Bay.* En usage depuis le XVIe s au moins, elles se présentent sous la forme de carrés creusés à même la roche. Sur la berge, côté ouest, grosse collection de cabanons qui rappelleront des souvenirs d'enfance aux Marseillais.

Malta National Aquarium (hors plan par B1, **41**) **:** *tt au nord de Qawra, en bord de mer. ☎ 22-588-100. Tlj 10h-22h. Entrée (chère) : 13 € ; réduc.* Une petite trentaine d'aquariums mettant en scène des poissons originaires des eaux maltaises (bien pour ceux qui ne font pas de plongée) et de l'océan Indien, dont deux espèces de requins. Le tout au milieu de répliques d'objets historiques trouvés au fond de la mer. Un tunnel vitré permet de les observer sous toutes les coutures. Resto sur place.

À faire

Plongée

■ ***Strand Diving Services*** *(plan A2,* **4***)* **:** *triq Ramon Perellos, à Saint Paul. ☎ 21-574-502. • stranddivers.com • Cours de plongée + baptême env 60 €, baptême seul 35 €.* Ce centre très sérieux effectue des plongées côtières *(shore dives)* ou en bateau autour de Comino. Cours *PADI* et *CMAS* tous niveaux, du baptême au diplôme d'instructeur.

– De nombreux autres centres de plongée, un peu partout, offrent plus ou moins les mêmes prestations, à des prix similaires.

Parcs d'attractions

■ ***Mediterraneo Marine Park* :** *Coast Rd, Baħar iċ-Cagħaq, à 5 km à l'est de Qawra. ☎ 21-372-218. • mediterraneopark.com • Avr-oct, tlj 10h-17h (18h l'été). En principe, un spectacle/h, 10h15-16h15 (17h30 l'été). Entrée : 16 € ; réduc ; sinon, forfaits avec transferts pour quelques euros de plus.* Ce *Marineland* assez classique est plutôt une bonne surprise pour Malte. Enfants petits et grands y apprécieront spectacles de dauphins (on peut aussi nager avec eux, sur résa, mais c'est très cher), de lions de mer et de perroquets.

■ ***Splash & Fun Water Park* :** *attenant au Mediterraneo Marine Park. ☎ 21-374-283. • splashandfun.com.mt • Fin avr-fin sept : de fin juin à mi-sept, tlj 9h-21h ; le reste du temps, tlj 9h30-18h. Entrée : 14 € la demi-journée et 20 € la journée entière ; réduc.* Ce parc à thème aquatique est l'attraction familiale par excellence. On y trouve une piscine à vagues, des toboggans et une « rivière » sur laquelle on se laisse dériver dans de grosses bouées. Cela dit, les installations sont plutôt vieillissantes avec un monde fou, fou, fou...

XEMXIJA

Située entre Saint Paul et Mellieħa, la station de Xemxija (ça se prononce « Chemchia ») fait la jointure entre ses deux grandes sœurs, sans posséder grand intérêt. La route très passante qui traverse la ville ainsi que l'offre

hôtelière plutôt restreinte et située sur cette même route n'incitent pas particulièrement à séjourner ici ! Toutefois, la plage de Mellieħa Bay n'est pas loin.

Arriver – Quitter

➢ ***De/vers La Valette :*** *bus nos 37, 41 et 42.*
➢ ***De Ċirkewwa et Buġibba :*** *bus no 221.*
➢ ***De Sliema :*** *bus no 222.*
➢ ***De l'aéroport :*** *bus no X1.*

Où dormir ?

Porto Azzurro Aparthotel : *Ridott St.* ☎ *21-585-171.* • *portoazzurro.com.mt* • *De la route principale, grimper la rue en pente raide, derrière le* Porto del Sol. *Doubles 40-65 € selon saison, avec petit déj ; studios 2-4 pers 40-75 € selon saison et nombre d'occupants ; apparts 6 pers 60-100 €.* Une grande résidence hôtelière avec des studios et des appartements correctement équipés (kitchenette, AC et TV satellite). Au choix, vue sur mer ou sur l'arrière. Ensemble fonctionnel, avec de bonnes infrastructures : 2 piscines (celle à l'extérieur est plus belle et plus grande), jacuzzi, sauna, salle de fitness, resto et supérette. Attention, si c'est complet, on vous mettra d'office au *Porto del Sol,* très bruyant.

Où manger ?

Il-Veċċja : *371 triq San Pawl, Saint Paul's Bay.* ☎ *21-582-376. Situé sur Saint Paul, mais juste avt d'arriver à Xemxija. Tlj sf lun à partir de 19h.* Une belle adresse pour un dîner un peu chic – mais pas trop – sur la charmante terrasse abritée perchée au-dessus des *luzzu.* Plats locaux typiques (dont les éternels lapin et *bragioli*), souvent en sauce, corrects mais pas donnés (on paie l'emplacement). En face, les feux de Xemxija étincellent : une fois la nuit tombée, la barrière de béton s'estompe et ne restent que les étoiles des réverbères. Presque romantique, surtout avec un fond de jazz (musiciens en été, en principe les jeudi et dimanche).

DANS LES ENVIRONS DE XEMXIJA

Mistra Bay : *on accède à cette populaire crique par une jolie route qui descend après la colline de Xemxija, en allant vers Mellieħa.* La plage elle-même se résume à 100 m de sable parsemé de cailloux. Cela dit, on y trouve encore quelques bateaux et barques amarrés, et c'est l'une des seules baies encore vierges d'infrastructures touristiques (mais pas de détritus, dommage). Beaucoup moins de monde que sur la plage surchauffée de Golden Bay... Prévoir des provisions.

MELLIEĦA

7 550 hab.

Ville perchée à plus de 100 m au-dessus de la mer, Mellieħa a pour principaux atouts d'être située à proximité de la plus grande plage de Malte... et de compter quelques bons restaurants. Mellieħa possède aussi une histoire, des lieux saints, quelques jolis bâtiments et surtout une situation pittoresque. Bref, elle peut se targuer d'avoir une identité. Juchée sur le rebord d'un

plateau tombant dans la mer, dominant les paysages du Nord-Ouest maltais, l'église paroissiale veille sur son petit monde, ses vergers nichés au creux du village et ses maisons de globigérine (la pierre locale, couleur miel).

Arriver – Quitter

➢ ***De/vers La Valette :*** *bus n°s 37, 41 et 42.*
➢ ***De Ċirkewwa et Buġibba :*** *bus nº 221.*
➢ ***De Sliema :*** *bus nº 222.*
➢ ***De l'aéroport :*** *bus nº X1.*

Adresses utiles

■ ***Office de tourisme :*** *à côté du commissariat de police, en bas de la rue principale, un peu avt l'entrée du sanctuaire. ☎ 21-524-666. Lun-sam 9h-13h.*
✉ ***Poste :*** *rue principale, en face de la Bank of Valletta, juste à droite de Ta'Peter. Lun-ven 7h-13h.*
@ ***Ta'Peter :*** *rue principale, à côté de la poste. Tlj 10h-14h ; plus 18h-minuit en été.*
■ ***HSBC :*** *6 Ġorġ Borġ Olivier St, dans la rue principale, là où elle forme un coude.* Distributeur.
■ ***Bank of Valletta :*** *rue principale, un peu plus bas que HSBC, en face de Ta'Peter.* Distributeur.
■ ***Location de voitures :*** *plusieurs agences bordent la rue principale.* Vers le bas de cette rue, ***Drifter*** *(☎ 21-523-535 ; • driftercarhire.com • ; ouv tlj et 24h/24 par tél !)* propose des voitures avec ou sans clim, manuelles ou automatiques.

Où dormir ?

Prix moyens

■ ***Hotel Panorama :*** *triq Dun Belin Azzopardi, tt en haut du village. ☎ 21-521-020 ou 21-523-423. • panorama-hotel.com • Passer derrière l'église et tourner à gauche dans triq is-Santwarju ; suivre le fléchage. Résa conseillée. Doubles avec sdb 32-70 € selon saison, avec petit déj (moyen).* Cet hôtel de taille moyenne surplombe l'un des plus beaux panoramas qui soient à Malte. Son nom n'est donc pas usurpé. À ses pieds languissent la baie de Mellieħa et la péninsule de Marfa. Gozo n'est pas loin derrière. Une soixantaine de chambres avec balcon (sauf 2 chambres), mais ventilo ou AC bruyants et salle de bains vieillissantes. De plus, la moquette pourrait être aspirée plus souvent. Piscine et vaste terrasse à l'ombre des lauriers roses et blancs, toutes 2 accrochées à la falaise. Resto sur place. À noter : l'hôtel est au bout d'une impasse, donc au calme.
■ ***Splendid Guesthouse :*** *Parish Priest Magri St. ☎ 21-521-326. 📱 79-350-484. • splendidguesthouse.com.mt • Dans une rue parallèle à la rue principale. Doubles 40-70 € selon saison, avec petit déj.* Certes, cette petite pension ne remportera pas un prix de beauté, mais l'accueil est gentil comme tout, la terrasse sur le toit bien agréable pour profiter de la vue sur la ville et la mer, et la salle à manger plutôt conviviale avec son coin salon TV. Quant aux chambres, elles s'avèrent propres et très convenables (w-c en commun pour les moins chères). Un honnête rapport qualité-prix en somme.

D'un peu plus chic à chic

■ ***Pergola Club Hotel :*** *Adenau St. ☎ 21-523-912 ou 913. • pergolahotel.com.mt • Un panneau indique l'hôtel au début de la descente, sur la rue principale. Studios 40-100 € ; apparts 2-4 pers (voire 7 avec les couchages d'appoint) 55-165 € ; doubles 35-100 € selon saison.* Un établissement classique de bonne tenue, qui ne brille pas par sa fantaisie mais qui propose des chambres fonctionnelles sans surprise, et des studios et appartements bien équipés : balcon ou terrasse, cuisine et tous les ustensiles qui vont avec. Côté confort général, resto sur place, un bar (dans une grotte !), une piscine intérieure et 2 extérieures, ainsi qu'un sauna et un jacuzzi. S'y prendre à l'avance car il y a du monde, surtout pour avoir un appartement avec vue sur la mer et l'église de Mellieħa. D'autant que ça n'est pas vraiment plus cher. Accueil souriant.

Maritim Antonine Hotel : *Ġorġ Borġ Olivier St. ☎ 22-892-000. • maritim.com.mt • Dans la rue principale. Doubles 60-165 € selon saison, confort et vue sur jardin ou sur mer, avec petit déj.* Un bel hôtel 4 étoiles, décoré avec goût, organisé autour d'espaces épurés et élégants. En été, on peut prendre le petit déj dans le charmant jardin, presque luxuriant pour Malte. S'y trouve aussi une belle et paisible piscine (il y en a 2 autres, l'une sur le toit, la 3e à l'intérieur, avec spa et jacuzzi). Les chambres sont à la fois sobres, confortables et esthétiques, y compris les salles de bains. Un peu cher bien sûr, mais les prix pratiqués sont pour une fois justifiés.

Où manger ?

Prix moyens (15-25 €)

L'Amigo : *Ġorġ Borġ Olivier St, presque en face de la* Bank of Valletta. *☎ 21-520-822. Fermé dim.* Pour un repas simple, vous trouverez ici pizzas (copieuses et bonnes) et pâtes bon marché, quelques viandes et un grand choix de poissons, le tout servi dans une salle aux poutres apparentes, avec des tables nappées de rouge. Agréable terrasse couverte à l'étage. Accueil et service aimables. Tout n'est pas excellent et l'adresse est complètement touristique, comme ses voisines, mais elle reste d'un assez bon rapport qualité-prix.

L'Escargot : *Ġorġ Borġ Oliver St, face à* HSBC. *☎ 21-523-553. Ouv tlj.* Installé sur le haut de la placette marquant l'entrée du centre-ville, avec une grande terrasse, *L'Escargot* n'a rien d'un resto français mais tout d'un maltais. Le midi, on grignote snack, sandwich, salade ou omelette ; le soir, on dîne d'un *aljotta* (soupe de poisson) suivi d'un bon lapin. Bon jus d'orange frais aussi. Accueil, en revanche, un peu routinier.

The Hilltop : *Ġorġ Borġ Oliver St, à côté de* L'Escargot. *☎ 21-521-101. Ouv tlj.* Jolie terrasse et accueil sympathique pour ce resto qui s'efforce de bien faire : rien d'inoubliable, mais des pizzas croustillantes, des pâtes bien cuites et goûteuses, et des poissons convenables. Un poil plus chic que son voisin.

Chic (25-35 €)

Giuseppi's Wine Bar : *25 Helen St, angle Ġorġ Borġ Olivier St. ☎ 21-574-882. 99-493-579. Au coin avec la rue principale, juste en contrebas de la banque* HSBC. *Tlj sf dim et certains j. fériés 19h30-22h30. Résa conseillée.* L'une des meilleures tables de Malte. Pour autant, l'ambiance est plutôt celle d'une taverne de campagne, relookée chic. Au programme, de nombreux plats originaux et savoureux, où se lisent des influences moyen-orientales et même asiatiques. Le menu change tous les mois et fait une large place aux fruits et légumes de saison et aux produits locaux. Très belle carte des vins privilégiant les cuvées du Nouveau Monde. Comme il n'y a qu'une quarantaine de places dans ce petit resto chaleureux, mieux vaut réserver. Service impeccable.

Bouquet Garni : *4 Ġorġ Borġ Olivier St. ☎ 21-522-234. Fermé le midi dim-lun. Résa conseillée en saison. Menu env 18 €.* Un petit resto au joli décor de bistrot, avec de vieilles affiches en français, où l'on se délecte d'une cuisine du marché de qualité, à base de bons produits. Chaque jour, de nouveaux plats s'affichent sur l'ardoise : rien que des choses qui font saliver. Tout est préparé à la commande, ce qui explique le service parfois un peu long. Pour vous faire patienter, on vous apportera un amuse-bouche accompagné de pain chaud maison. Très bon accueil.

Il-Mithna : *45 Main St. ☎ 21-520-404. À l'entrée du village en arrivant de Saint Paul, au bord de la route principale, sur la gauche. Ouv tlj, le soir slt. À noter, le menu à 16 € servi de 18h à 19h15.* Ce moulin (*Il-Mithna* en maltais) du XVIIe s est le dernier des 3 que la commune comptait jadis. Terrasse sous une pergola (un peu bruyante car surplombant la rue), généralement prise d'assaut, et longue salle sous une voûte de pierre à arcades. À la carte, une cuisine maltaise classique et bien réalisée, qui a le mérite de suivre les saisons (sauf pour les raviolis au lapin, qu'on retrouve en principe tout au long de l'année !). Et le service assure, avec le sourire.

Où boire un verre ?

Terrasse de l'Hotel Panorama : *voir « Où dormir ? ».* On peut venir ici juste pour boire un verre : lisez nos commentaires enthousiastes sur la vue qu'on a de là-haut.

Imperial Band Club : *pjazza Tal-Parroċċa (Parrish Sq).* Sur la place de l'église, encore un de ces traditionnels *band's club* locaux. Terrasse de poche avec 2 tables en plastique pour boire un café en contemplant l'église tôt le matin... Sinon, à partir de 16h, également le *Vittoria Band Club* un peu plus bas vers l'église.

Seaview Bar : *derrière l'église.* Un kiosque qui abrite une buvette toute simple avec une jolie vue sur la baie de Mellieħa, Gozo et Comino. Aire de jeux pour les bambins.

À voir. À faire

L'église paroissiale Notre-Dame-de-la-Victoire : *ouv pour les messes, lun-ven 6h-8h30, 17h-19h30 (slt l'ap-m ven) ; sam 7h30-18h30 ; dim et fêtes 6h-12h, 16h-18h30.* Elle trône au sommet du village, donnant tout son charme au tableau. Datant de la fin du XIXe, elle ne recèle rien d'exceptionnel. Mais on ne peut s'empêcher d'admirer ce décor théâtral, cousu main par des amoureux de la pierre locale et bichonné si soigneusement qu'il brille comme un sou neuf. L'extérieur, vu de l'arrière, impressionne par sa rectitude digne d'une forteresse. Une dureté qui se marie bien avec la vision de ces falaises tombant dans la Grande Bleue.

Le sanctuaire Notre-Dame : *tlj 8h-12h, 16h-18h.* Une volée de marches descend de l'église vers une belle place. Le « sanctuaire » (*shrine* en anglais) vaut le coup d'œil pour la fresque naïve de son abside, peinte à même la pierre, que la légende attribue à saint Luc. Cette représentation de la Vierge portant Jésus n'est pas de lui (elle date probablement du XIIe ou du XIIIe s), mais les mythes sont tenaces et ce sanctuaire est un lieu sacré vénéré avec ferveur. Jean-Paul II y fit un saut en 1990. Nombreux ex-voto dans la sacristie.

La grotte de la Vierge : *du sanctuaire, descendre les marches et traverser la route. En été, tlj 8h-19h ; en hiver, tlj 8h-18h.* Un portail marque le début de l'escalier descendant jusqu'à cette grotte où jaillit une eau prétendue miraculeuse – en particulier pour soigner les enfants. En remerciement, les parents ont accroché de touchants ex-voto sur les parois : grenouillères et autres vêtements de bébés parfois encadrés, photos de famille, lettres griffonnées sur du papier à carreaux... Des témoignages émouvants éclairés faiblement par la lueur des bougies, avec comme seul bruit le flic-floc des gouttes qui s'écrasent aux pieds de la statue...

➢ **Balade en ville :** tourner à gauche derrière l'église, en direction de l'*Hotel Panorama,* et continuer jusqu'au bout de la rue. Devant s'ouvre une minivallée striée de vieux murets de pierre entre des parois creusées de cavernes. Ces grottes étaient habitées par des paysans jusqu'au début du XXe s, lorsqu'on les a priés de trouver un autre toit. Au fond, des bassins d'irrigation entretiennent une végétation presque luxuriante. On peut descendre visiter les grottes ou revenir au centre-ville par l'arrière. Il est aussi possible de marcher jusqu'à la plage de Għadira (en d'autres termes, Mellieħa Bay).

DANS LES ENVIRONS DE MELLIEĦA

Selmun Palace : *en haut d'une colline située entre Mellieħa et Xemxija. Pour s'y rendre, prendre la route qui démarre au rond-point à l'entrée de Mellieħa. Env 2 km à partir de là.* Bâti à la fin du XVIIIe s sur le modèle du Verdala Palace, le bâtiment appartenait à une congrégation religieuse nommée *Monte di Redenzione degli Schiavi* (« montagne de la rédemption des esclaves »). Wignacourt fonda cette congrégation afin de racheter les esclaves tombés aux mains des Turcs. D'où le nom de la chapelle, Notre-Dame-du-Rachat, et ce *R* sculpté dans le médaillon de la superbe façade. Le domaine collectait de l'argent en louant ses terres.

➢ La ***balade jusqu'à Selmun Bay*** *(Mgiebah)* vaut aussi le coup. Avant d'arriver au palais, face à la chapelle, prendre à gauche le mince ruban de bitume déconfit qui serpente entre des murets de pierre rongés par les figuiers de Barbarie. Environ 1,5 km de marche à travers les champs en terrasses (ça passe en voiture mais c'est étroit, surtout vers la fin), et la route s'arrête sur un petit parking. De là, un sentier descend en quelques minutes jusqu'à une plage ratissée, au bord de l'eau turquoise. Location de transats et de parasols. Au-dessus, une vieille tour de guet perchée sur un surplomb. À faire de préférence le matin ou en fin d'après-midi, car le terrain est assez sec et sans ombre.

– En prenant le chemin à droite du Selmun Palace, on atteint le ***fort Campbell*** (1,5 km environ), construit par les Britanniques, qui offre le meilleur point de vue sur les îles de Saint Paul.

MELLIEĦA BAY

Après Mellieħa, la route descend en quelques virages vers la mer. Au creux des épingles à cheveux s'épanouissent des patchworks de verdure où règne une douce fraîcheur. Cela est dû à la présence de plusieurs sources. Puis on arrive dans la baie de Għadira, la « Malibu Beach » maltaise, plus connue sous le nom de Mellieħa Bay. Plus longue plage de sable fin de l'île et, avec celle de Golden Bay, la plus fréquentée. Durant la haute saison touristique, difficile d'échapper aux transats payants ! Elle se transforme alors en un vaste champ de parasols assez inhospitalier, mais elle reste agréable hors saison. Paradoxalement, c'est ici que se trouve la plus grande réserve naturelle du pays.

Arriver – Quitter

➢ ***De/vers La Valette :*** *bus nos 41 et 42.*
➢ ***De/vers Cirkewwa, Għajn Tuffieħa et Mġarr :*** *bus nos 101 et 102.*
➢ ***De/vers Cirkewwa et Buġibba :*** *bus no 221.*
➢ ***De/vers Sliema :*** *bus no 222.*
➢ ***De/vers l'aéroport :*** *bus no X1.*

Où dormir ?

Prix moyens

Luna Holiday Complex : *Marfa Rd. ☎ 21-521-645. • lhcmalta.com • Ouv avr-oct. Studios 30-75 € pour 2 selon saison, confort et orientation (vue sur mer pour certains) ; apparts 55-130 € pour 4.* Grand bâtiment fonctionnel au bord de la route, en entrant dans Mellieħa Bay. Il abrite des studios assez spacieux et bien équipés (avec kitchenette), un peu vieillissants (mais corrects et propres) pour les moins chers, récents et nickel (style design, avec chambre à coucher climatisée) pour d'autres. Le calme n'est en revanche pas assuré, notamment pour les studios dont le balcon donne directement sur la route... Pour le reste, 2 piscines, dont une sympa sur le toit avec une belle vue sur la mer, restos, supérette, club de plongée et animations l'été.

D'un peu plus chic à chic

Mellieħa Holiday Centre : *en surplomb de la plage, vers son milieu. ☎ 22-893-000. • mhc.com.mt • Pour 2 pers, studios 56-90 € et bungalows 70-110 € selon saison, avec petit déj. (payant).* À une encablure de la plage et sis dans un beau jardin, ce village de vacances appartient à une compagnie danoise. Il propose 150 bungalows (6 personnes maximum) très confortables (grande cuisine, salon, 2 chambres, salle de bains et cour fermée). Également une poignée de petits studios pour 2 personnes (avec kitchenette). Plusieurs bars et restos (chinois, italien...), supérette (approvisionnée en produits danois), tennis, 2 belles piscines (dont une intérieure), laverie et bureau de location de voitures. Accès à la plage par un tunnel passant sous la route. Une bonne ambiance, et un cadre plus verdoyant et reposant qu'ailleurs.

Mellieħa Bay Hotel : *au fond de la baie, en allant vers Marfa. ☎ 21-573-841. • melliehabayhotel.com • Doubles 50-90 €, avec petit déj ; tarif négociable, surtout en passant par des agences. (payant).* Ne pas se fier à l'aspect extérieur, style collège des années 1960, de cet immense hôtel de plus de 300 chambres. Une vraie petite ville ! La réception et les salons ont été redécorés de couleurs vives, gentiment design. Quant aux chambres, plus classiques, elles sont très agréables, parfaitement équipées (AC, TV satellite, coffre et minibar) et toutes face à la mer (balcon ou petite terrasse). L'hôtel possède par ailleurs des avantages indiscutables : une situation parfaite en bord de plage privée, 3 piscines, un club de plongée *(Aquaventure)*, des courts de tennis, bowling, night-club, etc. Également une agence *Hertz*. Buffet de qualité le soir.

Où manger ?

On trouve de nombreux ***snack-bars*** sur la plage et quelques restos sans intérêt particulier le long de la route, notamment près du *Luna Holiday Complex*, comme le *Zeffirino*, très honorable.

À voir

La réserve naturelle de Għadira : *vers le milieu de la plage, de l'autre côté de la route. ☎ 21-347-646. • birdlifemalta.org • Bus nos 41, 42, 221 et 222. Les horaires restreints rendent la visite assez difficile : nov-mai, w-e slt 10h30-16h30. Fermé juin-oct. GRATUIT (donation appréciée).* Cette petite zone de marais salins est une étape pour certaines espèces migratoires. On y rencontre, selon les saisons, canards, hérons, aigrettes, pluviers, flamants et spatules à l'occasion.

DANS LES ENVIRONS DE MELLIEĦA BAY

Popeye Village (Sweethaven) : *dans* ***Anchor Bay,*** *jolie petite baie dessinée telle une encoche dans la côte nord-ouest. ☎ 21-524-782. • popeyemalta.com • Arrêt du bus n° 41 au* Seabank Hotel, *à env 1 km. Nov-fév, tlj 9h30-16h30 ; mars-juil et sept-oct, tlj 9h30-17h30 ; août, tlj 9h30-19h. Entrée : env 13,50 € (11 € l'hiver) ; petite réduc enfant. Bien choisir son jour pour y aller, car la balade en bateau (ttes les heures en été) est annulée quand il y a du vent.* Le village consiste en une vingtaine de baraques très marrantes au look de B.D., avec une poste, un cinéma, un bistrot, etc. Certaines sont meublées. Des acteurs amateurs se déguisent en Popeye, Olive et Brutus et font participer les visiteurs. Certaines scènes sont même filmées (pour mieux vous vendre la vidéo...). Ajoutons à cela une petite projection sur la construction du village et le tournage du film, une balade en bateau de 20 mn sur Anchor Bay, une piscine avec jeux (été), des structures gonflables dans la mer (plage sur le site), etc. Bref, un peu tout et n'importe quoi. Le village n'est plus de première jeunesse, mais la plupart des visiteurs semblent toutefois s'amuser. Plus que pour la visite, sans grand intérêt, le village vaut surtout pour ses infrastructures qui permettent de passer un bon moment à la plage. Si le prix d'entrée vous paraît trop élevé, vous pouvez toujours admirer le village depuis les falaises encadrant Anchor Bay.

DU BEURRE DANS LES ÉPINARDS

En 1979, le réalisateur Robert Altman choisit Anchor Bay pour tourner l'adaptation cinématographique de Popeye, *le célèbre marin bagarreur né aux États-Unis dans les années 1920. Pour incarner le mangeur d'épinards, il choisit un illustre inconnu dont ce sera le premier grand rôle : Robin Williams. Adapter l'univers de la B.D. au cinéma n'étant jamais chose facile, le film fait un bide retentissant... Peu importe. Une bande de passionnés reprend le décor laissé à l'abandon et le retape entièrement pour en faire un parc d'attractions, qui ouvre en 2002 !*

LA PÉNINSULE DE MARFA

Nous sommes à l'extrémité nord-ouest de l'île. La péninsule mesure environ 6 km de long sur 2 km de large et ne comporte aucun village digne de ce nom. De quoi faire de belles balades, pour les courageux.

C'est également d'ici que l'on prend le bateau pour Gozo, toute proche. Ċirkewwa est un embarcadère classique avec ses files de voitures et de piétons qui attendent de monter, son resto-bar de circonstance et ses dalles de béton. Mais c'est aussi un échantillon de station balnéaire, avec l'énorme et moche *Paradise Bay Hotel,* un club de plongée, des transats et parasols, et des bateaux qui mènent les touristes en excursion autour de Gozo et/ou Comino. On voit donc des baigneurs se dorer la pilule au pied des ferries en partance...

Le reste de la péninsule respire le calme. Pas très spectaculaire sur le plan du relief, très aride et minérale, elle donne néanmoins l'occasion de jolies promenades à pied ou à vélo. De loin en loin, des villages entiers de cabanons occupent les nombreuses anses, où les Maltais se retrouvent en famille, l'été et le week-end, entre un bout de plage pas très propre, des tas d'algues et un barbecue les pieds dans l'eau. Les enfants batifolent tout autour, les mamies

s'étendent sur leur transat, entre les voitures... Bref, un instantané familial et populaire un peu plus sympathique.

Comment aller au terminal des ferries ?

En bus

➢ ***De La Valette :*** *bus nos 41 et 42.*
➢ ***De Buġibba/Qawra :*** *bus nos 41 et 221.*
➢ ***De Ċirkewwa et Sliema :*** *bus no 222.*
➢ ***De l'aéroport :*** *bus no X1.*

En taxi

La course va chercher dans les 35 € depuis l'aéroport.

– Pour plus de détails sur la traversée, se reporter plus loin à la rubrique « Arriver – Quitter » à Gozo.

Où dormir ?

Camping

Adventure Campsite Malta : *à Ahrax Point, près de la Tour blanche. ☎ 21-521-105. 📱 99-496-707. • maltacampsite.com • Arrêt du bus no 41 à env 3 km du camping, au niveau de la bifurcation pour la Red Tower. Mieux vaut être motorisé. Ouv tte l'année. Env 15-25 € par tente selon taille (+ 7 €/pers supplémentaire, max 4 pers en grande tente) ; sinon, loc de tentes prémontées env 30 € (2 nuits min) ; mobile home 4 pers 60 €/nuit + 10 €/pers supplémentaire, jusqu'à 6 pers (2 nuits min).* L'unique camping de l'île est situé au diable vauvert, à l'extrémité de la péninsule de Marfa, au bout d'une route défoncée. On vous l'indique par principe (à nouveau, c'est le seul !), mais l'intérêt est faible : emplacements caillouteux à touche-touche, pas d'ombre, équipements de base (douches payantes !) et accueil peu amène. Piscine hors-sol. Si vous n'avez pas de tente, possibilité d'en louer une tout équipée (avec matelas, table, chaises, parasol, frigo et réchaud, électricité incluse).

D'un peu plus chic à chic

Ramla Bay Resort : *à Ramla Bay, un peu à l'est de Ċirkewwa. ☎ 22-812-281. • ramlabayresort.com • Accès en voiture par la route de la péninsule de Marfa, puis 2e à gauche. Doubles 50-120 € selon saison et vue (sur mer ou pas) ; également des suites.* Un immense hôtel, moderne, situé au calme car loin de tout. Près de 200 chambres, vastes, la plupart avec terrasse ou balcon. Mais certaines souffrent d'un manque d'entretien. Elles se répartissent pour partie dans le bâtiment principal, pour partie dans des maisonnettes dispersées dans les jardins. Les plus chères profitent de magnifiques vues panoramiques sur la mer. 3 piscines (dont une couverte payante), un spa avec jacuzzi (payant), sauna et salle fitness, sports nautiques à proximité (location de bateaux), club enfants, tennis, club de plongée et petite plage privée (pas toujours nettoyée en dehors de la haute saison). Resto cher et pas terrible.

À voir

Red Tower *(ou tour Sainte-Agathe) : à la sortie de Mellieħa Bay en allant vers Ċirkewwa. ☎ 21-373-276 ou 21-225-952. • dinlarthelwa.org • En principe, tlj 10h-13h (16h mar), mais le site étant géré par des bénévoles, il peut fermer sans prévenir. En gros, si le drapeau flotte, c'est ouvert ! Entrée : 2 € ; gratuit moins de 12 ans.* Ce donjon crénelé flanqué de quatre tourelles d'angle d'un beau rouge domine le paysage de Marfa. On le voit même depuis Gozo. Du toit, panorama grandiose sur Gozo et Comino. Bâtie en 1648, la tour permettait de communiquer aisément avec

La Valette. Son importance stratégique s'explique par la configuration de la baie de Mellieħa, large, plate, et donc particulièrement exposée aux débarquements, et rendant les navires de commerce, qui croisaient dans le détroit, très vulnérables. Avec ses deux salles voûtées, elle pouvait loger une garnison de 50 hommes (bien tassés). La plupart du temps, il n'y avait cependant que trois hommes d'armes et un canonnier. Les Anglais l'utilisèrent encore pendant la guerre.

Armier Bay : *pas de liaison par bus.* Au nord de la péninsule, le rigolo village d'Armier Bay darde ses antennes télé vers le ciel. On y trouve quelques baraquements de bric et de broc, genre cabanons. L'un des lieux favoris pour les week-ends à la plage, même si la propreté laisse parfois à désirer, c'est *Little Armier Bay,* avec sa poignée de snack-bars et ses clubs de plage aux parasols de toutes les couleurs. Atmosphère populaire et bon enfant vraiment sympa. Location de planches à voile, jet-skis et canoës.

➢ Jolie balade à faire jusqu'à la ***chapelle*** et la ***statue de la Madone,*** perchées sur les falaises, à la pointe est de la péninsule. Environ 2 km de marche depuis Armier Bay. On peut s'y rendre en voiture par la petite route goudronnée qui traverse la péninsule d'ouest en est. Tout au bout, sur son piédestal bleu, la Vierge contemple la baie de Mellieħa et le grand large. C'est dans les parages, cachés entre les jeunes pins et les figuiers de Barbarie, que les campeurs irréductibles viennent planter leur tente. Rappelons toutefois que le camping sauvage est interdit sur toute l'île. Ça évite de déranger les puffins de Yelkouan, espèce rare d'oiseaux marins, qui nichent aux environs. On y retrouve chaque année entre 500 et 700 couples sur les 1 500 qui fréquentent l'île (10 % de leur population mondiale).

À faire

Paradise Bay : *située à env 1 km de l'arrêt de bus de Ċirkewwa. On s'y rend par une route avt le* Paradise Bay Hotel *(panneau).* Une petite plage dont le joli tapis de sable, baigné par des eaux claires aux reflets turquoise, se serre dans une minicrique, avec quelques potagers en retrait. On y descend par une volée de marches. Bondé en été. Évidemment, on y trouve un snack-bar et une location de transats et de parasols !

Plongée

■ ***Paradise Diving School and Water Sports :*** *à Ċirkewwa.* ☎ *21-524-363 ou 21-574-116.* • *paradisediving.com* • *En face du* Paradise Bay Hotel, *dont il dépend. Cours de plongée* PADI *(env 35 € le baptême), surtout à partir du bateau.* La proximité de Comino en fait le spot privilégié du club. Pour ceux qui ne sont pas motorisés, navettes gratuites depuis toutes les stations du littoral nord. Fait aussi location de canoës. Également des excursions en *speed boat* au Blue Lagoon. Accueil inégal.

GĦAJN TUFFIEĦA ET GOLDEN BAY

Deux sœurs séparées par une langue de roche. Għajn Tuffieħa (prononcer « Aïn Touffieha », qui signifie « la source des pommes ») est une belle plage au pied d'une végétation encore intacte, épargnée par les promoteurs. On y a même vu de gentils caméléons. Sa chance, c'est cette lande friable, fragile, qui ne tolère aucune construction. On avait bien construit un hôtel,

à l'extrémité nord de la baie, mais il ne ressemble plus aujourd'hui qu'à une carcasse disgracieuse. Désormais protégé officiellement, ce site de toute beauté attire tous les baigneurs et « bronzeurs » adeptes de calme (bien qu'en été la tranquillité soit toute relative). Pente douce, idéale pour les jeunes enfants par mer calme. Attention toutefois aux courants ; lorsque le drapeau orange est levé (ce qui arrive souvent), les familles auront intérêt à choisir une plage plus sûre.

Golden Bay, c'est la plage la plus populaire de Malte, avec celle de Mellieħa Bay. Noire de monde à partir de 10-11h, donc, avec des snacks de plage, des loueurs de chaises longues et de parasols, un glacier... Son nom ne vient pas de la couleur du sable, mais du *Golden Sands Hotel.* En faillite, démoli, abattu, il a été remplacé par un complexe de luxe qui dénature sans vergogne le paysage... dommage !

Arriver – Quitter

En voiture

Une route y mène depuis Mosta, une autre depuis Saint Paul's Bay. De Mellieħa, passer par le village de Manikata. Accès facile, mais pas évident de trouver une place malgré le vaste parking, surtout le week-end. Attention, le parking est payant dans la partie haute. Se garer sur le parking se trouvant sur la route qui part à droite du *Radisson* (à priori gratuit...).

En bus

➢ ***De Buġibba/Qawra et Saint Paul's Bay :*** *bus nos 223 et 224.*
➢ ***De Sliema et Mosta :*** *bus n° 225.*

À faire

Équitation

■ ***Golden Bay Horse Riding :*** *☎ 21-573-360. 📱 99-856-862. • goldenbayhorseriding.com • Pour s'y rendre, emprunter la route sur la droite, 300 m avt d'arriver à la plage en venant de Xemxija. Ouv tte l'année. Réserver au moins la veille en été. À partir de 20 €/h (transferts possibles).* Un centre équestre au look d'hacienda plutôt croquignolet. Propose des tours accompagnés de 1h ou de 2h (le dernier vous mène jusqu'au *Popeye Village*).

MĠARR

Voilà un bourg rural paisible, bien représentatif de la vie traditionnelle maltaise. On y vient surtout pour admirer le dôme argenté qui fait la fierté du village. Et aussi parce que Mġarr est la porte d'accès à de nombreux sites, notamment les baies de la côte ouest.

Arriver – Quitter

➢ ***De La Valette, via Mosta et vers Golden Bay :*** *bus n° 23.*
➢ ***De Buġibba et Għajn Tuffieħa :*** *bus nos 223 et 224.*
➢ ***De Sliema et Mosta :*** *bus n° 225.*
➢ ***De Ċirkewwa :*** *bus nos 101 et 102.*

Où manger ?

De bon marché à prix moyens (moins de 25 €)

United Bar & Restaurant : *derrière l'église. ☎ 21-572-512. Ouv slt le soir en sem, midi et soir le w-e. Fermé lun. Env 10 € la portion de lapin, 30-35 € le lapin entier.* Un resto-bar populaire fréquenté par les autochtones. Le lapin en sauce est la raison de vivre de *United...* avec le club de foot de Manchester, qui lui a donné son nom. Ambiance très animée et cuisine franche qui va droit au but. Les Maltais le savent : pour un vrai bon lapin, c'est ici qu'il faut venir ! Également du cheval (c'est aussi la spécialité du coin...) et des snacks.

Il-Barri : *pl. de l'Église. ☎ 21-573-235 ou 21-574-054. Fermé lun midi. Portion de lapin env 11 €, lapin entier 32 €.* La grande spécialité de la maison, là aussi, c'est le *fenkata,* le civet de lapin. Mais toutes les viandes ont leur place au menu, même le cheval. On peut également se contenter d'une salade, d'un burger ou, le soir, d'une pizza. Cuisine goûteuse, copieuse et fraîche. Fréquentation assez touristique dans cette grande salle climatisée rénovée dans un style très contemporain, dont le plafond ondoyant est supposé rappeler les collines environnantes. Bien aussi pour un petit déj impromptu (bon cappuccino et excellentes torsades au chocolat). Profitez d'être ici pour descendre... aux abris, en visitant *The Mġarr Shelter* situé sous le resto (voir la rubrique « À voir »).

À voir

L'église paroissiale, « Egg Church » : c'est le « phare » de l'Ouest de Malte. Où que l'on soit, impossible de rater son dôme argenté pourvu d'un mamelon. Architecturalement, c'est à notre humble avis l'une des églises les plus réussies de l'île. Est-ce dû à son curieux dôme en ellipse, aux courbes parfaites lorsque l'on se place juste en dessous ? Ou bien à la chaleur mielleuse de la globigérine, ce calcaire local qui jaunit avec le temps ? Ou à son portique massif supportant un fronton strict, auquel répond un parvis ovoïde ? Ou encore au dépouillement de son intérieur, dénué de fioritures et de dorures baroques, qui met tellement en valeur la pureté des lignes ?
Commencée dans les années 1910, cette église ne fut complètement achevée qu'en 1948. Financée par les fermiers du coin, notamment grâce à la production d'œufs, on la surnomme « Egg Church », l'église de l'œuf. Clin d'œil, au passage, à la forme du dôme... Elle imite le style de la Rotunda de Mosta, même si les proportions sont moins impressionnantes. De fait, l'architecte John Mary Camileri est l'auteur des deux églises. L'intérieur frappe par la couleur crème de la pierre, encore toute jeune, et le dallage tricolore en marbre. Très lumineux et spacieux, il tranche radicalement avec le baroque surchargé des autres églises paroissiales. Dans la sacristie, au fond, à droite de l'autel, quelques belles peintures, notamment une *Mort de saint Joseph* réalisée par un élève d'Antoine de Favray et, dans 22 médaillons, de minuscules reliques de saints. Demandez au gardien de vous y conduire s'il est dans le coin.

The Mġarr Shelter : *dans le centre, au sous-sol du resto* Il-Barri *(voir plus haut « Où manger ? »). ☎ 21-573-235. Mar-sam 9h-13h ; dim 9h30-11h. Fermé lun. Entrée : 3 €.*
On peut facilement imaginer la surprise et l'excitation du propriétaire de ce restaurant quand il découvrit, en faisant des travaux dans son sous-sol à la fin des années 1990, ces abris antiaériens de la Seconde Guerre mondiale ! Pas moins de 225 m de tunnels creusés à 12 m de profondeur. Attaché à la transmission de l'histoire aux nouvelles générations, il a patiemment remis les lieux en état, bien avant que le *Malta at War Museum* n'ouvre à Vittoriosa.

La visite commence par une projection (en anglais) d'une dizaine de minutes relatant l'histoire du conflit à Malte, avec images et commentaires d'époque intéressants. Puis on s'engouffre dans ces abris humides qui semblent ne jamais vouloir s'arrêter, accompagné d'une bande-son (en français sur demande) très réaliste nous immergeant dans cet univers glauque où pouvaient se réfugier jusqu'à 200 personnes. C'était l'un des plus grands abris de l'île, creusé à la main, comme d'ailleurs la plupart des abris. Les mannequins, objets et mobilier aident à réaliser ce que devait être leur quotidien : ils ont été positionnés selon les souvenirs des anciens du village. Très instructif et assez impressionnant.

ABRI DE FORTUNE

N'imaginez pas que les abris de guerre étaient de simples couloirs souterrains. On y creusa à la main de minuscules cellules qui faisaient office d'école, de chapelle, de maternité, ou encore d'infirmerie. Et puis, moyennant finance, on y creusait des chambres privées pour les familles qui en avaient les moyens... Même sous terre, les classes sociales refaisaient surface !

Les temples de Ta'Ħaġrat : *à l'entrée de Mġarr quand on vient de Mosta, au fond de la triq San Pietru. ☎ 21-586-264. Mar, jeu et sam 9h-12h (dernière admission 11h30). Entrée : 3,50 €. Billet combiné avec les temples de Skorba : 6 €. Les billets s'achètent à la mairie de Mġarr, sur la pl. principale.* Les deux temples datent, respectivement, de 3600 et 3200 av. J.-C. et figurent parmi les plus anciens de l'île. Malgré les ravages du temps, les vestiges permettent encore de se faire une idée de l'architecture du site (en trèfle, avec des absides).

DANS LES ENVIRONS DE MĠARR

Les temples de Skorba : *dans le village de* ***Zebbieh,*** *2 km avt Mġarr en venant de Mosta. ☎ 21-580-590. • heritagemalta.org • Mar, jeu et sam 9h-12h (dernière admission 11h30). Entrée : 3,50 €. Billet combiné avec les temples de Ta'Ħaġrat : 6 €.* Pour archéologues avertis, car les vestiges de ce temple du IVe millénaire av. J.-C. se résument à trois pierres levées et un malheureux pan de mur. En effet, les figurines, poteries et ossements découverts lors des fouilles reposent désormais au musée de La Valette.

Ġnejna Bay : *cette jolie baie agrémentée d'une plage de sable peut faire l'objet d'une agréable balade à pied. De Mġarr, compter 30 mn de descente... En revanche, au retour, il faudra remonter la pente. On peut aussi y aller en voiture par une bonne route (mais parking payant le w-e et en saison) ou en bus (les nos 101 et 102 de Mġarr ou Ċirkewwa).* Les parois de Ġnejna Bay abritent des garages à bateau, creusés directement dans la roche, comme souvent sur les côtes maltaises. Quelques snack-buvettes et des locations de canoës en font un endroit très prisé par les familles maltaises. Certaines y ont installé leur caravane à demeure. Quand la mer est agitée, baignade déconseillée. Mais, en temps normal, on peut profiter de cette portion de sable rosé pour se dorer la pilule et faire trempette en évitant, non pas le monde, mais au moins la surpopulation de Golden Bay. On peut aussi tenter sa chance un peu plus loin en longeant, depuis la baie, la mer sur la droite. En moins de 15 mn, on arrive sur une crique délimitée par une langue rocheuse, où la baignade est vraiment délicieuse, dans une eau translucide. Jolis paysages côtiers.

Bingemma Gap et les Dwejra Lines : *env 3 km au sud de Mġarr. À pied, mieux vaut avoir une bonne carte avec les chemins de rando... ou accepter de se perdre un peu.* Voici la continuation de ces remparts, appelés *Victoria Lines,* toutefois moins impressionnants que vers le Mosta Fort ; c'est pourquoi on en parle plus longuement après, dans la partie consacrée à Mosta. Au cours de la balade, belles vues plongeantes sur Mġarr et son dôme argenté. Même si l'on est en voiture, le *Bingemma Gap* (trou ou faille) mérite un arrêt : dans la paroi, on aperçoit des grottes naturelles, utilisées comme nécropoles à l'époque romaine. Un court sentier permet d'y accéder depuis la vieille chapelle (1680) dressée en bord de route. On aime bien la petite vallée qui y mène, avec son ruban de goudron cabossé, son hameau tranquille et ses terrasses bien entretenues, presque verdoyantes.

➢ ***Balade dans les baies de la côte ouest :*** des abords de Golden Bay, suivre à pied le chemin côtier vers le nord, en direction d'Anchor Bay et du *Popeye Village*. Pas toujours évident à repérer, mais une bonne carte devrait vous y aider. La majeure partie de la balade se fait dans les terres, en retrait des falaises. Passé la tour Ghajn Znuber, on emprunte une vieille route défoncée. Un des derniers coins déserts de Malte. Pas un poil d'ombre, venez équipé. D'Anchor Bay, marche jusqu'à Mellieħa Bay (à 2 km), puis retour par la côte nord.

BAĦRIJA

Nous voilà au fin fond de Malte, même si le village de Baħrija a vu pousser beaucoup de demeures modernes. En effet, le calme et la beauté des panoramas alentour ont attiré les Maltais désireux de renouer avec la nature. Pour peu que l'on arrive l'après-midi, à l'heure de la sieste, on a le sentiment d'être la seule âme qui vive dans un village abandonné. On vient ici surtout pour le calme, et pour enfiler ses chaussures de marche afin de battre la campagne : nous vous indiquons quelques itinéraires sympas. Mais évitez de partir à la mi-journée entre juin et août, ou alors avec des hectolitres d'eau, un sombrero et de la crème solaire...

Arriver – Quitter

➢ En voiture, une bonne route y mène.

➢ S'il ne fait pas trop chaud, on peut également y aller ***à pied depuis Mġarr*** : compter environ 1h30 de marche (6 km) par le même itinéraire qu'en voiture. Prendre la direction de Ġnejna Bay et, juste après l'élégant Castello Zammitello, tourner à gauche. Si après 1 km la route devient minable, c'est que vous êtes sur le bon chemin ! Traversez le village de Santi et, au croisement suivant, tournez à droite. En arrivant sur une meilleure route, prenez à nouveau à droite et suivez le panneau. Ouf ! Vous y voilà !

Où manger ?

|●| ***New Life Bar :*** *sur la pl. centrale de Baħrija. ☎ 21-456-730. Ouv le soir et dim midi. Menu env 16 €, vin inclus. CB refusées.* Bar-resto de village proposant des plats de lapin et de viande de cheval. On ne vient pas exprès, mais ça dépanne. Petite salle rustique climatisée ou terrasse écrasée de chaleur.

DANS LES ENVIRONS DE BAĦRIJA

Kunċizzjoni : hameau complètement isolé du monde, un chouia au nord de Baħrija, assez charmant. Jolie chapelle du XVIIIe s. Au-dessus de la porte, les armoiries des grands maîtres de Vilhena et de Paule. À environ 400 m, par l'impasse qui part sur la droite, on longe un beau point de vue : sous vos yeux ébahis s'étendent tout le Nord-Ouest de Malte, le dôme de Mġarr (tout à fait à droite) et le patchwork des petits champs, Gozo et Comino.

➢ ***Belle balade à pied :*** une route mène de Baħrija à ***Fomm ir-Riħ*** (2 km environ), baie sauvage à l'eau limpide, dotée d'une petite plage et bordée de falaises. Attention, la descente peut être périlleuse. On y accède aussi depuis Ġnejna Bay, un peu plus au nord, après avoir escaladé le cap Pellegrin, ou, plus aisément, par une piste partant sur la gauche, grosso modo à mi-distance de Baħrija et de Mġarr.

COMINO ET GOZO

COMINO

Îlot de 3 km² coincé entre Malte et Gozo, Comino attirera ceux qui, pétris de temps et curieux de tout, voudront arpenter les terres arides de ce bout de terre nommé Comino en référence au cumin, dont une variante y était cultivée autrefois.
En été, on peut se baigner dans le fabuleux Blue Lagoon, une véritable piscine aux eaux d'une étonnante limpidité. Quant aux plongeurs, ils auront l'occasion de découvrir les charmes des spots de Comino, avec leurs fenêtres sous-marines par lesquelles filtre une lumière turquoise.
Côté histoire, on trouve sur ce caillou brûlé par le soleil quelques maisons abandonnées, une chapelle du XVIe s et une tour de garde, la tour Sainte-Marie. En tout cas, l'isolement et le mode de vie rustique de l'îlot devaient convenir à merveille à Abraham ben Samuel Aboulafia, un mystique juif exilé ici à la fin du XIIIe s, qui se disait prophète et qui, en fuyant les autorités judaïques, trouva refuge à Comino. Il y rédigea son *Livre des signes*.
Aujourd'hui, seule une demi-douzaine d'irréductibles continuent de vivre sur Comino. Les cultures et l'élevage leur permettent de subvenir partiellement à leurs besoins, complétés par des allers-retours sur le « continent ».

Arriver – Quitter

➢ ***Mġarr*** (sur Gozo)***-Comino :*** nombreux départs avr-oct, tlj 9h (10h en moyenne saison)-18h30. Plusieurs compagnies, le long de la route qui descend vers Mġarr, alpaguent les touristes pour leur proposer une excursion au Blue Lagoon. Les prix se valent ; seuls les horaires varient un chouia. Compter env 8-10 €/pers le billet A/R (un peu plus cher en basse saison si le bateau n'est pas plein). Retour au choix env ttes les heures ou ttes les 2h à la mi-saison). Env 20 €/pers le billet « croisière » (3-4h de balade) avec tour de l'île ponctué de pauses baignade et passage par les grottes marines. Demander au *Tourist Services,* bureau près des ferries, qui peut, en principe, négocier des tarifs un peu plus bas.

➢ Également des bateaux depuis ***Ċirkewwa*** (Malte) qui proposent des tours de l'île avec une pause baignade dans le Blue Lagoon. Par exemple, *Midas Shuttle* (☎ 99-474-142) ; départ de Ċirkewwa ttes les heures (selon état de la mer, 9h-18h) à bord d'un sympathique rafiot ; sur demande en hiver ; compter env 10 € l'A/R. Même prix

avec *Paradise Diving (☎ 21-574-116 ; • paradisediving.com •)* ; on peut coupler l'excursion avec une plongée.
– L'unique hôtel de Comino assure aussi ses propres liaisons (sf en hiver) depuis Mġarr, à Gozo, ou Ċirkewwa, à Malte (voir coordonnées ci-dessous). Accessible aux non-résidents, moyennant finances, bien sûr.

Où dormir ? Où manger ?

Il existe un camping public au nord de l'île *(gratuit)*. Attention toutefois aux rongeurs la nuit...

Comino Hotel : *à env 10 mn à pied du Blue Lagoon. ☎ 21-529-821. • cominohotel.com • Ouv mai-oct. Doubles 70-140 € en ½ pens selon saison, avec vue sur mer et balcon.* Le complexe se compose de l'hôtel proprement dit et d'une quarantaine de bungalows situés un peu plus loin. Chaque partie possède sa propre piscine et une plage. Si la structure principale est vieillissante, les chambres, quant à elles, sont régulièrement rafraîchies et l'ensemble reste correct, mais trop basique pour le prix demandé. Si vous prenez une chambre sans vue (moins chère), demandez un balcon, c'est le même prix. Ce qui est sûr, c'est que l'isolement « robinsonesque » coûte bonbon... Les naufragés volontaires ne s'arrêtent pas à ce détail et comptent surtout profiter des installations sportives, qui permettent de s'adonner au tennis, à la plongée et autres sports nautiques.

Pour casser la croûte pour presque rien, on peut se contenter des ***baraques à frites*** posées en surplomb du Blue Lagoon.

À voir. À faire

Le Blue Lagoon : certes, il y a foule, pas d'ombre, et il est devenu difficile de s'installer sans louer *(8-10 €/pers)* un transat et un parasol, plus ou moins stables, qui colonisent non seulement la plage microscopique, mais aussi la moindre parcelle de rocher, même trouée par l'érosion. C'est assez agaçant ! D'un autre côté, il serait dommage de se priver de cet étonnant lagon aux paisibles eaux émeraude translucides avec, par endroits, des grottes, failles, trous d'eau d'un bleu profond et autres cratères creusés par le sel. Du coup, pour profiter au mieux de cet environnement tout à fait exceptionnel, essayez en saison (jusqu'en octobre) de venir le matin (avant 10h – ou avant 11h à la mi-saison) ou carrément après 16h. En haut des escaliers taillés dans la roche, on trouve toilettes et douches (propres).
– Ne pas hésiter non plus à pousser jusqu'à la ***plage de Sainte-Marie,*** au nord de l'île, bien moins fréquentée que le lagon et à l'eau toujours translucide.

Santa Marija Tower *(tour Sainte-Marie)* **:** *compter env 40 mn à pied du Blue Lagoon. ☎ 21-225-952 (siège de l'ONG qui gère le site). • dinlarthelwa.org • Visite mai-oct, selon météo, mer et ven-dim en principe 10h30-15h, mais vérifier que le drapeau flotte à son sommet. Fermé en hiver. Entrée : 2 € ; gratuit moins de 12 ans.*
Plantée au sommet de majestueuses falaises, la plus importante tour de garde côtière de l'archipel fut construite en 1618 par Vittorio Cassar, le fils de Girolamo, le coarchitecte de La Valette. Elle fait partie du système de communication et de défense de la côte, mis en place par l'Ordre entre Mdina (sur Malte) et la citadelle de Gozo. Flanquée à l'origine de quatre tourelles, la tour principale fut la seule à résister. Il faut dire que ses murs mesurent pas moins de 6 m d'épaisseur. Elle fut transformée en hôpital de quarantaine par les Britanniques, tandis que la partie basse (à laquelle on accède par des escaliers particulièrement raides) servit d'étable. L'armée maltaise l'occupa ensuite

COMINO

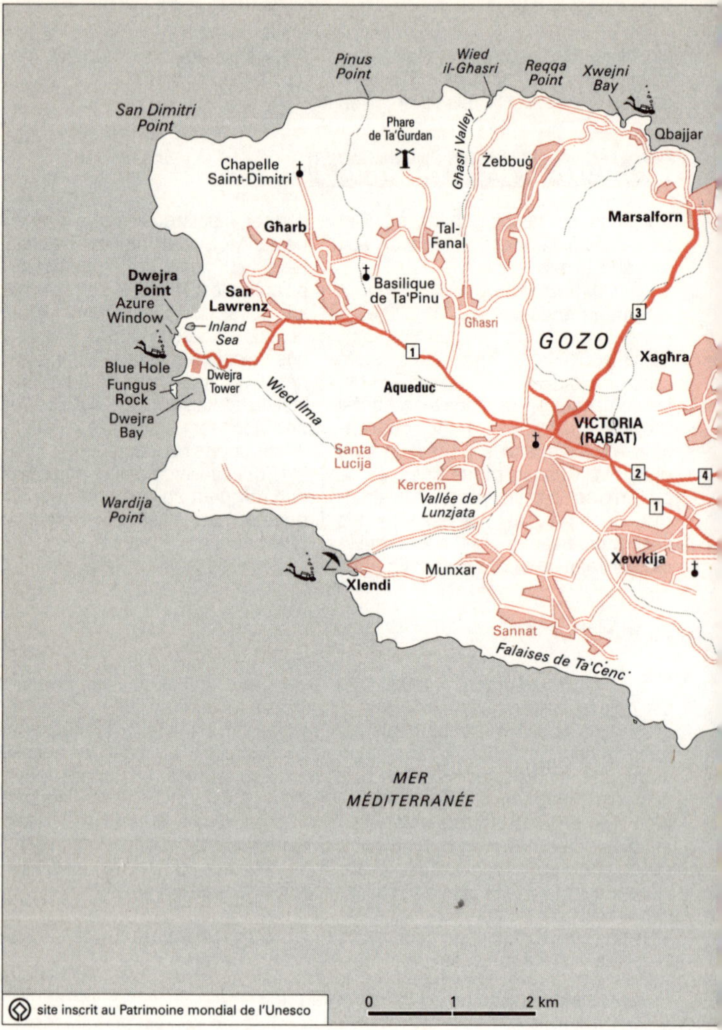

jusque dans les années 1990. Sa restauration au début des années 2000 lui a redonné tout son panache.

Au rez-de-chaussée, quelques panneaux évoquent à la fois les travaux et l'histoire des tours défensives de Gozo et Comino. On grimpe ensuite sur le toit-terrasse, en passant devant ce qui fut sans doute une petite chapelle, avant de profiter d'une vue grandiose à 360° sur le Blue Lagoon, la petite île de Cominotto, la côte sud de Gozo, Malte et les parcs à poissons qui forment de curieux ronds dans l'eau. On comprend tout l'intérêt d'une tour à cet emplacement on ne peut plus stratégique.

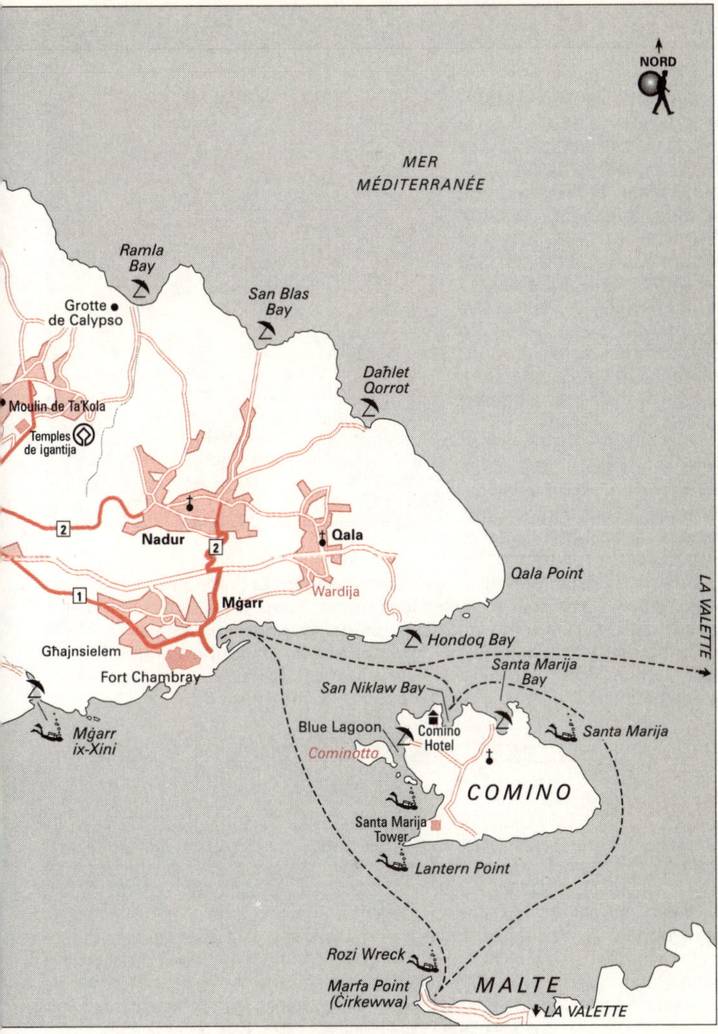

COMINO ET GOZO

Santa Marija Gun Battery (batterie d'artillerie Sainte-Marie) **:** *à 20 mn de marche de la tour.* Il s'agit d'une des trois batteries encore debout sur la côte. Elle fut construite en 1715 pour protéger le canal sud de Comino contre les invasions. On y voit encore six canons.

➢ ***Le tour de l'île :*** *compter 2-3h de marche par un chemin caillouteux.* Il passe par la tour Sainte-Marie, la batterie, la plage Sainte-Marie et l'hôtel de Comino. N'oubliez pas : nulle ombre et grosse chaleur en été ; prévoir donc un chapeau et de l'eau en conséquence.

GOZO

Très différente de l'île de Malte, Gozo permet d'approcher le mode de vie de l'archipel au plus près. Les quelque 31 000 habitants, aussi serviables que souriants, sont fiers de cette différence, se revendiquant Gozitains (ou Gozitans) avant de se dire Maltais. Ils ont d'ailleurs leur propre dialecte. Et c'est vrai qu'ils peuvent s'enorgueillir de la beauté de leur île, de son tempérament rural et de sa nature encore préservée (pour combien de temps ?).

Au programme : balades, farniente à la campagne ou en bord de mer, plongée et visites historiques. Bien des Maltais viennent ici se ressourcer et retrouver leurs racines.

Bon nombre d'étrangers aussi, qui connaissent déjà l'archipel, débarquent directement à Gozo pour y passer leur séjour entier. Il y a tant de choses à faire sur cette si petite île ! En revanche, les visiteurs qui viennent à Malte pour la première fois ne prévoient en général qu'un saut de puce rapide à Gozo. Certains font même l'aller-retour dans la journée. Dommage. Gozo vaut bien mieux qu'un passage éclair, tenez-vous-le pour dit.

OPÉRATION PORTES OUVERTES

Vous connaissez beaucoup d'endroits où les gens laissent leur clé sur la porte ? Eh bien, à Gozo, c'est chose courante. Cette habitude viendrait des années 1950 et 1960, pendant la grande vague d'émigration vers l'Australie, les États-Unis et le Canada. Les femmes laissaient les clés sur les portes au cas où leurs maris reviendraient d'exil à l'improviste pour retrouver leur famille et l'emmener à l'étranger. On peut aussi y voir une marque de sérénité et de confiance : à Gozo, on ne ferme pas non plus sa voiture, même si les choses changent petit à petit.

LES *FARMHOUSES* ET LES APPARTEMENTS À LOUER

Les fermes

Spécialité locale, les *farmhouses* sont des fermes du XVIIIe s bien restaurées qui, pour la plupart, se trouvent au nord-ouest de Gozo, dans la région de Għarb et Għasri. Certaines possèdent une piscine. Charmant et idéal pour ceux qui aiment s'isoler et qui rêvent de vacances en milieu rural à deux pas de la mer. Si certaines sont réellement des fermes, restaurées et reconverties, la plupart de ces prétendues *farmhouses* ne sont en fait que de simples villas modernes construites pour le business touristique. Rien à voir, au niveau cachet. Mais le style n'est pas à négliger pour autant. En effet, Gozo est la destination naturelle des Maltais en vacances, qui aiment louer l'une de ces spacieuses et luxueuses villas. Ces nouvelles constructions respectent souvent le style des anciennes. Arcades, porches, balcons ouvragés, le tout façonné dans la pierre locale, la globigérine, si bien qu'après seulement quelques années d'existence une maison gozitaine semble se tenir là depuis des siècles. Cette formule n'est pas particulièrement économique, mais elle reste moins chère que le même type de produit en Provence ou sur les côtes italiennes. Plusieurs tour-opérateurs français proposent des villas à Gozo et à Malte. Voir les organismes de voyages en début de guide et les sites indiqués ci-après.

GOZO

Les appartements

Pour un vacancier étranger qui souhaite rester un peu, il est plus simple et plus économique de trouver un appartement à louer à la semaine. Tout équipés,

comprenant une, deux, trois chambres ou plus, ils permettent d'allier confort et indépendance, et s'avèrent l'idéal pour une famille ou un groupe d'amis. Souvent groupés dans des résidences des années 1970, ils se révèlent moins onéreux que l'hôtel, surtout si l'on vient à quatre ou plus. Que ce soit en activité principale ou secondaire, les Gozitains possèdent tous des appartements à louer. Ils ont bien compris qu'il ne fallait pas rater le coche. Retraités, professeurs, pompistes ou chauffeurs de bus, tout le monde est susceptible de vous proposer une location.
La plupart de nos adresses, que ce soient des hôtels ou des *guesthouses*, possèdent aussi des appartements : adressez-vous directement à eux !

SITES INTERNET

• ***farmhousegozo.com*** • Cette agence maltaise présente (en anglais) de belles photos des fermes et villas de Gozo. Et un peu plus chic : • ***gozofarmhouses.com*** •
• ***islandofgozo.org*** • Le site est très bien conçu. On y trouve, entre autres, une liste des hôtels, ainsi que des locations d'appartements et de fermes avec toutes les coordonnées. Également un lien vers le site météo.
Le site • ***gozo.gov.mt*** • apporte des infos générales et historiques, recense les centres d'intérêts de l'île (musées, sites archéologiques, plages...), fournit des explications sur les fêtes et les coutumes. Bien pour un aperçu de Gozo, moins pour les infos pratiques, pas à jour, notamment leur liste d'hébergements et de restaurants.

Quand y aller ?

De préférence en semaine, car beaucoup de Maltais passent le week-end sur Gozo, et vous risquez alors d'attendre longtemps avant de pouvoir embarquer. Bien sûr, beaucoup de monde en été. L'île est plus charmante le reste de l'année. On vous conseille le printemps, moins chaud, plus vert et plus tranquille, la période idéale pour pédaler ou randonner ; ou le début de l'automne pour profiter encore de la baignade dans une mer turquoise.

Arriver – Quitter

➢ ***En ferry :*** avec la *Gozo Channel Company,* qui part de Ċirkewwa, au nord-ouest de Malte.
– Pour rejoindre Ċirkewwa, bus nº X1 de l'aéroport : tlj 5h15-22h55, ttes les 45 mn env en journée (un peu moins tôt le mat et tard le soir). Compter env 1h de trajet. Également les bus nºs 41 et 42 de La Valette, et nº 222 de Sliema. *Rens sur • arriva.com.mt •*
– Des dépliants sur les horaires de ferry *(timetable)* sont disponibles un peu partout (offices de tourisme, hôtels, etc.) ou par téléphone *(☎ 22-109-000 pour les horaires ; ☎ 21-556-114 ou 21-561-622 à Gozo pour les infos générales ; • gozochannel.com •).* Service 24h/24. Fin juin-fin sept : départs env ttes les 45 mn en journée (6h30-23h depuis Gozo et 23h35 depuis Malte), env ttes les 1h-1h30 jusqu'à 6h. De mi-mai à fin juin et fin sept-début nov : départs ttes les 45 mn 6h30-18h, puis ttes les 1h-1h30 jusqu'à 6h. De début nov à mi-mai : départs ttes les 45 mn en moyenne (6h30-17h15), puis ttes les 1h-1h30 jusqu'à 6h. Le trajet dure 25 mn.
– Tarifs A/R : env 5 €/pers (réduc) ; env 16 € pour une voiture et le chauffeur. On paie au retour. Un peu moins cher pour les traversées de nuit à partir de 20h. L'embarquement des véhicules s'effectue par ordre d'arrivée (pas de système de résa).

Circuler à Gozo

Gozo est une petite île, les distances ne sont donc jamais bien longues. Toutefois, si l'on souhaite tout visiter en peu de temps, il faudra s'organiser.

➢ ***En bus :*** la compagnie de bus *Arriva* opère une quinzaine de lignes sur Gozo, en moyenne ttes les heures 5h-22h, parfois jusqu'à 23h (sf le nº 301 vers le ferry, ttes les 20-45 mn), tlj, tte l'année. *Rens : ☎ 21-222-000. • arriva.com.mt •* Dépliant sur les horaires *(timetable)* à se procurer à l'office de tourisme de Victoria. ***Attention, les billets achetés sur Malte*** (même le *pass* de 1 sem) ***ne sont pas valables sur Gozo, et inversement !*** Voici les différentes lignes :
– nº 301 : Victoria-Mġarr (via Xewkija) ;
– nº 302 : Victoria-Ramla ;
– nº 303 : Victoria-Mġarr (via Xewkija, Nadur et Munxar) ;
– nº 304 : Victoria-Nadur ;
– nº 305 : Victoria-Ta'Ċenċ-Munxar ;
– nº 306 : Victoria-Munxar-Xlendi ;
– nº 307 : Victoria-Xagħra ;
– nº 308 : Victoria-Ta'Pinu-Għasri ;
– nº 309 : Victoria-Żebbuġ ;
– nº 310 : Victoria-Marsalforn ;
– nº 311 : Victoria-Dwejra (via San Lawrenz) ;
– nº 312 : Victoria-Għarb (via San Lawrenz) ;
– nº 321 : uniquement Victoria ;
– nº 322 : Marsalforn-Mġarr (via Xagħra, Ramla et Nadur) ;
– nº 323 : Victoria-Xewkija.

➢ ***Location de voitures :*** pour la liberté et le confort, on peut louer une voiture. Les prix relativement bas rendent cette solution très attrayante, et quand on ne passe que 2 jours à Gozo, c'est le seul moyen de voir tout ce qu'on veut. Nous indiquons les adresses des principaux loueurs sur Gozo (à Victoria, Marsalforn, Mġarr et Xlendi ; réservez longtemps à l'avance), mais ceux qui ont loué un véhicule à Malte peuvent venir par le ferry. Attention, certaines agences ne louent pas de véhicules pour moins de 3 jours.
La location de ***scooters*** est aussi possible, mais des problèmes d'assurance rendent les loueurs frileux. On en trouve donc peu. Bien dommage car, même si les routes peuvent se révéler franchement tape-cul, les courtes distances laissent un certain répit. De plus, on évite les bouchons dans Victoria. La prudence s'impose toutefois, car les dépassements intempestifs, l'absence de clignotant (sans doute en option !) et la vitesse parfois excessive des locaux obligent à une vigilance accrue. Dans tous les cas, vérifiez bien l'état du véhicule et n'hésitez pas à appeler le loueur en cas de panne, il viendra vous chercher.
La limitation de vitesse est de 50 km/h en ville (ou village) et de 80 km/h sur la route.
Les stations d'essence sont peu nombreuses : on en trouve à l'entrée et à la sortie de Victoria, au port de Mġarr, sur la route principale à hauteur de Xewkija et sur la place centrale de Xagħra.

➢ ***Taxis et minibus :*** les taxis sont garés à la sortie du ferry. Quand on n'a qu'une journée à consacrer à Gozo, cette solution peut se révéler pratique.
■ ***Tourist Services :*** *à la sortie des ferries, sur la gauche, sous la rampe ; grand panneau. ☎ 21-553-678. 📱 79-064-532. • sylviag2@go.net.mt • Lun-sam 9h-17h ; dim 9h-14h.* Agence de voyages sérieuse qui peut organiser des trajets en taxi et proposer des visites guidées de Gozo en minibus (en anglais), dont un passage par la belle région des salines, près de Marsalforn. Le tout à prix compétitifs.

➢ ***Bus à impériale :*** 2 sociétés se partagent le concept, *Malta Sightseeing (☎ 21-694-967)* et *City Sightseeing Gozo (☎ 21-569-996).* Des bus découverts à l'étage (rouge pour l'une, vert pour l'autre) permettent soit de faire le tour de l'île en une seule fois (durée : 2h40-3h), soit de monter et descendre à certains arrêts *(hop on-hop off).* En tout, 10 à 15 stops aux principaux centres d'intérêts de l'île (les temples de Ġgantija, Marsalforn, Dwejra, Xlendi, Victoria...).
– Malta Sightseeing : *départ de Mġarr, terminal des ferries, tlj à 9h40, puis 10h30 et ttes les 45 mn jusqu'à 15h.*

Prix pour la journée : 17 € ; réduc.
– City Sightseeing Gozo : *départ de Mġarr, terminal des ferries, tlj 9h30-14h30, ttes les heures. Prix pour la journée : 15 € ; réduc.*

➢ ***À vélo :*** Gozo se donne avant tout aux as de la petite reine, même si, en été, la chaleur écrasante et le relief peuvent rendre le pédalage pénible. Mieux vaut être entraîné. Prévoir chapeau et eau en quantité. Et attention une fois de plus à la conduite énergique des locaux. On cite un loueur de VTT sérieux à Marsalforn.

➢ ***En stop :*** ça marche très bien sur l'île.

➢ ***À pied :*** avec du temps et l'amour de la marche, on découvre Gozo mieux que personne. Et puis les gambettes, ça dépanne bien quand on rate le dernier bus pour rentrer à l'hôtel. Cependant, au risque de se répéter, sachez que l'été est brûlant. Partez équipé et aux heures les moins chaudes.

Planifier ses visites

– ***Heritage Malta*** *(• heritagemalta.org •)* propose « Citadel Museums Ticket », un billet qui combine la visite des 4 musées de la citadelle pour 8 € ou de seulement 2 musées pour 5 €. Également un ticket combiné qui inclut les temples de Ġgantija et le moulin de Ta'Kola pour 8 €. Ne pas oublier non plus le « Multisite Pass », utilisable à Malte et à Gozo, sans limitation de temps dans tous les sites gérés par *Heritage Malta,* pour 35 € (réduc). Pour plus d'infos, se reporter aux « Adresses et infos utiles » de La Valette.

■ ***Fondation Ager :*** *☎ 21-556-976. 📱 99-806-099. • victor.p.galea@gmail.com • agerfoundation.webs.com • Programme d'une journée. Résa à l'avance conseillée. Tarifs très raisonnables (tt est reversé aux acteurs ruraux).* La fondation Ager milite en faveur d'un tourisme durable à Gozo et propose des expériences d'agrotourisme, au plus près de la population et de son environnement, telles que « fabriquer du fromage de chèvre dans une ferme », avec repas au sein de la famille ; « apprendre la cuisine gozitaine » ; « partir en randonnée avec un paysan et participer au travail de la ferme ». Une belle initiative écotouristique, portée par de réelles valeurs humaines, sociales et écologiques.

VICTORIA (RABAT)

6 400 hab.

Capitale et ville la plus peuplée de Gozo, Victoria a tout pour plaire : une citadelle riche en musées qui domine toute l'île, une ambiance commerçante gentiment animée, un centre ancien qui ne manque pas de cachet, une circulation presque paisible et des zones piétonnes, avec des vitrines à lécher.
La ville fut rebaptisée Victoria en 1897, en l'honneur de la reine pour fêter ses 60 ans de règne, mais les Gozitains l'appellent encore parfois par son ancien nom, Rabat. Dans nos textes, vous trouverez alternativement les deux noms. Et puis le nom de Rabat introduit une parenté avec la Rabat de Malte, ce qui n'est pas sans arrière-pensée : une fois au pied de la citadelle, vous aurez certainement une impression de déjà-vu... rappelez-vous Mdina, l cité du Silence, la cité des nobles ! D'ailleurs, de nombreux villages gozitai comptent un homonyme sur Malte.
Plantée au cœur de Gozo, la capitale est le passage obligé pour rallier le férents centres d'intérêt de l'île. Mais, paradoxalement, pour les tourist centre névralgique de l'île n'est pas un endroit où l'on dort (peu d'ad dommage). Les heures d'affluence (10h-16h) voient le gros des v

VICTORI

faire un petit tour dans le centre, converger en direction de la citadelle et s'en retourner à Xlendi ou à Marsalforn. En dehors de ces heures, Victoria appartient entièrement à ses habitants. C'est l'heure de sortir les chaises dans la rue.

Arriver – Quitter

➢ ***De/vers le débarcadère de Mġarr :*** *bus nos 301 (plus direct) et 303.*

Adresses et info utiles

Infos touristiques

Office de tourisme *(plan A-B1) : pjazza Indipendenza. ☎ 22-915-452 ou 453. • visitmalta.com • Lun-sam 9h-17h15 ; dim et j. fériés 9h-12h45.* Le personnel, compétent, peut donner quelques brochures en français, un livret sur les sentiers de randonnées (en anglais), ainsi que des renseignements sur les sites, les dates de fêtes et diverses célébrations, ou encore (très utiles) les horaires de bus les plus récents ou les tarifs officiels des taxis.

Postes et télécommunications

✉ ***Poste*** *(plan B1) : triq ir-Repubblika, face à l'*Astra Theatre. *Lun-ven 8h15-16h30 ; sam 8h15-12h30.* Accueille aussi *Western Union* (système de transfert d'argent de l'étranger ; venir au moins 15 mn avant la fermeture).

■ ***Téléphone :*** achat possible d'une carte SIM prépayée et de ses recharges auprès des 2 opérateurs locaux, **Go** *(plan B1,* ***1*** *; triq ir-Repubblika, en face de la librairie* Bookworm *; lun-ven 9h-19h, sam 9h-13h)* et **Vodaphone** *(hors plan par B1-2,* ***4*** *; dans le centre commercial* Arkadia*, à l'entrée de la ville en venant de l'est, sur la droite : lun-ven 9h-13h, 16h-19h, sam 9h-14h).* Sinon, cabines à cartes à la gare routière, sur la route principale, face à Go et sur la place Savina (plan A1). Autre solution : entrer dans n'importe quel bar, il sera généralement équipé d'un point phone (coin boxes).

@ ***Internet*** *(plan B1) : triq ir-Repubblika, à l'*Aurora Opera House. *Tlj 7h-1h.* Pour utiliser les quelques ordinateurs à l'entrée, acheter une carte au comptoir de ce grand bar populaire.

Argent, banques, change

■ ***HSBC*** *(plan B2,* ***2****) : 90 triq ir-Repubblika.* Distributeurs Visa et MasterCard accessibles aussi en soirée *(lun-ven 16h-19h).* Change.

■ ***Bank of Valletta*** *(plan B1,* ***3****) : 102 triq ir-Repubblika.* Distributeur Visa et MasterCard à l'extérieur. Change.

Urgences

✚ ***Gozo General Hospital :*** *à l'entrée de Victoria. ☎ 22-106-000.*

■ ***Police*** *(plan B1,* ***5****) : triq ir-Repubblika. ☎ 21-562-040.*

Voir également la rubrique « Urgences » dans « Malte utile » en début de guide.

Transports

■ ***Mayjo*** *(hors plan par B2,* ***6****) : triq Fortunato Mizzi, dans le prolongement de la triq ir-Repubblika, après les* Rundle Gardens. *☎ 21-556-678 ou 21-551-772. • mayjocarhire.com • Lun-ven 8h30-18h ; sam jusqu'à 13h. En hte saison, compter dans les 35 €/j. en catégorie A ; tarifs dégressifs.* La plus importante agence de location de voitures à Gozo. Bons véhicules. Un autre bureau à Marsalforn.

■ ***AEL*** *(hors plan par B2,* ***7****) : triq Fortunato Mizzi, près de l'agence* Mayjo. *☎ 21-566-671 ou 672. • aelgozo.com • Lun-sam 8h-18h. Résa conseillée en hte saison. La voiture de catégorie A revient à 30 €/j. ; moins cher à la sem (20 €/j.) et en basse saison.* Fait aussi station d'essence.

VICTORIA (RABAT)

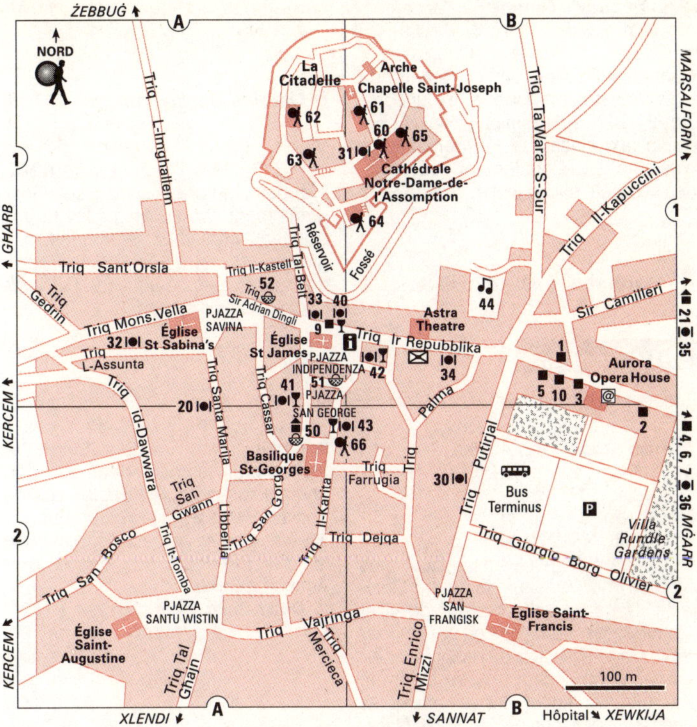

VICTORIA (RABAT)

Adresses utiles

- Office de tourisme
- @ Internet
- **1** Go
- **2** HSBC
- **3** Bank of Valletta
- **4** Vodaphone
- **5** Police
- **6** Mayjo
- **7** AEL
- **9** Pharmacie
- **10** Librairie Bookworm

Où dormir ?

- **20** Mia Casa
- **21** Downtown
- **50** Gozo Studio

Où manger ?

- **30** Coffee Break
- **31** Ta-Rikardu
- **32** Maldonado
- **33** Palazzo Antonin
- **34** The Clock House
- **35** Patrick's
- **36** MOJO's
- **40** Café Jubilee
- **41** The Grapes Wine Bar
- **42** It-Tokk
- **43** Cafe San Ġorġ

Où boire un verre ? Où danser ?

- **40** Café Jubilee
- **41** The Grapes Wine Bar
- **42** It-Tokk
- **43** Cafe San Ġorġ
- **44** Ku Club

Où acheter de bons produits locaux ?

- **50** Organika
- **51** La Bottega del Sole y della Luna
- **52** Portelli

À voir

- **60** Musée de la Cathédrale
- **61** Musée folklorique
- **62** Musée d'Histoire naturelle
- **63** Vieille prison
- **64** Musée d'Archéologie
- **65** Centre de la citadelle pour la culture et les arts
- **66** Il-Ħagar – Heart of Gozo

■ ***Saint Lucy's Garage :*** *à* ***Kercem,*** *le village qui jouxte Victoria. 📱 99-826-320 ou 99-829-141. • sylviag2@go.net.mt •* Contacter Paul ou Daniel. Service de taxis (transferts aéroports, excursions) 24h/24 à bord de minibus, moins cher qu'un taxi classique et intéressant à plusieurs. Loue également des vélos, des scooters et des jeeps.

Divers

■ ***Pharmacie*** *(plan A1,* ***9****) : pjazza Indipendenza. Lun-sam 7h30-21h (la porte ferme à 19h mais les pharmaciens sont encore présents pdt 2h, tt comme dim 15h-21h ; n'hésitez pas à frapper).*

■ ***Librairie Bookworm*** *(plan B1,* ***10****) : triq ir-Repubblika, entre la Bank of Valletta et la police. Lun-ven 7h30-19h ; sam 7h30-14h.* On peut y trouver *Le Monde*. Nombreux livres sur Gozo, notamment des petits guides de randonnée ; également quelques jolies gravures et cartes postales. Vend aussi des cartes téléphoniques *Go* et *Vodaphone*. Accueil sympa.

Où dormir ?

Encore peu d'hébergements à Victoria.

🏠 ***Gozo Studio*** *(plan A2,* ***50****) : 13 pjazza San George, au-dessus de la boutique Organika. ☎ 21-562-187. 📱 99-473-042. • gozostudio.com • Résa conseillée. Prévoir 45-55 € selon logement et min 3 nuits.* Adresse on ne peut plus centrale pour vivre au rythme des Gozitains. Dans sa belle maison de ville, l'accueillant proprio loue un studio cosy au 1er étage (idéal pour 2, jusqu'à 5 personnes si on accepte d'être à l'étroit) avec un balcon pour être aux premières loges de l'animation de l'adorable place. Également un duplex avec une chambre (on peut dormir à 4) et une terrasse agrémentée de plantes vertes bénéficiant d'une superbe vue sur la citadelle et la ville. Tous 2 bien équipés (cuisine, AC, TV câble), propreté impeccable et literie récente. Il organise aussi gratuitement plusieurs activités (snorkelling, canoë, balades). Attention toutefois au bruit : celui des cloches le matin (la basilique est juste à côté) et celui des cafés le soir, même si le duplex est protégé par un triple vitrage.

🏠 ***Mia Casa*** *(plan A1-2,* ***20****) : 23 triq Santa Marija. ☎ 27-300-169. 📱 77-220-259. • mia-casa-bed-and-breakfast-gozo.com • Doubles 50-70 € selon saison, petit déj inclus.* Dans une ruelle du centre-ville, à deux pas de la place principale, donc bien situé. 3 chambres joliment décorées dans une maison restaurée par les proprios anglais. Petits espaces communs pour lire ou papoter, et petit déj servi dans la cour intérieure aux beaux jours. Accueil réservé.

🏠 ***Downtown*** *(hors plan par B1,* ***21****) : triq L-Ewropa (Europe St), dans le prolongement de triq Sir L. Camilleri. ☎ 22-108-000. • downtown.com.mt • Dans une rue parallèle à l'axe principal : en bas de la ville en venant de Mġarr, suivre la direction de Marsalforn. L'hôtel chapeaute une galerie marchande. Env 85 € en hte saison pour une chambre double dotée d'un balcon et d'une belle vue sur la campagne et la mer au loin (les plus chères), petit déj inclus (celles qui donnent sur la rue ou sur la cour sont quand même moins agréables).* Pour ceux qui veulent loger dans la capitale, cet hôtel récent a choisi une déco standard, sans cachet particulier, hormis pour les salles de bains carrelées. Ameublement confortable. Intéressant en famille puisqu'on peut dormir à 4, soit en dépliant le canapé, soit dans les chambres avec lits superposés. Petite piscine sur le toit.

Où manger ?

Sur le pouce

🍴 Excellentes salades à base d'olives, de haricots, de tomates séchées et de fromage, en vente chez ***les primeurs de la place de l'Indépendance*** (plan A-B1).

🍴 ***Coffee Break*** *(plan B2,* ***30****) : Main Gate St. Face à la gare routière. Tlj 7h-20h en été, 17h30 en hiver (16h dim tte l'année).* Ce snack bondé se révèle bien pratique pour un petit déj, une pâtisserie ou un casse-croûte vite avalé pour presque rien. En attendant le bus, c'est l'occasion d'observer l'animation de la rue, assis à l'une des quelques tables placées sur le trottoir.

The Clock House *(plan B1, **34**) : 119 triq ir-Repubblika. ☎ 21-569-339. Juste à côté de la poste. Tlj sf dim 9h-15h.* Salades et snacks très frais, tendance méditerranéenne (bon sandwich à l'aubergine grillée, par exemple). Musique rock en fond. Terrasse.

De bon marché à prix moyens (moins de 25 €)

Les snacks des bars à vins **Café Jubilee** *(plan A-B1, **40**)*, **It-Tokk** *(plan B1, **42**)*, **The Grapes Wine Bar** *(plan A1-2, **41**)* et le **Cafe San Ġorġ** *(plan A2, **43**)*, juste en face, peuvent aussi faire l'affaire pour un en-cas sans façon, dans un environnement agréable. Voir plus loin « Où boire un verre ? Où danser ? ».

Ta-Rikardu *(plan A-B1, **31**) : dans triq il-Fosos, la ruelle qui longe la cathédrale par la gauche. ☎ 21-565-204. Tlj 9h-18h (un peu plus tard en été et s'il y a du monde).* Curieux mélange : dans cette vieille maison en pierre, quelques tables sont dressées, façon taverne, au milieu d'un magasin de souvenirs. Les touristes viennent grignoter les spécialités gozitaines, dont beaucoup sont faites maison, le tout arrosé d'un cru du patron. On vous conseille l'assiette traditionnelle, un concentré de Méditerranée. Si vous êtes conquis, possibilité d'acheter des produits sur place. Par un bel escalier de marbre et pierre, accès à une jolie salle à l'étage (grandes tablées). Remarquez sur le palier le petit escalier à vis, derrière une grille. C'est résolument un lieu unique.

MOJO's *(hors plan par B2, **36**) : triq Fortunato Mizzi. ☎ 27-556-026. Tlj 8h-16h (18h en hiver).* Jeune chef inspiré qui propose chaque jour de nouveaux plats. Délicieuse *pizzoto* (entre la pizza et la crêpe), sandwichs et salades. Une bonne petite adresse pas chère du tout. Terrasse.

Maldonado *(plan A1, **32**) : 8-9 Assumption St (triq L-Assunta) et 18 Mons. Luigi Vella. ☎ 27-019-270. Ouv slt le soir : mar-dim à la mi-saison ; jeu-dim en saison creuse. Fermé en principe l'été. Téléphoner avt.* Plus une adresse d'hiver car la salle est en sous-sol, dans une ancienne demeure aux murs en pierre décorés d'écussons et d'armes chevaleresques, hommage vibrant à Maldonaldo, preux chevalier castillan du XVIIe s. Ambiance un peu taverne chic mais pas guindée pour un sou. Cuisine maltaise goûteuse. Accueil très sympa.

Palazzo Antonin *(plan A1, **33**) : pjazza Indipendenza. ☎ 21-552-386. Tlj 7h30-1h.* Côté terrasse, tables et parasols s'alignent sur la place. Côté salle, le *Palazzo* se la joue vraie fausse Renaissance, avec lustres, dorures et portraits de perruqués. L'assiette en revanche penche plus pour la plèbe ; salades, pâtes, burgers, sandwichs honnêtes et bonnes pizzas. Desserts maison plébiscités par les Gozitains dès le petit déj.

Chic (25-35 €)

Patrick's *(hors plan par B1, **35**) : ☎ 21-566-667. À 100 m de l'hôtel Downtown, en descendant sur la droite. Tlj sf dim, le soir slt.* Le fiston, dont les parents se sont forgé une solide réputation dans l'île avec *It Tmun,* leur restaurant à Mġarr, s'est fait un prénom. Il concocte une cuisine inventive, qui mêle souvent salé-sucré comme ce porc au miel et calvados, chutney aux pommes, ou cette caille grillée au piment doux et gingembre, mais le menu change régulièrement. En prime, belle carte des vins.

Où manger dans les environs ?

Chic (25-35 €)

La Stanza *(hors plan par A1) : route de Żebbuġ, à slt 10 mn à pied de la pjazza Indipendenza. Attention au retour, ça grimpe. ☎ 21-558-047. Mar-dim 18h30-22h30, plus dim midi. Pensez à réserver.* De quoi découvrir, au coude à coude avec les Maltais, une cuisine goûteuse tantôt classique, tantôt plus imaginative avec ce veau au miel de Gozo, yaourt et crème. Comme toujours, les raviolis (maison) au fromage de chèvre et le lapin permettent de s'en sortir à bon compte. Agréable terrasse en été ou salle lumineuse. Également une autre terrasse à l'étage, plus intime, avec vue sur la citadelle. Service impeccable et accueil adorable.

Où boire un verre ? Où danser ?

Si, les soirs d'été, les stations balnéaires de Xlendi et Marsalforn font le plein, dès le mois d'octobre les jeunes migrent volontiers vers la capitale pour boire un coup ou se trémousser dans l'autre boîte à la mode.

🍷 Quelques ***terrasses*** en journée sur la place de l'Indépendance, dont celle du *Café Jubilee* (voir ci-dessous). C'est l'endroit le plus animé et aussi le plus intéressant de Victoria : on voit défiler toute la population dans ce véritable centre névralgique de l'île.

🍷 ***Café Jubilee*** *(plan A-B1,* ***40****) : pjazza Indipendenza. ☎ 21-558-921. Tlj 8h-1h ; les cuisines stoppent à 22h30.* Un joli café, fruit des amours coupables entre un bistrot parisien et un pub anglais. Murs couverts de vieilles pubs, bric-à-brac sur les étagères, vieux tonneaux et serveurs décontractés. Musique années 1960-1970 et jazz en journée, plus actuelle le soir. On peut aussi grignoter des gâteaux sucrés ou salés, des sandwichs, des soupes et même quelques plats maltais (service un peu longuet). Vins au verre. Terrasse sur la place.

🍷 ***The Grapes Wine Bar*** *(plan A1-2,* ***41****) : pjazza San George. 📱 79-473-536. Tlj de 7h au dernier client.* Agréable terrasse sur la mignonne place de la basilique Saint-Georges. Toute petite salle à l'intérieur et à l'étage. Les vins sont présentés par cépages. Les blancs gozitains (chardonnay) se laissent bien boire. Quelques snacks pas chers (assiettes de fromage, de charcuterie, sandwichs), salades et lapin évidemment. Service sympa mais un peu long.

– Juste en face, le ***Pjazza Cafe,*** du même proprio, occupe aussi une partie de la place San George.

🍷 ***Cafe San Ġorġ*** *(plan A2,* ***43****) : sur la pl. du même nom ; jouxte le* Pjazza Cafe*. Tlj 7h30-13h30 et de 17h au dernier client.* Clientèle plus maltaise que ses voisins. On y vient pour prendre un *pastizz* et boire un cappuccino à prix très raisonnables. Service très relax.

🍷 ***It-Tokk*** *(plan B1,* ***42****) : pjazza Indipendenza. ☎ 21-551-213. Tlj sf dim 10h-22h.* Idéalement situé sur la place centrale, ce bar à vins, percé de vitraux, concentre ses clients au rez-de-chaussée, certes convivial ; impossible de profiter de l'agréable terrasse sur le toit pour boire un verre, réservée à la partie resto. Dommage ! Pour la vue plongeante sur la place, il vous faudra donc y manger.

🍷 ***Astra Theatre et Aurora Opera House*** *(plan B1-2)* **:** les 2 théâtres de Victoria font également office de bar ; long comptoir au bout de ces immenses espaces vides que des billards et bornes d'arcade ne parviennent pas à meubler. Ambiance populaire, curieuse et amusante.

♫ ***Ku Club*** *(plan B1,* ***44****) : triq Mro Giuseppe Giardini Vella. 📱 99-007-070. Au pied de la citadelle. De début nov à mi-mai (quand* La Grotta*, près de Xlendi, ferme ; mêmes proprios), en principe ven-sam à partir de 23h. Entrée : 5 € (parfois plus) ; gratuit certains soirs avt 0h30.* Grande boîte très design, gros effets de lumière, 2 niveaux, 4 bars, musique techno et house.

♫ Également 2 grandes discothèques (***Club Paradiso*** et ***La Grotta***) près de Xlendi (se reporter à cette ville).

Où acheter de bons produits locaux ?

🧺 ***Organika*** *(plan A2,* ***50****) : pjazza San George. ☎ 27-015-548. Avr-oct, tlj sf dim 10h-18h (16h sam) ; fév-mars et nov-déc, tlj sf dim 10h-14h30. Fermé* *en janv.* Petite boutique bio et équitable tenue par des Français très sympas. Souvenirs du bout du monde, mais aussi une partie consacrée aux créations d'artisans de l'île, produits locaux et bio (confiture de Gozo, huile d'olive, sel naturel des salines). Fait aussi échange de livres. Plus qu'une boutique, presque un lieu de rencontre.

La Bottega del Sole y della Luna *(plan A1,* ***51****) : pjazza San George.* *99-479-135. Lun-ven 9h30-18h30 ; sam 9h30-14h. Fermé env 10 j. en janv.* Petite boutique tout en longueur qui aligne essentiellement des produits italiens (vins, confitures, épices, légumes marinés...), parfois bio, et quelques spécialités maltaises.

On trouve aussi des spécialités locales chez les primeurs de la ***pjazza Indipendenza*** (lire plus loin « À voir. À faire. À l'extérieur de la citadelle »).

Portelli *(plan A1,* ***52****) : triq Sir Adrian Dingli St, sur la droite, juste avt d'arriver sur la pjazza Savina. Tlj 8h30-13h15, 17h30-21h30.* Derrière cette petite échoppe qui fait épicerie, marchand de tabac et de journaux, difficile d'imaginer une pâtisserie à la production familiale et artisanale (leur fabrique se trouve plus bas, dans une ruelle de la vieille ville). Voilà plus de 3 générations qu'on y prépare les mêmes gâteaux, et ce n'est pas près de changer ! Les Maltais s'y pressent le dimanche matin pour acheter le journal et un bon gâteau à la crème. Mais, entre nous, on préfère leurs cakes aux amandes *(kasatelli)* ou aux raisins *(pudina taz-zbib)*, les palets aux amandes *(bonkoncini)*, dont le goût s'apparente un peu à nos macarons, ou leurs krustini, gâteaux secs dorés au four traditionnel. Pour une tranche de vie gozitaine.

À voir. À faire

– *Rappel :* **Heritage Malta** *(● heritagemalta.org ●)* propose plusieurs billets combinés. Deux musées de la citadelle (au choix) à 5 € ; les quatre musées de la citadelle ***(Folklore Museum, Old Prison, Museum of Archeology, Natural Science Museum)*** pour 8 € ; réduc. Également un billet à 10 € combinant six visites sur l'île. Voir plus haut « Planifier ses visites » au début de la partie sur Gozo.

Dans la citadelle

À l'instar de l'autre Rabat, celle de la grande île de Malte, la fière capitale gozitaine est dominée par une ville fortifiée que l'on appelle *Gran Castello.* Perchée à 140 m d'altitude, elle était destinée à protéger l'île contre les invasions barbares et, jusqu'au milieu du XVIIe s, les habitants venaient chaque soir y dormir sur leurs deux oreilles, se croyant à l'abri derrière les remparts. Mais la citadelle a connu des heures sombres : en 1551, le Turc Sinan Pacha, associé au corsaire turc Dragut Reïs, débarque à Gozo et s'empare de Rabat. Les 7 000 habitants sont déportés en Libye et réduits à l'esclavage, malgré la résistance héroïque de la population. Aujourd'hui, le *Gran Castello* est la cible des touristes, enchantés par ses musées, ses ruelles tranquilles et un panorama extraordinaire sur toute l'île.
– Toilettes à gauche de l'entrée de la citadelle.

Au terme d'une petite grimpette depuis le centre-ville, on accède à la citadelle par une ***entrée monumentale,*** percée en 1956 pour permettre à la statue de la Vierge d'être sortie, en grande pompe, lors des fêtes de l'Assomption. Plus petite, l'arche originale, par laquelle on pénétrait autrefois dans la citadelle, se situe près du musée d'Archéologie. D'ici à la fin 2015, elle devrait retrouver sa fonction première et servir d'accès principal, tandis que la plus récente sera « fermée » par un panneau en verre imitant la pierre des remparts pour assurer la continuité architecturale existante. Elle pourra s'ouvrir à l'occasion d'événements exceptionnels. Les travaux devraient débuter fin 2014. En attendant, on passe toujours par cette entrée monumentale, flanquée d'une tour à horloge. Sur la place de la cathédrale se trouvent le palais de justice de Gozo, à gauche, et le siège de l'évêché, à droite. L'impressionnant parvis de la cathédrale porte deux canons de bronze.

La cathédrale Notre-Dame-de-l'Assomption (plan B1) : *lun-sam 9h30-16h (dernière admission). Fermé dim et certains j. fériés. Entrée combinée avec le musée de la Cathédrale : 3,50 € (peut augmenter) ; gratuit moins de 10 ans. Les billets s'achètent en contrebas, à droite. Les dames penseront à se couvrir les épaules, quitte à emprunter un châle à l'entrée.*
Encore un édifice baroque signé Lorenzo Gafà. Construite entre 1697 et 1711 sur les ruines de l'ancienne église détruite par le grand séisme, cette cathédrale possède une façade aussi simple que ravissante. On note, au-dessus de la porte, les armoiries de l'évêché (en couleur), celles des chevaliers (avec la croix) et celles de l'évêque Cocco Palmeri (le palmier). À l'intérieur, deux grands baptistères en onyx encadrent l'entrée. Comme dans la cathédrale de Mdina et dans celle de La Valette, le sol se compose de dalles de marbre recouvrant les tombes de prêtres et d'évêques. Enfermée dans une niche vitrée sur la gauche, la statue de la Vierge bras au ciel, sur un piédestal recouvert d'argent, est portée en triomphe par les fidèles à l'occasion de la grande fête du 15 août. De même, la statue du Christ, à droite de l'entrée, est promenée lors du Vendredi saint. Un dôme était initialement prévu, mais, faute de moyens, on a fait appel à un peintre italien spécialiste du trompe-l'œil : travail très habile puisque, de l'entrée, on a vraiment l'impression de voir une coupole au-dessus de l'autel.
À noter encore, à droite de l'autel, des reliquaires dans une vitrine : os du bras de sainte Ursule, la sainte patronne de Gozo, et abdomen ouvert sur des ossements de sainte Lucie (âmes sensibles s'abstenir). Également des lustres en cristal, parfois couverts d'une housse, que l'on dévoile à l'approche des fêtes estivales, et aussi cette toile de *L'Assomption* où la couronne de la Vierge est plaquée d'or. La lanterne de style oriental, devant l'autel, est tout en argent. Elle fut rapportée de Rhodes par les chevaliers. Un ensemble très fastueux, comme il se doit.

Le musée de la Cathédrale (plan B1, **60**) : *longer la cathédrale et entrer par la petite porte. Mêmes horaires que la cathédrale et billet combiné : 3,50 €.* Évidemment beaucoup moins impressionnant que son homonyme de Mdina. Il regroupe quelques objets rituels et des œuvres qui ornaient soit la cathédrale, soit les églises de « province ». Une carriole d'évêque, des mitres et bibelots kitsch du XIXe s, très rococo, sont présentés au rez-de-chaussée. Au sous-sol, coffre de voyage d'un évêque, calices, lanternes, chandeliers et médailles en argent. Ça donne une petite idée de la richesse de l'église. D'ailleurs, jusqu'à récemment, il arrivait qu'elle reçoive en legs un vrai pactole (de l'argent bien sûr, mais parfois aussi des propriétés...). À l'étage, qui fleure bon l'antimite, toiles et quelques peintures sur bois en mauvais état. Rien de bien palpitant.

Le panorama depuis les remparts : en continuant tout droit après la cathédrale, on découvre la citadelle telle qu'elle était après le séisme de 1693. À savoir un quadrillage de fondations éboulées et dévorées par les figuiers de Barbarie. On dirait une cité romaine antique. De là, vue épatante : tout au fond à l'est (sur la droite... pour les doués en orientation !), l'île de Malte. En faisant glisser le regard vers l'ouest (la gauche, donc) apparaît le grand dôme en cloche de Xewkija, puis, perchée sur le plateau, la ville de Nadur et son église à dôme blanc. Encore plus loin, la ville de Xagħra et, dans la vallée, derrière le piton rocheux portant une statue de Christ, la station balnéaire de Marsalforn. Cette statue, qui fait songer au Christ rédempteur de Rio de Janeiro, a été édifiée afin de protéger l'île des éruptions de l'Etna, qui se trouve à un peu moins de 100 km de distance, séparé par la mer ! Mieux vaut trop de précautions que pas assez, c'est sûr ! Tout à gauche, le village de Żebbuġ, et encore plus loin le phare de Ta'Ġurdan, le seul phare de l'île. Vous l'aurez remarqué : ici, au contraire de Malte, on différencie parfaitement les villages les uns des autres, car ils sont séparés par des champs délimités par des haies. Les cultures en terrasses, introduites par les Arabes, permettent de garder

PLANS ET CARTES EN COULEURS

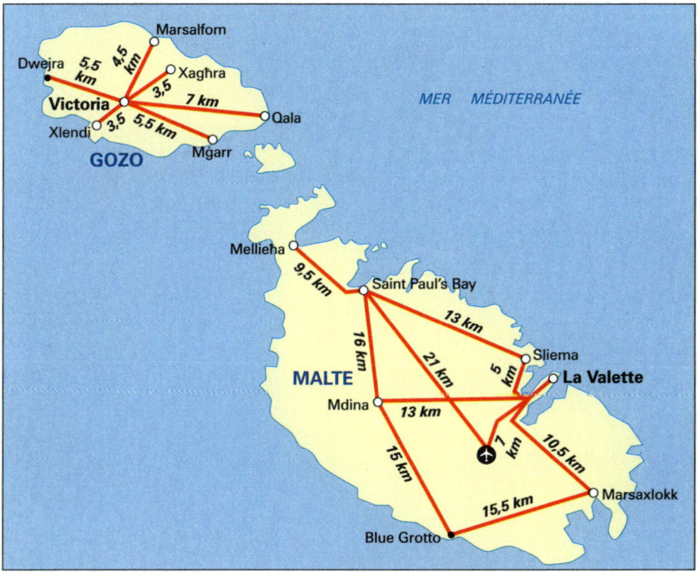

DISTANCES PAR LA ROUTE

Marsalforn Bay
San Dimitri Point
Chapelle San Dimitri
Marsalforn ★★
Ramla Bay ★★
Mistra Rocks
Għarb
Basilique de Ta'Pinu
Grotte de Calypso
Azure Window ★★★
San Lawrenz
Dwejra Point
Daħlet Qorrot
Xagħra
Victoria ★★★
Santa Lucija
Temples de Ggantija ★★
Nadur
Qala ★
Qala Point
Dwejra Bay ★★★
Munxar
Xewkija
Għajnsielem
Xlendi ★★
Sannat
Mġarr
GOZO
p. 198
Blue Lagoon ★★★
COMINO
p. 194
Armier Bay
Ċirkewwa
Paradise Bay
Marfa
Mellieħa Bay
Għadira
Anchor Bay
Mellieħa ★
Manikata
Golden Bay
Għajn Tuffieħa Bay ★
Ġnejna Bay
Mġar
LA CÔTE NORD ET NORD-OUEST
p. 172
Ta'Haġrat
Bingemma Fo
Kunċizzjoni
Baħrija
0
2
4 km

L'ARCHIPEL DE MALTE

LA VALETTE (VALLETTA)

LA VALETTE (VALLETTA)

Adresses utiles

- Office de tourisme de Malte
- 1 Embarcadère des bateaux pour Sliema
- 2 Embarcadère des bateaux pour les Trois Cités
- @ 3 Ziffa Internet Center
- 4 Ambassade de France
- 5 Consulat de Suisse
- 6 Consulat du Canada
- 7 Agence NSTS
- 8 Librairie Agenda Bookshop
- 9 Toilettes publiques

Où dormir ?

- 20 Asti Guesthouse
- 21 Grand Harbour Hotel
- 22 Luciano Al Porto Boutique Accommodation
- 23 British Hotel
- 24 The Osborne Hotel
- 25 Castille Hotel

Où louer un studio, un appartement ?

- 26 Valletta Studios, chez Michael Mercieca
- 27 Appartements du Manoel Theatre
- 28 Palazzo San Pawl
- 29 Lucia Nova

Où manger ?

- 30 Piadina Caffe
- 31 Margo's
- 32 L-Ingliz
- 33 The Circle's
- 34 Marks & Spencer
- 35 Nenu The Artisan Baker
- 36 Crianza
- 37 Capistrano
- 38 Trabuxu
- 39 Elia Greek Cuisine
- 40 Ambrosia
- 41 Il Horza
- 42 Malata
- 43 Rubino
- 44 Trattoria Da Pippo

Où boire un verre ? Où écouter de la musique ?

- 50 Caffe Cordina
- 51 La Valette
- 52 Badass Café
- 53 The Pub
- 54 The Bridge Bar
- 55 The Stable
- 56 Monaliza

Achats

- 60 Captain A. Caruana

À voir

- 9 Toilettes publiques
- 70 Fortifications Interpretation Centre
- 71 Auberge d'Italie
- 72 Palazzo Parisio
- 73 Auberge de Castille, de León et du Portugal
- 74 Lascaris War Rooms
- 76 Casa Rocca Piccola
- 77 Musée du Jouet
- 78 Musée national d'Archéologie
- 79 Musée des Beaux-Arts
- 80 Bibliothèque nationale
- 81 La Castellania
- 82 Marché couvert
- 83 Théâtre Manoel et musée
- 84 Musée de l'Armurerie
- 85 Malta 5D

LA VALETTE (VALLETTA) – REPORTS DU PLAN

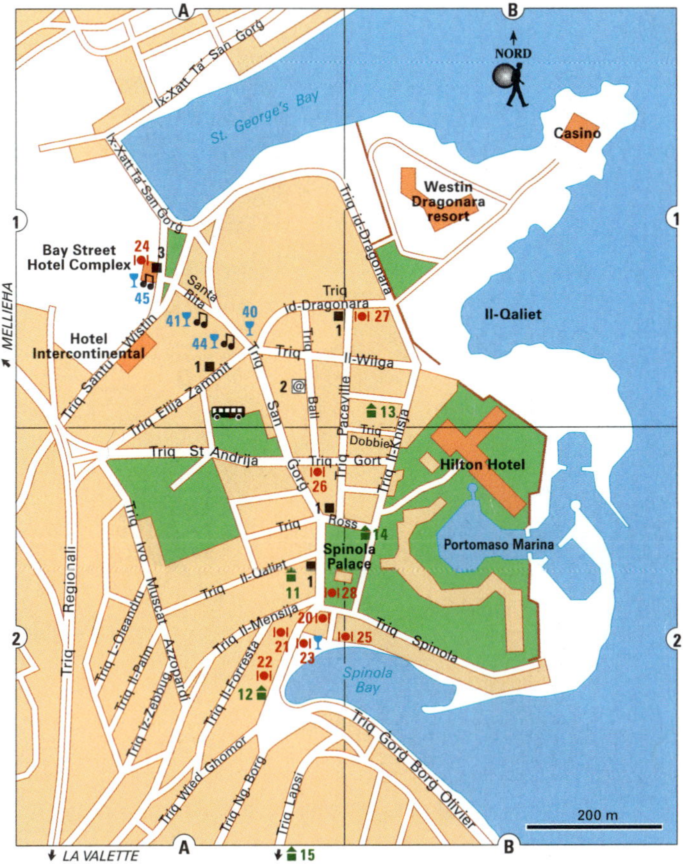

SAINT JULIAN'S ET PACEVILLE

■ **Adresses utiles**

1 Banques
@ 2 Primatel Call Centre
3 Librairie Chaucer's

Où dormir ?

11 Hotel Alfonso
12 Hotel Juliani
13 Hotel Valentina
14 Ir-Rokna Hotel
15 Hostel Malti

Où manger ?

20 Dick's Bar & Café
21 Peppino's
22 1927 tal-Każin
23 Paparazzi
24 Fluid'
25 Gululu
26 The Avenue
27 Gozitan
28 Gochi

Où fumer une chicha ?

40 Plush

Où boire un verre ? Où danser ?

23 Paparazzi
41 The Qube Vodka Bar
44 Footloose, Empire et Havana
45 Hard Rock Café

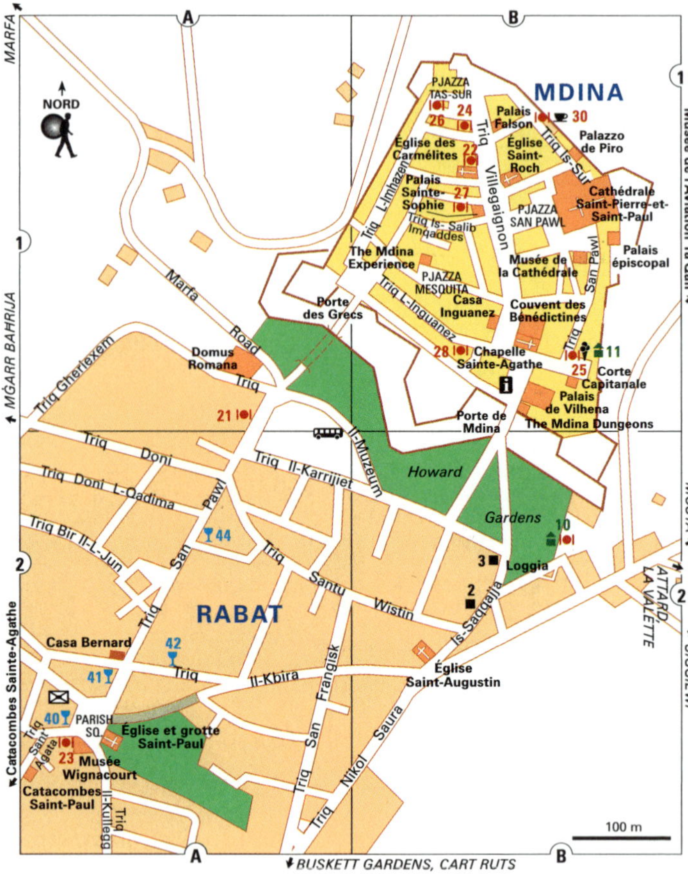

RABAT ET MDINA

Adresses utiles

- Office de tourisme *(Mdina)*
- 2 Bank of Valletta *(Rabat)*
- 3 HSBC *(Rabat)*

Où dormir ?

- 10 Point de Vue Guesthouse *(Rabat)*
- 11 Xara Palace *(Mdina)*

Où manger ?

- 10 Butcher's Grill *(Rabat)*
- 21 Crystal Palace *(Rabat)*
- 22 Theos *(Mdina)*
- 24 Il Gattopardo *(Mdina)*
- 25 Trattoria A.D. 1530 *(Mdina)*
- 26 Sharma *(Mdina)*
- 27 The Medina *(Mdina)*
- 28 Bacchus *(Mdina)*

Où siroter un thé ? Où déguster une pâtisserie ?

- 23 Parruċċan *(Rabat)*
- 30 Fontanella *(Mdina)*

Où boire un verre ?

- 40 Le Vince Cafe et le King George V *(Rabat)*
- 41 Club du Parti travailliste *(Rabat)*
- 42 Club du Parti nationaliste *(Rabat)*
- 44 L'Isle Adam Band Club *(Rabat)*

la terre au même niveau, tandis que les haies de figuiers de Barbarie protègent les cultures du vent. Savez-vous comment les Maltais nomment les cactus ? Des « langues de belle-mère » !
De cet observatoire, on voit aussi des piscines privées, ce qui peut étonner dans un pays aussi sec : pas de panique, elles sont alimentées par l'eau traitée à l'usine de désalinisation. N'hésitez pas à faire le tour des remparts pour changer d'angle de vue.

Folklore Museum *(Musée folklorique ; plan B1,* ***61****) : ☎ 22-564-188. • heritagemalta.org • Tlj 9h-17h (dernière admission 16h30). Fermé Vendredi saint et pdt les fêtes de fin d'année. Entrée : 3 €. Billet combiné avec le musée d'Histoire naturelle, le musée d'Archéologie et la prison* (Citadel Sites)*: 8 € ; réduc.* Cette maison anglo-normande de la fin du XVe s appartenait à une famille noble et servit de magasin au XVIIe s. La collection d'outils agricoles, de matériel de pêche, de machines de tissage ou encore d'armes de chasse, etc., a certes le mérite d'exister, mais on n'apprend pas grand-chose, d'autant que les explications données sont minces. Notez les puits (sept dans le musée) qui permettaient à l'origine de tenir suffisamment longtemps en cas d'attaque.

Natural Science Museum *(musée d'Histoire naturelle ; plan A1,* ***62****) : au pied des remparts ouest. Mêmes horaires et prix que le Musée folklorique.*
Au programme des réjouissances, une collection géologique comprenant de nombreux fossiles marins figés dans la roche (qui montrent bien que Malte a surgi de la mer récemment, voilà 30 millions à 7 millions d'années), minéraux, stalactites et -gmites, poissons et coquillages. À l'étage, une galerie d'oiseaux empaillés (espèces chassées ou protégées), quelques plantes et une belle (et modeste) collection d'insectes. Bon, ce n'est pas l'extase, mais la modestie de la présentation en est presque attendrissante.
En revanche, avant d'aller à Dwejra Bay, sur la côte est, ne manquez pas de jeter un œil au modèle de la fameuse plante qui donna naissance à la légende de Fungus Rock : ressemblant à une longue morille noirâtre (d'ailleurs on la présente parfois comme un champignon), on lui prêtait toutes sortes de vertus curatives et même aphrodisiaques. Tant et si bien que cette espèce rare fut protégée par une tour de guet spéciale, et les cueilleurs sauvages pouvaient écoper de 3 ans de galère. Par la suite, il fut démontré que la plante n'avait strictement rien de magique. On en trouva d'autres sur les falaises de Ta'Ċenċ et de Dingli.

Old Prison *(vieille prison ; plan A1,* ***63****) : pratiquement sur la pl. de la cathédrale, entre la cour de justice et le musée d'Histoire naturelle. Mêmes horaires et prix que le Musée folklorique.*
En usage de 1548 à 1904, elle fut remplacée ensuite par le bâtiment qui abrite aujourd'hui le Citadel Centre for Culture and Arts. L'actuel hall d'entrée faisait office de cellule commune au XIXe s, tandis que les cellules individuelles, au nombre de six, se trouvaient à l'arrière. Elles étaient réservées aux personnages importants et/ou politiques. En 1538, Jean Parisot de La Valette (qui deviendra grand maître de l'Ordre) resta 4 mois entre ces murs. Murs qui portent toujours la trace des détenus : des

QUARTIER VIP

Derrière la lourde porte, une cellule individuelle, avec toilettes dans un coin, bain tous les jours, accès aux soins ; les conditions de détention dans la vieille prison de la citadelle étaient sans doute à l'époque les meilleures en Europe. Il faut dire que l'on n'y enfermait que les chevaliers, le commun des mortels étant, lui, condamné aux galères. En 1798, égalité oblige, Napoléon mettra fin à cette différence de traitement. Il fallut alors agrandir la prison et ajouter un détenu, par terre, dans chaque cellule. Surpopulation et murs gravés, les prisons d'aujourd'hui n'ont pas tant évolué.

vaisseaux à trois mâts synonymes de liberté, des noms, des jeux, des croix pour prier, des galères-calendriers dont chaque rame représente 1 jour, 1 semaine, 1 mois ou 1 an de captivité... allez savoir. Certains prisonniers y restèrent plus de 10 ans. Seuls les poissons ne furent pas gravés par les prisonniers mais par les maçons, qui marquaient ainsi leurs pierres (on les payait à la quantité). Explications détaillées en anglais.

Museum of Archeology *(musée d'Archéologie ; plan B1,* ***64****)* **:** *dans le bastion sud. Mêmes horaires et prix que le Musée folklorique.*
Petit musée présentant les résultats des fouilles menées à Gozo. Une des pièces les plus intéressantes est la stèle de marbre de Maymunah, datant de 1174, dont on peut lire l'épitaphe écrite en arabe (et traduite en anglais), longue et très poétique envolée en hommage à la « fille de Hassan ». Sinon, quelques tessons de poterie (remontant jusqu'au IVe millénaire av. J.-C., excusez du peu !), une série d'ancres romaines en plomb et des amphores utilisées pour le transport du vin et de l'huile d'olive, des coffres de crémation, très belle urne funéraire en verre, quelques vestiges d'une villa romaine découverte à Ramla, des bijoux, etc.
Une partie des objets, notamment de la période préhistorique, ont été transférés au nouveau *Visitor Centre* des temples de Ġgantija (voir plus loin, à Xagħra).

Citadel Centre for Culture and Arts *(Centre de la citadelle pour la culture et les arts ; plan B1,* ***65****)* **:** *dans le bastion est. Depuis le musée d'Archéologie, suivre la rue Bieb il-Mdina (et ses boutiques d'artisanat) jusqu'au bout. Lun-ven 10h-16h ; w-e 11h-15h. Fermé parfois pour la préparation d'expos. GRATUIT.* Le bâtiment, intéressant en lui-même, date de 1600 environ et fut utilisé comme entrepôt par les chevaliers, puis comme prison jusque dans les années 1960. On peut encore voir des gravures sur les parois, notamment de voiliers. Il abrite aujourd'hui des expos temporaires, d'artistes locaux et étrangers.

À l'extérieur de la citadelle

Au pied de la citadelle bat le cœur de la ville. La place de l'Indépendance *(pjazza Indipendenza ; plan A-B1),* que l'on appelle communément « It-Tokk », est le véritable lieu de rendez-vous des Gozitains. Tout autour (ou presque), des cafés et encore des cafés. Leurs terrasses occupent quasi tout l'espace. Elles sont cernées d'un côté par des marchands de babioles en tout genre, de l'autre par des échoppes typiques où s'étalent figues et tomates séchées, légumes du soleil, fromages de chèvre, miel et autres huiles d'olive, de quoi confectionner un beau panier pique-nique et de délicieux souvenirs culinaires pour le retour ! De la *pjazza,* on accède ensuite au dédale de la vieille ville.

Une balade dans la vieille ville **:** *entre les pl. Saint-Georges, Savina et Saint-Augustin se trouve la partie ancienne de Rabat.* Du côté de la pjazza Savina, non loin de la place de l'Indépendance, se tient chaque matin un petit marché d'antiquités. Pas donné, mais cela intéressera les chineurs. On peut remonter l'Archipriest Cassar Street (ou triq Cassar), qui rappelle un peu une médina arabe : impasses de-ci de-là, ruelles étroites ornées de jolies portes et fenêtres ouvragées, entre bow-windows et moucharabiehs. En tournant à droite, voir la taverne *Id-Dverna tal-Mewta* où, en hiver, des cercles de poètes se réunissent parfois pour donner des lectures. Sur de nombreuses façades, vous remarquerez le carreau de céramique à l'effigie de saint Georges (en train d'occire le dragon) ou de la Vierge, accompagné d'un nom de maison *ad hoc* (*Georgius* ou *Ave Maria,* par exemple). C'est le signe d'appartenance à l'une ou à l'autre des communautés.

La basilique Saint-Georges *(plan A2)* **:** *pjazza San George. Tlj 5h-12h30, 14h30-19h30 ; messe ttes les heures (relâche 13h-17h).* Très touché par le tremblement de terre de 1693, l'édifice fut reconstruit laborieusement pour être achevé au cours du XXe s. Placée au début des années 2000, la monumentale porte en bronze

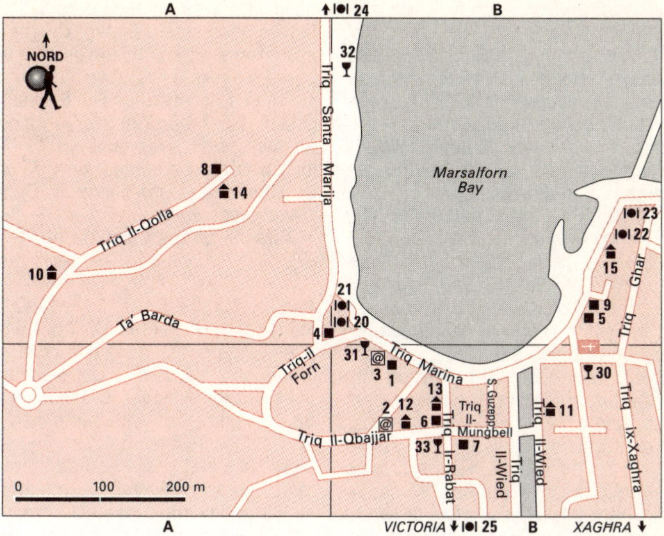

MARSALFORN

■ **Adresses utiles**

- **1** Bank of Valletta
- @ **2** Herbees
- @ **3** Dive Bar
- **4** Xlendi Pleasure Cruises
- **5** Mayjo Tourist Services et Mayjo Car Rental
- **6** On Two Wheels
- **7** Nautic Team
- **8** Atlantis Diving Centre
- **9** Calypso Diving Centre

Où dormir ?

- **10** Santa Martha Hostel
- **11** Electra Guesthouse
- **12** Lantern Guesthouse
- **13** Hostel Maria Giovanna
- **14** Atlantis Lodge
- **15** Calypso Hotel

Où manger ?

- **20** Il-Kartell
- **21** Pierre
- **22** Menqa L'Antiqa
- **23** Arzella
- **24** Qbajjar et Chez Amand
- **25** Ta'Frenċ

Où boire un verre ?

- **30** Bo Jangles
- **31** Unwined
- **32** Bistro Otters Lido
- **33** Traffic Lights Pub

touristique ; hors saison, téléphoner pour être sûr de trouver quelqu'un, et en saison, pour être sûr d'avoir de la place.

Bon marché

Santa Martha Hostel *(plan A1,* ***10****) :* *Qolla St.* ☎ *21-551-263.* 📱 *79-277-022.* • *santamarthahostel.com* • *Remonter la rue principale puis prendre à droite en haut de la côte (suivre les panneaux Atlantis Diving Centre). Double avec sdb commune 32 €, petit déj compris.* À l'écart du centre, cette auberge semble avoir été investie avant même d'être achevée. Pas plus de déco que de finitions, des chambres nues mais à la bonne literie et des salles de bains communes pimpantes. Cuisine à dispo et ambiance autogérée à la manière des auberges de jeunesse. Correct et pas cher. De plus, Maria, la proprio, parle le français.

Prix moyens

Electra Guesthouse *(plan B2,* ***11****) :* *triq il-Wied.* ☎ *21-556-196 ou 21-555-666.*

• *electraguesthouse.com* • *Fermé nov-mars. Pour 2 pers, 45-60 € selon saison et vue, avec petit déj.* Même si le charme de la déco ne saute pas aux yeux, l'ensemble reste propre et fonctionnel. AC dans certaines, parfois un balcon avec vue sur mer (de côté), toutes avec de belles salles de bains modernes. Bar-resto au rez-de-chaussée. Bon accueil.

Lantern Guesthouse *(plan B2, **12**) : triq il-Qbajjar. ☎ 21-562-365. 79-466-271. • gozo.com/lantern • Chambre avec douche 60 € pour 2 en hte saison (AC 10 €), petit déj compris.* Un petit hôtel familial assez sympa, aux chambres carrelées, impeccables, lumineuses et même un peu coquettes. Elles sont équipées d'un frigo, d'une TV, et se prolongent par un petit balcon. Également un studio pour 2 à 4 personnes. Resto-pizzeria très bon marché en bas. Possède également une annexe dans le village avec 2 chambres et un studio, loués séparément ou ensemble. Sinon, appartements à prix attractifs pour 4 à 6 personnes à Marsalforn, à Qbajjar et à Victoria. Un bon rapport qualité-prix.

D'un peu plus chic à chic

Hostel Maria Giovanna *(plan B2, **13**) : 41 triq ir-Rabat, en plein centre. ☎ 21-553-630. • tamariagozo.com • Doubles avec sdb et AC 55-90 € selon saison et chambre.* Cette maison de ville propose des chambres avec salle de bains privée, clim et ventilo. Meublées de magnifiques lits gozitains, elles sont à la fois charmantes et sobres, et s'ouvrent sur un petit balcon. Maria se fera une joie de vous faire découvrir les spécialités culinaires locales. Salle à manger commune, machine à laver *(payante).* Copieux petit déj (bon pain et confitures maison). Une excellente adresse pour ceux que l'impersonnalité des hôtels rebute (même si des normes récentes les obligent à avoir un ascenseur !). Cette famille possède également de grands appartements confortables à louer, pour 2 à 6 personnes (avec ou sans vue sur mer). Également un B & B, près de Għasri (voir « Où dormir ? Où manger à Għarb et dans les environs ? » plus loin), ainsi qu'une ferme à louer du côté de Għarb (au nord-ouest de Gozo). Transport du ferry *(payant).*

Atlantis Lodge *(plan A1, **14**) : Qolla St. ☎ 21-554-685. • atlantisgozo.com • Doubles avec sdb 60-80 € selon saison, petit déj inclus.* Quasi en face de l'Atlantis Diving Centre (mêmes proprios), dans une zone aux immeubles modernes qui tranchent avec la pierre locale. C'est dans un de ces nouveaux bâtiments que se trouvent les 13 chambres du « lodge ». Tons blancs et gris, déco contemporaine claire et épurée. Les chambres et les salles de bains ne sont pas très grandes, mais l'espace est optimisé. Une chambre pour handicapés à l'entresol. On apprécie la terrasse au dernier étage pour prendre le petit déj (la véranda s'ouvre complètement aux beaux jours) ou pour farnienter sur quelques transats (un peu les uns sur les autres). Bon accueil de la famille.

Calypso Hotel *(plan B1, **15**) : sur le front de mer. ☎ 21-562-000. • hotelcalypsogozo.com • Prévoir 65-122 € pour 2 selon saison et vue. ½ pens possible (bon repas).* À bord de ce paquebot échoué devant le charmant petit port de pêche, on est vite imprégné par l'ambiance marine : bois et tissus rayés bleu et blanc pour les chambres ; terrasse sur le toit pour profiter du soleil comme sur le ponton d'un bateau, qui est occupée par un des 2 restos (salle également à l'intérieur) et agrémentée d'une petite piscine (belle vue sur la mer et la campagne). Et, pour ne rien gâcher, les moussaillons peuvent s'encanailler sur la terre ferme, juste en contrebas.

Où manger ?

Prix moyens (15-25 €)

|●| ***Menqa L'Antiqa*** *(plan B1, **22**) : après l'hôtel Calypso, à droite de la baie. ☎ 27-300-309. Fermé lun tte l'année, plus mar en basse saison.* Entre les plats traditionnels (aljotta, excellente soupe de poisson, bragioli),

parfois revisités (poulet farci au risotto à la citrouille), et quelques desserts d'un autre âge sortis des tiroirs d'une mamie-gâteau (première recette de glace créée dans l'île), ce jeune couple adorable en met plein les papilles. Tout est frais. Encore faut-il être en appétit : les portions sont généreuses et madame se montre désolée si on ne sauce pas son assiette (« c'était pas bon ? »). Un travail bien fait, réalisé par des gens qui aiment ce qu'ils font, et ça se voit...

|●| *Il-Kartell* *(plan B1,* ***20****) : face à la mer. ☎ 21-556-918. Tlj sf mer, midi et soir ; en basse saison, ouv slt le midi, plus le soir en fin de sem. Fermé généralement 15 j. entre mi-nov et mi-déc.* Belle terrasse sur le quai aux beaux jours, qui attire autant que la qualité de la cuisine. Une bonne table, donc, spécialisée dans les produits de la mer (poisson du jour bien préparé), le lapin et les raviolis maison. Pour conclure, des lecteurs conseillent la glace chocolat-orange ! En revanche, vins particulièrement chers et cuvée du patron qui ne nous a pas emballés.

|●| *Pierre* *(plan B1,* ***21****) : à l'ouest de la baie (sur la gauche). ☎ 21-565-727. Fermé en déc et le soir en basse saison.* Sur une agréable terrasse plantée sur la digue. Salades, pizzas, mais aussi des steaks. On choisit son poisson selon la pêche du jour qui patiente à l'entrée. Également des pâtes et pizzas, comme partout, mais on apprécie la qualité régulière de la cuisine.

|●| *Arzella* *(plan B1,* ***23****) : au bout de la baie, côté droit, après l'hôtel* Calypso. *☎ 21-554-662. 📱 79-409-924. Tlj sf lun ; ouv le midi en sem en basse saison, plus le soir le w-e. Fermé 3 sem en janv.* Belle terrasse abritée, en surplomb de la mer, à l'écart des autres restos. Beau plateau de poissons ou quelques plats italiens comme ce risotto servi copieusement. Accueil jeune très sympa.

Où manger dans les environs ?

Prix moyens (15-25 €)

|●| *Qbajjar* *(hors plan par A1,* ***24****) : à* ***Qbajjar,*** *modeste extension de Marsalforn, à 1 km à l'ouest (longer la côte vers la gauche). ☎ 21-551-124. Après Chez Amand.* On a le choix entre la salle et la terrasse face à la mer pour déguster du poisson, des plats classiques ou tout simplement de bonnes pâtes fraîches maison. Prix raisonnables et accueil aux petits soins.

De chic à très chic (plus de 25 €)

|●| *Chez Amand* *(hors plan par A1,* ***24****) : à* ***Qbajjar,*** *avt le resto Qbajjar (voir ci-dessus). ☎ 21-561-188. 📱 99-492-970. Fermé mer, plus le soir en basse saison (sf sam soir) et 3 sem en janv. Résa conseillée. Repas complet env 30 € (pour les grosses faims).* Face à la tranquille baie de Qbajjar, voici une halte culinaire bienvenue : que l'on choisisse les cannellonis Thermidor, une viande en sauce ou un poisson du jour, la qualité est au rendez-vous. Et toujours avec une French touch, dit le menu : en effet, ce resto est tenu par des... Belges qui vivent ici depuis un bail. Bon accueil.

|●| *Ta'Frenċ* *(hors plan par B2,* ***25****) : route de Victoria, sur la gauche en allant vers la capitale. ☎ 21-553-888. Avr-déc, tlj sf mar ; janv-mars, slt ven-dim (sf dim soir). Résa conseillée. Menus 30-35 €, et 60 € (7 plats) ; carte qui reste néanmoins accessible aux petits budgets si on s'oriente vers les plats de lapin ou de raviolis.* Évidemment, pour piocher sans retenue dans la rubrique gastronomique, mieux vaut avoir les moyens. Une cuisine copieuse, plutôt bourgeoise et goûteuse, à déguster dans le magnifique cadre champêtre d'une ferme ancienne entourée d'un jardin luxuriant. Le chef y cueille d'ailleurs ses herbes aromatiques. Service impec' et cave à vins impressionnante (elle se visite).

Où boire un verre ?

Bo Jangles (plan B2, **30**) : *pjazza San Pawl, face à l'église. Lun-ven de 18h jusque tard ; w-e à partir de 12h.* QG des Britanniques et des footeux (à moins que ça ne soit les mêmes !). On y retransmet les matchs.

Unwined (plan B1-2, **31**) : *rue du Littoral, côté gauche. Mai-oct, lun-sam de 16h30 jusque tard, dim à partir de 13h ; en hiver, ouv slt le soir ven-dim.* Un bar à vins sympa face à la baie avec terrasse. On peut aussi y manger.

Bistro Otters Lido (plan B1, **32**) : *sur la gauche de la baie, en allant vers Qbajjar, en surplomb de l'eau. Tlj 7h30-minuit. Fermé quand la mer est trop agitée.* Un bistrot-terrasse qui permet de manger ou de boire un coup au bord de l'eau... ce qui explique que les jours de fermeture suivent l'humeur de la mer ! Bien pour boire un verre ; en revanche, les plats (poisson, pizzas et pâtes) sont un peu surévalués.

Traffic Lights Pub (plan B2, **33**) : *Rabat Rd. ☎ 21-556-545. Tlj 15h-minuit (plus tard s'il y a du monde).* Feu vert (ou plutôt verre) pour ce bar à l'ambiance plaisante sur la petite terrasse (assis sur des tonneaux), en salle (juché sur des tabourets) ou à l'arrière pour jouer au billard. Bonne musique.

À voir. À faire

Salt pans (salines) : *à la sortie de Qbajjar en allant vers Xwejni Bay. De Marsalforn, longer la côte vers la gauche (l'ouest, quoi !). On peut s'y rendre à pied, en profitant de la promenade aménagée en bord de mer.*
Certaines salines datent carrément de l'époque romaine, et pourtant elles sont encore utilisées de nos jours. Certes, un seul saunier parvient à vivre de leur exploitation, et encore, à temps partiel... En tout cas, ne sous-estimez pas l'attrait esthétique de ces salines, il y a de quoi faire de superbes photos, surtout en fin de journée.
Une roche friable quadrillée de trous où l'eau s'évapore lentement dévoile un camaïeu bleu complet, et parfois, au fond, ne reste qu'un scintillement violent : celui des cristaux de sel nus sur la pierre. Cela se prolonge sur des kilomètres, et l'on admire le travail bien léché de l'érosion sur la paroi calcaire.

Plongée

■ **Nautic Team** (plan B2, **7**) : *Volcano St, face à l'Hostel Maria Giovanna. ☎ 21-558-507. • nauticteam.com • Lun-sam 8h30-18h. Résa conseillée en saison. Compter 50 € pour un baptême et 35 € pour une plongée (équipement en sus). Départ en bateau ou minibus.* Club éminemment sérieux, tenu par des Allemands. Formations CMAS et PADI. Initiation pour les enfants à partir de 8 ans, ainsi que pour les personnes handicapées. Également des plongées au « nitrox », des tech diving (jusqu'à « trimix 100 ») et des cours de photos sous-marines. Certains instructeurs parlent le français. Peuvent aussi vous trouver un logement. Transfert depuis le ferry.

■ **Atlantis Diving Centre** (plan A1, **8**) : *Qolla St, dans le haut du village. ☎ 21-554-685. 📱 79-710-390. • atlantisgozo.com • Tlj 7h30-18h. Compter 40 € pour un baptême et 25 € pour une plongée (équipement en sus).* Formation PADI et CMAS. Nombreuses formules, dont des plongées techniques. Enfants acceptés à partir de 10 ans. On y parle le français.

■ **Calypso Diving Centre** (plan B1, **9**) : *sur le front de mer. ☎ 21-561-757. • calypsodivers.com • Prévoir 45 € pour un baptême et 30 € pour une plongée (équipement en sus). Supplément si départ en bateau.* Formations PADI, plongée de nuit, au « nitrox » (au même tarif qu'une plongée classique), etc.

DANS LES ENVIRONS DE MARSALFORN

Après les salines de Qbajjar, on peut pousser la marche jusqu'au ***phare de Ta'Ġurdan,*** bâti dans les années 1850. Une très agréable promenade à faire à pattes ou à vélo. En chemin, faites un détour fraîcheur par la baie de ***Wied il-Għasri,*** en prenant la route cahoteuse qui part sur la droite, juste après la fin des salines (accessible aussi depuis Żebbuġ, fléché). Un étroit bras de mer s'enfonce alors entre deux falaises rocheuses, formant des gorges tranquilles aux eaux émeraude. Elles se terminent par une petite plage de galets, à laquelle on accède par un escalier accroché à flanc de rocher. Pas un chat à l'horizon...
En longeant sur environ 2 km de plus cette côte aride et inhabitée, on atteint ***Ras ta'Pinu*** *(Pinus Point),* une immense arche de roche dans laquelle s'engouffre la mer. Une autre Fenêtre d'Azur en somme, désertée celle-ci. Ici aussi, des escaliers permettent de descendre se baigner. En voiture ou à pied, une piste (très) caillouteuse permet de rejoindre ensuite Għarb (prendre à gauche à *Pinus Point*).

L'église Santa Marija de Żebbuġ : *longer la côte par Qbajjar et Xwejni Bay, et remonter par une petite route jusqu'à Żebbuġ. Bus n° 309 de Victoria. Le mat et en soirée.* Gardé par deux canons, l'édifice est d'une grande richesse (comme souvent) avec un sol en marbre (banal !). L'intérieur a la particularité d'être construit presque entièrement en onyx, le tout rehaussé de teintes rouges un peu théâtrales. La pierre semi-précieuse provient de la région. De Żebbuġ, splendide panorama sur Marsalforn à l'est (à droite quand on est face à l'église), sur le phare de Ta'Ġurdan à l'ouest (à gauche) et sur la citadelle au sud (derrière vous).

XAGĦRA

Perché sur une colline face à Victoria, Xagħra (se prononce « Cha'hra ») semble vivre au ralenti. Il suffit de lézarder un moment sur l'une des terrasses de la place centrale pour prendre le pouls reposant de ce village coquet. La majorité des touristes vient ici pour visiter les temples de Ġgantija, qui figurent parmi les ensembles néolithiques les plus intéressants du pays. Toutefois, il serait dommage de ne pas profiter de votre passage pour goûter aux charmes alanguis de ce village de l'intérieur.

Arriver – Quitter

➢ ***De/vers Victoria :*** *bus n° 307.*
➢ ***De/vers Mġarr et Marsalforn :*** *bus n° 322.*

Adresses utiles

■ ***Banques :*** ***HSBC*** *et la* ***Bank of Valletta,*** *sur la pl. principale, face à l'église.* Distributeur et change.
✉ ***Poste :*** *dans la rue qui descend sur la droite de l'église, à env 200 m de la place. Lun-sam 7h30-12h45.*

■ *On trouve une* ***pompe à essence*** *(c'est suffisamment rare à Gozo pour être signalé) dans un recoin de la pl. centrale, et des* ***toilettes*** *dans la rue principale, à 100 m de la place, sur la gauche.*

Où dormir ?

Un peu plus chic

🏠 ***Popett's Bed and Breakfast :*** *104b Bullara St. ☎ 21-562-274. • bedandbreakfast-gozo.com • À env 10 mn à pied de la pl. de l'église. Doubles 70-80 € selon taille, petit déj inclus. Min 2 nuits.* De l'extérieur, difficile d'imaginer que cette ancienne demeure scrute la mer depuis son salon, à travers de larges baies vitrées. Un atout indéniable en plus de ses 3 chambres joliment mises en valeur, alliant la pierre et les tissus colorés : la verte est la plus petite ; la bleue, la plus vaste et la plus agréable car ouvrant sur une terrasse avec vue sur le large, au loin, et sur la piscine au premier plan. Accueil souriant.

Chic

🏠 ***Hotel Cornucopia :*** *à la périphérie de Xagħra. ☎ 21-556-486. • cornucopiahotel.com • Suivre les panneaux depuis le centre du village, en direction de Xerri's Grotto. Bien indiqué. Doubles 60-108 € selon saison et vue (sur la vallée ou sur la piscine), petit déj inclus ; bungalows 85-150 € pour 2 selon saison. 💻 (payant).* 📶 Beau complexe aux faux airs d'hacienda, installé face à une superbe vallée entrecoupée de jardins et bordée à droite par la station de Marsalforn. L'ensemble n'a malheureusement pas le cachet de la bâtisse qui abrite la réception, mais les chambres sont spacieuses, confortables (clim, minibar, baignoire, TV...), et entourent l'indispensable piscine (on en compte même 2). Des bungalows, la plupart pour 4 personnes, sont accrochés en terrasses à flanc de colline, de l'autre côté de la rue. Personnel charmant. Tarifs assez raisonnables compte tenu des prestations. Loue aussi des *farmhouses* et appartements.

Où manger ? Où déguster de bonnes pâtisseries et glaces ?

Sur le pouce

🍽 ***Stephen's Snack :*** *à deux pas de la pl. principale, presque en face de la banque HSBC. ☎ 21-552-442. Lun-sam 7h-21h ; dim 8h-12h, 17h-21h.* Pour un *pastizz* fondant, un friand ou une pâtisserie à croquer en flânant dans les ruelles. Bon accueil. Rien à voir, mais vend également des recharges de cartes téléphoniques pour portable ; pratique.

Prix moyens (10-20 €)

🍽 ***Ta'Furnar :*** *136 Gnien Xibla St. ☎ 21-556-372. 📱 99-429-333. De la pl. de l'église, suivre la direction du musée du Jouet, le resto est pile en face. Fermé mer, et le midi en basse saison (sf ven-dim). Résa conseillée. Plats env 14-17 €.* Dans son ancienne boulangerie, la famille a aménagé un resto traditionnel, chaleureux et convivial, où les Maltais aiment s'attabler devant un plat préparé comme à la maison (lapin, agneau, poulet ou poisson). Et puisque le recyclage a du bon, certains plats mijotent dans le vieux four en pierre des années 1930 (le seul encore en activité sur l'île), d'où sortent aussi de bonnes pizzas bien garnies et croustillantes. Même les desserts sont recommandables (rare). Le patron vient parfois s'asseoir à table pour évoquer ses vignes, les cépages et son vin (rouge et blanc), qu'il propose pour accompagner le repas. Accueil amical. Une belle adresse, authentique comme on les aime.

🍽 🍦 ***Cafe Reale :*** *sur la pl. de l'église. ☎ 21-553-887. Tlj sf lun 8h-23h (en hiver : 20h en sem, 22h ven et dim et 23h sam).* De bonnes salades et quelques plats chauds composent la carte, mais on peut aussi arriver directement à la case desserts... frais, fondants, en un mot : craquants. Gâteaux aux carottes, à la banane, et même des glaces maison, accompagnés d'un bon expresso ou cappuccino. Voilà un endroit à coup sûr stratégique pour les gourmands...

À voir

Ġgantija's temples (temples de Ġgantija) : *juste après l'entrée dans Xagħra, sur la droite. ☎ 21-564-188. • heritagemalta.org • ♿ Tlj 9h-16h30 (dernière admission). Fermé Vendredi saint et pdt les fêtes de fin d'année. Billet combiné avec le moulin de Ta'Kola : 8 € ; réduc.*

Le Visitor Centre

À l'entrée du site, le tout nouveau *Visitor Centre* présente une expo permanente sur la période néolithique à Gozo et à Malte et plus largement dans le bassin méditerranéen, constituant une bonne introduction au site. La 1re salle évoque les temples (leur architecture, le choix du lieu) et expose des éléments décoratifs trouvés sur le site, mais aussi la vie de la communauté locale et leurs rituels, notamment funéraires. On voit ainsi l'importance de la nécropole de Xagħra Stone Circle, découverte non loin d'ici. Plusieurs objets accompagnaient les morts dans leur sépulture, des bols, des bijoux et des statuettes sculptées dans la globigérine qui représentaient sans doute les ancêtres. La 2e salle est consacrée aux Gozitains du néolothique, leur nourriture, leurs vêtements, outils et bijoux. Dans le couloir conduisant au site, on en apprend un peu plus sur l'histoire de Ggantija et son influence sur l'art et la culture à Malte, que ce soit en littérature, poésie ou musique.

Le site

Les deux temples, accolés à l'origine derrière une façade commune, sont bordés de palmiers-dattiers et d'un champ planté d'oliviers, de vignes, de grenadiers et de caroubiers, sur fond de panorama gozitain grandiose. Le temple de gauche est le plus vieux : on l'a daté d'environ 3800 av. J.-C., tandis que celui de droite date des années 3600, période que l'on connaît sous le nom de « phase de Ġgantija ». Par leur âge (ce sont les plus vieux temples non encastrés du monde) et leur excellent état de conservation, ces deux temples, inscrits au Patrimoine mondial de l'Unesco, constituent un témoignage essentiel des croyances des premiers Maltais.

Les proportions sont impressionnantes : à l'origine, ils dépassaient probablement 15 m de hauteur. Certains monolithes sont si énormes qu'en voyant l'amas de pierre qu'étaient devenus les temples au fil des siècles les Gozitains pensaient qu'il s'agissait des ruines d'une tour de défense construite par une race de géants : d'où le nom, qui se prononce « Giganti-ya » (« la Géante »). D'ailleurs la plus grosse pierre mesure 6 m de haut sur 4 m de large ! D'après les experts, l'ensemble était sans doute couvert d'enduit et coloré en rouge.

Le temple de gauche, soutenu par des échafaudages, comporte cinq absides connectées à un couloir central : les trois du fond, qui forment un trèfle caractéristique des temples néolithiques, sont à priori plus anciennes que les deux de l'entrée, ajoutées par la suite. La plus longue mesure 23 m. Les fouilles ont livré des figurines féminines et des symboles phalliques, toujours en rapport avec le culte de la fertilité, ainsi que des ossements animaux (il semble qu'on n'y pratiquait pas de sacrifices humains). Les murs et le sol, fait intéressant, étaient décorés de différents symboles : petits trous, spirales ou serpents. Certains autels étaient joliment sculptés. Quant au temple de droite, il obéit aux mêmes critères que son voisin, mais dans des proportions moindres.

Enfin, on estime que la grotte mise au jour en 1949 près des oliviers servit d'abord de tombe avant d'être utilisée comme poubelle des temples vers 3000 av. J.-C. On y a découvert des tessons de poteries et des fragments de crânes humains et d'os d'animaux.

L'église Notre-Dame-des-Victoires : *sur la pl. du village.* Elle commémore la victoire contre les Ottomans lors du grand siège de 1565. La fête a lieu le 8 septembre, le *Victory Day*. L'église a été agrandie au XIXe s, le dôme rouge est plus tardif, et ses fresques intérieures furent peintes au début du XXe s par un artiste italien nommé Virginio Monti. Nombreux marbres et dorures, comme de coutume, dans cette église de pur style baroque qui ressemble à la plupart de ses consœurs maltaises.

Toy Museum (musée du Jouet) **:** *10 Gnien Xibla St, à 500 m du centre du village (fléché). ☎ 21-562-489. • themuseumoftoys.com • Mai-oct, lun-sam 10h30-13h (plus 16h-18h juin-sept) ; avr et nov, slt jeu-sam 10h30-13h ; déc-mars, slt sam 10h30-13h. Fermé en janv. Entrée : 2,80 € ; réduc.* Une jolie collection constituée par un couple d'Anglais et qui rappellera des souvenirs aux nostalgiques. Les jouets les plus anciens sont des poupées maltaises en bois, vieilles de plus de 200 ans ; sur les étagères, curieux jouets anglais, allemands et français, dont certains vraiment uniques, comme ce bulldog de 1910 qui aboie quand on tire sur une chaîne, ou cette poupée en porcelaine à trois visages (l'un qui rit, l'un qui pleure, l'un qui dort) destinée aux familles pauvres qui ne pouvaient en acheter plusieurs. On n'hésitera pas à vous sortir les joujoux de leur vitrine pour les actionner, les faire vivre, comme cet acrobate, fabriqué en France en 1890. Chouette visite. Essayez de repérer la plus petite poupée du monde, âgée de 160 ans. De la taille d'une demi-allumette, elle est pourtant articulée.

Xerri's Grotto (grotte de Xerri) **:** *à 200 m de la place (fléché). ☎ 21-552-733. Sous une maison particulière. Avr-oct, tlj 9h-18h30 ; nov-mars, tlj 9h30-17h. Entrée : 2,50 €. Visite guidée obligatoire.* En 1923, le grand-père cherchait à creuser un puits, et il est tombé sur cette longue et assez belle grotte remplie de concrétions rocheuses, auxquelles le descendant du propriétaire a donné des petits noms d'animaux. Rigolo.

Ninu's Cave (cave de Ninu) **:** *January St, juste derrière l'église (fléché). Au sous-sol d'une belle maison particulière. À titre indicatif : avr-oct, tlj 9h-18h ; nov-mars, tlj 9h-17h. Pas de prix imposé mais petite pièce appréciée (on pénètre tt de même chez des gens).* Une grotte découverte en 1888, plus petite que celle de Xerri. Rien de spectaculaire : quelques stalactites et -gmites. Notons un bel effort sur les éclairages.

Ta'Kola's Windmill (moulin de Ta'Kola) **:** *près du centre du village (fléché). ☎ 21-564-188. Tlj 9h-16h30 (dernière admission). Fermé Vendredi saint et pdt les fêtes de fin d'année. Ticket combiné avec les temples de Ġgantija : 8 € ; réduc.* C'est à l'époque des chevaliers et principalement sous le règne de Manoel de Vilhena que furent construits de nombreux moulins un peu partout à Malte pour répondre aux besoins d'une population grandissante. La philanthropie avait ses limites : il s'agissait à l'époque d'un monopole de l'Ordre, qui louait ensuite ses moulins pour en tirer un revenu. Les Britanniques cassèrent ce monopole en 1838, et encouragèrent les habitants à poursuivre les constructions. Dans les années 1880, on en comptait jusqu'à 15 à Gozo, mais leur technique vieillissante conduisit peu à peu à leur abandon. Le moulin à vent de Ta'Kola date de 1725 et comporte six pales. Restauré, il abrite aujourd'hui un musée : petite collection d'outils de toutes les corporations et, à l'étage, les quartiers privés du meunier. Panneaux explicatifs en anglais. On peut grimper jusqu'au faîte pour voir le mécanisme du moulin (endommagé lors d'une tempête il y a quelques années, mais réparé depuis peu). Une modeste visite qui ne mange pas de pain.

NADUR

Deuxième ville de Gozo, Nadur occupe un haut plateau qui domine tout l'est de l'île. C'est de cette position que lui vint son nom, *Nadur* désignant

en arabe « vigie, poste d'observation ». En fait, lorsque l'on scrute Gozo depuis la péninsule de Marfa, à Malte, c'est Nadur que l'on voit le mieux, surtout grâce au dôme blanc ivoire de l'église paroissiale Saint-Pierre-et-Saint-Paul. La ville est essentiellement résidentielle, plutôt bourgeoise. Beaucoup de Maltais revenus des États-Unis se sont installés ici, à tel point qu'on surnomme Nadur « L'Amerikani ». D'ailleurs, les maisons très cossues portent souvent des noms made in USA, tout comme certains bars et magasins. À part ça, il semble ne pas se passer grand-chose ici, et peu de touristes poussent la curiosité jusqu'à visiter Nadur. Mais quand on a du temps...

– On trouve un distributeur de billets sur la place de l'église.

Arriver – Quitter

➢ ***De/vers Victoria, Ramla, Xewkija, San Lawrenz ou Dwejra :*** *bus n° 302.*

➢ ***De/vers Victoria, Mġarr, Qala ou Xewkija :*** *bus n° 303.*

➢ ***De/vers Mġarr, Ramla, Xagħra ou Marsalforn :*** *bus n° 322.*

Où dormir à Nadur ?

Narcisa : *triq it-Tigrija. Non loin de l'église. 99-05-57-35. • bedandbreakfastgozo.com • En principe, min 3 nuits en hte saison, mais possible à la nuit selon dispo. Doubles avec sdb 90-100 € selon confort et saison. CB acceptées (sf American Express) avec commission.* La maison abrite 3 chambres spacieuses (dont une twin), qui bénéficient toutes d'une terrasse (celle de tout en haut en a même deux). Julie, la proprio anglaise, a prévu plein de petites attentions pour accueillir ses hôtes, mais le must c'est la salle de massages et de soins prodigués par la maîtresse des lieux, avant de piquer une tête dans la piscine.

Où manger dans les environs ?

Il Kċina tar-Ramla : *à* ***Ramla Bay.*** *21-561-806. C'est le 2e resto sur la gauche en arrivant à la plage. Avr-oct slt, tlj 11h-16h.* Une adresse certes touristique, mais réputée à juste titre pour ses pizzas à la pâte fine et croustillante. Essayez, par exemple, celle au jambon cru et à la roquette. Service rapide, un peu brut, mais largement compensé par la vue sur la Grande Bleue.

À voir

Saint Peter's and Saint Paul's Church *(église Saint-Pierre-et-Saint-Paul)* **:** commencée au XVIIe s, elle présente une silhouette effilée, légère, devancée par des ailes et un portique tardifs (début XXe s). Le tout coiffé d'une élégante coupole blanche, elle aussi ajoutée tardivement. À l'intérieur, se pencher sur l'autel et le pupitre d'onyx. Les vitraux furent importés de France en 1951.

Botanical Garden *(Jardin botanique)* **:** *sous la Ta'Kenuna Tower, tt en haut du village. Accessible par une route en épingle à cheveux, tt de suite à droite avt l'entrée dans Nadur depuis Victoria (fléché « Ta'Kenuna Tower »).* Véritable belvédère sur Gozo, Comino et Malte depuis ce modeste jardin, un ensemble dallé garni de quelques plantes endémiques.

DANS LES ENVIRONS DE NADUR

Ramla Bay : *à un peu plus de 3 km de Nadur. Une bonne route y mène ; sinon, prendre les bus nos 302 ou 322 de Nadur, Marsalforn ou Victoria. Pour 1 €, on peut garer sa voiture dans un parking privé au plus près de la plage. Sinon, il faudra marcher. Loc de parasols et de transats. Plage surveillée.*
Il s'agit (pour l'instant) de la seule plage de l'île à arborer un pavillon bleu, un écolabel international qui garantit la qualité de l'environnement. D'ailleurs, à l'entrée de la plage, sur la gauche, la fondation Gaïa explique, par des panneaux, les particularités de ce littoral protégé (faune, flore). Sur la plage, au bout des caillebotis, elle met des cendriers en papier à disposition des visiteurs, pour éviter que cette magnifique plage ne soit jonchée de mégots (bonne initiative !).
Il faut dire que le cadre est superbe : sable ocre rouge, environnement sauvage, vivifiant et non construit... si ce n'est une incongrue statue de la Vierge qui trône en plein milieu. C'est la plus grande plage de l'île. On y trouve deux restos et des camions-buvette. En été, à moins d'y arriver tôt le matin, ne pas s'attendre à jouer au Robinson !

Calypso's Cave *(grotte de Calypso)* **:** *au-dessus de Ramla Bay (fléché). Plus d'accès à la grotte ; on vient slt pour la vue.* Selon les Gozitains, c'est de cette grotte que se serait inspiré Homère pour son Odyssée. Rappelons l'histoire : la nymphe Calypso, vivant seule sur une île baptisée Ogygie, accueille le héros Ulysse, naufragé au retour de la guerre de Troie, en tombe amoureuse et le retient contre son gré pendant 7 ans avant de le laisser repartir sur ordre de Zeus et de mourir de chagrin. Sur les dépliants touristiques, Gozo s'arroge le qualificatif d'« île de Calypso », tout comme une douzaine d'autres îles de la Méditerranée. Précisons que Calypso n'a jamais existé, et Ulysse non plus. Alors la grotte... Joli point de vue sur la baie. Prenez garde, ça glisse.

San Blas Bay : *entre les baies de Ramla et de Daħlet Qorrot (fléché depuis Nadur). Laisser la voiture en bout de chemin, le long de la route étroite et en pente, puis descendre à pied sur env 300 m (attention à la remontée, très raide). Le proprio du snack propose des remontées en jeep (2 €). Bruit et odeur dont on se serait bien passé dans ce site, mais ça peut dépanner. Autre solution : prendre une bonne carte et faire le trajet à pied depuis Nadur ou Xagħra.* Crique sauvage, plantée seulement d'un snack. De quoi être tranquille, donc, sauf en été, comme ailleurs. Coin vraiment superbe avec une petite plage de sable ocre semée de quelques rochers. Les Maltais y viennent en famille.
Snack : *sur place. Fin mai-fin oct, jusqu'à la nuit tombée. Env 5-8 €.* Hamburgers, hot-dogs, scampi. Bien aussi juste pour boire un coup. Sympathique proprio.

Daħlet Qorrot : *au nord-est de Nadur, accessible par une petite route depuis le centre-ville. Fléché.*
Une crique lovée entre les falaises, avec, dans la paroi, quelques garages à bateaux aux portes colorées. Parfois, des algues sèches jonchent la plage... pas terrible, dans ce cas, pour la bronzette ; ce qui n'empêche pas le coin d'être pris d'assaut le week-end. Les familles s'y donnent rendez-vous, les garages à bateaux servant de baraques de plage.
De part et d'autre de cette baie, la côte abrite entre ses rochers éboulés de nombreuses espèces florales endémiques, comme l'orchidée pyramidale maltaise (au printemps). On apercevra la tour de Ta'Sopu (ou tour de Daħlet-Qorrot), chargée de défendre l'entrée du chenal de Comino et de prévenir les invasions par la côte nord. C'est pourtant dans ce coin (entre la tour et Ramla Bay) que les troupes de Napoléon parvinrent à accoster et à prendre Gozo d'assaut en 1798. Accessible à pied depuis Nadur, la tour se visite si un drapeau flotte à son sommet.
Ne pas hésiter non plus à longer la côte vers la droite. Après les garages à bateaux, grimper les escaliers. Roche ocre, façonnée par les assauts de la mer qui vient se fracasser contre le littoral. Autant être correctement chaussé.

QALA

Le village le plus à l'est de Gozo est aussi le plus proche de Comino et de Malte. Sur ce plateau aride, véritable belvédère tourné vers le large, on vient autant pour le plaisir des yeux en journée, que pour les sensations gustatives le soir. C'est autour de l'église du XIXe s que la plupart des restos se sont installés. Des adresses plébiscitées par les Gozitains qui n'hésitent pas à traverser l'île pour venir s'encanailler dans l'ultime repaire de Gozo.

Arriver – Quitter

➢ ***De/vers Mġarr, Nadur ou Xewkija :*** *bus n° 303.*

Où dormir ?

Dar Ta'Zeppi : *39 triq it-28 t'April.* ☎ *21-555-051.* • *dartazeppi.com* • *Doubles 130-160 € selon saison et chambre ; prix dégressifs à partir de 2 nuits. Dîner sur demande 25 €.* Dans cette vieille demeure des années 1900, un couple belgo-maltais, très avenant, propose 5 chambres immenses (sauf une, un peu plus petite), toutes différentes et tout à fait originales. Les salles de bains (presque aussi grandes que les chambres) sont parfois juste séparées par un mur à mi-hauteur. Ensemble très coloré, notamment grâce aux peintures de madame. 2 chambres familiales avec kitchenette peuvent accueillir 4-5 personnes, avec coin parents séparé. Piscine. Terrasse pour prendre le petit déj. Prêt de livres et de DVD (lecteur dans toutes les chambres). Cours de peinture, céramique et bijouterie. Pas donné tout de même.

Où manger ? Où boire un verre ?

Bon marché (moins de 15 €)

ITS (école hôtelière) : *Bishop Michael Buttigieg St.* ☎ *22-587-800. Près du Local Council (la mairie). De mi-oct à fin mai, le midi mar-mer à 12h30. Fermé Pâques et Noël. Résa demandée (en profiter pour se faire expliquer le trajet). Menu complet (eau et café compris) 8 €.* Comme il s'agit d'une école, les périodes d'ouverture sont assez restreintes, mais si vous êtes dans le coin, c'est l'occasion de tester la cuisine de tout jeunes chefs supervisés par leurs profs. Leur gamme est large, n'hésitez donc pas à demander le menu au moment de la résa.

Prix moyens (15-25 €)

D-Bar Cafe : *pl. de l'Église.* ☎ *21-556-242. Tlj sf lun, le soir slt 18h30-22h30, plus le midi sam-dim. Résa conseillée.* Une institution dans le coin. Spécialités de pizzas pan (à la pâte bien épaisse), mais aussi de plats en sauce comme le poulet au cognac ou le veau au marsala. Portions généreuses.

Il Wileġ : *33 triq l-Wileġ.* ☎ *21-560-750. Depuis l'église de Qala, en bas du village, remonter et prendre sur la droite à chaque fourche ou croisement (3 fois en tt), le resto se situe en haut du village, côté gauche de la route. Mars-oct, ouv slt le soir mer-lun, plus le midi dim ; nov-fév, ouv slt le soir jeu-dim, plus le midi dim.* Resto caché dans une belle ferme restaurée avec sa cour intérieure, où pendouillent piments et ail séché, hérissée de cactus géants. Bons plats préparés à base de produits si possible de la région et à la demande, d'où une attente parfois longue.

Ta' Vestru : *pl. de l'Église. ☎ 21-564-589. Tlj sf lun midi.* Quelques tables façon bistrot près du bar et sur le minuscule trottoir. Pas mal d'habitués venus boire un verre avant d'enchaîner sur une cuisine traditionnelle copieuse et bien tournée. Demi-poulet au vin blanc, sauce au curry, ou porc braisé au citron et à la ciboulette. Bon rapport qualité-prix et service attentionné.

Zeppi's : *sur la pl. de l'Église. 99-242-138. Tlj sf lun mat 8h-14h, 18h-2h30. Concerts ven soir, parfois sam, en moyenne ttes les 2 sem.* Quelques tables à l'intérieur, d'autres coincées à l'extérieur sur le trottoir étroit, mais on s'y presse en soirée, surtout les jours de concert. L'occasion d'écouter des groupes maltais, et parfois étrangers, mettre une ambiance de folie dans ce bistrot de poche.

Xerri-il-Bukket : *Zewwieqa Rd. ☎ 21-553-500. De l'église, laissée à main droite, monter la rue du 28-Avril (triq it-28 t'April), au rond-point, tourner à gauche, puis continuer tt droit au 2e rond-point, enfin bifurquer à droite à la fourche suivante, on longe ensuite une route de crête, c'est un peu plus loin sur la gauche. Ouv tlj.* Un bar de jour (et de soir si affinités), car quelle situation ! Il serait dommage de ne pas profiter de la vue. Passé l'étonnant terrain de pétanque à l'entrée, investi une bonne partie du temps par quelques habitués, on se précipite vers la vue dantesque sur Comino et Malte. Observatoire idéal depuis la véranda, dont les baies vitrées s'ouvrent partiellement sur une terrasse mal ombragée (l'entretien laisse vraiment à désirer). Fait aussi resto, mais cuisine très moyenne.

À voir. À faire

Santwarju Tal-Madonna Tal-Qala *(sanctuaire de la Madone de Qala)* **:** *suivre la direction de Ħondoq Bay, le sanctuaire de pierre blanche est face à la route, près du cimetière, avt la grande descente vers la baie.* La première mention du sanctuaire remonte au XIIe s. Il fut agrandi à la fin du XVIe-début du XVIIe s. Sur le côté, on peut remarquer des graffitis de bateaux probablement des XVIIe et XVIIIe s ; il s'agit sans doute d'ex-voto de la part de naufragés ou en remerciement de traversées sans encombre. L'édifice, à la façade très sobre, étonne par sa richesse intérieure. Malgré des dimensions modestes, admirez le beau plafond à caisson dans le chœur, par ailleurs entièrement peint. Il contraste avec les dorures du plafond de la nef ! On raconte que San Kerrew, un ermite ayant vécu au XVe s, aurait franchi le bras de mer depuis Malte en marchant sur son manteau qui flotta miraculeusement. Il aurait vécu de nombreuses années dans une grotte au pied du sanctuaire avant d'être enterré dans la crypte, aujourd'hui objet de pèlerinage.

Plongée

■ **Blue Waters Dive Cove :** *Kuncizzjoni St. ☎ 21-565-626. 79-536-874. • divebluewaters.com • Suivre la direction de Ħondoq Bay, le club se trouve sur la gauche, juste avt le sanctuaire de la Madone de Qala. Baptême 40 € ; plongée (sans équipement) env 25 €.* Club CMAS et PADI sérieux, avec parfois des instructeurs parlant le français. Enfants à partir de 10 ans. Journée en bateau possible avec 2 plongées autour de Comino (repas compris). Également des plongées de nuit.

DANS LES ENVIRONS DE QALA

Ħondoq Bay : *fléché depuis Qala. Snack sur place.* En dévalant le plateau gozitain au sud-est de l'île, on débouche face à Comino, sur cette baie dotée d'une petite plage et d'un ponton bétonné d'où les jeunes plongent dans une eau turquoise. La baignade est protégée des « banana speed », engins à moteur malheureusement bien trop bruyants pour l'endroit. Plus tranquille, les kayaks et embarcations à pédales sont également à louer. Cette paisible baie est pourtant au cœur d'une polémique. En effet, un projet de construction d'une nouvelle marina, d'un hôtel, de résidences et autres boutiques, a été un temps avancé, provoquant un tollé parmi la population. Le gouvernement défend la nécessité d'un second port pour accueillir les bateaux de plus en plus nombreux à jeter l'ancre à Gozo, Ħondoq présentant le gros avantage d'être suffisamment abritée. Mais cela reviendrait à dénaturer un site superbe et à confisquer une partie de l'île à ses habitants, la petite plage étant très populaire. Difficile parfois de concilier croissance économique et protection de l'environnement. Le projet paraît actuellement suspendu. À suivre...

MĠARR

Votre premier contact avec Gozo, c'est Mġarr (on dit « Mjarr », avec un *j* bien mouillé, c'est le cas de le dire !), un petit port affairé dominé par la masse impressionnante des ferries, à l'ombre desquels s'étend une marina de plus en plus prisée qui dispute ses emplacements aux traditionnelles barques de pêcheurs. Il est surmonté à gauche par la chapelle de Lourdes, au centre par le *Grand Hotel* et à droite par la forteresse rouge du *L-Mġarr Hotel,* aujourd'hui à l'abandon. Les plaisanciers y font halte, les autres ne font qu'y arriver... et en repartir. Pourtant, il y a de quoi s'encanailler dans le secteur : en hiver, les jeunes prennent d'assaut les bars du coin, les pêcheurs jettent l'ancre dans le leur, et les touristes naviguent de l'un à l'autre entre deux plongées culinaires fort intéressantes. Le vrai village, *Għajnsielem,* se situe en hauteur, sur le rebord de la falaise et le long de la route qui mène à Victoria.

Arriver – Quitter

➢ ***De/vers Victoria et Xewkija :*** *bus nos 301 et 303 (également de Nadur).*

➢ ***De/vers Marsalforn, Nadur et Xagħra :*** *bus no 322.*

Adresses utiles à Mġarr et dans les environs

■ ***Tourist Services :*** *à la sortie des ferries, sur la gauche, sous la rampe ; grand panneau. ☎ 21-553-678. 📱 79-064-532. • gozomgarrtouristservice.com • Lun-sam 9h-17h ; dim 9h-14h.* Agence de voyages sérieuse, dirigée par Sylvia, une interlocutrice fiable et sympa qui peut se charger pour un prix intéressant du transfert aéroport, de vous dégoter tous les types d'hébergement (ferme, hôtel, appartement, guesthouse, etc.), de louer un vélo, une voiture, une jeep ou un scooter qui vous attendra au port. Elle peut réserver un taxi boat pour Comino à un prix imbattable, vous trouver un trip en bateau, organiser des sorties pêche et des excursions sur Gozo et Malte en minibus, des ferries pour la Sicile et l'Italie, etc.

✉ Pas de **poste** à Mġarr. *Le bureau le plus proche est à* ***Għajnsielem,*** *village qu'on voit en surplomb, sur la route de Victoria. Près de l'église. Lun-sam 7h30-12h45 (sf vac scol).*

■ ***Cabines téléphoniques*** *(à cartes) :* *face à l'embarcadère.*

■ *Les* ***toilettes*** *sont situées dans le long bâtiment de la compagnie des ferries.*

■ ***Station d'essence :*** *à* ***Għajnsielem,*** *le village qui surplombe Mġarr.*

Où dormir ?

Grand Hotel : *dans la montée, au-dessus du port.* ☎ *21-563-840.* • *grandhotelmalta.com* • *Chambres standard avec vue sur mer 75-130 € selon saison ; nombreux tarifs, de la chambre sans vue à la suite avec vue sur mer, en passant par les doubles sur l'arrière. CB acceptées.* Ce bel hôtel 4 étoiles orangé, perché sur les hauteurs de Mġarr, profite d'une situation privilégiée. Les chambres confortables à la déco élégante sont réparties autour d'une courette intérieure et le long d'un dédale de couloirs voûtés. Suites familiales pour 4. Atmosphère reposante. Bar et restos, dont un sur le toit *(ouv juin-sept),* belle piscine avec vue. Accueil pro. Un petit chemin permet de rejoindre le port en moins de 10 mn.

Où manger ?

Ce ne sont pas les restos qui manquent sur le port de Mġarr, en rang d'oignons pour accueillir les marins fraîchement débarqués ou en escale prolongée. Les adresses chic côtoient les vieux rades et les institutions sans vraiment se mélanger. Mais rien ne vous empêche de naviguer de l'un à l'autre.

– Attention, la plupart n'ouvrent que le soir.

Prix moyens (15-25 €)

Il-Kċina tal-Barrakka (Sammy's) **:** *sur le port, dans la ruelle qui monte à droite du* Gleneagles Bar, *la 2e terrasse sur la gauche en partant du bas.* ☎ *21-556-543. Avr-nov, parfois déc, tlj sf lun, slt le soir.* Une taverne de pêcheurs revisitée à la sauce touristique, dont le menu varie selon la pêche du jour. Le pain aillé et les crudités sont apportés d'office en guise d'amuse-bouches avant de voir débarquer, par exemple, une belle soupe de poisson, particulièrement goûteuse, du poisson mariné ou des moules énormes. Des efforts de présentation, des produits indéniablement frais et bien cuisinés en font une des bonnes adresses du secteur.

Ta'Tona : *16/17 triq Manoel de Vilhena, dans la ruelle qui remonte du port de pêche.* ☎ *21-561-967. Tlj sf mar, slt le soir. Fermé de mi-déc à mi-mars. Résa conseillée.* Dehors, sur la terrasse couverte en bois ou dans la grande salle, on se repaît de plats classiques et goûteux. Un resto familial, de qualité régulière et au service charmant.

Sicilia Bella : *sur le port, dans la ruelle qui monte, juste avt* Sammy's. ☎ *21-563-588. Ts les soirs sf lun, plus le midi sam-dim. Fermé fin nov-fin fév.* Cette famille de Syracuse sait recevoir : cuisine typiquement sicilienne de qualité, que ce soit les raviolis farcis au poisson, l'agnolotti sauce à la pistache ou les desserts succulents. De plus, le service est très efficace et aimable à la fois. Un bon rapport qualité-prix-accueil.

Chic (25-35 €)

It Tmun : *longer le quai en direction de l'hydravion* (seaplane), *c'est un grand bâtiment pas terminé, sur la gauche, en retrait, avec un parking devant.* ☎ *21-566-276. Ouv tlj sf mar. Fermé janv-fév.* Une institution de la gastronomie gozitaine et un des rares restos du secteur ouvert le midi. Déco résolument marine et plutôt chic, originale aussi avec sa cuisine semi-ouverte. À la carte, des spécialités de poissons, bien sûr, et quelques envolées asiatiques. Certains plats ont même été conçus pour les allergiques (sans gluten ou sans lactose). Épaisse carte des vins.

Porto Vecchio : *longer le quai, le resto se trouve de l'autre côté de la baie.* ☎ *21-563-317. Ouv tte l'année mais slt le soir tlj sf mer, plus le midi sam-dim.* Resto chic de la marina, aux prix encore abordables. Cuisine tournée vers la mer, à connotation italienne et méditerranéenne, servie dans une salle en pierre ou en terrasse pour rêvasser face au va-et-vient des voiliers. Une bonne escale avant de reprendre le large.

Où boire un verre ?

Pizza Marine Pub : *devant l'embarcadère. Fermé parfois le midi en hiver.* Bar-pub sympa.

Gleneagles Bar : *accès par l'arrière, en montant sur la droite la ruelle perpendiculaire aux quais. Lun-ven à partir de 15h ; w-e 11h (10h dim)-2h. En hiver, ferme quand il n'y a plus de clients.* Belle maison blanche, du nom du premier ferry à avoir fait la traversée entre Malte et Gozo en 1885, et dont le balcon offre un chouette point de vue sur le port. L'intérieur vaut aussi son pesant de cacahuètes : vieilles photos, filet de pêche, homards empaillés, mâchoires de requins, bouh !... On raconte que Hemingway y aurait fait escale... Vous y croyez, vous ? Une légende qui, en tout cas, sied bien au lieu.

Horatio's Tavern : *dans la ruelle qui monte en partant du quai. Tlj 21h-4h (3h en hiver).* Tout petit pub sympa au style british, fréquenté par les jeunes. Quelques tables dehors.

Monkey's Fist : *4 triq Manoel de Vilhena, en haut de la ruelle qui monte du quai. À l'étage. Ts les soirs sf dim à partir de 19h30.* Petit bar flanqué de chaque côté de 2 terrasses de poche, l'une donnant sur la rue, l'autre sur le port.

Café de Vilhena : *sur les quais, près du Gleneagles Bar. Tlj dès 10h.* Encore un bistrot de pêcheurs, plus brut de décoffrage que son voisin, mais à la minuscule terrasse agréable en journée.

À voir. À faire à Mġarr et dans les environs

La chapelle de Lourdes : elle s'accroche sur le rebord de la falaise, au-dessus du port, et semble lutter pour ne pas tomber. Cette petite église néogothique aux lignes aériennes fut bâtie à la fin du XIXe s.

Chambray's Fort *(fort Chambray)* **:** *en surplomb de Mġarr, sur la gauche, dos à la mer. • fortchambray.com • Ne se visite pas.* Voilà le prototype même du projet tellement ambitieux qu'il n'a jamais abouti : cette impressionnante citadelle fut commencée au début du XVIIIe s à l'instigation des chevaliers, afin de défendre l'approche de Gozo. Cela faisait un bout de temps que les Gozitains réclamaient cette protection maritime. Le fort devait comprendre des habitations et des rues, une église, etc. Bref, une ville fortifiée construite de toutes pièces... à une époque où les pauvres chevaliers étaient déjà fauchés comme les blés et en plein déclin. L'idée fit donc long feu et l'endroit, assailli par les troupes napoléoniennes (ce fut le seul fort à opposer une réelle résistance), servit de garnison pour les troupes anglaises, puis... d'hôpital psychiatrique ! Resté à l'abandon pendant longtemps, il a récemment été transformé en résidence de luxe.

➢ ***Le tour de Comino :*** *lire plus haut la partie consacrée à Comino.*

À Għajnsielem

L'atelier de Joe Xuereb : *Bahhara St. ☎ 21-553-559. • joexuereb.com • Sur les hauteurs de Mġarr, à 100 m de la grande église, suivre les panneaux « Sculpture gallery ». Demander dans le village, tt le monde connaît. Lun-sam 9h-19h.* Son nom ne vous dit peut-être rien, pourtant c'est un sculpteur reconnu qui a exposé à plusieurs reprises en Europe et à New York. Son matériau : la globigérine. Cette pierre locale qui donna corps à la plupart des demeures et églises maltaises a la particularité de changer de couleur. Joe traite donc ses œuvres à la silicone pour les rendre imperméables, ainsi, la teinte ne change pas quand on les met dans son jardin (par exemple). Certains feront le rapprochement avec le sculpteur anglais Henry Moore, ou l'artiste colombien Fernando Botero, dont les formes gonflées rappellent le travail de l'artiste maltais. Une vraie coïncidence qui prouve, si nécessaire, combien des cultures si éloignées peuvent être rapprochées, puisque Joe puise essentiellement son inspiration dans les formes généreuses de l'art néolithique de son pays (souvenez-vous : la Fat Lady, une déesse de la Fertilité que vous aurez sûrement admirée au musée national d'Archéologie de La Valette). Sculpteur autodidacte, haut en couleur et très sympa, il fait visiter son atelier, présente ses œuvres et explique comment il utilise l'outil traditionnel (une sorte de hachette) pour travailler comme autrefois. Jetez un œil à son « livre » de modèles : des esquisses sur des fragments de globigérine, dessinées à la hâte quand lui vient une idée, puis disposées dans son atelier. Et, bien sûr, on peut acheter...

L'église Notre-Dame-de-Lorette : sur la place centrale du village, cette majestueuse église de style gothique soutenue par des contreforts élégants lance sa flèche vers le ciel. L'intérieur n'est que marbre et colonnades jusqu'à atteindre la nef surplombée d'une rotonde.

XEWKIJA

Située entre Mġarr et Victoria. On vient ici pour le dôme, le dôme, le dôme... Qu'il est vaste, qu'il en impose ! Vous irez sûrement l'observer de près au cours de votre séjour. Rien d'autre à signaler sur Xewkija, si ce n'est qu'on prononce « Cheoki-ya ».

Arriver – Quitter

➢ **_De/vers Victoria et Mġarr :_** *les bus n°s 301 et 303 reliant Mġarr à Victoria s'arrêtent à Xewkija.*

➢ **_De/vers Victoria et Nadur :_** *bus n° 304.*

Où dormir ? Où manger ?

Mariblu Guesthouse : *sur la grande route à la sortie de Xewkija en direction de Victoria, sur la gauche. ☎ 21-551-315. • mariblugozo.com • Selon saison, 40-70 € pour 2 (supplément AC), petit déj inclus ; également des triples. ½ pens possible. Au resto, repas 16-20 €.* À défaut d'être coquettes, toutes les chambres sont très spacieuses, dotées d'une douche, de w-c et d'une kitchenette. Derrière, une piscine (avec fosse pour l'initiation plongée). En bas, un resto-bar et une déco maritime qui fait oublier la proximité de la route. Cet hôtel, avant tout pour plongeurs, loue souvent ses chambres à la semaine, le forfait incluant le transfert depuis l'aéroport. Juste à côté, une seconde maison dispose aussi de sa propre piscine et d'une cuisine commune. Les chambres comptent un évier et un frigo. Frankie organise aussi des sorties de pêche, en voilier, et toutes sortes d'excursions, et il loue des appartements et des *farmhouses.*

À voir. À faire

Rotunda *(église Saint-Jean-le-Baptiste) : accessible tlj 5h-12h, 15h-20h.* On la voit de loin, cette église bâtie entre 1951 et 1971 sur les restes d'un site mégalithique. Avec ses 75 m de haut et 25 m de diamètre, le vaste dôme en cloche fait la fierté des Gozitains. S'il étonne par son ampleur, en revanche il déçoit par

son style, malgré un très beau sol en marbre polychrome. Dans l'ancienne chapelle, à gauche du chœur (suivre les panneaux « Musée de la Sculpture » !), c'est une tout autre histoire : aux murs et au plafond apparaissent des sculptures tricentenaires à peine chargées... Admirer la grande toile de *Saint Jean le Baptiste* par Mattia Preti et la reproduction du chef-d'œuvre du Caravage, la *Décollation de saint Jean-Baptiste.* Dans deux vitrines latérales sont groupés les cadeaux faits à l'église : les chaussures servaient aux processionnaires, au cours du siècle dernier. Quant aux tubes de fonte, ils étaient utilisés pour lancer les feux d'artifice.
Des femmes vendent quelques productions artisanales, notamment des lainages et des dentelles. Elles gèrent également l'ascenseur qui permet de grimper tout en haut du dôme *(tlj sf dim – et quand il y a une messe – 9h30-11h45 ; 2 €/pers).* Panorama à couper le souffle, mais ascension pas indispensable si on est déjà monté sur les remparts de la citadelle.

Plongée

■ ***Gozo Diving :*** *au bord de la route de Mġarr, dans le même bâtiment que* Mariblu Guesthouse. *79-009-565. • gozodiving.com • Baptême 45 € ; plongée env 30 € (équipement en sus), tarifs dégressifs.* Centre sérieux géré par des Français. Cours CMAS et PADI. Également spécialistes de plongées techniques.

DANS LES ENVIRONS DE XEWKIJA

Ta'Ċenċ Cliffs (falaises de Ta'Ċenċ) **:** *se rendre à Sannat. Bus n° 305 depuis Victoria (bien se renseigner sur les horaires de retour). Depuis Xlendi, une petite route y mène en 3 km. Il suffit de suivre la direction « Ta'Ċenċ ». Avt l'hôtel* Ta'Ċenċ *(que l'on cite pour repère, car on n'a pas les moyens d'y dormir), un panneau au niveau de la fourche indique les falaises* (cliffs) *sur la gauche. L'asphalte cède alors temporairement le pas à une piste caillouteuse. Se garer juste après l'hôtel, sur la droite (pas vraiment de parking), et emprunter le chemin qui part à droite.*
Sur ce plateau dénudé, on aperçoit encore quelques dolmens, anciens monuments funéraires et maisonnettes de pierre.
Les falaises de Ta'Ċenċ sont les plus hautes de Gozo, à 140 m au-dessus de la mer. On peut prolonger la balade en les longeant (le chemin fait une boucle). Un lieu pour méditer, humer l'air du large et se ressourcer.
En continuant la piste caillouteuse qui redevient goudron, on dévale la falaise en lacet qui offre de magnifiques points de vue sur Comino et Malte. La route finit en cul-de-sac, au-dessus de l'embouchure de Mġarr ix-Xini.

Mġarr ix-Xini's Bay (baie de Mġarr ix-Xini) **:** *de la pl. centrale de Xewkija, prendre la route à droite de l'église (Rotunda), c'est fléché. Au niveau des fermes, prendre à gauche à l'intersection. Une jolie route étroite (on ne passe qu'à une voiture, quelques passages pour se croiser) et raide descend jusqu'à la merveilleuse baie de Mġarr ix-Xini.* C'est l'un des paysages naturels les plus enchanteurs de Gozo. La tour de Mġarr ix-Xini garde vaillamment l'entrée de ce « fjord » gozitain, avec en arrière-plan l'îlot de Comino et l'ouest de Malte. De belles résidences secondaires accrochées de-ci de-là et quelques yachts ancrés dans la ria rappellent que Gozo est le lieu de villégiature privilégié des Maltais. Au fond de cette baie, une petite plage caillouteuse et une eau limpide permettent aux familles, baigneurs et plongeurs de jouir pleinement du site.

Resto sur la plage : *79-854-007. Mars-nov, tlj, mais ferme parfois sans prévenir. Résa conseillée. Plats 12-22 €.* À l'ombre des pins, un barbecue, des fruits de mer et poissons pêchés du jour. Prix élevés pour des préparations très simples. Mais quelle situation !

XLENDI

Il faudrait pouvoir arriver sur Xlendi par la mer pour admirer cette baie comme seule la nature sait en façonner ; passer l'étroit goulot gardé par une tour du XVIIe s, et se mirer dans l'eau indigo qui vire calmement au bleu-vert de la crique (un peu moins vrai en été à cause du nombre important de baigneurs). Cette merveilleuse bande maritime s'enfonce dans la roche jusqu'à rencontrer la digue. Mais voilà, le plus souvent, la découverte de Xlendi se fait par la terre ; les immeubles de locations estivales vieillis et peu harmonieux, qui se montent les uns sur les autres d'un côté de la baie, gâchent un peu le paysage (euphémisme). C'est au bout de la promenade cimentée longeant le bord de mer que l'on retrouve la sérénité, au cœur d'un environnement aussi sauvage que splendide (voir plus loin la rubrique « À faire. Balades »). Au final, cet ancien village de pêcheurs et de dentellières, reconverti en station balnéaire, dévoilera bien des charmes à qui prendra le temps de les découvrir, d'autant que l'hôtellerie et surtout la restauration offrent de belles surprises.

Arriver – Quitter

➢ ***De/vers Victoria :*** *bus n° 306.*

➢ ***À pied :*** entre ***Xlendi*** et ***Victoria,*** la marche est tout à fait envisageable, vu les faibles distances. Mais attention aux panneaux qui vous font passer par le chemin des écoliers (direction Sannat). C'est pittoresque, tortueux et parsemé de bouses, vraiment sympa à faire, pour peu qu'on l'ait choisi. Pour économiser vos gambettes, prenez plutôt la route rapide qui part de la place Saint-Augustin (3 km de marche).

Adresses utiles

■ ***HSBC :*** *sur la pl. principale.* Distributeur et change.

■ ***Xlendi Pleasure Cruises :*** *en été, ils installent une table sous un parasol devant la mer.* Également un bureau à Marsalforn *(☎ 21-559-967 ; 📱 99-559-967 ; • xlendicruises.com •).* Cette agence propose des balades en bateau (tour des îles) ou en jeep, des voitures de location, des embarcations à pédales, etc.

Où dormir ?

Vous trouverez sûrement logement à votre convenance. Mais attention au bruit : sur la vaste place faisant office de parking, mobylettes et scooters vrombissent et résonnent fort dans cette vallée encaissée.

Un peu plus chic

🏠 ***San Antonio Guesthouse :*** *triq it-Torri (Tower St). ☎ 21-563-555. • clubgozo.com.mt • Du centre de Xlendi, grimper par la route qui longe la baie vers la gauche ; après le virage, tourner à gauche, monter encore et prendre la 1re à droite, c'est la maison qui fait l'angle. En bus, descendre à l'arrêt Xmun. Réception tlj 8h30-13h ; le reste du temps, les proprios sont joignables grâce à un téléphone posé sur le comptoir avec leurs numéros préenregistrés ! Doubles avec sdb 52-84 € pour 2 selon saison et chambre, avec petit déj ; également des triples et* *quadruples.* 📶 *(payant).* Pas du tout une *guesthouse*. Il s'agit plutôt d'un petit hôtel vraiment sympa et calme, entouré d'un jardin (ce qui est très rare). Chambres spacieuses (surtout à l'étage) aux meubles en pin, climatisées, carrelées et vraiment impeccables. La plupart possèdent une terrasse. Elles entourent une piscine et un bain pour les pitchounes. Grande salle vitrée pour prendre le petit déj, petite bibliothèque à disposition des hôtes. Autant dire qu'on est aux anges, perché comme dans un douillet nid d'aigle. Accueil très aimable... quand il y a quelqu'un. Loue également des fermes et des appartements à Xlendi.

Ulysses Aparthotel : *dans une rue parallèle au front de mer. ☎ 21-551-616. • ulyssesaparthotel.com • Sur la pl. principale, tourner à gauche. Compter 50-60 € selon saison et type d'hébergement ; également des apparts pour 4. Petit déj en sus (moyen).* 📶 *(payant).* Cet établissement associé à un club de plongée (Moby Dives) propose des chambres, studios (avec kitchenette) et appartements sans grand charme, mais vastes et fonctionnels (AC, TV...), parfois prolongés par un balcon. Bien se mettre d'accord sur le prix avant d'accepter (parfois des promos).

De chic à très chic

San Andrea Hotel : *sur la pl. centrale. ☎ 21-565-555. • hotelsanandrea.com • Doubles 50-110 € selon vue et saison, petit déj inclus.* Hôtel de bon standing, répondant aux normes internationales. Essayez d'obtenir une chambre avec vue sur mer *(seaview)*, dont le balcon s'avance vers la Grande Bleue. En outre, elles sont un peu plus spacieuses (celles avec vue sur rue et partiellement sur la mer se révélant assez petites). Beau panorama depuis la terrasse du dernier étage équipée de transats. Accueil pro et souriant, très bon resto (Zafiro, voir « Où manger ? »), clim partout. Les couche-tôt seront peut-être gênés par l'animation des terrasses en été. Un rapport qualité-prix satisfaisant.

Saint-Patrick : *sur la pl. centrale. ☎ 21-562-951. • stpatrickshotel.com • Chambres 75-125 € pour 2 selon saison avec vue sur mer et balcon (on n'est quand même pas là pour zieuter le parking, ni le patio pour les chambres sans vue du tt).* 💻 Cet hôtel 4 étoiles, de confort et déco standards pour ce genre d'établissement, offre néanmoins un cadre agréable et une situation enviable face à la baie. À l'intérieur, étrange patio avec balcons aux airs de ville souterraine (éviter les chambres qui donnent dessus, tristounes), et une photo de Xlendi avant qu'elle ne soit transformée en station balnéaire : gardez l'église, rasez 99 % du reste, vous y êtes ! Billard, transfert possible de l'aéroport. Attention l'été au bruit des terrasses des cafés-restos (dont celui de l'hôtel), juste en dessous.

Où dormir très chic dans les environs ?

Thirtyseven et Thirtyseven.Two : *37 Munxar Rd, à* ***Munxar.*** *☎ 27-200-069. 📱 79-773-777. • thirtysevengozo.com • Le village se trouve juste au-dessus de Xlendi en passant par l'ancienne petite route qui grimpe après le resto Iċ Ċima. Sur la pl. principale de Munxar, prendre sur la gauche, une petite rue. La maison est un peu plus loin sur la gauche. Repérer les plantes, rien d'indiqué hormis le chiffre. Doubles 140-300 € selon saison et chambres ou suites, avec le petit déj.* 📶 C'est dans sa ferme entièrement restaurée que Patricia, l'adorable propriétaire franco-chinoise, reçoit avec son mari, en toutes simplicité et chaleur, dans l'élégance et le luxe. Une équation que le couple manie à merveille. Les chambres spacieuses et toutes différentes occupent les anciens corps de ferme dont l'architecture a été respectée. Pièce commune pour se réunir ou jardin privatif pour profiter de son intimité : à chacun son repos. Également une salle de yoga, une piscine et des massages (sur demande) dans ce lieu exceptionnel. Patti et Giuseppe ont également rénové la maison voisine, composée de 4 suites et de 2 chambres doubles d'un goût là encore très raffiné faisant cohabiter l'art moderne et les murs vieux de 4 siècles. La structure bénéficie de sa propre piscine et d'un jardin méditerranéen. Entre le 37 et le 37.2, à n'en pas douter, le compte est bon !

Où manger ?

Xlendi abrite pléthore de restaurants. Un nombre impressionnant pour une si petite station.

Bon marché (moins de 15 €)

Valley View : *sur la droite juste après l'église, en entrant dans le village. ☎ 21-560-283. Ouv tlj dès 19h, plus dim midi. Fermé en principe fin nov-veille de Noël.* C'est pas cher, c'est bon. Que dire de plus ? Que viandes et poissons aux accents italiens fondent délicieusement dans la bouche ? Que l'accueil familial est plus qu'aimable ? Que pour les anglophobes la carte est en français ? N'en jetez plus, et attablez-vous dans cette salle qui ne paie pas de mine. Vous ne le regretterez pas.

Prix moyens (15-25 €)

Zafiro : *resto de l'hôtel* San Andrea, *sur la promenade, face à la baie. ☎ 21-565-555. Menu intéressant.* Dans un cadre banal où l'on ne s'attend pas vraiment à des délires gustatifs, la surprise est réelle et la carte change tous les jours. Mention très spéciale pour les desserts, fondants à souhait sans être lourds... Service efficace et très agréable.

Ta'Karolina : *à droite de la baie, au bout, devant les escaliers menant à la grotte. ☎ 21-559-675. Fermé lun midi et de mi-nov à fin mars.* Petit resto familial posé au bord de l'eau où l'on choisit volontiers la pêche du jour, que la serveuse décortiquera pour vous. Quelques plats simples mais réussis. Pour conclure, la maison offre la liqueur de citron. Accueil souriant dans un cadre vraiment enchanteur, au pied de la falaise. Le nom du resto, comme celui de la grotte où se baignaient les nonnes, située 150 m plus haut (lire plus loin « À faire. Balades »), fait référence à Karolina Cauchi, fondatrice du couvent d'été de Xlendi.

Iċ Ċima : *prendre la route qui monte vers la gauche ; presque au niveau du virage. ☎ 21-558-407. De Pâques à mi-nov, tlj sf mar (en été, mieux vaut réserver) ; en hiver, slt ven-dim. Fermé pdt les fêtes de fin d'année.* Cuisine d'inspiration clairement italo-maltaise. La salle vitrée (suffocante en été) intègre dans sa déco des objets de pêche, tandis que sa belle terrasse sur le toit (on y monte en ascenseur !) surplombe l'embouchure de la baie. On se délecte autant des plats que de la vue.

Da Manuel : *triq il-Kantra. ☎ 21-561-022. Prendre la route qui monte vers la gauche, c'est après Iċ Ċima. Avr-oct, ts les soirs (le midi sur résa) ; nov-Pâques, le soir ven-dim.* Salle tout en longueur qui fait penser à une cave (peu de lumière extérieure, cellier au fond) ou véranda. La cuisine, elle, familiale et authentique, est plébiscitée par les Maltais : raviolis au lapin, légumes fondants. Service efficace. Petite terrasse ombragée.

The Boat House : *le 1er resto sur la droite, quand on fait face à la baie. ☎ 27-567-207. Tlj midi et soir ; en hiver, fermé parfois en raison du temps (pas de salle intérieure). Menu 25 € et carte.* Belle carte de plats régionaux, cuisinés avec saveur et servis copieusement. Bruschetta pour patienter. Accueil aimable.

Stone Crab : *juste après* The Boat House. *☎ 21-556-400. Fermé le soir en basse saison.* Coincé entre 2 autres restos, on en pince, là encore, pour la situation exceptionnelle devant la baie. Plats un peu élaborés et goûteux.

Churchill : *au bord de l'eau, à gauche de la baie. ☎ 21-555-614. Début mars-début nov, tlj 10h30-20h (23h en été).* Accueil attentionné dans ce resto de bord de mer, qui ne paie pas de mine. À la carte, du poisson, quelques viandes et de bonnes pizzas. Grand choix de cafés. Terrasse au bord de l'eau, avec un petit plongeoir pour les enfants qui piquent une tête entre 2 bouchées ! Et les parents aux premières loges...

C7 Restaurant : *dans la rue perpendiculaire au front de mer. ☎ 27-012-242. Ouv tlj.* Plats traditionnels comme le lapin, les saucisses maltaises ou le *Gozo Platter,* l'occasion de goûter au fromage de chèvre local, épicé au poivre (plutôt costaud). Service en terrasse ou dans une salle à la déco moderne épurée, marron et orange. Service pro.

Où déguster une glace ? Où boire un verre ?

Gelateria Granola : *sur la pl. principale.* Pour une pause gourmande, ce glacier artisanal vous met en boule avec une cinquantaine de parfums.

Ta'Nona Bar : *sur le front de mer, à côté de Zafiro. En été, tlj 9h30-4h ; en hiver, tlj 10h-19h.* Petit bar où les plongeurs ont leurs habitudes.

Il Terrazzo (Bar Lounge) : *en surplomb de la promenade cimentée serpentant à gauche de la baie. Juil-août, tlj 11h-22h ; mi-saison, tlj sf lun 11h-15h, 18h-21h ; en hiver, slt le midi, plus le soir le w-e. Fermé 3 sem en fév.* En plein air, enfoncé dans un fauteuil en rotin ou perché sur un tabouret de bar, on domine la baie à la lueur des bougies. Le large à gauche, le village à droite, et le bruit des vagues en fond sonore (du moins quand il n'y a pas de musique). Fait aussi resto (pizzas, pâtes et salades). Bon accueil.

Saint-Patrick : *sur la pl. centrale. ☎ 21-562-951.* L'été, on peut venir boire un verre sur le toit-terrasse de ce bel hôtel, affalé dans de grands canapés devant une vue magnifique sur la baie et les falaises. DJ certains soirs.

Où danser ?

Les 2 discothèques se trouvent côte à côte, à la sortie de Xlendi sur la route de Victoria.

La Grotta : *sur la route de Xlendi, sur la gauche en venant de Victoria. ☎ 21-551-149. • lagrottaleisure.com • En fév pour le Carnaval, puis Pâques-oct, slt ven-sam de 22h30 à l'aube ou pour des soirées spéciales. Entrée : env 8 € (plus s'il y a des soirées spéciales) ; gratuit certains soirs avt 0h30.* La partie en plein air passe les tubes internationaux ; l'autre, dans la grotte (d'où son nom), est plutôt orientée techno et house. Sans doute la boîte la plus réputée, elle accueille les meilleurs DJs maltais et même étrangers. Resto juste à côté *(ts les soirs sf lun, plus le midi dim).*

Club Paradiso : *de juin à mi-oct, ven-sam et parfois dim de 22h à l'aube. Entrée gratuite.* Une jolie boîte qui passe du R'n'B et de la variété internationale. Également un espace en plein air (plus petit qu'à *La Grotta*).

À faire

Balades

Le long de la baie, escaliers et échelles descendent vers la mer. Les enfants sautent des rochers, les familles étendent leurs serviettes où elles le peuvent. Au bout de cette promenade, côté gauche en regardant la mer, des tables de pique-nique ont été aménagées pour grignoter *pastizzi* et autres snacks devant le spectacle grandiose de la baie.

En poursuivant encore, un petit pont enjambe la vallée, puis des escaliers taillés dans la roche permettent de remonter de l'autre côté. On débouche alors sur un plateau aride avec, à l'extrémité, une tour de garde du XVIIe s. Sur le côté droit de la tour, un étroit passage (prudence) descend sur un autre plateau de globigérine (la pierre blonde de Malte) d'un jaune crémeux, façonné par le vent en courbes et bulbes. En contrebas, des salines luisent au soleil. De l'autre côté du chenal, les falaises, blanches celles-ci, plongent vers les eaux, striées tel un immense millefeuille. Les Maltais viennent ici pour pêcher et même se baigner, s'ils ne se contentent pas d'étaler leurs serviettes au milieu de ce patchwork salé. Paysage lunaire et impression de bout du monde, appuyée par le ressac de la mer. Un des plus beaux endroits pour admirer le coucher de soleil.

Le côté droit de la baie (quand on est face à la mer) a gardé sa virginité. Inviolable, inconstructible. On emprunte l'escalier à flanc de falaise, qui grimpe brièvement puis redescend jusqu'à la *grotte Caroline,* où les flots s'engouffrent rageusement, ce qui n'effrayait sans doute pas les nonnes qui venaient autrefois s'y baigner !

Plongée

Xlendi est l'endroit idéal pour commencer la plongée : baie facile et déjà intéressante à moins de 5 m de profondeur.

■ ***Saint Andrew Divers Cove :*** *Saint Simon St, face au San Andrea Hotel. ☎ 21-551-301. • gozodive.com • Baptême 40 € (équipement compris) ; plongée 25 € (sans l'équipement), tarifs dégressifs.* Ici, vous êtes entre de bonnes mains ! Ce club (CMAS, PADI et FFESSM) est réputé dans l'île pour son professionnalisme et son sérieux. Au programme : baptêmes, formations et de chouettes explorations guidées par des instructeurs, dont certains parlent le français. Belles plongées accessibles en bateau en été (avec supplément). Initiation enfants à partir de 8 ans et plongée de nuit. Hébergement et transfert aéroport sur demande. Loue aussi des voitures.

SAN LAWRENZ

Village le plus à l'ouest de Gozo, San Lawrenz se situe sur la route de la baie de Dwejra et de sa célèbre *Azure Window.* On peut aussi flâner avec plaisir sur la mignonnette place centrale et profiter du flegme imperturbable de ce tout petit village pour faire une pause, avant ou après la visite de Dwejra.

Arriver – Quitter

➢ ***De/vers Victoria, Nadur et Ramla :*** *bus n° 302.*
➢ ***De/vers Victoria et Dwejra :*** *bus n° 311.*
➢ ***De/vers Victoria et Għarb :*** *bus n° 312.*

Où manger ?

Ⓘ ***Tatitas :*** *pl. de l'Église. ☎ 21-566-482. Mars-oct, tlj sf mar (hors juil-août), slt le soir. Résa obligatoire. Repas complet env 30 €.* Cuisine méditerranéenne et poisson du jour servis en terrasse sur la place de ce paisible village. Accueil empressé du patron qui parle un peu le français. Un tantinet cher tout de même.

À voir

Ta'Dbiegi Crafts Centre : *à l'entrée de San Lawrenz. Tlj sf dim 9h (6h pour les souffleurs de verre)-17h env, car chaque atelier suit ses propres horaires. GRATUIT.*

Un mélange de boutiques de souvenirs et de centre artisanal composé de maisonnettes de pierre, plus modeste que celui de Ta'Qali à Malte. On y trouve de la dentelle *(lace)*, de la poterie, des bijoux, du fer forgé, des bougies, du cuir, ainsi que le Gozo Glass, l'atelier de souffleurs de verre le plus célèbre de l'île. On peut les voir au travail *(lun-ven 6h-14h ; fermé en août et quelques périodes en hiver)* et acheter leurs créations uniques de verre irisé (très cher).
- Snack sur place.

- Dans le village, à 100 m de la place de l'église, en direction du *Craft Centre,* sur la gauche, on peut apercevoir (quand il est là) un ***forgeron*** travailler à l'ancienne dans son atelier noir de suie. Il tient à perpétuer la tradition, comme son grand-père et son père avant lui. Ce qui ne l'empêche pas de s'arrêter volontiers pour échanger avec les curieux de passage.

DWEJRA

Aujourd'hui classé réserve naturelle par l'Union européenne, le site de Dwejra a été miraculeusement préservé de la fièvre bâtisseuse ; seule une drôle de chapelle a résisté aux assauts du temps. Environ 7 km à l'ouest de Victoria, il semble « terminer Gozo ». Les touristes ne manquent jamais de venir jeter un œil dans le coin, mais voilà, une fois jeté, ils reprennent leur œil fissa et s'en vont aussitôt. Alors voici ce qu'on vous conseille : entreprendre une randonnée sur la côte ouest de Gozo, magique, elle ravira les marcheurs chevronnés. Les occasionnels pourront se contenter d'arpenter les alentours de l'arche, plate étendue trouée comme du gruyère par des *salt pans* et des flaques couleur de miel. Il est préférable d'y aller tôt le matin ou pour le coucher du soleil : d'abord, les couleurs sont plus belles et moins écrasées par le soleil, ensuite vous-même serez moins assommé par la chaleur (pas d'ombre) et, enfin, il y a beaucoup moins de monde.

Arriver – Quitter

➢ ***De/vers Victoria et San Lawrenz :*** *bus n° 311.* Renseignez-vous bien sur les horaires de retour si vous ne voulez pas revenir à pied.

Où manger ?

Autour du parking, on trouve de quoi apaiser une soif, manger un morceau, et un peu plus à l'écart, un restaurant :

🍽 ***Azure Window :*** *au début de la petite route qui mène à la « mer intérieure »* (inland sea). *☎ 21-566-560. Tlj midi et soir ; en hiver, ouv slt le w-e (téléphoner avt).* Malgré le nom, pas de vue sur la Fenêtre d'Azur mais sur la « mer intérieure ». Franchement pas mal non plus. C'est d'ailleurs son principal atout, avec des pizzas plutôt réussies. Pour le reste, carte classique et poisson pas donné.

À voir

★★★ ***Azure Window*** *(Fenêtre d'Azur)* **:** c'est une arche naturelle formée par une pierre horizontale et voûtée, posée sur un énorme bloc massif vertical. Belle œuvre de la nature, certes, encerclée d'une mer d'un bleu profond. Les plongeurs s'y rendent par colonnes entières pour descendre dans le ***Blue Hole,*** une cheminée d'environ 25 m de profondeur constellée de fossiles sous-marins incrustés dans la roche et qui communique avec la mer intérieure. Pensez aux masques de plongée, histoire de jeter un œil à ce qui se passe là-dessous, et aux sandales en plastique. C'est moche oui, mais bien pratique pour marcher sur la roche acérée.

Inland sea *(« mer intérieure ») : à 5 mn à pied du parking. Suivre le panneau. Un chemin mène à cette « mer intérieure », sorte de petit lac entouré de quelques baraques et relié à la mer par un tunnel d'une centaine de mètres passant sous la falaise. Pour une balade en bateau de 20 mn (au programme : grottes et coraux), prévoir 3,50 €/pers.* Les pêcheurs d'ici gagnent sans doute plus d'argent avec les touristes qu'avec les autres poissons... En été, c'est vraiment la cohue et l'eau n'est plus d'une transparence extraordinaire. Si le cœur vous en dit, vous pouvez vous dorer la pilule sur les galets ou prendre un verre ou un sandwich à la terrasse d'un petit snack-bar.

Dwejra Tower *(tour de Dwejra) : visite possible quand un drapeau flotte à son sommet, en principe lun-ven 9h-15h, dim et j. fériés 12h-15h. Plus d'infos sur • dinlarthelwa.org •* La tour de Dwejra fut érigée en 1652, à l'époque des chevaliers, à la fois pour surveiller le Fungus Rock et pour assurer la récolte du fameux « champignon » grâce à un système de funiculaire : une corde tendue entre la tour et le rocher permettait au ramasseur officiel, monté dans une cabine, d'aller cueillir la plante. De là, on jouit du meilleur point de vue sur les environs.

QUESTION POUR UN CHAMPIGNON

Au XVIIe s, poussait sur le rocher une plante rare, souvent prise pour un champignon en raison de sa forme et à laquelle on prêtait de nombreuses vertus médicinales. Pour préserver le précieux « champignon », les chevaliers avaient limé la base des parois rocheuses pour qu'aucun voleur ne puisse y grimper ! Seul un ramasseur officiel y avait accès. Les grands maîtres s'étaient arrogé l'exclusivité de son exploitation et de sa vente (à prix d'or) aux souverains et aux grands d'Europe. Et patatras, de récentes analyses ont montré que la fameuse plante n'avait en réalité presque aucun pouvoir médicinal. Tout ça pour ça !

Dwejra Bay *(baie de Dwejra) : env 500 m au sud de la Fenêtre d'Azur. L'endroit n'est pas si inaccessible qu'il en a l'air. Un chemin y mène en effet depuis la Dwejra Tower : suivre les marches taillées dans le calcaire jusqu'à ces inattendus hangars à bateaux creusés dans la falaise.* Magnifique anse aux abords impossibles, elle semble avoir été croquée dans la côte par la gueule géante d'un monstre marin. C'est l'un des spectacles naturels les plus saisissants de Malte. Des eaux d'un bleu sombre, des côtes abruptes, des rebords parsemés d'une flore ahurissante, comme un goût d'avant l'humanité. En fait, cette baie résulte de l'effondrement d'une caverne. Une rampe, aujourd'hui abandonnée, plonge doucement dans la baie. Là, un coin assez paradisiaque pour les amoureux de belles baignades. Pas un chat hors saison et encore relativement peu de nageurs en été. Pourtant, on peut s'y baigner sans crainte.

Fungus Rock : un brin de marche facile au sud de la baie vous mènera au plus près du *Fungus Rock,* le « rocher du Champignon », également appelé « rocher du Général » (voir l'encadré plus haut). C'est un bloc rocheux massif cerné par des eaux d'un bleu-noir si intense qu'elles donnent envie d'y plonger sans fin. Ce rocher ferme presque entièrement la baie de Dwejra. De plus de 50 m de haut, sa paroi abrupte est creusée en son centre et le dessus est saupoudré de plantes rases, de mousses et de lichens.

GĦARB

Dans son quart nord-ouest, Għarb semble isolé, à l'écart du monde et du reste de l'île. Même le dialecte y est spécial : un Maltais « métropolitain » aura du mal à le comprendre... Għarb est le point de départ des plus belles randonnées gozitaines, mais ne manquez pas de visiter auparavant l'intéressant musée du Folklore, qui se trouve au centre du village.
Côté hébergement, Għarb accueille plus de « fermes » (certaines authentiques, d'autres modernes) que n'importe quelle autre commune de l'île.

Arriver – Quitter

➢ ***De/vers Victoria et San Lawrenz :*** *bus n° 312.*

Où dormir ? Où manger à Għarb et dans les environs ?

Maria's B & B : *à* ***Tal-Fanal.*** *☎ 21-553-630. • tamariagozo.com • En pleine campagne, dans un petit village, mieux vaut être véhiculé (sinon bus n° 308 de Victoria jusqu'à Tal-Fanal, puis 7 mn à pied ou transfert payant). Téléphoner avt pour se faire expliquer le trajet. Doubles avec sdb 55-85 € selon saison, petit déj compris ; également une familiale et des triples. De préférence min 3 nuits. CB refusées.* Maria et Sonia, qui possèdent une *guesthouse* à Marsalforn, appliquent la même bonne recette à ce B & B : une vieille bâtisse en pierre et une annexe plus récente abritent en tout 8 chambres très spacieuses, à la déco gozitaine sobre et de bon goût. Elles encadrent une belle piscine. Cheminée dans le chaleureux salon. Cuisine et machine à laver à dispo. Un lieu de charme, tranquille et propice à de belles randos dans les environs, jusqu'au phare Ta'Ġurdan ou vers Wied il-Għasri (30 mn à pied), par exemple. Peut louer aussi des vélos et voitures.

Rangers : *118 Church St, à 100 m de l'église. ☎ 21-565-666. Ouv tlj à partir de 17h30. Pizza moins de 6 €.* Le resto du club de foot local sert de bonnes pizzas, pâtes, salades et autres snacks dans une salle voûtée en pierre de taille, ou mieux en terrasse, prise d'assaut aux beaux jours (ne pas arriver trop tard). Il faut dire que de là-haut, la vue est divine : au milieu de la campagne, la basilique de Ta'Pinu, qui s'embrase au coucher du soleil, avec la mer en arrière-plan. Quel tableau ! Un décor complété par un accueil et un service particulièrement aimables. On plébiscite !

Jeffrey's Restaurant : *à l'entrée du village, en venant de Victoria. ☎ 21-561-006. 📱 99-496-230. Tlj sf dim, midi et soir ; janv-mars : en principe ouv slt le soir ven-sam ; mais d'une façon générale, en hiver, téléphoner. Résa conseillée. Repas complet 20-25 €.* Ambiance bistrot dans cette petite salle d'une quinzaine de couverts. Le menu change chaque semaine, en fonction du marché. Plats végétariens également. Un resto qui jouit d'une bonne réputation dans l'île.

À voir

L'église paroissiale : *au centre du village. Ouv pour les messes lun-sam 6h-7h, dim 8h30-10h et 17h.* Bâtie au tournant des XVIIe et XVIIIe s, elle étonne par sa très élégante façade baroque, ornée notamment par les sculptures allégoriques des trois vertus religieuses que sont, de gauche à droite, la Charité, la Foi et l'Espérance. Noter l'horloge de droite (celle qui, sur chaque église maltaise, donne la mauvaise heure pour tromper le diable) ; il y est écrit : « Profite du temps qui passe. »

Folklore Museum : *pl. de l'Église. ☎ 21-561-929. 79-943-676. Tte l'année, lun-sam 10h-14h, dim 10h-12h. Également sur rdv. Entrée : 5 € (pourrait augmenter) ; réduc.*
Ce musée, installé dans une superbe demeure comtale du XVIIIe s, est le fruit de la passion d'un seul homme, qui amasse et entasse des objets depuis qu'il a 9 ans. Au rez-de-chaussée, par exemple, on trouve la première presse maltaise (fabriquée en France), avec laquelle étaient imprimés les journaux au XVIIIe s. Éditées sous forme de *faxikle* (fascicules), à raison d'une page par semaine, tout comme les romans de chez nous à la même époque, les histoires étaient collectionnées puis reliées à l'aide d'une machine comme celle exposée dans la même pièce. Salle suivante, une superbe carriole de marchand de pain, en usage jusque dans les années 1960. Puis des objets agricoles, une forge, une meule, une presse à vin, une boulangerie équipée d'un four à pain et de bacs en pierre pour pétrir la pâte, un bateau de pêche, un drôle de bowling en bois et un corbillard pour enfants enrichissent la collection.
À l'étage, dans les anciens appartements de la famille, nombreux objets de la vie courante : nécessaire de toilette et pharmacie, métier à tisser, petite chapelle avec crèche musicale (génial !), une chaise à porteurs, un petit atelier de cordonnier, un autre de fabrique de bougies avec des moules en forme de saints... Bref, un musée d'une grande richesse, à ne surtout pas manquer si vous passez à Għarb.

DANS LES ENVIRONS DE GĦARB

Basilica of Ta'Pinu (basilique de Ta'Pinu) **:** *avt l'entrée dans Għarb, suivre le panneau ; c'est à un petit km. Bus nº 308 de Victoria et Għasri. Lun-sam 6h45-19h ; dim et j. fériés 5h45-12h15, 13h30-19h.*
À pied depuis le village, voilà une très belle virée dans les paysages du Nord-Ouest. Certes, on se demande ce que cette imposante basilique presque neuve peut bien faire là, plantée au milieu de nulle part.
Petit flash-back historique : la chapelle d'autrefois, derrière l'église actuelle, était déjà un lieu de pèlerinage important au Moyen Âge. En 1883, une paysanne nommée Carmela Grima entendit la voix de la Vierge venir de la chapelle. Son voisin l'entendit aussi, ce qui corrobora les faits. L'année suivante, Gozo fut miraculeusement épargnée par la peste. Les habitants n'avaient pas besoin de plus de preuves. Ils se cotisèrent et, en 1920, commencèrent la construction d'une plus grande église, accolée à l'ancienne chapelle. La basilique fut consacrée en 1932 par le pape Pie XI ; Jean-Paul II est, quant à lui, venu en 1990. Son style néoroman strict étonne, et on peut admirer la teinte miel doré de la pierre locale, la globigérine.
L'intérieur (attention : tout le monde doit se couvrir les jambes et les épaules) est lumineux, épuré, avec des frises tout en arabesques et entrelacs qui ne sont pas sans rappeler l'art musulman. Pas de toiles aux murs, mais des mosaïques, excepté la peinture du chœur considérée comme miraculeuse et devant laquelle les gens viennent prier. À gauche, chaire de marbre soutenue par quatre colonnes couvertes de marbre et d'or dont la base est un lion. Vous remarquerez l'absence de bougies en cire ; elles sont électriques pour ne pas noircir la pierre. Aujourd'hui encore, tout Maltais se doit d'y venir en pèlerinage au moins une fois dans sa vie, pour demander la guérison d'un proche, par exemple. D'ailleurs la sacristie contient une impressionnante galerie d'ex-voto, chacun d'eux racontant l'histoire d'une vie : vêtements de bébé, casques de moto, prothèses ou béquilles... Très impressionnant. Âmes sensibles, s'abstenir !

La chapelle Saint-Dimitri : *à env 30 mn de marche du centre de Għarb. Prendre la route qui part à gauche de l'église paroissiale et suivre les panneaux pdt 1 km. Le chemin se rétrécit sur encore 1 km.* Au terme de cette jolie balade au milieu des champs, on atteint la petite chapelle complètement isolée, près de la mer. L'endroit est lié à une touchante légende (voir encadré). Tout autour, paysage enchanteur dominé par le phare. Face à la chapelle, on aperçoit la basilique de Ta'Pinu entre les villages de Għasri à gauche et de Għarb à droite. Au premier plan, une ancienne carrière de globigérine, impressionnante de rectitude.

UNE LUEUR D'ESPOIR

Au XVIIe s, pour retrouver son fils unique enlevé par des pirates, une mère promit que, s'il lui était rendu, elle entretiendrait jusqu'à sa mort la flamme d'une lampe à huile sur l'autel de la chapelle Saint-Dimitri. Sur ce, saint Dimitri alla, dit-on, chercher le fiston. La femme tint sa promesse. Quelques années plus tard, la chapelle fut engloutie par les eaux. Aujourd'hui, par nuit claire, il paraît que les pêcheurs peuvent apercevoir une flamme scintiller au fond de la mer. Et on arrête la gnôle...

➢ Une longue et belle ***randonnée*** à faire à partir de Għarb : aller jusqu'à la chapelle Saint-Dimitri, puis longer la côte jusqu'au phare de Ta'Ġurdan et revenir par Għasri, la basilique de Ta'Pinu et enfin Għarb. En tout, 12 km dans le Gozo rural. Le parcours et des infos historiques font l'objet d'un livret, *Gozo Countryside Walks* (édité par le ministère du Tourisme), disponible dans les offices de tourisme. Pour agrémenter cette rando, lire aussi plus haut « Dans les environs de Marsalforn ».

les ROUTARDS sur la FRANCE 2014-2015

(dates de parution sur • ***routard.com*** •)

DÉCOUPAGE de la FRANCE par le ROUTARD

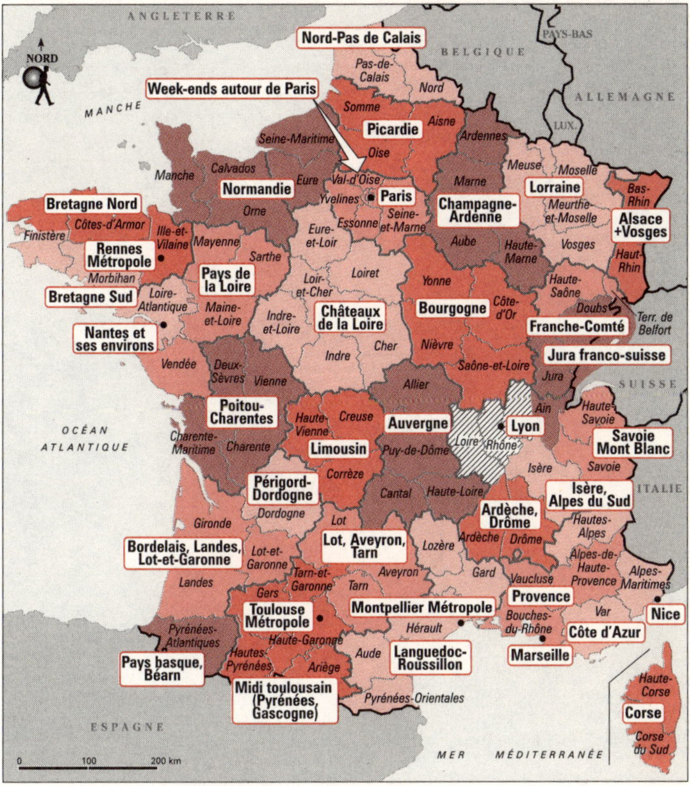

Autres guides nationaux

- Les grands chefs du Routard
- Nos meilleures chambres d'hôtes en France
- Nos meilleurs campings en France
- Nos meilleurs hôtels et restos en France
- Nos meilleurs sites pour observer les oiseaux en France
- Tourisme responsable

Autres guides sur Paris

- Paris
- Paris à vélo
- Paris balades
- Restos et bistrots de Paris
- Le Routard des amoureux à Paris
- Week-ends autour de Paris

les ROUTARDS sur l'ÉTRANGER 2014-2015

(dates de parution sur • **routard.com** •)

Europe

DÉCOUPAGE de l'ESPAGNE par le ROUTARD

DÉCOUPAGE de l'ITALIE par le ROUTARD

Autres pays européens

- Allemagne
- Angleterre, Pays de Galles
- Autriche
- Belgique
- Budapest, Hongrie
- Crète
- Croatie
- Danemark, Suède
- Écosse
- Finlande
- Grèce continentale
- Îles grecques et Athènes
- Irlande
- Islande
- Malte
- Norvège
- Pologne
- Portugal
- République tchèque, Slovaquie
- Roumanie, Bulgarie
- Suisse

Villes européennes

- Amsterdam et ses environs
- Berlin
- Bruxelles
- Copenhague
- Dublin
- Lisbonne
- Londres
- Moscou
- Prague
- Saint-Pétersbourg
- Stockholm
- Vienne

les ROUTARDS sur l'ÉTRANGER 2014-2015

(dates de parution sur • **routard.com** •)

Amériques

DÉCOUPAGE des ÉTATS-UNIS par le ROUTARD

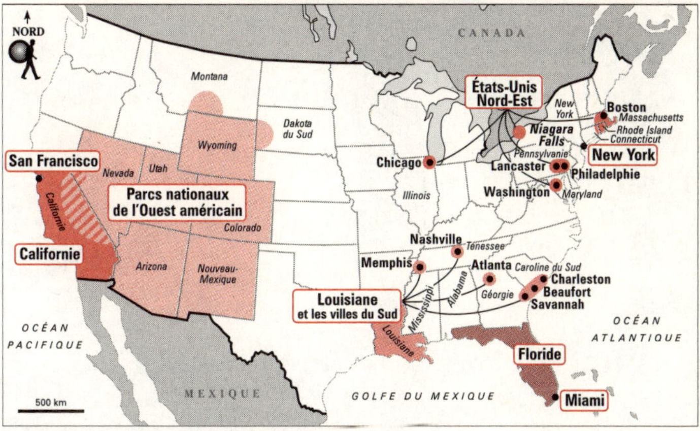

Autres pays d'Amérique

- Argentine
- Brésil
- Chili et île de Pâques
- Équateur et les îles Galápagos
- Guatemala, Yucatán et Chiapas
- Mexique
- Montréal
- Pérou, Bolivie
- Québec, Ontario et Provinces maritimes

Asie

- Bali, Lombok
- Bangkok
- Birmanie (Myanmar)
- Cambodge, Laos
- Chine
- Hong-Kong, Macao, Canton (avril 2014)
- Inde du Nord
- Inde du Sud
- Israël, Palestine
- Istanbul
- Jordanie
- Malaisie, Singapour
- Népal
- Shanghai
- Sri Lanka (Ceylan)
- Thaïlande
- Tokyo, Kyoto et environs
- Turquie
- Vietnam

Afrique

- Afrique de l'Ouest
- Afrique du Sud
- Égypte
- Kenya, Tanzanie et Zanzibar
- Maroc
- Marrakech
- Sénégal, Gambie
- Tunisie

Îles Caraïbes et océan Indien

- Cuba
- Guadeloupe, Saint-Martin, Saint-Barth
- Île Maurice, Rodrigues
- Madagascar
- Martinique
- République dominicaine (Saint-Domingue)
- Réunion

Guides de conversation

- Allemand
- Anglais
- Arabe du Maghreb
- Arabe du Proche-Orient
- Chinois
- Croate
- Espagnol
- Grec
- Italien
- Japonais
- Portugais
- Russe
- G'palémo (conversation par l'image)

Espace offert par l'annonceur – Avec le soutien de l'agence ★ EURO RSCG C&O
RÉPARER LES VIES
HANDICAP
INTERNATIONAL

LOOK!
Le guide du routard
Disponible sur iPhone
Pour vous faire comprendre partout dans le monde !
Randonnée à dos de ...
Riding a...
Achetez l'application sur l'App Store
2,99 €

INDEX GÉNÉRAL

A-B

C-D-E

F-G-H-I

K-L

M-N-O

P-Q-R

S

T-U

V-W

X-Z

OÙ TROUVER LES CARTES ET LES PLANS ?

NOUVEAU ET IMPORTANT : DERNIÈRE MINUTE

Sauf rare exception, le *Routard* bénéficie d'une parution annuelle à date fixe. Entre deux dates, des événements fortuits (formalités, taux de change, catastrophes naturelles, conditions d'accès aux sites, fermetures inopinées, etc.) peuvent modifier vos projets de voyage. Pour éviter les déconvenues, nous vous recommandons de consulter la rubrique « Guide » par pays de notre site • ***routard.com*** • et plus particulièrement les dernières ***Actus voyageurs.***

Les **Routards** *parlent aux* **Routards**

Faites-nous part de vos expériences, de vos découvertes, de vos tuyaux. Indiquez-nous les renseignements périmés. Aidez-nous à remettre l'ouvrage à jour. Faites profiter les autres de vos adresses nouvelles, combines géniales... On adresse un exemplaire gratuit de la prochaine édition à ceux qui nous envoient les lettres les meilleures, pour la qualité et la pertinence des informations. Quelques conseils cependant :

– Envoyez-nous votre courrier le plus tôt possible afin que l'on puisse insérer vos tuyaux sur la prochaine édition.
– N'oubliez pas de préciser l'ouvrage que vous désirez recevoir.
– Vérifiez que vos remarques concernent l'édition en cours et notez les pages du guide concernées par vos observations.
– Quand vous indiquez des hôtels ou des restaurants, pensez à signaler leur adresse précise et, pour les grandes villes, les moyens de transport pour y aller. Si vous le pouvez, joignez la carte de visite de l'hôtel ou du resto décrit.
– N'écrivez si possible que d'un côté de la lettre (et non recto verso).
– Bien sûr, on s'arrache moins les yeux sur les lettres dactylographiées ou correctement écrites !

En tout état de cause, merci pour vos nombreuses lettres.

Les Routards parlent aux Routards :
122, rue du Moulin-des-Prés, 75013 Paris

e-mail : • *guide@routard.com* •
Internet : • *routard.com* •

Routard Assurance *2014*

Routard Assurance et Routard Assurance Famille, c'est l'Assurance Voyage Intégrale. Dépenses de santé et frais d'hôpital pris en charge directement sans franchise jusqu'à 300 000 € + caution + défense pénale + responsabilité civile + tous risques bagages et photos. Assurance personnelle accidents : 75 000 €. Très complet ! Tarif à la semaine pour plus de souplesse. Tableau des garanties et bulletin d'inscription à la fin de chaque *Routard* étranger. Pour les départs en famille (4 à 7 personnes), demandez le bulletin d'inscription famille. Pour les longs séjours, contrat Plan Marco Polo « spécial famille » à partir de 4 personnes. Pour un voyage éclair de 3 à 8 jours dans une ville de l'Union européenne, bulletin d'inscription adapté dans les guides villes avec des garanties allégées et un tarif « light ». Également un nouveau contrat Seniors pour les courts et longs séjours. Si votre départ est très proche, vous pouvez vous assurer via Internet • *avi-international.com* • ou par fax : 01-42-80-41-57, en indiquant le numéro de votre carte de paiement. Pour en savoir plus : ☎ 01-44-63-51-00.

Édité par Hachette Livre (43, quai de Grenelle, 75905 Paris Cedex 15, France)
Photocomposé par Jouve (45770 Saran, France)
Imprimé par Jouve 2 (Quai n° 2, 733, rue Saint-Léonard, BP3, 53101 Mayenne Cedex, France)
Achevé d'imprimer le 17 mars 2014
Collection n° 13 Édition n° 01
24/5857/8
I.S.B.N. 978-2-01-245857-4
Dépôt légal : mars 2014

PAPIER À BASE DE FIBRES CERTIFIÉES

hachette s'engage pour l'environnement en réduisant l'empreinte carbone de ses livres. Celle de cet exemplaire est de : 400 g éq. CO_2
Rendez-vous sur www.hachette-durable.fr